Die Gründung von Kapitalgesellschaften in Deutschland, dem Vereinigten Königreich und den USA

Frankfurter wirtschaftsrechtliche Studien

Band 101

PL ACADEMIC RESEARCH

Nikolaus Bunting

Die Gründung von Kapitalgesellschaften in Deutschland, dem Vereinigten Königreich und den USA

Eine rechtsvergleichende und rechtspolitische Studie

PL ACADEMIC RESEARCH

Bibliografische Information der Deutschen Nationalbibliothek
Die Deutsche Nationalbibliothek verzeichnet diese Publikation in der Deutschen Nationalbibliografie; detaillierte bibliografische Daten sind im Internet über http://dnb.d-nb.de abrufbar.

Zugl.: Frankfurt (Main), Univ., Diss., 2015

Gedruckt auf alterungsbeständigem,
säurefreiem Papier.

D 30
ISSN 0723-0427
ISBN 978-3-631-66841-2 (Print)
E-ISBN 978-3-653-06071-3 (E-Book)
DOI 10.3726/978-3-653-06071-3

Peter Lang – Frankfurt am Main · Bern · Bruxelles · New York ·
Oxford · Warszawa · Wien

Diese Publikation wurde begutachtet.

www.peterlang.com

Gliederung

Inhaltsverzeichnis

1. Teil: Einleitung

I. Problemdarstellung und Gang der Untersuchung

Die Gründung von Kapitalgesellschaften ist in Deutschland vergleichsweise aufwändig, teuer und langwierig. Zu diesem Ergebnis kommen verschiedene Untersuchungen.[1] Hingegen weisen insbesondere die angelsächsischen Rechtsordnungen ein simples Gründungsrecht auf, das schnelle und kostengünstige Gründungen von Kapitalgesellschaften ermöglicht.[2]

Dieser Befund hat dazu geführt, dass viele Stimmen in der juristischen Literatur das deutsche Gründungsrecht als überreguliert bezeichnet und Deregulierungen gefordert haben.[3] Diese Reformbestrebungen basieren auf der Annahme, dass schnelle und kostengünstige Gründungen per se vorteilhaft sind.

Davon gehen auch die Studien aus, die Gründungskosten und Gründungsdauer innerhalb der EU und weltweit verglichen haben. Eine Studie der Weltbank[4] etwa erstellt jährlich ein entsprechendes Ranking der untersuchten Volkswirtschaften, das allein danach platziert, wie viele Tage die Gründung dauert und welche Kosten dabei für die Gründer anfallen – je schneller und kostengünstiger die Gründung, desto besser die Platzierung. Auch eine Studie der EU-Kommission[5] untersucht jährlich das Recht der Gründung von Kapitalgesellschaften hinsichtlich der Anzahl der administrativen Schritte, der Dauer und der Kosten der Gründung und geht davon aus, dass einfache, schnelle und kostengünstige Gründungen stets wünschenswert sind. Das Ergebnis der Studie der EU-Kommission führte zu einem Aktionsplan, der den Mitgliedstaaten der EU Zielwerte hinsichtlich Dauer und Kosten der Gründung vorgab, die die Mitgliedstaaten so schnell wie möglich umsetzen sollen.

Tatsächlich geben jüngste empirische Untersuchungen Grund zur Annahme, dass ein simples und kostengünstiges Gründungsrecht nicht nur die Anzahl der neu gegründeten Kapitalgesellschaften erhöht, sondern darüber hinaus insgesamt die Start-up-Aktivität fördert.[6]

---

1 Dazu sogleich sowie ausführlich in Kapitel 1.

2 Siehe Kapitel 2.

3 Nachweise im Hauptteil der Arbeit unter Kapitel 5, Kapitel 6 und Kapitel 7.

4 *Worldbank*, Doing Business Report (ausführlich dazu sogleich in Kapitel 1).

5 Dazu ebenfalls ausführlich sogleich in Kapitel 1.

6 Dazu ausführlich unter Kapitel 5.

Diejenigen, die eine Deregulierung fordern, verweisen zudem auf einen Wettbewerb der Kapitalgesellschaftsformen in Europa, aus dem Deutschland bislang als Verlierer hervorgegangen sei.[7] In der Tat haben seit den Urteilen des Gerichtshofs der Europäischen Union (EuGH) zur Unvereinbarkeit von Sitztheorie und Niederlassungsfreiheit (*Centros*[8], *Überseering*[9], *Inspire Art*[10]) viele deutsche Gründer für ihre Unternehmung die Rechtsform der britischen *private company limited by shares* (im Folgenden: *Ltd.*) gewählt - und zwar vor allem auch dann, wenn ein Betrieb des Geschäfts allein in Deutschland geplant war. Es hat also tatsächlich ein Verdrängungswettbewerb zu Lasten der deutschen GmbH stattgefunden.

Ein solcher Verdrängungswettbewerb ist aus deutscher Sicht aus verschiedenen Gründen nicht wünschenswert.[11] Zunächst einmal kommt es durch das Agieren ausländischer Kapitalgesellschaften in Deutschland zu einem Verlust von Rechtsetzungshoheit der deutschen Legislative. Für die in Deutschland tätigen *Ltds.* gilt auf Basis der Gründungstheorie nämlich ganz überwiegend das britische *Company Law* und nicht deutsches Kapitalgesellschaftsrecht. Damit ist ein wesentlicher Teil der wirtschaftlichen Aktivität in Deutschland dem Einfluss des deutschen Gesetzgebers entzogen. Die Geltung ausländischen Rechts führt außerdem zu Einbußen im Geschäft der deutschen Anwälte. Denn Rat zum *Company Law* wird regelmäßig im Vereinigten Königreich eingeholt und nicht in Deutschland. Auch für die deutschen Gerichte führt die Tätigkeit ausländischer Kapitalgesellschaften zu einer Mehrbelastung. Sie müssen im Rechtsstreit gegebenenfalls teure und zeitaufwändige Gutachten zum ausländischen Recht einholen.

Umgekehrt haben Staaten ein Interesse daran, dass ihre Kapitalgesellschaftsformen auch als Rechtsträger der Unternehmen im Ausland verwendet werden.[12] Entsprechend war es im Rahmen der Erarbeitung der jüngsten Reform des britischen *Company Law* (das letztlich zur Neufassung des *Companies Act* im Jahre

---

7 Ausführlich dazu und Nachweise aus der juristischen Literatur unter Kapitel 6.

8 EuGH, Rs. C-212/97 (Centros), Slg. 1997, I-1459.

9 EuGH, Rs. C-208/00 (Überseering), Slg. 2002, I-9919.

10 EuGH, Rs. C-167/01 (Inspire Art), Slg. 2003, I-10155.

11 Dazu ausführlich unter Kapitel 6.

12 Eingehend zum Wettbewerb der Gesellschaftsrechte in Europa siehe *Kieninger*, Wettbewerb der Privatrechtsordnungen im Europäischen Binnenmarkt; *Teichmann*, Binnenmarktkonformes Gesellschaftsrecht, S. 330 ff.; *Armour*, Who Should Make Corporate Law? EC Legislation versus Regulatory Competition, ILF Working Paper Nr. 41, 11/2005.

2006 geführt hat) auch ausdrücklich erklärtes Ziel des britischen Gesetzgebers, die internationale Vormachtstellung des britischen Gesellschaftsrechts zu verteidigen und weiter auszubauen. Vor allem die Gründung britischer *Ltds.* durch Gründer, die allein außerhalb des Vereinigten Königreichs agierten, sollte durch weitere Deregulierungen des Gründungsrechts gefördert werden.[13]

Die Studien zur Gründung von Kapitalgesellschaften und der Vormarsch der britischen *Ltd.* in Deutschland scheinen zu belegen, dass das deutsche Gründungsrecht veraltet, überflüssig streng und zu bürokratisch ist.

Ganz in diesem Sinne wird das deutsche Gründungsrecht mitunter in der rechtswissenschaftlichen Literatur behandelt.[14] Die notarielle Beurkundung sei überflüssig und deren geplante Abschaffung im Rahmen des MoMiG[15] allein durch eine starke Notar-Lobby verhindert worden. Das Mindestkapital diene schon lange nicht mehr dem Schutz der Gläubiger und sei aufzugeben. Die präventiven Regeln der Kapitalaufbringung seien ebenfalls überflüssig und zu teuer – insbesondere die Regeln zur Sacheinlage müssten dereguliert werden.

Steht es wirklich dermaßen schlecht um das deutsche Gründungsrecht? Ist es wirklich so „verstaubt" und schädlich streng überreguliert? Muss es tatsächlich schnellstmöglich nach angelsächsischem Vorbild reformiert werden, damit die deutschen Kapitalgesellschaftsformen nicht vollkommen von ihren ausländischen Pendants verdrängt werden?

Zur Beantwortung dieser Fragen möchte die vorliegende Arbeit einen Beitrag leisten.

Das Ergebnis der Arbeit soll hier bereits vorweggenommen werden und es wird – nach dem bisher einleitend Gesagten – manchen erstaunen. Denn am

---

13 *Department of Trade and Industry*, Company Law Reform: The White Paper, 2005, Cm 6456, S. 6: „*We want to remove unnecessary burdens to directors and preserve Britain's reputation as a favored country in which to incorporate.*"; *Department of Trade and Industry*, aaO, S. 13: "*Making it easier to set up and run a company: Compared with many other countries, it is relatively easy and cheap to set up a company here. The Government believes this is an important benefit to Britain – start-ups are one of the crucial motors of our economic growth, and more and more companies from overseas are seeking to incorporate here. But there are still some procedural requirements that can complicate both the setting up of a company, and its initial operation – for example, the default requirement for all companies, even the smallest, to hold an Annual General Meeting, and the requirement to appoint a company secretary. Where these obstacles can sensibly be removed, the Bill will remove them.*".

14 Nachweise dazu in Kapitel 5, Kapitel 6 und Kapitel 7.

15 Gesetz zur Modernisierung des GmbH-Rechts und zur Bekämpfung von Missbräuchen (MoMiG) vom 23. 10. 2008 (BGBl. I S. 2026).

Ende der vorliegenden Studie wird es heißen: Das deutsche Gründungsrecht ist gar nicht zu streng oder zu aufwändig und eine Deregulierung nach angelsächsischem Vorbild wäre nicht nur überflüssig, sondern sogar schädlich.

Die Gesichtspunkte, die die vorliegende Arbeit Kapitel für Kapitel herausarbeitet und die letztlich zu dem positiven Befund des deutschen Gründungsrechts führen, sollen hier bereits einleitend skizziert werden.

Zunächst einmal greift es zu kurz, isoliert den Vorgang der Gründung zu betrachten und schnelle und kostengünstige Gründungen als per se überlegen zu qualifizieren. Und gleichzeitig geht es zu weit, jedes strengere Gründungsrecht als überflüssig abzutun, weil in anderen Staaten schließlich ein simples Gründungsrecht genügt, um Kapitalgesellschaften entstehen zu lassen. Vielmehr muss ein Rechtsvergleich berücksichtigen, welche Interessenkollisionen denn von den untersuchten Normen gelöst werden und wie dieses Regelungsbedürfnis im Ausland bewältigt wird. Denn es ist ja denkbar, dass das Recht der zu vergleichenden Jurisdiktion letztlich materiell dieselben Funktionen erfüllt, allerdings durch einen ganz anderen Ansatz und damit möglicherweise dogmatisch an ganz anderem Ort.[16]

Für die vorliegende Arbeit bedeutet dies, dass das deutsche Gründungsrecht dahin zu untersuchen ist, welche Funktion es im Recht der Kapitalgesellschaften einnimmt. In einem zweiten Schritt ist danach zu fragen, ob und wie das angelsächsische Recht diese Funktion erfüllt.

Die Analyse wird zeigen, dass das deutsche Gründungsrecht bereits vor dem Entstehen der Gesellschaft Interessen von Mitgründern, künftigen Gläubigern und Anlegern schützt. Das angelsächsische Gründungsrecht hingegen ignoriert die Interessen der genannten Gruppen weitestgehend. Diese werden erst nach dem Entstehen der Gesellschaft durch verschiedene Mechanismen geschützt. Es stehen sich damit zwei unterschiedliche Systeme gegenüber, die im Ergebnis aber die gleichen Funktionen verfolgen: Ein deutsches *ex ante*-Schutzsystem und ein angelsächsisches *ex post*-Schutzsystem. Die Arbeit wird zu dem Ergebnis kommen, dass eine weitgehende Deregulierung des deutschen Gründungsrechts unter Berücksichtigung schützenswerter Interessen nach angelsächsischem Vorbild nur durch einen vollständigen Systemwechsel zu erzielen wäre.

---

16 Grundlegend zur Methode des funktionellen Rechtsvergleichs siehe *Rheinstein*, Einführung in die Rechtsvergleichung, S. 25 ff.; *Zweigert/Kötz*, Einführung in die Rechtsvergleichung, S. 33 ff.; zum funktionellen Rechtsvergleich speziell im Gesellschaftsrecht siehe *Cahn/Donald*, Comparative Company Law, S. 6 ff.; *Donald*, Approaching Comparative Company Law, ILF Working Paper Nr. 77, S. 17 ff.

Ob ein solcher Systemwechsel zu empfehlen ist, untersucht die Arbeit in einem zweiten Schritt. Dazu werden die Vor- und Nachteile beider Systeme herausgearbeitet. Den Schwerpunkt wird hierbei eine ökonomische Analyse bilden. Im Ergebnis wird sich keines der beiden Systeme als klar vorzugswürdig erweisen, weshalb auch ein Systemwechsel nicht empfohlen wird. Vielmehr wird sich zeigen, dass das deutsche Gründungsrecht Teil eines effektiven Schutzsystems ist, das im Vergleich mit dem angelsächsischen Ansatz einige Vorzüge aufweist.

Was den Wettbewerb der Kapitalgesellschaftsformen angeht, wird die Arbeit darlegen, dass ein solcher Wettbewerb bereits seit dem Jahre 2006 stark rückläufig ist und heute nahezu zum Erliegen gekommen ist, weshalb auch Forderungen nach Deregulierung des deutschen Gründungsrechts darauf nicht mehr gestützt werden können.

Der letzte Abschnitt der Arbeit wird aufzeigen, was die gewonnenen Erkenntnisse für das geltende deutsche Gründungsrecht bedeuten. Hierzu werden aktuelle Reformvorschläge und umstrittene Auslegungsfragen dahin überprüft, ob sie sich im Einklang mit dem wünschenswerten Erhalt des geltenden ex ante-System befinden. Außerdem werden punktuelle Reformen vorgeschlagen, die sich konsequent in das geltende System einfügen und dieses verbessern.

II. Gegenstand der Untersuchung

Gegenstand der Untersuchung ist das Gründungsrecht der Kapitalgesellschaften von Deutschland, des Vereinigten Königreichs und der USA. Der Vergleich des deutschen Rechts gerade mit dem angelsächsischen Recht ist aus verschiedenen Gründen gewinnbringend. Das Gründungsrecht der angelsächsischen Rechtsordnungen weist die größten Unterschiede zum deutschen Gründungsrecht auf. Zudem haben die angelsächsischen Rechtsordnungen in den oben genannten Studien die besten Platzierungen erreicht und werden daher häufig als vorbildlich dereguliert bezeichnet. Innerhalb des angelsächsischen Rechts kommt dem britischen Recht aufgrund des Wettbewerbs der Kapitalgesellschaftsformen in Europa besondere Bedeutung zu. Aber es lohnt auch, zusätzlich das US-amerikanische Recht zu betrachten. Denn das *Corporate Law* der USA ist, historisch gesehen, früh adaptiertes britisches *Company Law*. Es ist frei geblieben vom europarechtlichen Einfluss, der insbesondere durch die Kapitalrichtlinie[17]

17 „Zweite Richtlinie 77/91/EWG des Rates vom 13. Dezember 1976 zur Koordinierung der Schutzbestimmungen, die in den Mitgliedstaaten den Gesellschaften im Sinne des Artikels 58 Absatz 2 des Vertrages im Interesse der Gesellschafter sowie Dritter für die Gründung der Aktiengesellschaft sowie für die Erhaltung und Änderung ihres

das (Gründungs-)Recht der britischen *PLC* „kontinentaleuropäisiert" hat. Außerdem entspricht das US-amerikanische Gründungsrecht, was die *public corporation* angeht, wohl der Wunschvorstellung der meisten britischen Kapitalgesellschaftsrechtler. Dies hat der vergeblich gebliebenen Vorstoß der britischen gesellschaftsrechtlichen Wissenschaft und Praxis, die Kapitalrichtlinie und damit das kontinentaleuropäische Kapitalsystem und das kontinentaleuropäische Gründungsrecht abzuschaffen, deutlich werden lassen.[18]

Die Untersuchung beschränkt sich auf den Vergleich der Gründung von *Kapitalgesellschaften.* Die Gründung von Personengesellschaften und sonstigen juristischen Zusammenschlüssen ist nicht Gegenstand der Arbeit. Verglichen werden die in ihren Staaten jeweils wirtschaftlich bedeutendsten Kapitalgesellschaften. In Deutschland sind dies die AG, die GmbH und deren Sonderform, die Unternehmergesellschaft haftungsbeschränkt (UG). Die KGaA wird nicht separat behandelt. Deren Gründung erfolgt sinngemäß nach den Regeln der Gründung der AG (§ 278 Abs. 3 AktG), sodass hier keine wesentlichen Unterschiede zum Recht der AG bestehen.

Die untersuchten britischen Kapitalgesellschaften sind die *private company limited by shares* (kurz: *Ltd.*) und die *public company limited by shares* (kurz: *PLC*). Die company *limited by guarantee* ist nur noch von geringer praktischer Bedeutung und unterscheidet sich in der Gründung auch nicht von der *limited*, sodass deren gesonderte Darstellung unterbleibt.

Aus dem amerikanischen Recht werden als bedeutendste Kapitalgesellschaften die *private corporation* und die *public corporation* untersucht. Nicht in den Vergleich aufgenommen wird die vergleichsweise junge US-amerikanische Gesellschaftsform der *limited liability company* (*LLC*). Zwar weist auch diese Gesellschaftsform Merkmale der Kapitalgesellschaft auf und wird von mittelständischen Unternehmen häufig als Rechtsträger gewählt. Das gerade für den Rechtsvergleich interessante, weitreichende *case law* der *corporation* fehlt dieser Gesellschaftsform jedoch bislang. Zahlreiche *common law*-Regeln, die das

---

Kapitals vorgeschrieben sind, um diese Bestimmungen gleichwertig zu gestalten"; aufgehoben durch „Richtlinie 2012/30/EU des Europäischen Parlaments und des Rates vom 25. Oktober 2012 zur Koordinierung der Schutzbestimmungen, die in den Mitgliedstaaten den Gesellschaften im Sinne des Artikels 54 Absatz 2 des Vertrages über die Arbeitsweise der Europäischen Union im Interesse der Gesellschafter sowie Dritter für die Gründung der Aktiengesellschaft sowie für die Erhaltung und Änderung ihres Kapitals vorgeschrieben sind, um diese Bestimmungen gleichwertig zu gestalten".

18 Dazu ausführlich unter Kapitel 5.

Kapitalgesellschaftsrecht der *corporation* ausformen, sind auf die *LLC* gerade nicht anwendbar. Außerdem bestehen hinsichtlich des kodifizierten Gründungsrechts der *LLC* keine wesentlichen Unterschiede zur *corporation*, sodass ein zusätzlicher Vergleich auch keine zusätzlichen Erkenntnisse verspricht.

Anders als das deutsche Kapitalgesellschaftsrecht und das britische *company law* ist das US-amerikanische *corporate law* kein Bundesrecht. Jeder Staat in den USA hat daher ein eigenes *corporate law*. Für eine Vereinheitlichung sorgt allerdings ein Modellgesetz, der *Model Business Corporation Act* (*MBCA*). Dieses Modellgesetz haben die meisten Staaten in weiten Teilen übernommen, sodass es eine weitreichende Harmonisierung des *corporate law* nach dem Vorbild des *MBCA* gibt. Daher ist das Gründungsrecht des *MBCA* auch Gegenstand des Vergleichs. Außerdem wird besonderes Augenmerk auf das Recht der Einzelstaaten von Delaware, New York und Kalifornien geworfen. Diese Staaten ziehen seit jeher die meisten Unternehmen an, was aus Gründersicht für ein besonders attraktives Recht spricht.[19] Die übrigen Staaten werden nur dann gesondert erwähnt, falls deren Gründungsrecht in entscheidender Weise vom *MBCA* oder dem Recht der Staaten Delaware, New York oder Kalifornien abweicht.

Die Arbeit beschränkt sich auf die Untersuchung des Rechts der Neugründung. Die Gründung durch Umwandlung wird nicht separat behandelt.

---

19 Zum Wettbewerb der Gesellschaftsrechte in den USA und dem Erfolg Delawares siehe grundlegend *Romano*, The Genius of American Corporate Law, S. 32 ff.

2. Teil: Hauptteil

Der folgende Hauptteil der Arbeit gliedert sich in sieben Kapitel. Das erste Kapitel stellt Dauer und Kosten der Gründung von Kapitalgesellschaften in Deutschland, dem Vereinigten Königreich und den USA dar. Das zweite Kapitel vergleicht den Vorgang und den rechtlichen Rahmen der Gründung. Ziel ist es, herauszufinden, welche Unterschiede im Gründungsrecht letztlich zur vergleichsweise langwierigen und teuren Gründung in Deutschland führen. Das dritte Kapitel knüpft an die gewonnenen Erkenntnisse an und untersucht, welchem Zweck das weitreichendere deutsche Gründungsrecht dient. Im vierten Kapitel wird erörtert, ob und inwieweit das angelsächsische Recht funktional entsprechende Mechanismen enthält, um diejenigen Zwecke zu fördern, die das deutsche Gründungsrecht verfolgt. Dabei wird herausgearbeitet, dass das angelsächsische Recht funktional entsprechende Mechanismen enthält, allerdings außerhalb des Gründungsrechts, und dass sich damit zwei unterschiedliche Systeme gegenüberstehen: das deutsche ex ante-Schutzsystem und das angelsächsische ex post-Schutzsystem. Das fünfte Kapitel wird sodann untersuchen, ob das angelsächsische System dem deutschen überlegen ist und das deutsche Recht daher nach angelsächsischem Vorbild reformiert werden sollte. Nachdem diese Frage verneint wird, erörtert das sechste Kapitel, ob ein Systemwechsel aufgrund eines Wettbewerbs der Gesellschaftsrechte angezeigt ist. Auch dies wird letztlich verneint. Die Arbeit schließt mit dem siebten Kapitel, das der Frage nachgeht, inwieweit Deregulierungen des deutschen Gründungsrechts möglich sind, ohne dabei einen Systemwechsel herbeizuführen. Außerdem wird untersucht, ob jüngste Gesetzesreformen und aktuelle Auslegungsfragen sich in das geltende System einfügen.

1. Kapitel: Kosten und Dauer der Gründung im Vergleich

Das folgende Kapitel stellt die Kosten und die Dauer der Gründung von Kapitalgesellschaften in Deutschland, dem Vereinigten Königreich und den USA dar. Dafür wird auf verschiedene Studien zurückgegriffen, die sich bereits dieser Frage gewidmet haben: eine Studie der Weltbank, eine Studie der EU Kommission sowie eine Studie von *Becht*, *Mayer* und *Wagner*.

I. Weltbank-Studie

Die Weltbank untersucht jährlich im *Doing Business Report*weltweit die rechtlichen Voraussetzungen, die das Betreiben eines Unternehmens regeln.[20] Verglichen werden 189 Länder. Ein Kapitel behandelt die Gründung von geschlossenen Kapitalgesellschaften. Untersucht werden die Anzahl der Gründungsschritte, die Dauer der Gründung und die Kosten der Gründung. Anhand dieser Daten wird ein Ranking erstellt, wobei die Platzierung umso besser ist, je schneller und kostengünstiger die Gründung vonstattengeht. Während Deutschland im jüngsten *Doing Business Report* im Gesamtranking den 21. Rang belegt[21], reicht es im Kapitel zur Gründung „*Starting a Business*" nur für Platz 111.[22] Das Vereinigte Königreich belegt im Gründungskapitel Platz 28 und die USA Platz 20.

Verglichen wird ein Musterunternehmen mit vorgegebenem Kapital, einer festgelegten Anzahl von Mitarbeitern und einem bestimmten Unternehmensgegenstand.[23] Für dieses Musterunternehmen ermittelt die Studie für Deutschland eine Gründungsdauer von 14,5 Tagen und Kosten in Höhe von 4,7 % des durchschnittlichen, jährlichen Pro-Kopf-Einkommens in Deutschland. Zu

---

20 Der Report aus dem Jahre 2014 ist abrufbar unter: http://www.doingbusiness.org/reports/global-reports/doing-business-2014.

21 Siehe http://www.doingbusiness.org/rankings.

22 http://www.doingbusiness.org/data/exploretopics/starting-a-business.

23 „Doing Business measures the number of procedures, time and cost for a small and medium-size limited liability company to start up and formally operate. To make the data comparable across 189 economies, Doing Business uses a standardized business that is 100% domestically owned, has start-up capital equivalent to 10 times income per capita, engages in general industrial or commercial activities and employs between 10 and 50 people within the first month of operations."; ausführlich zur Methode siehe: http://www.doingbusiness.org/methodology/starting-a-business.

absolvieren seien neun Gründungsschritte. Für das Vereinigte Königreich geht die Studie von einer Gründungsdauer von 12 Tagen aus, von Kosten in Höhe von 0,3 % des durchschnittlichen Pro-Kopf-Einkommens des Vereinigten Königreichs. Die Gründung benötige sechs Schritte. In den USA beträgt die Dauer der Gründung laut Studie fünf Tage, die Kosten betragen 1,5 % des Pro-Kopf-Einkommens, erforderlich sind sechs Gründungsschritte.

Die folgende Tabelle zeigt eine Übersicht der bestplatzierten Staaten:

Land	*Platzierung*	*Schritte (Anzahl)*	*Zeit (Tagen)*	*Kosten (% des jährlichen Pro-Kopf-Einkommens)*
Neuseeland	1	1	0.5	0.3
Kanada	2	1	5.0	0.4
Singapur	3	3	2.5	0.6
Australien	4	3	2.5	0.7
Hong Kong, China	5	3	2.5	0.8
Armenien	6	2	4.0	1.1
Mazedonien	7	2	2.0	1.9
Georgien	8	2	2.0	3.5
Ruanda	9	2	2.0	4.4
Aserbaidschan	10	3	7.0	1.0
Litauen	11	4	6.5	0.9
Irland	12	4	10.0	0.3
Kirgisistan	12	2	8.0	2.7
Niederlande	14	4	4.0	5.2
Weißrussland	15	5	9.0	0.8
Malaysia	16	3	6.0	7.6
Taiwan, China	17	3	10.0	2.3
Puerto Rico (U.S.)	18	6	6.0	0.9
Mauritius	19	5	6.0	3.6
USA	20	6	5.0	1.5
Usbekistan	21	4	8.5	3.5
Chile	22	7	5.5	0.7
Jamaika	23	5	6.0	6.4
Afghanistan	24	3	5.0	14.4
Mongolei	25	5	11.0	1.5
Panama	25	5	6.0	7.2

Land	*Platzierung*	*Schritte (Anzahl)*	*Zeit (Tagen)*	*Kosten (% des jährlichen Pro-Kopf-Einkommens)*
Burundi	27	3	5.0	17.5
Vereinigtes Königreich	28	6	12.0	0.3
...				
Deutschland	111	9	14,5	4,7

Quelle: Worldbank, Doingbusiness Report 2014, abrufbar unter http://www.doingbusiness.org/data/exploretopics/starting-a-business.

II. Studie der EU-Kommission

Die EU-Kommission vergleicht seit dem Jahre 2006 jährlich Dauer und Kosten der Gründung von geschlossenen Kapitalgesellschaften in den Mitgliedstaaten der EU. Die Untersuchung ist Teil eines Aktionsplans zur Förderung von kleinen und mittelgroßen Unternehmen (KMU) dem „Small Business Act".[24] Die Mitgliedstaaten werden angehalten, bestimmte Sollwerte hinsichtlich Dauer und Kosten zu erreichen.[25] Als Ziele sind aktuell Kosten von bis zu 100 Euro pro Gründung und eine Gründungsdauer von drei Tagen vorgegeben.[26] Darüber

---

24 Siehe dazu die „Mitteilung der Kommission an das Europäische Parlament, den Rat, den Europäischen Wirtschafts- und Sozialausschuss und den Ausschuss der Regionen - Vorfahrt für KMU in Europa - Der „Small Business Act" für Europa", (SEK(2008) 2101) (SEK(2008) 2102)/, abrufbar unter http://eur-lex.europa.eu/LexUriServ/LexUriServ.do?uri=COM:2008:0394:FIN:DE:HTML; siehe zudem die Übersicht unter http://ec.europa.eu/enterprise/policies/sme/small-business-act/index_de.htm.

25 So die Kommission in der Mitteilung der Kommission an das Europäische Parlament, den Rat, den Europäischen Wirtschafts- und Sozialausschuss und den Ausschuss der Regionen - Vorfahrt für KMU in Europa - Der „Small Business Act" für Europa, (SEK(2008) 2101) (SEK(2008) 2102)/, abrufbar unter http://eur-lex.europa.eu/LexUriServ/LexUriServ.do?uri=COM:2008:0394:FIN:DE:HTML: „*Die Mitgliedstaaten werden ersucht, die von den nationalen Behörden erhobenen Eintragungsgebühren zu reduzieren und sich dabei an den Mitgliedstaaten mit dem niedrigsten Gebührenniveau zu orientieren; sich weiter dafür einzusetzen, den für die Gründung eines Unternehmens erforderlichen Zeitaufwand auf unter eine Woche zu senken, falls dies nicht bereits geschehen ist; dafür zu sorgen, dass KMU künftig rascher ihre Geschäftstätigkeit aufnehmen können, indem weniger und einfachere Zulassungen und Genehmigungen verlangt werden.*".

26 Siehe die Information zur Studie auf: http://ec.europa.eu/enterprise/policies/sme/business-environment/start-up-procedures/progress-2012/index_en.htm: "*The conclusions of the Competitiveness Council of 31st May 2011 included a call to Member*

hinaus sollen Service-Büros geschaffen werden, in denen Gründer durch einen einmaligen Besuch eine geschlossene Kapitalgesellschaft gründen können sollen (sog. „*One-stop-shops*"). Die Zeitvorgabe erfüllen derzeit 12 der 27 Mitgliedstaaten, die Kostenvorgabe erfüllen sieben Mitgliedstaaten. Das Erfordernis der Bereitstellung eines *One-stop-shops* erfüllen 20 Mitgliedstaaten. Allein Deutschland, die Tschechische Republik, Griechenland, Litauen und die Slowakei erfüllen aktuell keine der drei genannten Vorgaben. England erfüllt die Kostenvorgabe und die Bereitstellung des *One-stop-shops.*

Für Deutschland ermittelt die Studie eine Gründungsdauer von sechs Tagen und Kosten in Höhe von 225 Euro. Für das Vereinigte Königreich werden eine Gründungsdauer von sechs Tagen und Kosten in Höhe von 30 Euro angegeben.

Die folgende Tabelle zeigt die Ergebnisse der Studie hinsichtlich Kosten und Dauer der Gründung in den Mitgliedstaaten der EU.

Land	*Dauer in Tagen*	*Kosten in Euro*
Österreich	11	385 €
Belgien	1,5	517 €
Bulgarien	4	40- 80
Zypern	5	265 €
Tschechien	15	345 €
Dänemark	1	89 €
Estland	2	185 €
Finnland	8	330 €
Frankreich	4	84 €
Deutschland	6	225 €
Griechenland	5	910 €
Ungarn	2	392 €
Irland	2-5	50 €
Italien	1	2.100 €
Lettland	4	205 €
Litauen	4	130-289 €
Luxemburg	3	1.100 €
Malta	5-8	210 €

States „to reduce the start-up time for new enterprises to 3 days and the cost to €100 by 2012".

Land	*Dauer in Tagen*	*Kosten in Euro*
Niederlande	1	350-400
Polen	1	125 €
Portugal	1	300-360 €
Rumänien	3	100-125 €
Slowakei	12	335 €
Slowenien	3	0 €
Spanien	17,5	115 €
Schweden	16	185 €
Vereinigtes Königreich	6	30 €

Quelle: EU-Kommission, abrufbar unter: http://ec.europa.eu/enterprise/policies/sme/business-environment/files/2012-country-fiches_en.pdf.

III. Studie von Becht, Mayer und Wagner

Eine weitere Studie untersuchte 2008 die Auswirkungen der EuGH-Urteile zur Niederlassungsfreiheit *Centros*, *Überseering* und *Inspire Art* und die sich anschließenden Deregulierungen in den Staaten der EU darauf, in welchem Staat Gründer ihr Unternehmen errichten. Vor allem wurden die Gründungen von *Ltds.* untersucht, die ihr Geschäft nicht im Vereinigten Königreich betrieben. Teil der Untersuchung war die Ermittlung der Gründungskosten von GmbH und AG sowie von deren europäischen Pendants.

Für GmbH und AG ermittelte die Studie Gründungskosten in Höhe von 1.500 Euro. Für die britische *Ltd.* gibt die Studie Kosten in Höhe von 425 Euro und für die *PLC* Kosten in Höhe von 779 Euro an.

IV. Zwischenergebnis

Die Ergebnisse der Studien unterscheiden sich hinsichtlich konkret ermittelter Dauer und Kosten. Diese Unterschiede sind aber allein auf verschiedene methodische Ansätze zurückzuführen. Letztlich gelangen alle Studien zur Feststellung, dass die Gründung von Kapitalgesellschaften in Deutschland vergleichsweise aufwändig, teuer und langwierig ist und dass die Gründung von Kapitalgesellschaften im Vereinigten Königreich und den USA durch weniger Schritte erreicht wird, kostengünstiger ist und schneller vonstattengeht.

2. Kapitel: Der Vergleich der Gründungsrechte

Das zweite Kapitel vergleicht das Recht der Gründung in Deutschland, dem Vereinigten Königreich und den USA. Herausgearbeitet werden die wesentlichen Gemeinsamkeiten und Unterschiede. Im Mittelpunkt steht dabei die Frage, welche konkreten Verschiedenheiten zwischen den einzelstaatlichen Gründungsrechten letztlich zu der abweichenden Gründungsdauer und den abweichenden Gründungskosten führen.

Verglichen werden: der jeweils vom Gesetz festgelegte Zeitpunkt des Entstehens der Gesellschaft (I.), die von den Gründern einzureichenden Dokumente und deren Inhalt (II.), die persönlichen Anforderungen, die das Gesetz an die Gründer stellt (III.), die Prüfpflichten von Gründern und Gesellschaftsorganen (IV.), das Verfahren der Eintragung, die zuständige Behörde und deren Kompetenzen (V.), die Regeln der Anteilsausgabe, die Anforderungen an das Gesellschaftskapital und dessen Aufbringung (VI.), die Bedeutung des Registers, die Registerführung und die Publizitätserfordernisse (VII.), die Zulässigkeit und Praxis von Mantelgründungen (VIII.), das Recht der Vorgründungsgeschäfte (IX.) sowie zuletzt die Rechtsfolgen fehlerhafter Gründungen (X.).

I. Entstehen der Gesellschaft

Der folgende Abschnitt untersucht, welcher Akt letztlich zum Entstehen der Gesellschaft führt. Entscheidende Kriterien sind dabei eine auf das Gesellschaftsvermögen begrenzte Haftung, das Bestehen einer eigenen Rechtspersönlichkeit, die Träger von Rechten und Pflichten ist und deren Existenz unabhängig von ihren Mitgliedern ist. Der Zeitpunkt des Entstehens der Gesellschaft markiert gleichzeitig das Ende des Gründungsvorgangs.

1. Deutschland

In Deutschland entstehen AG und GmbH mit der Eintragung ins Handelsregister (§ 11 Abs. 1 GmbHG, § 41 Abs. 1 Satz 1 AktG). Von diesem Moment an haftet den Gläubigern nur das Gesellschaftsvermögen (§ 13 Abs. 2 GmbHG, § 1 Abs. 1 Satz 2 AktG).

Zu beachten ist allerdings, dass alle Verbindlichkeiten, die bereits nach der Errichtung – also mit Abschluss von Gesellschaftsvertrag oder Satzung – begründet wurden, ipso iure im Wege der Gesamtrechtsnachfolge auf die entstandene

Gesellschaft übergehen und die bis zur Eintragung bestehende Handelndenhaftung erlischt.[27] Die beschränkte Haftung erstreckt sich also mit der Eintragung rückwirkend auch auf alle Geschäfte, die seit der Errichtung abgeschlossen wurden. Für den Regelfall, in dem der Errichtung die Eintragung folgt, entstehen GmbH und AG daher faktisch bereits mit ihrer Errichtung.

Dieses faktische Entstehen von AG und GmbH als bereits haftungsbeschränkte Vorgesellschaften mit eigener Rechtspersönlichkeit wurde von den oben dargestellten rechtsvergleichenden Untersuchungen zur Dauer der Gründung in von Kapitalgesellschaften nicht berücksichtigt. Stellt man auf dieses faktische Entstehen ab, so verkürzt sich die von den genannten Studien ermittelte Dauer der Gründung in Deutschland um den Zeitraum, der zwischen der Errichtung und der Eintragung liegt. Bedenkt man dies, ist die schlechte Platzierung des deutschen Gründungsrechts hinsichtlich der Dauer nach oben zu korrigieren.

2. Vereinigtes Königreich

Die englische *company* entsteht in dem Zeitpunkt, in dem sie im *Companies House* registriert wird (sections 15 (1), 16 Companies Act 2006). Ab diesem Zeitpunkt ist die *Company* befähigt, alle Tätigkeiten einer juristischen Person auszuführen. Status und Gesellschaftssitz der *company* gelten entsprechend der Angabe im Registrierungsantrag. Die Unterzeichner werden zu Anteilseignern, wie sie es in der Erklärung bezüglich des Kapitals und der Kapitalanteile festgelegt haben (section 16 Companies Act 2006).

In der deutschen Literatur zum *Company Law* wird hingegen überwiegend nicht auf die Eintragung abgestellt, sondern als Entstehungszeitpunkt die Ausgabe des *certificate of incorporation* genannt.[28] Dies ist allerdings unzutreffend. Das *certificate* ist zwar schlüssiger Beweis (*conclusive evidence*) dafür, dass die company wirksam gegründet wurde (section 15 (4) Companies Act 2006), entstanden ist die Gesellschaft jedoch bereits mit ihrer Eintragung (section 15 (1), 16 Companies Act).[29]

---

27 Zum Recht der Vorgesellschaften ausführlich unten, Kapitel 2 Abschnitt IX.

28 *Triebel/Illmer/Ringe/Vogenauer/Ziegler*, Englisches Handels- und Wirtschaftsrecht, S. 206 Rn. 47; *Heinz/Hartung*, Die englische Limited, S. 33 Rn. 29; unklar: *Just*, Limited, II. Rn. 35; noch zum Companies Act 1985 *Triebel/Hodgson/Kellenter/Müller*, Englisches Handels- und Wirtschaftsrecht, S. 220 Rn. 588; *Rehm*, in: Eidenmüller, Ausländische Kapitalgesellschaften, § 10 Rn. 22; zutreffend allein *Cahn/Donald*, Comparative Company Law, S. 135 f.

29 So auch auch die Erläuterungen (*Explanatory Notes*) des *Department of Trade and Industry (DTI)* zu section 16 Companies Act 2006 (Erläuterung Nr. 61): "*This means*

3. USA

Nach den Regeln des *MBCA* entsteht die US-amerikanische *corporation* mit der Registrierung (dem sog. *filing*[30]) beim *Secretary of State* (§ 2.03 (a) iVm § 1.23 (a) MBCA). Ausschlaggebend ist das Datum und die Uhrzeit, mit dem die Gründungsurkunde während der Registrierung versehen wird.[31] Die Gründungsurkunde wird jedoch nicht mit dem Datum versehen, an dem der *Secretary of State* diese letztlich registriert, sondern bereits mit dem Datum, an dem die Gründungsurkunde beim *Secretary of State* eingegangen ist (§ 1.23 MBCA). Die Bearbeitungszeit wird also ignoriert und die Gesellschaft entsteht mit der Registrierung rückwirkend zu dem Zeitpunkt, in dem die Gründer die Gründungsurkunde eingereicht haben.[32] Für die Gründer bedeutet dies, dass sie bereits mit dem Einreichen der Gründungsurkunde die Geschäfte der *corporation* aufnehmen können und bei erfolgreicher Registrierung rückwirkend bereits ab diesem Zeitpunkt beschränkt haften. Etwas anderes gilt nur dann, wenn es aufgrund einer fehlerhaften Gründungsurkunde oder fehlender Entrichtung der Registrierungsgebühren später nicht zur Registrierung kommt.

Gleiches gilt nach dem Recht des Staates Delaware (vgl. § 106 iVm § 103 DGCL) und dem Recht der allermeisten übrigen Einzelstaaten. § 56 des MBCA von 1969 sah hingegen noch vor, dass die Gesellschaft mit Ausgabe einer Bestätigung über die Gründung (*certificate of incorporation*) entsteht. So ist die Rechtslage heute noch im District of Columbia, Illinois (§§ 1.10 (e), 2.15 Ill.Bus.Corp. Act), New Mexico, Rhode Island, Vermont, und West Virginia.

Die Gründer haben zudem die Möglichkeit, durch eine entsprechende Erklärung die Gesellschaft bis zu 90 Tage nach dem Einreichen der Gründungsurkunde entstehen zu lassen (§ 1.23 (b) MBCA; § 103 (d) DGCL).

4. Vergleich

In allen drei Staaten entstehen Kapitalgesellschaften in dem Moment, in dem sie von einer staatlichen Stelle registriert werden. Es erfolgt eine offizielle Dokumentation des Willens der Gründer, eine Kapitalgesellschaft zu gründen, sowie

---

that on registration [!] *a company becomes a legal person in its own right, which is distinct from the people who own it (the members) and the people who manage it (the directors).*"

30 Ausführlich zum Vorgang der Registrierung siehe unten, Kapitel 2, Abschnitt V.

31 § 2.03 MBCA, Official Comment, p. 2-45, No. 4; *Fletcher*, Cyc Corp, § 135, p. 207.

32 § 2.03 MBCA, Official Comment, p. 2-45, No. 4; *Merkt/Göthel*, US-amerikanisches Gesellschaftsrecht, S. 196 Rn. 276.

eine Dokumentation der essentiellen Daten der Gesellschaft (insbesondere Firma, Gesellschaftssitz, Kapital, Vertreter[33]). Erst diese Dokumentation schafft die Verkehrs- und die Beweissicherheit, die notwendig ist, um der Gesellschaft die Teilnahme am Rechtsverkehr als haftungsbeschränkte, eigenständige juristische Person zu ermöglichen. Daher ist dieser Akt der Dokumentation auch der erstmögliche Zeitpunkt für das Entstehen der Gesellschaft.

Im Vereinigten Königreich ist die Registrierung (*registration*) dieser erste offizielle Akt, der die erforderliche Verkehrssicherheit und die erforderliche Beweissicherheit herstellt – folgerichtig entsteht die *company* in diesem Moment. In den USA wird bereits der Eingang der Gründungsdokumente beim *Secretary of State* offiziell beurkundet, indem diese mit dem Eingangsdatum versehen werden. Die *corporation* kann durch die Registrierung (*filing*) mithin rückwirkend zum Zeitpunkt des Eingangs der Dokumente entstehen. In Deutschland werden die essentiellen Daten der Gesellschaft und der Gründer mit der Eintragung ins Handelsregister dokumentiert. Die erforderliche Beweissicherheit wird gewährleistet, indem eine Eintragung in das Handelsregister erst wirksam wird, sobald sie in den für die Handelsregistereintragungen bestimmten Datenspeicher aufgenommen ist und auf Dauer inhaltlich unverändert in lesbarer Form wiedergegeben werden kann (§ 8a Abs. 1 HGB). Allerdings werden bereits während der Errichtung, also bei Abschluss von Gesellschaftsvertrag und Satzung die essentiellen Daten der Gesellschaft offiziell dokumentiert, nämlich durch die notarielle Beurkundung. Dementsprechend entstehen AG und GmbH faktisch bereits (rückwirkend) zu diesem Zeitpunkt.

II. Dokumentation

Im Folgenden wird dargestellt, welche Erklärungen und Dokumente die Gründer während des Gründungsvorgangs einreichen müssen.

1. Deutschland

a. Inhalt der Anmeldung der GmbH

Die Anmeldung einer GmbH zur Eintragung ins Handelsregister muss folgende Dokumente und Angaben enthalten (vgl. § 8 GmbHG):

(a) den Gesellschaftsvertrag (§ 8 Abs. 1 Nr. 1 GmbHG) mit folgendem Inhalt (§ 3 Abs. 3 GmbHG):
- die Firma der Gesellschaft,

33 Zum Inhalt der Gründungsdokumente ausführlich unten Kapitel 2, Abschnitt II.

(Die Firma ist vom Registergericht gemäß § 9 c Abs. 2 Nr. 1 GmbHG zu prüfen. Nach § 18 Abs. 1 HGB muss die Firma zur Kennzeichnung des Kaufmanns geeignet sein und Unterscheidungskraft besitzen. Weiterhin darf die Firma keine irreführenden Angaben enthalten (§ 18 Abs. 2 Satz 1 HGB)).

- den Sitz der Gesellschaft,
- den Gegenstand des Unternehmens,
- den Betrag des Stammkapitals,
- die Zahl und die Nennbeträge der Geschäftsanteile, die jeder Gesellschafter gegen Einlage auf das Stammkapital übernimmt,
- wenn bereits bestellt, die Person des Geschäftsführers (§ 6 Abs. 3 Satz 2 GmbHG),

(b) die Legitimation der Geschäftsführer, sofern dieselben nicht im Gesellschaftsvertrag bestellt sind (§ 8 Abs. 1 Nr. 2 GmbHG),

(c) eine von den Anmeldenden unterschriebene Liste der Gesellschafter, aus welcher deren Name, Vorname, Geburtsdatum und Wohnort sowie die Nennbeträge und die laufenden Nummern der von jedem Gesellschafter übernommenen Geschäftsanteile ersichtlich sind (§ 8 Abs. 1 Nr. 3 GmbHG),

(d) im Fall der Sachgründung die Verträge, die den Festsetzungen nach § 5 Abs. 4 GmbHG zugrunde liegen oder zu ihrer Ausführung geschlossen worden sind,

(e) der Sachgründungsbericht (§ 8 Abs. 1 Nr. 4 GmbHG) sowie Unterlagen darüber, dass der Wert der Sacheinlagen den Nennbetrag der dafür übernommenen Geschäftsanteile erreicht (§ 8 Abs. 1 Nr. 5 GmbHG),

(f) eine Versicherung darüber, dass die erforderlichen Leistungen auf die Geschäftsanteile bewirkt sind und zur freien Verfügung der Gesellschaft stehen (§ 8 Abs. 2 Satz 1 GmbHG). Bei erheblichen Zweifeln an der Richtigkeit der Versicherung kann das Gericht Nachweise (unter anderem Einzahlungsbelege) verlangen (§ 8 Abs. 2 Satz 2 GmbHG),

(g) eine Beteuerung der Geschäftsführer, dass keine Umstände vorliegen, die ihrer Bestellung nach § 6 Abs. 2 Satz 2 Nr. 2 (gerichtliches oder verwaltungsrechtliches Verbot eine Tätigkeit auszuüben, die dem Unternehmensgegenstand unterfällt) und Nr. 3 (Verurteilung wegen Begehung bestimmter Vermögensdelikte) sowie S. 3 entgegenstehen, und dass sie über ihre unbeschränkte Auskunftspflicht gegenüber dem Gericht belehrt worden sind (§ 8 Abs. 3 Satz 1 GmbHG). Dabei kann die Belehrung nach § 53 Abs. 2 BZRG schriftlich vorgenommen werden oder durch einen Notar oder durch einen Vertreter eines vergleichbaren rechtsberatenden Berufs oder einen Konsularbeamten erfolgen.

(h) die Angabe einer inländischen Geschäftsanschrift (§ 8 Abs. 4 Satz 1 GmbHG),
(i) Art und Umfang der Vertretungsbefugnis der Geschäftsführer (§ 8 Abs. 4 Satz 2 GmbHG).

b. Gründung der GmbH im vereinfachten Verfahren

Hat die GmbH nicht mehr als drei Gesellschafter und nur einen Geschäftsführer, so kann sie in einem „vereinfachten Verfahren" gegründet werden (§ 2 Abs. 1a Satz 1 GmbHG). Für die Gründung nach diesem Verfahren ist ein Musterprotokoll zu verwenden (§ 2 Abs. 1a Satz 2 GmbHG, Anlage zu § 2 Abs. 1a GmbHG).[34] Das Musterprotokoll enthält den Gesellschaftsvertrag und die Geschäftsführerbestellung. Zudem gilt es als Gesellschafterliste (§ 2 Abs. 1a Satz 4 GmbHG). Vom Gesetz abweichenden Bestimmungen dürfen nicht getroffen werden (§ 2 Abs. 1a Satz 3 GmbHG).

c. Inhalt der Anmeldung der Aktiengesellschaft

Die Anmeldung der Aktiengesellschaft zur Eintragung muss Folgendes enthalten (vgl. § 37 AktG):

(a) eine Erklärung darüber, dass der eingeforderte Betrag ordnungsgemäß eingezahlt worden ist (§ 37 Abs. 1 Satz 1 iVm §§ 36 Abs. 2, 36a, 54 Abs. 3 AktG),
(b) einen Nachweis darüber, dass der Betrag zur freien Verfügung des Vorstandes steht (§ 37 Abs. 1 Satz 2 AktG); bei Einzahlung auf ein Konto gemäß § 54 Abs. 3 AktG etwa durch Bankbestätigung (§ 37 Abs. 1 Satz 3 AktG),
(c) eine Versicherung der Vorstandsmitglieder und deren Stellvertreter (§ 94 AktG), dass keine Umstände vorliegen, die ihrer Bestellung nach § 76 Abs. 3 Nr. 2 AktG (gerichtliches oder verwaltungsrechtliches Verbot eine Tätigkeit auszuüben, die dem Unternehmensgegenstand unterfällt) oder Nr. 3 (Verurteilung wegen Begehung bestimmter Vermögensdelikte) entgegenstehen und, dass sie über ihre unbeschränkte Auskunftspflicht (vom Registergericht oder einem Notar (§ 53 Abs. 2 BZRG)) belehrt wurden (§ 37 Abs. 2 AktG),
(d) die Angabe einer inländischen Geschäftsanschrift (§ 37 Abs. 3 AktG),
(e) sowie eine Angabe über Art und Umfang der Vertretungsbefugnis der Vorstandsmitglieder (§ 37 Abs. 3 AktG).

Der Anmeldung sind zudem folgende Unterlagen beizufügen (vgl. § 37 Abs. 4 AktG):

---

34 Siehe Anhang [XY].

(a) die Satzung und die Urkunden, in denen die Satzung festgestellt worden ist und die Aktien von den Gründern übernommen worden sind (§ 37 Abs. 4 Nr. 1 AktG).

Die Satzung hat folgenden notwendigen Inhalt (vgl. § 23 Abs. 3, Abs. 4 AktG):

- die Firma und den Sitz der Gesellschaft (§ 23 Abs. 3 Nr. 1 AktG),
- den Gegenstand des Unternehmens (§ 23 Abs. 3 Nr. 2 AktG),
- die Höhe des Grundkapitals (§ 23 Abs. 3 Nr. 3 AktG),
- die Zerlegung des Grundkapitals entweder in Nennbetragsaktien oder in Stückaktien, bei Nennbetragsaktien deren Nennbeträge und die Zahl der Aktien jeden Nennbetrags, bei Stückaktien deren Zahl, außerdem, wenn mehrere Gattungen bestehen, die Gattung der Aktien und die Zahl der Aktien jeder Gattung (§ 23 Abs. 3 Nr. 4 AktG),
- ob die Aktien auf den Inhaber oder auf den Namen ausgestellt werden (§ 23 Abs. 3 Nr. 5 AktG),
- die Zahl der Mitglieder des Vorstands oder die Regeln, nach denen diese Zahl festgelegt wird (§ 23 Abs. 3 Nr. 6 AktG),
- Angaben zur Form der Bekanntmachung der Gesellschaft (§ 23 Abs. 4 AktG),

(b) gegebenenfalls die schriftlichen Verträge über Sondervorteile der Gründer (§ 26 Abs. 1 AktG), über die Vergütung von Gründungsaufwand (§ 26 Abs. 2 AktG), über Vereinbarungen von Sacheinlagen (§ 27 Abs. 1, 1. Fall) oder Sachübernahmen (§ 27 Abs. 1 Satz 1, 2. Fall) (§ 37 Abs. 4 Nr. 2 AktG),
(c) die Urkunden über die Bestellung des Vorstands und des Aufsichtsrats (§ 37 Abs. 4 Nr. 3 AktG) sowie Angaben über Name, Beruf und Wohnort der Mitglieder des Aufsichtsrats (§ 37 Abs. 4 Nr. 3a AktG),
(d) den Gründungsbericht und die Prüfungsberichte des Vorstandes und des Aufsichtsrats sowie der Gründungsprüfer (§ 37 Abs. 4 Nr. 4 AktG).

d. Zum Unternehmensgegenstand

Der Unternehmensgegenstand ist vom Gesellschaftszweck zu unterscheiden. Während der Gesellschaftszweck das Ziel der Tätigkeit des Unternehmens beschreibt (meist Gewinnerzielung), bezeichnet der Unternehmensgegenstand die Art der Geschäfte, durch die der Zweck erreicht werden soll.[35] Der Gegenstand

35 Ausführlich dazu *Röhricht*, in: Großkommentar AktG, § 23 Rn. 90 ff.

des Unternehmens beschreibt also den Bereich der Tätigkeit der Gesellschaft.[36] Dieser muss so weit konkretisiert sein, dass der Schwerpunkt der Geschäftstätigkeit ersichtlich ist.[37] Bei der Aktiengesellschaft sind bei Industrie- und Handelsunternehmen insbesondere die Art der Erzeugnisse und der Waren, die hergestellt und gehandelt werden sollen, näher anzugeben (§ 23 Abs. 3 Nr. 2, 2. Hs. AktG). Diese Regelung wird entsprechend für die erforderliche Konkretisierung des Unternehmensgegenstandes der GmbH herangezogen.[38] Eine unzureichende Konkretisierung führt nicht zur Nichtigkeit des Gesellschaftsvertrages;[39] sie ist jedoch Eintragungshindernis (§ 9c Abs. 2 Nr. 1 GmbHG, § 38 Abs. 4 Nr. 1 AktG). Wird die Gesellschaft dennoch eingetragen, kann dieser Mangel später nicht mehr geltend gemacht werden.[40] Das Fehlen oder die Nichtigkeit des Unternehmensgegenstandes eröffnet aber die Möglichkeit der Nichtigkeitsklage (§ 75 Abs. 1 GmbHG, § 275 Abs. 1 AktG) sowie die Löschung von Amtswegen (§ 397 FamFG).

2. Vereinigtes Königreich

a. Beim Companies House einzureichende Dokumente

Um eine *company* zu gründen, müssen die Gründer folgende Dokumente beim *Companies House* einreichen (sections 7 ff. Companies Act 2006):

(a) eine Gründungserklärung (*memorandum of association*), in der die Unterzeichner (*subscribers*) kundtun, dass sie eine Gesellschaft gründen wollen, Gesellschafter werden möchten und mindestens einen Geschäftsanteil übernehmen werden (section 8 (1) Companies Act 2006). Die Unterzeichner müssen das *memorandum of association* in der vorgeschriebenen Form

36 BGH, BB 1981, 450; BGHZ 102, 209, 213; *Ulmer*, in: Großkommentar GmbHG, § 3 Rn. 11; *Michalski*, in: Michalski, GmbHG, § 3 Rn. 6; *Kraft*, in: Kölner Kommentar AktG, § 23 Rn. 43; *Röhricht*, in: Großkommentar AktG, § 23 Rn. 80; *Pentz*, in: Münchener Kommentar AktG, § 23 Rn. 69.

37 BGH, BB 1981, 450; BayObLG NJW 1976, 1694; *Ulmer*, in: Großkommentar GmbHG, § 3 Rn. 14.

38 *Ulmer*, in: Großkommentar GmbHG, § 3 Rn. 11; *Michalski*, in: Michalski, GmbHG, § 3 Rn. 8; *Fastrich*, in: Baumbach/Hueck, GmbHG, § 3 Rn. 8.

39 *Roth/Altmeppen*, GmbHG, § 3 Rn. 9.

40 *Ulmer*, in: Großkommentar GmbHG, § 3 Rn. 13; *Baumbach/Hueck/Fastrich*, GmbHG, § 3 Rn. 10.

eines Musterdokuments[41] einreichen und authentifizieren (section 8 (1), (2) Companies Act 2006),

(b) einen Registrierungsantrag (*application for registration*) mit folgendem Inhalt (vgl. section 9 (2) Companies Act 2006):

- die Firma (section 9 (2) (a) Companies Act 2006),
- ob der eingetragene Firmensitz sich in England und Wales, Wales, Schottland oder Nordirland befindet (section 9 (2) (b) Companies Act 2006),
- die Angabe, ob die Haftung der Gesellschafter beschränkt ist und wenn ja, ob die Haftung durch Anteile oder durch Garantie beschränk ist (section 9 (2) (c) Companies Act 2006),
- sowie die Angabe, ob es sich bei der Gesellschaft um eine private company oder um eine public company handelt (section 9 (2) (d) Companies Act 2006),
- wird der Antrag durch einen Bevollmächtigten eingereicht, muss auch der Name und die Adresse des Bevollmächtigten aufgeführt sein (section 9 (3) Companies Act 2006);

(c) den Gesellschaftsvertrag (*articles of association*).

Der Gesellschaftsvertrag regelt detailliert die Rechtsbeziehungen von Gesellschaftern, Gesellschaft und Geschäftsführung – die Mustersatzung für die *Ltd.* umfasst etwa 15 Seiten, die Mustersatzung für die *PLC* etwa 30 Seiten. Das englische Kapitalgesellschaftsrecht überlässt einen wesentlich größeren Teil dieser Regelungsgegenstände der Parteivereinbarung als das deutsche Recht. Eine *company* ist daher auf einen ausgefeilten Gesellschaftsvertrag angewiesen. Dessen Gestaltung kommt somit große Bedeutung zu.[42]

(d) eine Erklärung hinsichtlich des Kapitals und der ersten Kapitalanteile (*statement of capital and initial shareholdings,* section 10 Companies Act 2006) mit folgenden Informationen:

- die Gesamtzahl aller von den Unterzeichnern der Gründungserklärung übernommenen Anteile (section 10 (2) (a) Companies Act 2006),
- die Gesamtsumme des Nominalwerts dieser Anteile (section 10 (2) (b) Companies Act 2006),

---

41 Siehe *The Companies (Registration) Regulations 2007, Schedule 1* für *companies* mit *shared capital* und *Schedule 2* für *companies* ohne *shared capital*; siehe Anhang [XY].

42 Vgl. *Gower/Davies*, Principles of Modern Company Law, p. 62, 3-10; p. 91, 4-14.

- für jede Aktiengattung zudem Einzelheiten bezüglich der Rechte der Aktien (section 10 (2) (c) (i) Companies Act 2006),
- die Gesamtzahl der jeweiligen Aktiengattung (section 10 (2) (c) (ii) Companies Act 2006),
- sowie die Gesamtsumme des Nominalwerts der einzelnen Gattungen (section 10 (2) (c) (iii) Companies Act 2006),
- zudem müssen der einbezahlte (paid-up capital) und der nicht einbezahlte Betrag (unpaid capital) auf die jeweiligen Anteile angegeben werden.

Diese Informationen bezüglich des Kapitals und der Kapitalanteile müssen zudem zusätzlich bezogen auf jeden einzelnen Unterzeichner angegeben werden (section 10 (4), (5) Companies Act 2006). Die Erklärung bezüglich des Kapitals und der ersten Kapitalanteile hat der Gesetzgeber bewusst vom Gesellschaftsvertrag getrennt, damit bei Änderungen des Gesellschaftskapitals nicht auch der Gesellschaftsvertrag geändert werden muss.[43]

(e) Abzugeben ist außerdem eine Erklärung bezüglich der zukünftigen Direktoren *(statement of proposed officers,* section 12 Companies Act 2006) mit folgenden persönlichen Informationen (vgl. sections 12 (2) (a), 162 - 166 Companies Act 2006):

- Name
- Geschäftsanschrift
- Wohnanschrift
- Geburtsdatum
- Nationalität
- Beruf.

Ist der *director* eine juristische Person sind entsprechende Angaben über die juristische Person zu machen (section 164 Companies Act 2006). Für die Gesellschaftssekretäre sind lediglich Name und Adresse anzugeben (sections 12 (2) (b), 277 - 279 Companies Act 2006).

Diese Angaben über die Geschäftsleiter und über die Gesellschaftssekretäre sind in jeweils einem von der Gesellschaft zu führenden Register festzuhalten (section 162 Companies Act 2006 (*register of directors*), section 275 Companies Act 2006 (*register of secretaries*)). Die Wohnanschriften der Geschäftsleiter sind in einem eigens zu führenden Register zu vermerken (*Register of directors' residential addresses*, section 165 Companies Act 2006). Ein Verstoß gegen section

43 *Hansard*, HC SC D, ser 6, col 28 (20. 6. 2006).

165 stellt eine Straftat dar, die mit Geldstrafe geahndet wird (section 165 (4), (5) Companies Act 2006).

(f) Darüber hinaus einzureichen ist eine Erklärung bezüglich der Einhaltung der gesetzlichen Anforderungen (*statement of compliance,* section 9 (1) Companies Act 2006).

Der Companies Act 1985 sah noch vor, dass diese Erklärung eidesstattlich zu versichern war (*statutory declaration*). Berechtigt dazu war nur ein mit der Gründung betrauter Anwalt (section 12 (3) (a) Companies Act 1985) oder einer der zukünftigen Geschäftsleiter oder Gesellschaftssekretäre (section 12 (3) (b) Companies Act 1985). Um die Gründung zu vereinfachen hat der Companies Act 2006 dieses Formerfordernis aufgegeben.

(g) Zuletzt einzureichen ist ein Scheck zur Deckung der Registrierungsgebühren.

Die Gebühren betragen grundsätzlich 20 Pfund, bei Inkorporation am selben Tag 50 Pfund, bei elektronischer Gründung 15 Pfund und bei elektronischer Gründung am selben Tag 30 Pfund.[44]

b. Mustersatzungen

Damit nicht während jeder Gründung einer *company* die Gründer erneut selbst alle Rechtsbeziehungen im Innenverhältnis der Gesellschaft regeln müssen, gibt es für *Ltd.* und *PLC* jeweils Mustersatzungen (*model articles*), die alle wesentlichen Regelungsgegenstände enthalten und die die Gründer übernehmen können.[45] Die Mustersatzungen dienen somit dazu, die Gründung zu vereinfachen.[46] Übernehmen die Gründer die Mustersatzung, so müssen sie nämlich nicht selbst jeden wesentlichen Gegenstand regeln. Reichen die Gründer keinen eigenen Gesellschaftsvertrag ein, so erhält dieser ohne weiteres Zutun den Inhalt der Mustersatzung (section 20 Companies Act 2006). Wählen die Gründer hingegen einen von der Mustersatzung abweichenden Gesellschaftsvertag, so müssen sie diesen anmelden (section 18 (2) Companies Act 2006). Dort, wo der Gesellschaftsvertrag nicht von der Mustersatzung abweicht, gilt die Mustersatzung. Die Mustersatzung füllt somit jede Lücke, die nicht im Gesellschaftsvertrag

---

44 *Schedule 4 Companies (Fees) Regulations* 2004 (SI 2004/2621), siehe Anhang [XY].

45 *The Companies (Model Articles) Regulations* 2008, SI 2008/3229; für die *Ltd.*: *Schedule 1, Model Articles for Private Companies Limited by Shares*; für die *PLC*: *Schedule 2, Model Articles for Public Companies*; siehe Anhang [XY].

46 Siehe *Gower/Davies*, Principles of Modern Company Law, S. 64 f. Rn. 3-11.

geregelt ist. Soll die Mustersatzung überhaupt nicht gelten, müssen die Gründer diese ausdrücklich vollständig ausschließen (*opt-out* Modell).[47]

c. Unternehmensgegenstand

Der Gesellschaftsvertrag enthält auch den Unternehmensgegenstand. Wird der Unternehmensgegenstand im Gesellschaftsvertrag nicht ausdrücklich beschränkt, so ist die Gesellschaft grundsätzlich zur Ausübung sämtlicher Geschäfte befugt (section 31 (1) Companies Act 2006). Der Unternehmensgegenstand bindet die Geschäftsleiter allein im Innenverhältnis (section 171 Companies Act 2006), nicht aber im Außenverhältnis (section 40 Companies Act 2006).

Nach der von der Rechtsprechung entwickelten, früher geltenden *Ultra-vires-Lehre* durfte die Gesellschaft hingegen nur Geschäfte abschließen, die vom zwingend zu bestimmenden Unternehmensgegenstand umfasst waren.[48] Diese Regel beschränkte einerseits die Kompetenz der Geschäftsleiter im Innenverhältnis und führte darüber hinaus im Außenverhältnis dazu, dass Geschäfte, die in Überschreitung der Befugnisse (also *ultra vires*) abgeschlossen wurden, nichtig waren.[49] Eine Reform des *Companies Act 1985* im Jahre 1989 nahm dem Unternehmensgegenstand zunächst die Außenwirkung, indem der Gesetzgeber statuierte, dass *ultra vires* abgeschlossene Geschäfte wirksam seien.[50] Darüber hinaus erlaubte der reformierte *Companies Act*, einen ganz allgemeinen Unternehmensgegenstand zu wählen.[51] Der Gesetzgeber des *Companies Act 2006* gab das Erfordernis, einen Unternehmensgegenstand zu wählen, dann vollständig

---

47 Vgl. *Gower/Davies*, Principles of Modern Company Law, S. 64 Rn. 3-11.

48 Vgl. Ashbury Railway Carriage & Iron Co Ltd v Riche (1875) LR 7 HL 653; *Kruse v. Johnson* [1898] 2 Q.B. 91; *Anisminic Ltd v Foreign Compensation Commission*, [1969] 2 AC 147; *Council of Civil Service Unions & Others v Minister for the Civil Service*, [1984] 3 All ER 935; siehe auch *Hannigan*, Company Law, Rn. 4 ff.

49 Vgl. *Ernest v. Nichols* (1857) 6 HL Cas 401; *Royal British Bank v. Turquand* (1856) 6 El & Bl 327; *Hicks/Goo*, Cases and Materials on Company Law, 6.1.1, S. 166.

50 Section 35 (1) CA 1985, as amended: „*The validity of an act done by a company shall not be called into question on the ground of lack of capacity by reason of anything in the company's constitution.*". Ausführlich dazu: *E. Ferran*, ‚The Reform of the Law On Corporate Capacity and Directors' and Officers' Authority' [1992] Company Lawyer 124.

51 Section 3A Companies Act 1985, as amended: "*Where the company's memorandum states that the object of the company is to carry on business as a general commercial company (a) the object of the company is to carry on any trade or business whatsoever, and (b) the company has power to do all such things as are incidental or conducive to the carrying on of any trade or business by it.*".

auf. Für Gesellschaften, die dennoch einen Unternehmensgegenstand wählen, gilt die *ultra-vires-Lehre* weiterhin nicht im Außenverhältnis (section 39 (1) Companies Act 2006). Sie kann jedoch weiterhin Bedeutung im Innenverhältnis zwischen den Gesellschaftern und der Geschäftsleitung erlangen.[52]

d. Angabe zur Veräußerung von Geschäftsanteilen

Die Mustersatzung der *Ltd.* beschränkt die Veräußerung von Gesellschaftsanteilen nicht. Regelmäßig ist eine Beschränkung jedoch von den Gründern gewünscht, weshalb dieser Punkt in der Praxis entsprechend ergänzt wird. Zwar gewähren die *model articles* den *directors* das Recht, die Übertragung von Gesellschaftsanteilen zu verweigern.[53] Gewünscht sind von den Gründern aber häufig umfassendere Beschränkungen. Etwa insoweit, als dass eine Übertragung nur an andere Gesellschafter möglich ist. In Betracht kommt auch, den übrigen Gesellschaftern ein Vorkaufsrecht einzuräumen (*pre-emption right*).[54] Bei *PLCs*, deren Anteile zum Handel an der Börse zugelassen sind, ist eine Beschränkung der Übertragung nicht möglich (Rule 2.2.4 FSA Listing Rules).

e. Zur Firma

Die Firma der *company* muss erkennen lassen, dass es sich um eine haftungsbeschränkte Gesellschaft handelt. Eine *PLC* muss dazu den Firmenzusatz „*public limited company*" oder „*p.l.c.*" tragen (section 58 (1) Companies Act 2006). Handelt es sich um eine walisische Gesellschaft, kann die *PLC* alternativ auch den Zusatz „*cwmni cyfyngedig cyhoeddus*" oder „*c.c.c.*" tragen (section 58 (2) Companies Act 2006).

Eine *Ltd.* muss den Firmenzusatz „*limited*" oder „*ltd.*" tragen (section 59 (1) Companies Act 2006). Eine walisische *Ltd.* kann alternativ auch den Zusatz „*cyfyngedig*" oder „*cyf.*" enthalten (section 59 (2) Companies Act 2006).

Der Registrierbeamte überprüft die Firma daraufhin, ob es bereits eine gleiche oder ähnliche Firma gibt und es so zu Verwechslungen kommen könnte (section 66 Companies Act 2006). Firmen, die eine Verbindung zur Regierung oder einer anderen Institution öffentlicher Gewalt nahelegen (wie etwa „*England*", „*European*", „*Her Majesty*", „*Institute*", „*International*", „*Royal*", „*United*

52 Vgl. *Hicks/Goo*, Cases and Materials on Company Law, 6.1.4, S. 168.

53 Art. 26 (5) Schedule 1, The Companies (Model Articles) Regulations 2008.

54 vgl. Tett v Phoenix Property and Investment Co Ltd.[1986] BCLC 149; *Mayson/French/Ryan*, Company Law, Abschnitt 8.3.4.4, S. 231 f.; *Gower/Davies*, Principles of Modern Company Law, S. 942, Rn. 27-7.

Kingdom", etc.)[55] bedürfen einer Genehmigung des *Secretary of State* (section 54 Companies Act 2006).

Verboten sind Firmen, die verletzend (*offensive*) wirken oder einen deliktischen Tatbestand (*offence*) erfüllen (section 53 Companies Act 2006). Die Firmen „*Prostitutes Ltd*", „*Hookers Ltd*" und „*Lindi St Claire (French Lessons) Ltd*" wurden beispielsweise als *offensive* abgelehnt.[56] Ein deliktischer Tatbestand ist etwa erfüllt, wenn die Gesellschaft eine Firma wählt, die einer bereits bestehenden Firma ähnelt und dadurch der Anschein erwecken soll, es handele sich bei dem neuen Unternehmen um ein bereits etabliertes. Ebenfalls deliktisch wäre eine Firma, die den Anschein erweckt, es würde ein Unternehmen betrieben, dass eine bestimmte Lizenz erfordert, die das Unternehmen in Wirklichkeit gar nicht innehat (zum Beispiel „*bank*" oder „*insurance*").[57]

3. USA

Die Gründung einer US-amerikanischen *Corporation* erfordert die Einreichung einer Gründungsurkunde (*articles of incorporation*) bei der zuständigen Behörde (*secretary of state*) (§ 2.01 MBCA). Die Gründungsurkunde hat Geltung zwischen *corporation* und Staat,[58] zwischen *corporation* und Gesellschaftern[59] und zwischen den Gesellschaftern untereinander[60].[61]

a. Zwingende Angaben in der Gründungsurkunde

Die Gründungsurkunde muss folgende Informationen enthalten (§ 2.02 (a) MBCA):

(a) die Firma der Gesellschaft,
(b) die Zahl der auszugebenden Anteile,

---

55 Beispiele nach *Just*, Die englische Limited in der Praxis, Rn. 83.

56 *R. v. Registrar of Companies, Ex p. HM's Attorney-General* [1991] B.C.L.C. 476; Beispiele nach *Gower/Davies*, Principles of Modern Company Law, S. 96 Rn. 4-18.

57 Siehe *Gower/Davies*, Principles of Modern Company Law, S. 84 Rn. 4-8.

58 Staar Surgical Co. V. Waggoner, 588 A.2d 1130 (Del. 1991); Lawson v. Household Fin. Corp., 17 Del.Ch 343, 352 (Del. 1930).

59 Berlin v. Emerald Partners, 552 A.2d 482, 488 (Del.1988); Ellingwood v. Wolf's Head Oil Ref. Co., 27 Del.Ch. 356 (Del. 1944); Waggoner v. Laster, 581 A.2d 1127 (Del. 1990).

60 Morris v. American Pub. Utils. Co. 14 Del.Ch. 136 (Del. Ch. 1923).

61 Dentel v. Fidelity Savings & Loan Ass'n, 273 Or. 31, 539 P. 2d 649 (1975), *Balotti/Finkelstein*, The Delaware Law of Corporations and Business Organizations, § 1.3; *Merkt/Göthel*, US-amerikanisches Gesellschaftsrecht, S. 198 Rn. 280.

(c) den Verwaltungssitz *(registered office)*,
(d) den Zustellungsbevollmächtigten *(registered agent)* der Gesellschaft,
(e) die Namen und Adressen der Gründer.

Die Angabe von Verwaltungssitz und Zustellungsbevollmächtigtem dient der Bereitstellung einer offiziellen geschäftlichen Zugangsmöglichkeit. Dabei muss der Verwaltungssitz nicht Sitz der tatsächlichen geschäftlichen Tätigkeit der Gesellschaft sein. Anwälte oder Gründungsdienstleister, die mit der Gründung beauftragt sind, bieten häufig an, die eigenen Geschäftsräume als Verwaltungssitz anzugeben und empfangene Dokumente an die Gesellschaft weiterzuleiten.[62]

b. Freiwillige Angaben in der Gründungsurkunde

Optional kann die Gründungsurkunde zusätzlich folgende Angaben enthalten (§ 2.02 (b) MBCA):

(a) die Namen und Adressen der ersten Geschäftsleiter *(initial directors)*,
(b) den Gesellschaftszweck,
(c) Regelungen hinsichtlich der Geschäftsleitung,
(d) die geschäftlichen Befugnisse der Gesellschaft, der Geschäftsleiter und der Gesellschafter *(corporate powers)*,
(e) Details zu den Gesellschaftsanteilen,
(f) die Auferlegung einer persönlichen Haftung von Gesellschaftern für Verbindlichkeiten der Gesellschaft bis zu einem festgelegten Betrag und unter festgelegten Bedingungen,
(g) Bestimmungen, die nach dem MBCA in den Ergänzungen zum Gesellschaftsvertrag *(bylaws)* anzugeben sind,
(h) Haftungsbeschränkungen oder Haftungsausschlüsse zu Gunsten der Geschäftsführer.63

Grundsätzlich gilt nach dem MBCA, dass die Gesellschaft die gleichen Rechte hat wie eine natürliche Person und dass sie alle Handlungen vornehmen darf, die zum Betreiben der Geschäfte und sonstiger Angelegenheiten der Gesellschaft erforderlich sind („*(the corporation) has the same powers as an individual to do all things necessary or convenient to carry out its business and affairs*", § 3.02 MBCA). Dieser allgemeinen Ermächtigungsklausel folgt ein

---

62 Vgl. *Hamilton/Macey/Moll*, Corporations, p. 163.

63 Zum Inhalt der Gründungsurkunde siehe zudem *Deer*, The Lawyer's Basic Corporate Practice Manual, Appendix, Form 1, p. 203 ff.; *Diamond/Williams*, How to Incorporate, p. 53 ff.; *Macey*, in: Macey on Corporation Laws, Vol 1, § 3.02[B], 3-15, 2007-1 suppl.

klarstellender, nicht abschließender Katalog besonderer Ermächtigungen (zB das Recht zu Klagen oder Grundstücksgeschäfte zu betreiben). Somit sind der *corporation* umfassende und ausreichende Handlungsspielräume eingeräumt. Die Möglichkeit, die geschäftlichen Befugnisse in der Gründungsurkunde zu benennen, dient daher nicht dazu, alle möglichen Geschäftstätigkeiten aufzuzählen, sondern der Beschränkung der Befugnisse, etwa des Ausschlusses des Betreibens von Grundstücksgeschäften.[64]

c. *Abweichungen im DGCL*

Nach dem Recht des Staates Delaware ist die Angabe einer Adresse der ersten Geschäftsleiter, die Angabe des Nennbetrags der Anteile sowie die Angabe eines Gesellschaftszwecks zwingend vorgeschrieben (§ 102 (a) (3), (6) DGCL). Zudem haben die Anteilsinhaber nach dem *DGCL* nur insoweit Vorkaufsrechte (*preemptive rights*), wie dies in der Gründungsurkunde ausdrücklich bestimmt ist.[65] Im Übrigen stimmen die Regelungen hinsichtlich des Inhalts der Gründungsurkunde weitgehend mit denen des § 2.02 MBCA überein.

22 Staaten haben die Regelung des § 2.02 MBCA übernommen. Zwei Staaten folgen Delaware. Die übrigen Staaten haben ihre eigenen Regelungen bezüglich der *articles*.[66]

d. *Nebensatzung (*Bylaws*)*

Die Gründer, oder falls bereits ernannt, die Geschäftsleiter, sollen nach der Entstehung der *corporation* eine anfängliche Nebensatzung (*initial bylaws*) verabschieden (§ 2.06 (a) MBCA; § 109 DGCL).[67] Die Nebensatzung konkretisiert die Gründungsurkunde.[68] Bei Zweifeln ist die Gründungsurkunde

---

64 Vgl. *Hamilton/Macey/Moll*, Corporations, p. 162 f.

65 § 2.02 MBCA, Statutory Comparison, p. 2-32 no. 3.

66 Zum Bundesweiten Vergleich siehe *Macey*, in: Macey on Corporation Laws, Vol 1, § 3.02[B], 3-15, 2007-1 suppl.

67 Siehe dazu *Hamilton/Macey/Moll*, Corporations, p. 170.

68 *Merkt/Göthel*, US-amerikanisches Gesellschaftsrecht, S. 215 Rn. 328 (Muster in Anhang 2); für Hinweise zum Statuieren von Bylaws vgl. *Daimond/Williams*, How to Incorporate, p. 65-88; *Hoffman*, Israels on Corporate Practice, p. 205-262; *Deer*, The Lawyer's Basic Corporate Practice Manual, p. 55-64; *Burkhard*, Proposed Model Bylaws to be used with the Revised Model Business Corporation Act (1984), Bus. Law. 46 (1990), p. 189-240); für Formularklauseln siehe: *Nichols*, Cyc.Corp.Forms, "Corporations" §§ 3.1240-3.1353; *Fletcher*, Corp. Forms Ann. §§ 1204-1213.20; *Hamilton/Macey/Moll*, Corporations, p. 170 ff.

vorrangig.[69] Sie regelt lediglich die internen Verhältnisse, also die Rechtsverhältnisse der Gesellschafter untereinander und die Rechtsverhältnisse der Gesellschafter zur Gesellschaft.[70] Nach § 2.06 (b) MBCA kann die Nebensatzung jegliche Bestimmungen enthalten, soweit diese nicht gegen die Regelungen in der Gründungsurkunde oder gegen zwingendes Gesetzesrecht verstoßen.[71] Typische Regelungsgegenstände der Nebensatzung sind etwa Details hinsichtlich der Geschäftsleiter, wie beispielsweise deren Anzahl, deren besondere Qualifikationen und Vergütungsdetails oder die Konkretisierung der von der Geschäftsleitung abzuhaltenden ordentlichen und außerordentlichen Versammlungen (*regular and special meetings*), etwa durch Festlegung eines Quorums.[72] Die Nebensatzung muss indes nicht beim *secretary of state* eingereicht werden, sie wird vor Eintragung der *corporation* mithin auch nicht auf ihre Rechtmäßigkeit hin überprüft.

e. Zum Gesellschaftszweck

Nach dem MBCA muss die Gründungsurkunde keinen Gesellschaftszweck angegeben (vgl. § 2.02 MBCA). Wird kein Zweck angegeben, ist die Gesellschaft zum Betreiben aller legalen Geschäfte (*any lawful business*) berechtigt (§ 3.01 (a) MBCA).[73]

Der *MBCA* von 1950 und der MBCA von 1960 sahen hingegen noch vor, dass die *articles* einen Gesellschaftszweck enthalten müssen („*the purpose or purposes for which the corporation is organized*" (§ 48 (c) MBCA)).[74] Dabei konnten jedoch auch mehrere Zwecke angegeben werden, sodass es üblich war, eine Vielzahl unterschiedlichster Zwecke aufzuzählen.[75] Die Gründer konnten zudem auf Formularbücher (*formbooks*) zurückgreifen, die auf mehreren hundert Seiten verschiedene Zweckklauseln (*purpose clauses*) enthielten, unter denen

69 Paulek v. Isgar, 551 P. 2d 213 (1976); Hellenic Cultural Circle, Inc. v. Kotsilimbas, 361 N.Y.S. 2d 797 (S.Ct.1973), affirmed, 321 N.E.2d 552 (1974); *Merkt/Göthel*, US-amerikanisches Gesellschaftsrecht, S. 215 Rn. 328.

70 *Merkt/Göthel*, US-amerikanisches Gesellschaftsrecht, S. 215 Rn. 329.

71 *Merkt/Göthel*, US-amerikanisches Gesellschaftsrecht, S. 215 Rn. 329; Jones v. Wallace, 628 P. 2d 388 (1981); State v. Alaska Airlines, Inc., 413 P. 2d 352 (1966).

72 *Hamilton/Macey/Moll*, Corporations, p. 172.

73 Siehe auch Smith v. Director, Corporation & Securities Bureau, 79 Mich App 107, 261 NW2d 228.

74 § 2.02 MBCA, Historical Background, p. 2-25, No. 2 a.

75 § 2.02 MBCA, Historical Background, p. 2-25, No. 2 a; *Cox/Hazen/O'Neal*, Corporations, § 3.6, p. 315.

die Gründer wählen und kombinieren konnten.[76] Die Angabe des Gesellschaftszwecks wurde dadurch immer weiter und unbestimmter, wodurch die Regelung schließlich ihre Bedeutungverlor.[77] Der *MBCA* von 1969 gestattete es schließlich den Gründern, einen Gesellschaftszweck zu wählen, der jegliche rechtmäßige Betätigung umfasst (sog. „*general purpose clause*", § 54 (c) MBCA (1969)).[78] Der MBCA von 1984 ging noch weiter und statuierte, dass die Gesellschaft immer dann einen generellen Gesellschaftszweck hat, soweit die Gründer nicht etwas anderes bestimmen.

Die Angabe eines bestimmten, konkretisierten Gesellschaftszwecks ist heute nur noch erforderlich im District of Columbia, in Georgia, Massachusetts, Missouri, Puerto Rico, South Carolina und West Virginia.[79] In 18 anderen Staaten (darunter New York (§ 402 (a) (2) N.Y.Bus.Corp.L.), Delaware (§ 102 (a) (3) Del.Gen.Corp.L.) und Kalifornien (§ 202 (b) Cal.Gen.Corp.L.)) ist die Angabe eines Gesellschaftszwecks erforderlich, der jedoch auch ganz generell gehalten sein kann (sog. „*catch all clause*")[80].[81]

Bis ins Jahre 1830, als die *corporation* nur durch Hoheitsakt gegründet werden konnte, musste bei der Gründung hingegen noch ein genau bestimmter Gesellschaftszweck festgelegt werden.[82] Dies war dem allgemeinen Argwohn (der unter anderem seinen Ursprung in der sog. *South-Sea-Bubble-Krise* hatte)

76 § 2.02 MBCA, Historical Background, p. 2-25, No. 2 a; *Hamilton/Macey/Moll*, Corporations, p. 161.

77 § 2.02 MBCA, Historical Background, p. 2-25, No. 2 a; vgl. *Lattin*, The Law of Corporations, p. 204; *Merkt/Göthel*, US-amerikanisches Gesellschaftsrecht, S. 203 Rn. 297.

78 Vgl. *Hamilton/Macey/Moll*, Corporations, p. 158.

79 § 2.02 MBCA, Statutory Comparison, p. 2-30, No. 1.

80 Üblich sind Formulierungen, wie „*for general business purposes*" oder „*to engage in any lawful business*" (vgl. *Merkt/Göthel*, US-amerikanisches Gesellschaftsrecht, S. 202 Rn. 295).

81 § 2.02 MBCA, Statutory Comparison, p. 2-30, No. 1; kritisch zur Angabe eines Gesellschaftszwecks in einigen Gliedstaaten: *Schaeftler*, The Purpose Clause in the Certificate of Incorporation: A Clause in Search of aPurpose, St. John's L. Rev. 58 (1984) 476-490.

82 Vgl. § 3.01 MBCA, Historical Background, p. 3-4, No. 1; *Merkt/Göthel*, US-amerikanisches Gesellschaftsrecht, S. 203 Rn. 296; *Hamilton/Macey/Moll*, Corporations, p. 161; Louis S. Berkoff, The Object Clause in Corporate Articles, 4 Wis.L.Rev. 424 (1928).

gegenüber *corporations* zu dieser Zeit geschuldet.[83] So war etwa das New Yorker *Incorporation Statute* von 1811 nur anwendbar auf Gesellschaften, die die Herstellung von Textilien, Metall, Glas und Farbe betrieben.[84] Im Laufe des 19. Jahrhunderts verzichteten jedoch immer mehr Staaten auf das Erfordernis der Beschränkung auf einen bestimmten Gesellschaftszweck.[85] Die ersten Staaten, die als Gesellschaftszweck *„any lawful purpose"* zuließen, waren Connecticut (1837) und Iowa (1846).[86]

In der Praxis wird heute häufig der tatsächliche Gesellschaftszweck genauer beschrieben und zusätzlich angegeben, dass darüber hinaus die Gesellschaft jeden rechtmäßigen Zweck verfolgen kann. So soll Dritten durch Einblick in die Gründungsurkunde die Möglichkeit gegeben werden, sich über die Geschäftstätigkeit der Gesellschaft zu informieren, und dennoch die Möglichkeit beibehalten werden, jedem sonstigen Geschäft nachzugehen, ohne die *articles* ändern zu müssen.[87]

Die Festlegung eines bestimmten Gesellschaftszwecks ohne eine *„any lawful purpose clause"* kann sich jedoch dann anbieten, wenn in der Gründungsphase Anlegern oder Gläubigern besonderer Schutz dergestalt eingeräumt werden soll, dass die Geschäftsleitung auch nur die tatsächlich vereinbarten Geschäfte betreibt. Im Falle der Nichteinhaltung der Geschäftsbeschränkung besteht ein Anspruch auf Schadensersatz gegen die Geschäftsleitung (§ 3.04 (b) (1) MBCA).[88]

f. Zur Firma

Die Angabe der Firma gehört zum zwingenden Inhalt der Gründungsurkunde (§ 2.02 (a) (1) MBCA).

Nach § 4.01 MBCA muss die Firma einen Zusatz enthalten, der die beschränkte Haftung deutlich macht (§ 4.01 (a) (1) MBCA). In Betracht kommen insbesondere die Zusätze *„corporation"*, *„incorporated"*, *„limited"*, *„company"*

83 *Merkt/Göthel*, US-amerikanisches Gesellschaftsrecht, S. 203 Rn. 296; ausführlich zur South-Sea-Bubble-Krise siehe: *Carswell*, The South Sea Bubble; *Balen*, The History of the South Sea Bubble and the First Great Financial Scandal.

84 § 3.01 MBCA, Historical Background, p. 3-5, No. 1.

85 Vgl. Jacksonville Mayport, Pablo Ry. & Navigation Co. v. Hopper, 160 U.S. 514 (1896); *Merkt/Göthel*, US-amerikanisches Gesellschaftsrecht, S. 203 Rn. 297.

86 § 3.01 MBCA, Historical Background, p. 3-5, No. 1.

87 *Hoffman*, Israels on Corporate Practice (1983) 172; *Merkt/Göthel*, US-amerikanisches Gesellschaftsrecht, S. 204 Rn. 298.

88 Siehe *Hamilton/Macey/Moll*, Corporations, p. 162; *Cox/Hazen/O'Neal*, Corporations, § 3.6, p. 3.16.*Merkt/Göthel*, US-amerikanisches Gesellschaftsrecht, S. 204 Rn. 299.

oder eine verständliche Abkürzung dieser Begriffe. Möglich sind auch Begriffe oder Abkürzungen in einer anderen Sprache, soweit die Haftungsbeschränkung deutlich wird.[89]

Außerdem muss die Firma Unterscheidungskraft hinsichtlich der sonstigen im Register (*records*) des *Secretary of State* eingetragenen Firmen besitzen (§ 4.01 (b), (c) MBCA).[90] In den meisten Staaten existiert eine elektronische Liste, die öffentlich zugänglich ist und anhand derer die Gründer die von ihnen gewünschte Firma auf Verfügbarkeit und Einmaligkeit hin überprüfen können.[91] Dadurch sollen insbesondere Verwechslungen durch den *Secretary of State*, das Steueramt (*tax office*) oder in gerichtlichen Prozessen vermieden werden.[92] Der *MBCA* verfolgt mit den Regelungen zur Firma hingegen keinen wettbewerbsrechtlichen Schutz oder Schutz vor Betrug.[93] Eine Gesellschaft, deren Firma missbraucht wird, kann sich demnach nur im Wege einer wettbewerbsrechtlichen (*unfair competition laws*) oder markenrechtlichen (*trademark laws*) Privatklage wehren.[94]

Darüber hinaus darf die Firma keine Wörter enthalten, die auf ein Gewerbe schließen lassen, für dessen Betreiben besondere rechtliche Anforderungen bestehen (§ 4.01 (c) MBCA). Dies gilt insbesondere etwa für Begriffe, die den Eindruck erwecken die *corporation* betreibe ein Bank- oder Versicherungsgeschäft (zB durch die Verwendung der Begriffe „*bank*“, „*bank and trust*“, „*certificate of deposit*“, „*title guaranty*“ oder „*insurance*“). Um die Verfügbarkeit der Firma für den Zeitpunkt der Gründung zu sichern, kann die Firma beim *Secretary of State* bis bereits 120 Tage im Voraus der Registrierung reserviert werden (§ 4.02 MBCA).[95] Diese Möglichkeit besteht nach dem DGCL nicht.

---

89 In re Deutsch-Americanischer Volksfest-Verein, 200 Pa 143, 49 A 949.

90 Siehe dazu auch *Cox/Hazen/O'Neal*, Corporations, § 3.5, p. 312 f.

91 *Hamilton/Macey/Moll*, Corporations, p. 160.

92 § 4.01 MBCA, Official Comment, p. 4-4, No. 2.

93 § 4.01 MBCA, Official Comment, p. 4-4, No. 2; *Hamilton*, The Law of Corporations, p. 84.

94 *Macey*, in: Macey on Corporation Laws, § 5.01[B], p. 5-9, 1999 suppl.; vgl. Standard Oilshare, Inc. v. Standard Oil Group, Inc., 17 Del. Ch. 113, 124-25, 150 A. 174, 179 (Del. Ch. 1930); Carlton's Mens Wear Inc. v. Carlton Hotel Stores Inc., C.A. No. 1028 (Del. Ch. Aug. 15, 1985); Liberty Life Assurance Society v. Heralds of Liberty of Del. Inc., 15 Del. Ch. 369, 138 A. 634 (Del. Ch. 1927); Trans-Americas Airlines, Inc. v. Kenton, 491 A.2d 1139 (Del1985).

95 Vgl. *Beavers/Lahey*, Choosing and Protecting the Corporate Name, 30 Okla. L. Rev. 507 (1977).

Neben der beim *Secretary of State* registrierten Firma (*official name*) kann die *corporation* eine abweichende Firma (sog. *assumed name*) verwenden, unter der sie ihre Geschäfte betreibt.[96] Grenzen sind hierbei wettbewerbsrechtliche und strafrechtliche Bestimmungen.[97]

4. Vergleich

a. Einzureichende Dokumente

In Deutschland müssen die Gründer einer GmbH folgende neun Dokumente einreichen und Erklärungen abgeben: (1.) den Gesellschaftsvertrag, (2.) die Legitimation der Geschäftsführer, (3.) eine Gesellschafterliste, (4.) bei Sachgründungen die entsprechenden Verträge, (5.) den Sachgründungsbericht nebst Unterlagen, (6.) eine Versicherung darüber, dass die erforderlichen Leistungen auf die Geschäftsanteile bewirkt sind und zur freien Verfügung der Gesellschaft stehen, (7.) eine Beteuerung der Geschäftsführer, dass keine Umstände vorliegen, die ihrer Bestellung entgegenstehen, und dass sie über ihre unbeschränkte Auskunftspflicht gegenüber dem Gericht belehrt worden sind, (8.) die Angabe einer inländischen Geschäftsanschrift sowie (9.) Art und Umfang der Vertretungsbefugnis der Geschäftsführer.

Die Gründer einer AG müssen 13 Dokumente einreichen und Erklärungen abgeben: (1.) Eine Erklärung darüber, dass der eingeforderte Betrag ordnungsgemäß eingezahlt worden ist, (2.) einen Nachweis darüber, dass der Betrag zur freien Verfügung des Vorstandes steht, (3.) eine Versicherung der Vorstandsmitglieder und deren Stellvertreter, dass keine Umstände vorliegen, die ihrer Bestellung entgegenstehen und, dass sie über ihre unbeschränkte Auskunftspflicht belehrt wurden, (4.) die Angabe einer inländischen Geschäftsanschrift, (5.) eine Angabe über Art und Umfang der Vertretungsbefugnis der Vorstandsmitglieder, (6.) die Satzung und die Urkunden, in denen die Satzung festgestellt worden ist und die Aktien von den Gründern übernommen worden sind, (7.) die schriftlichen Verträge über Sondervorteile der Gründer, (8.) die schriftlichen Verträge über die Vergütung von Gründungsaufwand, (9.) die schriftlichen Verträge über Vereinbarungen von Sacheinlagen oder Sachübernahmen, (10.) die Urkunden über die Bestellung des Vorstands und des Aufsichtsrats, (11.) Angaben über Name, Beruf und Wohnort der Mitglieder des Aufsichtsrats, (12.)

---

96 MAS Nursing, Inc. V. Burke, 523 So. 2d 909 (La. Ct. App. 1988), cert. denied 530 So. 2d 570.

97 Vgl. *Merkt/Göthel*, US-amerikanisches Gesellschaftsrecht, S. 201 Rn. 292; United States v. Dunn, 564 F.2d 348, 354 n. 12 (9th Cir.1977).

den Gründungsbericht und (13.) die Prüfungsberichte des Vorstandes und des Aufsichtsrats sowie der Gründungsprüfer.

Im Vereinigten Königreich sind insgesamt sieben Dokumente einzureichen und Erklärungen abzugeben: (1.) eine Gründungserklärung, (2.) ein Registrierungsantrag, (3.) der Gesellschaftsvertrag, (4.) eine Erklärung hinsichtlich des Kapitals, (5.) eine Erklärung bezüglich der zukünftigen Direktoren, (6.) eine Erklärung bezüglich der Einhaltung der gesetzlichen Anforderungen sowie (7.) ein Scheck zur Deckung der Registrierungsgebühren.

In den USA reichen die Gründer nur ein Dokument ein, die Gründungsurkunde.

Die Anzahl der einzureichenden Dokumente und abzugebenden Erklärungen weichen in den Vergleichsstaaten stark voneinander ab. Bei der Gründung einer GmbH sind es neun, bei der Gründung einer AG sind es 13; bei der Gründung einer *company* sind es sieben und bei der Gründung einer *corporation* ist nur ein Dokument einzureichen.

b. Anzugebende Informationen

Entsprechend dieser unterschiedlichen Anzahl von einzureichenden Erklärungen und Dokumenten variieren auch die von den Gründern bereitzustellenden Informationen.

In jedem Land müssen die Gründer Angaben machen zur Firma, zum Gesellschaftssitz, zu den Geschäftsanteilen sowie zu den Gründern. Überall einzureichen ist zudem ein Gesellschaftsvertrag. Nur in Deutschland und im Vereinigten Königreich sind Angaben zu den Geschäftsleitern zu machen, nicht hingegen in den USA, dort sind entsprechende Angaben freiwillig. In Deutschland sind darüber hinaus insbesondere Informationen offenzulegen, die die Aufbringung des Kapitals nachvollziehbar und überprüfbar machen (Verträge über Sacheinlagen, Sachgründungsbericht, Erklärungen und Nachweise darüber, dass das Kapital vollständig eingezahlt ist und zur freien Verfügung des Vorstands steht, bei der AG zudem die Verträge über Sondervorteile der Gründer und über die Vergütung von Gründungsaufwand sowie Gründungsbericht und Prüfbericht). Allein im Vereinigten Königreich ist eine separate Erklärung darüber abzugeben, dass die gesetzlichen Anforderungen eingehalten wurden.

Auch der Inhalt des bei der Gründung einzureichenden Gesellschaftsvertrags variiert in den Vergleichsstaaten. Der Gesellschaftsvertrag der GmbH und die Satzung der AG enthalten die essentiellen Daten über die Gesellschaft (Firma, Gesellschaftssitz, Unternehmensgegenstand, Geschäftsleiter (bei der GmbH inklusive der Vertretungsbefugnisse) sowie Angaben zu Kapital und Anteilen).

Im Vereinigten Königreich enthält der Gesellschaftsvertrag hingegen detailliertere Regelungen hinsichtlich des Rechts der Innen- und Außenverhältnisse der Gesellschaft (das Recht der Geschäftsleiter, das Recht der Anteile und Kapitalausschüttungen sowie das Recht der Willensbildung der Anteilseigner). Dies ist darauf zurückzuführen, dass der *Companies Act* weite Teile des englischen Kapitalgesellschaftsrechts nicht regelt und diese Teile daher dispositiv sind. Die essentiellen Daten, wie Firma, Sitz sowie die Angabe, ob es sich um eine *Ltd.* oder eine *PLC* handelt, sind hingegen nicht im Gesellschaftsvertrag sondern in der Gründungserklärung festgehalten. Näheres zum Kapital und den Anteilen enthält die Erklärung hinsichtlich des Kapitals und der ersten Kapitalanteile. Details über die Geschäftsleiter sind in der Erklärung bezüglich der zukünftigen Direktoren geregelt. In den USA enthält der Gesellschaftsvertrag – vergleichbar der Rechtslage in Deutschland – lediglich einige essentielle Daten der Gesellschaft, nämlich die Firma, den Gesellschaftssitz, Angaben zu den Anteilen, die Namen und Adressen der Gründer sowie einen Zustellungsbevollmächtigten. Darüber hinaus kann der Gesellschaftsvertrag freiwillig weitergehende Angaben enthalten, insbesondere zu den Geschäftsleitern und zum Gesellschaftszweck (in Delaware ist die Angabe eines Gesellschaftszwecks zwingend). Auch das US-amerikanische Kapitalgesellschaftsrecht ist – wie das britische Gesellschaftsrecht – in weiten Teilen dispositiv, besonders hinsichtlich der Innenverhältnisse der Gesellschaft. Abweichende Regelungen enthält jedoch nicht der Gesellschaftsvertrag, sondern die sogenannte Nebensatzung, die allerdings nicht beim *Secretary of State* einzureichen ist.

c. Mustersatzung und Musterprotokoll

Sowohl Deutschland als auch das Vereinigten Königreich kennen Musterdokumente, auf welche die Gründer zurückgreifen können. Im Vereinigten Königreich besteht diese Möglichkeit sowohl bei der Gründung einer *Ltd.* als auch bei der Gründung einer *PLC*. In Deutschland können die Gründer nur für die Gründung einer GmbH im vereinfachten Verfahren das Musterprotokoll verwenden. Im Vereinigten Königreich wird lediglich ein Muster für den Gesellschaftsvertrag bereitgestellt. In Deutschland hingegen umfasst das Muster die gesamte Anmeldung der Gesellschaft zum Handelsregister.

Beide Musterdokumente dienen der Vereinfachung der Gründung – allerdings auf verschiedene Weise. Während der Inhalt des *Companies Act* weitgehend zwingend ist, stehen die Regelungen der Mustersatzung zur Disposition der Gründer. Die englische Mustersatzung ergänzt somit den *Companies Act* hinsichtlich essentieller aber dispositiver Regelungsgegenstände des Rechts der

Company. Die Mustersatzung sorgt also dafür, dass Wichtiges, aber Dispositives, nicht ungeregelt bleibt und dafür, dass Gründer sich nicht über jeden im *Companies Act* ungeregelten Punkt Gedanken machen müssen. Wählen Gründer die Mustersatzung, erhalten sie ein Standardvertragswerk, das für gewöhnliche *companies* gut passt.

Zwar ist auch das GmbHG (anders als das AktG) ähnlich dem *Companies Act* in weiten Teilen dispositiv. Allerdings regelt das GmbHG alle wesentlichen Rechtsfragen der GmbH, sodass Gründer nicht vor der Schwierigkeit stehen, Essentielles ungeregelt zu lassen. Das deutsche Musterprotokoll vereinfacht die Gründung auf andere Weise. Zunächst wird den Gründern ein standardisiertes Vertragsmuster zur Verfügung gestellt.[98] Außerdem fasst das Musterprotokoll drei Dokumente zusammen, nämlich den Gesellschaftsvertrag, die Geschäftsführerbestellung und die Gesellschafterliste.[99] Außerdem ist die Gründung im vereinfachten Verfahren kostenrechtlich privilegiert.[100]

d. Sanktionen bei Falschangaben

Alle drei Staaten sehen Sanktionen bei Falschangaben vor. In Deutschland werden vorsätzliche falsche Angaben der Gesellschafter oder Geschäftsführer der GmbH zum Zweck der Eintragung der Gesellschaft über die Übernahme der Geschäftsanteile, die Leistung der Einlagen, die Verwendung eingezahlter Beträge, über Sondervorteile, Gründungsaufwand und Sacheinlagen sowie als Gesellschafter im Sachgründungsbericht mit Freiheitsstrafe bis zu drei Jahren oder mit Geldstrafe bestraft (§ 82 Abs. 1 Nr. 1 und Nr. 2 GmbHG). Die gleiche Sanktion gilt bei vorsätzlichen falschen Angaben der Gründer, der Mitglieder des Vorstands oder der Mitglieder des Aufsichtsrats zum Zweck der Eintragung der Aktiengesellschaft, über die Übernahme der Aktien, die Einzahlung auf Aktien, die Verwendung eingezahlter Beträge, den Ausgabebetrag der Aktien, über Sondervorteile, Gründungsaufwand, Sacheinlagen und Sachübernahmen oder in der nach § 37a Abs. 2 abzugebenden Versicherung (§ 399 Abs. 1 Nr. 1 und Nr. 2 AktG).

Im Vereinigten Königreich ist das vorsätzliche oder grob fahrlässige (*recklessly*) Einreichen von Dokumenten, die falsche Informationen enthalten, eine Straftat (*offence*) (section 1112 (1) Companies Act 2006). Diese wird mit bis zu zwei Jahren Freiheitsentzug oder Geldstrafe geahndet (section 1112 (2)

98 Begr. Beschlussempfehlung des Rechtsausschusses, BT-Drucks. 16/9737, S. 93.
99 Begr. Beschlussempfehlung des Rechtsausschusses, BT-Drucks. 16/9737, S. 93.
100 Siehe *J. Mayer*, in: Münchener Kommentar GmbHG, § 2 Rn. 226.

Companies Act 2006). In den USA ist das vorsätzliche Einreichen falscher Dokumente eine Straftat (*criminal offense*), die nach § 1.29 (a) (b) MBCA mit Geldstrafe belegt ist.

e. Angabe eines Unternehmensgegenstandes

Entscheidende Unterschiede bestehen hinsichtlich der Angabe eines Unternehmensgegenstandes. In Deutschland müssen die Gründer sowohl bei der Aktiengesellschaft als auch bei der GmbH zwingend einen Unternehmensgegenstand im Gesellschaftsvertrag angeben. Dieser muss zudem hinreichend konkretisiert sein; ganz allgemeine Angaben, wie etwa „Herstellung von Waren" oder „Betreiben von Handel" genügen nicht. Im Vereinigten Königreich ist die *company* grundsätzlich zum Betreiben jeglicher Geschäfte befugt. Etwas anderes gilt nur, wenn der Gesellschaftsvertrag den Unternehmensgegenstand ausdrücklich einschränkt. In den USA ist die Angabe eines Unternehmensgegenstandes nach dem *MBCA* und in einer Vielzahl von Staaten, die dem *MBCA* in dieser Sache folgen, nicht erforderlich. In Delaware und New York muss zwar ein Unternehmensgegenstand angegeben werden, dieser kann jedoch auch ganz allgemein gehalten sein.

III. Gründer

Der folgende Abschnitt zeigt auf, welche Anforderungen die jeweiligen Gründungsrechte an die Gründer stellen.

1. Deutschland

GmbH und AG können durch eine Person gegründet werden (§ 1 GmbHG, § 2 AktG). Gründer können auch juristische Personen sein.[101] Ein Mindestalter für Gründer gibt es nicht[102] und auch Ausländer können Gründer sein.[103] Die Möglichkeit der Einpersonengründung der GmbH besteht seit der GmbH-Novelle von 1980[104]. Zuvor konnte eine GmbH nur durch zwei Personen gegründet werden (§ 1 GmbHG aF). Seit dem Jahre 1989 schreibt zudem die Zwölfte gesellschaftsrechtliche Richtlinie[105], die Einpersonengründung europarechtlich vor.

---

101 Vgl. *Heider*, in: Münchener Kommentar, AktG, § 2 Rn. 13 ff.

102 Vgl. *Heider*, in: Münchener Kommentar, AktG, § 2 Rn. 11.

103 Vgl. *Heider*, in: Münchener Kommentar, AktG, § 2 Rn. 12.

104 Gesetz zur Änderung des Gesetzes betreffend die Gesellschaften mit beschränkter Haftung und anderer handelsrechtlicher Vorschriften vom 4. 7. 1980 (BGBl I, 836).

105 RL 89/667/EWG des Rates v. 21. 12. 1989, ABl. Nr. L 395, S. 40.

Die Gründung einer AG durch eine Person ist seit dem Jahre 1994 erlaubt[106], die Gründung einer KGaA erst seit dem Jahre 2005[107].

2. Vereinigtes Königreich

Auch eine *company* kann durch eine oder mehrere Personen gegründet werden (§ 7 (1) CA 2006).[108] Gründer können neben natürlichen Personen ebenfalls juristische Personen sein.[109]

3. USA

Auch die US-amerikanische *corporation* kann nach dem *MBCA* von einer oder von mehreren Personen gegründet werden (§ 2.01 MBCA). So ist die Rechtslage auch in New York (§ 401 NYBCL) und Delaware (§ 101 (a) DGCL). Alte Fassungen des *MBCA* sowie zahlreiche Einzelstaaten verlangten früher die Gründung durch mindestens drei Gründer.[110] Arizona verlangt heute noch zwei Gründer (Ariz. Rev. Stat. Ann. § 10-053).

Gründer können nach dem *MBCA* und dem *DGCL* sowohl natürliche als auch inländische und ausländische (§ 1.40 (9) MBCA) juristische Personen sein (§ 1.40 (16) MBCA; § 101 (a) DGCL). In Alaska, dem District of Columbia, Maryland, Minnesota, Missouri, Nevada, North Dakota, Rhode Island, Vermont und New York können Gründer hingegen nur natürliche Personen sein.[111]

Eine Altersbeschränkung sehen der MBCA und der DGCL nicht vor. In NY besteht hingegen ein Mindestalter von 18 Jahren (§ 401 NYBCL). Nicht erforderlich ist, dass die Gründer ihren Wohnsitz (oder bei juristischen Personen den Gesellschaftssitz) im Gründungsstaat haben (§ 101 (a) DGCL).

---

106 Durch das Gesetz für kleine Aktiengesellschaften und zur Deregulierung des Aktienrechts vom 2. 8. 1994 (BGBl. 1994 I S. 1961).

107 Durch Gesetz zur Unternehmensintegrität und Modernisierung des Anfechtungsrechts (UMAG) vom 22. 9. 2005 (BGBl. I S. 2802).

108 Möglichkeit der Einmann-Gründung seit 1992 mit Umsetzung der 12. Gesellschaftsrechtlichen Richtlinie (RL 89/667/EWG vom 21.12.1986, ABl. EG Nr. L 395) durch Companies (Single Member Private Limited Companies) Regulations 1992 (SI 1992/1699).

109 Siehe *Gower/Davies*, Principles of Modern Company Law, S. 80, Rn. 4-4.

110 Vgl. *Merkt/Göthel*, US-amerikanisches Gesellschaftsrecht, S. 197 Rn. 278; *Hamilton/Macey/Moll*, Corporations, p. 164.

111 § 2.01 MBCA, Statutory Comparison, p. 2-6, No. 2; vgl. auch *Cox/Hazen/O'Neal*, Corporations, § 3.8, p. 3.18-1; *Merkt/Göthel*, US-amerikanisches Gesellschaftsrecht, S. 196 Rn. 278.

4. Vergleich

Alle drei Staaten erlauben die Gründung durch natürliche und juristische Personen. Einschränkungen hinsichtlich des Alters, der Gründerzahl oder der Art, dass Gründer nur natürliche Personen sein dürfen, bestehen lediglich in wenigen Bundestaaten der USA (darunter etwa New York und Arizona).

Für die zwingende Mehrpersonengründung wurde in Deutschland früher angeführt, dass zum Schutz von Gläubigern und Anlegern erforderlich sei, mehrere Personen nach §§ 46, 399 AktG zivil- und strafrechtlich verantwortlich zu machen.[112] Zudem solle eine „Streuung des Kapitals" zumindest im Gründungsstadium sichergestellt werden.[113] Dem wurde treffend entgegengehalten, dass allein eine Mehrzahl von Gründern noch nichts über deren Vermögensverhältnisse aussage.[114] Entscheidend sei vielmehr die „individuelle Finanzkraft"[115]. Es genüge letztlich, dass ein Gründer das gesamte Aktienkapital übernehme, soweit dieser eben über hinreichendes Vermögen verfüge.[116]

IV. Prüfpflichten von Gründern und Gesellschaftsorganen

Der folgende Abschnitt stellt dar, inwieweit die Vergleichsstaaten Gründern und Gesellschaftsorganen Prüfpflichten auferlegen, um die Richtigkeit der Gründungsdokumente sicherzustellen.

1. Deutschland

Das deutsche Gründungsrecht verpflichtet die Gründer der Aktiengesellschaft, über den Hergang der Gründung schriftlich Bericht zu erstatten. Außerdem müssen Vorstand und Aufsichtsrat der Aktiengesellschaft den Hergang der Gründung schriftlich prüfen. Unter bestimmten Voraussetzungen muss die Prüfung durch Externe durchgeführt werden. Bei der Gründung der GmbH sind die Gründer lediglich im Falle der Sachgründung zu einer besonderen Prüfung verpflichtet.

---

112 *Schleglberger/Quassowski*, AktG 1937, § 2 Rn. 2.

113 *Schlegelberger/Quassowski*, AktG 1937, § 2 Rn. 2

114 BT-Drucks 12/6721, S. 6; *Bösert*, DStR 1994, 1423 (1424); *Lutter*, AG 1994, 429 (430); *Planck*, GmbHR 1994, 501 (502); *Seibert/Köster/Kiem*, Die kleine AG, § 2 Rn. 20.

115 *Albach/Lutter*, Deregulierung des Aktienrechts, S. 53.

116 BT-Drucks 12/6721, S. 6; *Albach/Lutter*, Deregulierung des Aktienrechts, S. 53; *Planck*, GmbHR 1994, 501 (502); *Seibert/Köster/Kiem, Die kleine AG*, § 2 Rn. 20; *Bachmann*, NZG 2001, 961 (961).

a. *Gründungsbericht*

aa. *Aktiengesellschaft*

Die Gründer einer Aktiengesellschaft müssen einen schriftlichen Bericht über den Hergang der Gründung erstatten (§ 32 Abs. 1 AktG). Der Gründungsbericht ist samt den urkundlichen Unterlagen der Anmeldung der Eintragung zum Handelsregister beizufügen.

(1) Allgemeine Angaben

Die Gründer müssen alle für die Entstehung der Gesellschaft wesentlichen Entscheidungen und Umstände angeben, auch dann, wenn diese sich bereits aus der Satzung ergeben.[117] Dies sind insbesondere[118]: der Tag der Feststellung der Satzung und die Urkunde hierüber, samt der Angabe der Person des beurkundenden Notars und der Urkundenrollennummer, das Grundkapital und dessen Zerlegung in Nennbetrags- oder Stückaktien, der Ausgabebetrag, die Höhe der geleisteten Bareinlagen, die Anzahl der von jedem Gründer übernommenen Aktien, der Tag der Bestellung der ersten Organe, die Mitglieder des ersten Aufsichtsrats und die Mitglieder des ersten Vorstands, die Person des Abschlussprüfers, gegebenenfalls eine Identität zwischen Gründer und Organmitglied sowie ein etwaiger Gründungsaufwand.

(2) Besondere Angaben bei Sachgründung

Der Gründungsbericht muss die wesentlichen Umstände darlegen, von denen die Angemessenheit der Leistungen für Sacheinlagen oder Sachübernahmen abhängt (§ 32 Abs. 2 Satz 1 AktG). Insbesondere sind anzugeben: die vorausgegangenen Rechtsgeschäfte, die auf den Erwerb durch die Gesellschaft hingezielt haben (§ 32 Abs. 2 Satz 2 Nr. 1 AktG), die Anschaffungs- und Herstellungskosten aus den letzten beiden Jahren (§ 32 Abs. 2 Satz 2 Nr. 2 AktG) sowie beim Übergang eines Unternehmens auf die Gesellschaft die Betriebserträge aus den letzten beiden Geschäftsjahren (§ 32 Abs. 2 Satz 2 Nr. 3 AktG).

Außerdem ist im Gründungsbericht anzugeben, ob und in welchem Umfang bei der Gründung für Rechnung eines Mitglieds des Vorstands oder des Aufsichtsrats Aktien übernommen worden sind und ob und in welcher Weise ein Mitglied des Vorstands oder des Aufsichtsrats sich einen besonderen Vorteil

---

117 *Hüffer*, AktG, § 32 Rn. 3; *Gerber*, in: Spindler/Stilz, AktG, § 32 Rn. 6.

118 Vgl. *Hüffer*, AktG, § 32 Rn. 3; *Gerber*, in: Spindler/Stilz, AktG, § 32 Rn. 5.

oder für die Gründung oder ihre Vorbereitung eine Entschädigung oder Belohnung ausbedungen hat (§ 32 Abs. 3 AktG).

bb. GmbH

Bei der GmbH-Gründung müssen die Gesellschafter lediglich im Falle der Leistung von Sacheinlagen einen Bericht abgeben. In diesem Sachgründungsbericht sind die für die Angemessenheit der Leistungen für Sacheinlagen wesentlichen Umstände darzulegen. Beim Übergang eines Unternehmens auf die Gesellschaft sind die Jahresergebnisse der beiden letzten Geschäftsjahre anzugeben (§ 5 Abs. 4 Satz 2 GmbHG).

cc. Verantwortlichkeit der Gründer

Für die Richtigkeit und die Vollständigkeit des Gründungsberichts haften die Gründer strafrechtlich und zivilrechtlich gegenüber der Gesellschaft (§ 399 Abs. 1 Nr. 2 AktG, § 46 AktG, § 82 Abs. 1 Nr. 2 GmbHG) und darüber hinaus auch gegenüber später hinzutretenden Gesellschaftern und Gläubigern gemäß § 823 Abs. 2 BGB iVm § 399 Abs. 1 Nr. 2 AktG oder § 82 Abs. 1 Nr. 2 GmbHG.[119]

b. Gründungsprüfung

Bei der AG müssen die Mitglieder des Vorstands und die Mitglieder des Aufsichtsrats den Hergang der Gründung schriftlich prüfen (§§ 33 Abs. 1, 34 Abs. 2 Satz 1 AktG). Der Prüfungsbericht ist nebst urkundlicher Unterlagen der Anmeldung der Aktiengesellschaft zur Eintragung ins Handelsregister beizufügen und damit – ebenso wie der Gründungsbericht der Gründer – Voraussetzung für das Entstehen der Aktiengesellschaft (§ 47 Abs. 4 Nr. 4 AktG, § 41 Abs. 1 Satz 1 AktG).

aa. Umfang der Gründungsprüfung (§ 34 AktG)

Gegenstand der Prüfung ist erstens, ob die Angaben der Gründer über die Übernahme der Aktien, über die Einlagen auf das Grundkapital und über die Festsetzungen von Sondervorteilen, Gründungsaufwand, Sacheinlagen und Sachübernahmen (nach §§ 26 und 27 AktG) richtig und vollständig sind (§ 34 Abs. 1 Nr. 1 AktG) und zweitens, ob der Wert der Sacheinlagen oder Sachübernahmen den geringsten Ausgabebetrag der dafür zu gewährenden

---

119 Vgl. *Pentz*, in: Münchener Kommentar AktG, § 32 Rn. 10; *Gerber*, in: Spindler/Stilz, AktG, § 32 Rn. 5.

Aktien oder den Wert der dafür zu gewährenden Leistungen erreicht (§ 34 Abs. 1 Nr. 2 AktG). Werden Aktien zu einem höheren Wert als dem geringsten Ausgabebetrag ausgegeben, so erstreckt sich die Prüfung auch darauf, ob der Wert der Sacheinlage – entgegen des Wortlauts des § 34 Abs. 1 Nr. 2 AktG – auch den Mehrbetrag abdeckt.[120]

bb. Externe Gründungsprüfung

(1) Abhängigkeit

Haben die Mitglieder des Vorstands oder die Mitglieder des Aufsichtsrats unabhängig von ihrer Organstellung ein persönliches Interesse an der Gründung, kann deren Unabhängigkeit in Frage gestellt sein. In diesen Fällen müssen zusätzlich externe Prüfer die Gründung prüfen (§ 33 Abs. 2 Nr. 1 – 3 AktG). Das Gesetz nennt abschließend drei solcher Interessenkonflikte: (Nr. 1) ein Mitglied des Aufsichtsrats oder des Vorstands gehört zu den Gründern, (Nr. 2) bei der Gründung wurden für Rechnung eines Mitglieds des Vorstands oder des Aufsichtsrats Aktien übernommen, (Nr. 3) ein Mitglied des Vorstands oder des Aufsichtsrats hat sich einen besonderen Vorteil oder für die Gründung oder ihre Vorbereitung eine Entschädigung oder Belohnung ausbedungen.

(2) Sacheinlage oder Sachübernahme

Eine externe Gründungsprüfung ist außerdem vorgeschrieben, wenn eine Gründung mit Sacheinlagen oder Sachübernahmen vorliegt (§ 33 Abs. 2 Nr. AktG).

In zwei Fällen kann bei der Sachgründung auf externe Gründungsprüfer verzichtet werden: Erstens, wenn übertragbare Wertpapiere oder Geldmarktinstrumente im Sinne des § 2 Abs. 1 Satz 1 und Abs. 1a WpHG eingebracht werden sollen, die mit dem gewichteten Durchschnittspreis bewertet werden, zu dem sie während der letzten drei Monate vor dem Tag ihrer tatsächlichen Einbringung auf einem oder mehreren organisierten Märkten im Sinne von § 2 Abs. 5 WpHG gehandelt worden sind (§ 33a Abs. 1 Nr. 1 AktG). Und Zweitens, bei anderen, als den soeben genannten Vermögensgegenständen, wenn eine Bewertung zu Grunde gelegt wird, die ein unabhängiger, ausreichend vorgebildeter und erfahrener Sachverständiger nach den allgemein anerkannten Bewertungsgrundsätzen mit dem beizulegenden Zeitwert ermittelt hat und wenn

---

120 Ausführlich dazu *Baums*, in: FS Hommelhoff, S. 61, 66; siehe zudem *Herchen*, Agio und verdecktes Agio im Recht der Kapitalgesellschaften, 2004, S. 128 ff.; a. A. *Gerber*, in: Spindler/Stilz, AktG, § 34 Rn. 8.

der Bewertungsstichtag nicht mehr als sechs Monate vor dem Tag der tatsächlichen Einbringung liegt (§ 33a Abs. 2 AktG).

(3) Person des externen Prüfers

In den Fällen des § 33 Abs. 2 Nr. 1 und 2 AktG kann anstelle eines externen Gründungsprüfers der beurkundende Notar die Prüfung im Auftrag der Gründer vornehmen (§ 33 Abs. 3 Satz 1 AktG). Nimmt nicht der Notar die Prüfung vor, so bestellt das Gericht die Gründungsprüfer (§ 33 Abs. 3 Satz 2 AktG). Die Gründungsprüfer müssen besondere Kenntnisse in der Buchführung aufweisen (vgl. § 33 Abs. 4 AktG). Als Gründungsprüfer dürfen nur Personen bestellt werden, die nach § 143 Abs. 2 AktG Sonderprüfer sein können. Personen und Prüfungsgesellschaften, auf deren Geschäftsführung die Gründer oder Personen, für deren Rechnung die Gründer Aktien übernommen haben, maßgebenden Einfluss haben, können nicht Gründungsprüfer sein (vgl. § 33 Abs. 5 AktG).

Bei der GmbH findet keine Gründungsprüfung durch deren Leitungs- und (gegebenenfalls) Überwachungsorgane oder durch externe Prüfer statt.

2. Vereinigtes Königreich

Eine Prüfung der Gründung im Verantwortungsbereich der Gesellschaft gibt es im Vereinigten Königreich nicht. Eine Prüfung der Gründung erfolgt nur durch den Registrierbeamten[121] – und damit außerhalb der Sphäre der Gesellschaft. Die Gründer müssen lediglich separat erklären, dass sie alle Gründungsvoraussetzungen eingehalten haben (*statement of compliance*).

Allein bei der Leistung von Sacheinlagen in eine *PLC* muss die *company* externe Gutachter beauftragen. Diese sind für die Bewertung der Sacheinlagen zuständig; sie müssen unabhängig und besonders qualifiziert sein.[122] Bewertet der Prüfer die Sacheinlage vorsätzlich oder grob fahrlässig falsch oder irreführend, begeht er eine Straftat, die der *Companies Act* mit bis zu zwei Jahren Freiheitsstrafe oder Geldstrafe ahndet (section 1153 Companies Act 2006). Über die Bewertung der Sacheinlagen ist ein Bericht anzufertigen, der an den Registrierbeamten weiterzuleiten ist (section 597 (1) Companies Act 2006). Eine Prüfung der Werthaltigkeit der Sacheinlagen erfolgt durch den Registrierbeamten allerdings nicht.

---

121 Zur Prüfung der Gründung durch den Registrierbeamten siehe Kapitel 2, Abschnitt V.

122 Ausführlich zur Bewertung der Sacheinlagen bei der Company siehe unten Kapitel 2, Abschnitt VI.

3. USA

In den USA gibt es in der Sphäre der Gesellschaft gar keine Prüfung der Gründung, auch nicht bei Sacheinlagen. Die Bewertung der Sacheinlagen liegt allein im Ermessen der Geschäftsleiter.[123]

4. Vergleich

In Deutschland sind die Gründer von GmbH und Aktiengesellschaft verpflichtet, über den Hergang der Gründung Bericht zu erstatten. Bei der GmbH besteht diese Pflicht nur im Falle der Sachgründung, bei der Aktiengesellschaft sowohl bei Bar- als auch bei Sachgründungen. Zudem müssen Vorstand und Aufsichtsrat bei der AG-Gründung die Rechtmäßigkeit der Gründung prüfen.

Im Vereinigten Königreich muss allein die *PLC* bei der Leistung von Sacheinlagen externe Prüfer heranziehen.

In den USA erfolgt gar keine Prüfung der Gründung innerhalb der Sphäre der Gesellschaft, erst die eintragende Behörde ist mit der Prüfung der Gründung betraut.

V. Eintragungsverfahren und Rolle der zuständigen Behörde

Der folgende Abschnitt vergleicht das Verfahren der Eintragung, die hiermit betraute Behörde sowie deren Aufgaben und Befugnisse.

1. Deutschland

a. Zuständige Behörde

Zuständige Behörde für die Prüfung von Errichtung und Anmeldung (§ 38 AktG, § 9c GmbHG), für die Anmeldung der Gesellschaft zum Handelsregister (§ 36 AktG, § 7 GmbHG) sowie für das Führen des Handelsregisters (§ 8 HGB) sind die Registergerichte.

Sachlich zuständig sind die Amtsgerichte (§ 23a Abs. 2 Nr. 3 und Nr. 4 GVG, § 374 Nr. 1 FamFG). Innerhalb der Gerichte sind überwiegend die Rechtspfleger zuständig (§ 3 Nr. 2 d RPflG), die Richter nur bei besonderer Zuweisung (§ 17 Nr. 1 RPflG).

Örtlich zuständig ist grundsätzlich das Amtsgericht, an dem die Gesellschaft ihren Sitz hat (§ 377 Abs. 1 FamFG, § 14 AktG, 7 Abs. 1 GmbHG). Die

---

123 Dazu ausführlich unten Kapitel 2, Abschnitt VI.

Zuständigkeit wird jedoch für den gesamten Landgerichtsbezirk bei dem Amtsgericht, in dessen Bezirk das Landgericht seinen Sitz hat, konzentriert (§ 376 Abs. 1 FamFG). Die Landesregierungen können durch Rechtsverordnung hiervon abweichende Zuständigkeiten begründen.[124]

b. Prüfung

Das Gericht prüft, ob die Gesellschaft ordnungsgemäß errichtet und angemeldet ist (§ 38 Abs. 1 Satz 1 AktG, § 9c Abs. 1 Satz 1 GmbHG). Ist dies der Fall, erfolgt die Eintragung und die Gesellschaft entsteht (§ 41 Abs. 1 Satz 1 AktG, § 11 Abs. 1 GmbHG).

aa. Prüfungsumfang

Die Prüfung des Gerichts ist eine Rechtsprüfung. Erwägungen hinsichtlich der Wirtschaftlichkeit oder der Zweckmäßigkeit der Gesellschaft stellt das Gericht nicht an.[125] Anders als im AktG (§ 38 Abs. 1 AktG) ist die Prüfpflicht des Registergerichts im GmbHG nicht ausdrücklich statuiert. Sie folgt jedoch daraus, dass das Registergericht die Eintragung bei Fehlen der gesetzlichen Anforderungen abzulehnen hat (§ 9c Abs. 1 Satz 1 GmbHG).[126]

Das Gericht prüft grundsätzlich nur auf Grundlage der ihm vorgelegten Unterlagen und darf sich dabei auf die von den Gründern gemachten Angaben verlassen.[127] Nachforschungen und genauere Prüfungen muss das Gericht nur anstellen, wenn konkreter Anlass dazu besteht, an der Richtigkeit der Unterlagen zu zweifeln.[128] Besteht kein Anlass zu Zweifeln, ist die Gesellschaft einzutragen.[129]

---

124 Zu den einzelnen, abweichenden Rechtsverordnungen der Länder siehe *Heinemann*, in: Keidel, FamFG, § 376 Rn. 10 ff.

125 *Hüffer*, AktG, § 38 Rn. 3; *Kraft*, in: Kölner Kommentar, AktG, § 38 Rn. 8; *Pentz*, in: Münchener Kommentar, AktG, § 38 Rn. 46; *Röhricht*, in: Großkommentar, AktG, § 38 Rn. 30; *Wicke*, in: Münchener Kommentar, GmbHG, § 9c Rn. 4; *Bayer*, in: Lutter/Hommelhoff, GmbHG, § 9c Rn. 3, 8 ff.

126 Vgl. *Hüffer*, in: Großkommentar HGB, § 8 Rn. 52.

127 *Pentz*, in: Münchener Kommentar, AktG, § 38 Rn. 18.

128 BGHZ 119, 177, 180; BayObLG, NJW 1973, 2068; *Hüffer*, AktG, § 38 Rn. 2; *Röhricht*, Großkommentar, AktG, § 38 Rn. 7; *Ulmer*, in Großkommentar, GmbHG, § 9c Rn 13 f.

129 Teilweise strenger, etwa iSe Überzeugung von der Richtigkeit: *Baums*, StuW 1980, 298, 299; *Braasch*, Gründungsprobleme bei der GmbH, S. 4 ff.; 20 ff., 78; *Groß*, RPfleger 1976, 235, 237; *Menold*, Das materielle Prüfungsrecht des Handelsregisters, 1966, S. 68, 90 ff.; nicht eindeutig *Lutter*, DB 1980, 1317, 1319.

bb. Konkreter Prüfungsgegenstand

Die herrschende Meinung unterscheidet zwischen einem „formellen" und einem „materiellen" Prüfungsrecht des Registergerichts.[130] Mit der Bildung dieses Begriffspaares erfolgt allerdings noch keine Konkretisierung des Prüfungsgegenstandes.[131] Zielführend ist vielmehr die Frage danach, welche Voraussetzungen vorliegen müssen, damit das Registergericht die Eintragung vorzunehmen hat.[132] Das Gesetz ordnet an, dass das Gericht die Gesellschaft einzutragen hat, wenn die Anmeldung der Eintragung ordnungsgemäß erfolgt ist und die Errichtung der Gesellschaft ordnungsgemäß war (§ 38 Abs. 1 Satz 1 AktG, § 9c Abs. 1 Satz 1 GmbHG).

(1) AG

(a) Anmeldung

Hinsichtlich der Anmeldung prüft das Gericht demnach[133]: die eigene Zuständigkeit, die Form der Anmeldung (§ 12 HGB), die Mitwirkung aller anmeldepflichtigen Personen (§ 36 Abs. 1 AktG), die Mindesteinzahlungen auf die Bareinlage (§ 36a Abs. 1 AktG), die Volleinzahlung des Agios (§ 36a Abs. 1 iVm § 36 Abs. 2 AktG), die Leistung der Sacheinlage (§ 36a Abs. 2 Satz 1 AktG), ob die Leistung zur freien Verfügung des Vorstands steht, die Abgabe der notwendigen Erklärungen (§ 37 Abs. 1, Abs. 3 AktG) und Nachweise (§ 37 Abs. 1 Satz 2, 3, 5 AktG) sowie deren Richtigkeit, die Abgabe der Versicherungen (§ 37 Abs. 2 AktG) und deren Richtigkeit sowie die Beifügung der erforderlichen Anlagen (§ 37 Abs. 4, Abs. 5 AktG, § 37a Abs. 3 AktG).

(b) Errichtung

Bezüglich der Errichtung prüft das Gericht[134]: die Wirksamkeit der Satzung (zB die notarielle Form (§ 23 Abs. 1 Satz 1 AktG)), die ordnungsgemäße Vertretung

130 Für die AG siehe RGZ 140, 174, 180; BGHZ 113, 335, 351; *Röhricht*, in: Großkommentar, AktG, § 38 Rn 5; *Pentz*, in: Münchener Kommentar, AktG, § 38 Rn. 17; *Kraft*, in: Kölner Kommentar, AktG, § 38 Rn. 2; für die GmbH siehe BGH, NJW 1991, 1754, 1757 f.; OLG Düsseldorf, GmbHR 1998, 235, 236; *Wicke*, in: Münchener Kommentar, GmbHG, § 9c Rn. 1; *Roth*, in: Roth/Altmeppen, GmbHG, § 9c Rn. 2.

131 Vergleiche nur die uneinheitliche Einordnung der einzelnen Prüfungsgegenstände in die Kategorien „formell" und „materiell" in der angegebenen Kommentarliteratur. Kritisch zur Terminologie bereits *Baums*, Eintragung und Löschung von Gesellschafterbeschlüssen, S. 17 ff.

132 *Baums*, Eintragung und Löschung von Gesellschafterbeschlüssen, S. 18 f.

133 Dazu auch *Hüffer*, AktG, § 38 Rn. 6.

134 Dazu auch *Hüffer*, AktG, § 38 Rn. 7.

(§ 23 Abs. 1 Satz 2 AktG) und die Unterzeichnung durch sämtliche Gründer), den notwendigen Mindestinhalt der Satzung (§§ 23 Abs. 2 – Abs. 4 AktG), die erforderliche Genehmigungen des Vormundschafts- oder Familiengerichts (§§ 1822 Nr. 3, 1643 Abs. 1 BGB), bei Gründung durch ausländische juristische Personen deren Rechtsfähigkeit[135]; die Zulässigkeit des Gesellschaftszwecks und Unternehmensgegenstands, nicht aber dessen Erreichbarkeit[136], die Firma (§ 18 HGB iVm § 4 AktG), das Grundkapital (§ 6 AktG), die vollständige Aktienübernahme (§ 29 AktG); die ordnungsgemäße Festsetzung von Sondervorteilen, Gründungsaufwand, Sacheinlagen und Sachübernahmen in der Satzung (§§ 26, 27 AktG), bei Verdacht auf eine verdeckten Sachgründung, ist auch diese zu prüfen[137], außerdem die Bestellung des Aufsichtsrates (§ 30 Abs. 1 AktG) und dessen ordnungsgemäße Zusammensetzung, die Bestellung eines Abschlussprüfers (§ 30 Abs. 1 AktG), die Bestellung des ersten Vorstandes durch den Aufsichtsrat (§ 30 Abs. 4 AktG) und seine Vertretungsbefugnis.

(c) Ablehnung der Eintragung nach § 38 Abs. 2 AktG

Neben dem Fall, dass das Gericht selbst der Auffassung ist, dass die Gründungsvoraussetzungen nicht eingehalten wurden, kann es die Eintragung auch ablehnen, wenn die Gründungsprüfer erklären oder es offensichtlich ist, dass der Gründungsbericht der Gründer (§ 32 AktG) oder der Prüfungsbericht der Mitglieder des Vorstands und des Aufsichtsrats (§§ 33 Abs. 1, 34 Abs. 2 AktG) unrichtig oder unvollständig ist oder den gesetzlichen Vorschriften widerspricht (§ 38 Abs. 2 Satz 1 AktG). Gleiches gilt, wenn die Gründungsprüfer erklären oder das Gericht der Auffassung ist, dass der Wert der Sacheinlagen oder der Sachübernahmen nicht unwesentlich hinter dem geringsten Ausgabebetrag der dafür zu gewährenden Aktien oder dem Wert der dafür zu gewährenden Leistungen zurückbleibt (§ 38 Abs. 2 Satz 2 AktG).[138]

---

135 LG Saarbrücken GmbHR 1991, 581, 582; *Pentz*, in: Münchener Kommentar, AktG, § 38 Rn. 43.

136 LG Regensburg, BB 1972, 853; *Hüffer*, AktG, § 38 Rn. 7.

137 *Röhricht*, in: Großkommentar, AktG, § 38 Rn. 18.

138 Nach hM erstreckt sich die Prüfung – entgegen des Wortlauts des § 38 Abs. 2 Satz 2 AktG – auch darauf, ob der Wert der Sacheinlage auch das festgesetzte Agio abdeckt. Siehe *Döbereiner*, in: Spindler/Stiltz, AktG, § 38 Rn. 9; *Brändel*, in: Großkommentar, AktG, § 9 Rz. 18; *Röhricht*, in: Großkommentar AktG, § 27 Rn. 100; § 38 Rn. 41; *Bayer*, in: K. Schmidt/Lutter, AktG, § 34 Rn. 7; zweifelnd hingegen *Baums*, in: FS Hommelhoff, S. 61, 66.

(d) Prüfung durch das Gericht bei Erklärung nach § 37a Abs. 1 Satz 1 AktG

Enthält die Anmeldung die Erklärung nach § 37a Abs. 1 Satz 1 AktG (nämlich, dass nach § 33a AktG von einer externen Gründungsprüfung abgesehen wird), hat das Gericht hinsichtlich der Werthaltigkeit von Sacheinlagen oder Sachübernahmen ausschließlich zu prüfen, ob die Voraussetzungen des § 37a AktG erfüllt sind (§ 38 Abs. 3 Satz 1 AktG). Nur bei einer offenkundigen und erheblichen Überbewertung kann das Gericht die Eintragung dann ablehnen (§ 38 Abs. 3 Satz 2 AktG).

(e) Ablehnung der Eintragung bei mangelhafter Satzung, § 38 Abs. 4 AktG

Bei mangelhaften, fehlenden oder nichtigen Satzungsbestimmungen darf das Gericht die Eintragung nur ablehnen, wenn: zwingender Satzungsinhalt (§ 23 Abs. 3 AktG) betroffen ist (§ 38 Abs. 4 Nr. 1 AktG), Vorschriften verletzt sind, die dem Schutz der Gläubiger der Gesellschaft oder sonst im öffentlichen Interesse gegeben sind (§ 38 Abs. 4 Nr. 2 AktG) oder der Fehler die Nichtigkeit der Satzung zur Folge hat (§ 38 Abs. 4 Nr. 3 AktG).

Das Gericht prüft die Satzung nur in beschränkter Weise. Denn es geht bei der Prüfung durch das Gericht nicht darum, „vorbeugende Rechtspflege" zu betreiben, indem jegliche unzulässige Satzungsklauseln verhindert werden. Die Prüfung soll nur sicherstellen, dass die Satzung gewisse Mindestanforderungen einhält, die der Gesetzgeber für „die Entstehung einer nach außen wirksamen juristischen Person" als zwingend ansieht.[139]

(2) GmbH

(a) Anmeldung

Hinsichtlich der Anmeldung prüft das Registergericht die eigene Zuständigkeit, die elektronische Einreichung in öffentlich beglaubigter Form (§ 12 HGB), die notarielle Beurkundung des Gründungsprotokolls sowie die formgerechte Erteilung von Vollmachten (§ 2 Abs. 1 und 2 GmbHG). Darüber hinaus prüft das Gericht die Vollständigkeit der Anmeldung (§ 8 Abs. 1 GmbHG). Außerdem erstreckt sich die Prüfung auf das Vorliegen der notwendigen Versicherungen (§ 8 Abs. 2 und 3 GmbHG) sowie auf die Angabe der inländischen Geschäftsanschrift und der Vertretungsbefugnis (§ 8 Abs. 4 GmbHG).[140]

---

139 Siehe RegE Handelsrechtsreformgesetz, BT-Drucks. 13/8444, S. 76 f.; vgl. auch bereits *Gustavus*, GmbHR 1993, 259, 263 f.

140 Zur formellen Prüfung siehe *Wicke*, Münchener Kommentar, GmbHG, § 9c Rn. 6; *Bayer*, in: Lutter/Hommelhoff, GmbHG, § 9c Rn. 4.

(b) Errichtung

Außerdem prüft das Gericht die ordnungsgemäße Errichtung der GmbH, also die Wirksamkeit der Beitrittserklärungen, die Rechtsfähigkeit und die Wirksamkeit der Vertretung der Gründer, die Bestellung der Geschäftsführer (§ 6 GmbHG). Zudem prüft das Gericht die Leistung der geschuldeten Einlagen (§ 7 Abs. 2 und 3 GmbHG) einschließlich der Bewertung der Sacheinlagen (§ 9c Abs. 1 Satz 2 GmbHG) und deren gesellschaftsvertraglichen Festsetzungen (§ 5 Abs. 4 GmbHG).[141]

Bei mangelhaften, fehlenden oder nichtigen Satzungsbestimmungen darf das Gericht die Eintragung nur ablehnen, wenn zwingender Inhalt des Gesellschaftsvertrages (§ 23 Abs. 3 AktG) betroffen ist (§ 9c Abs. 2 Nr. 1 GmbHG), Vorschriften verletzt sind, die dem Schutz der Gläubiger der Gesellschaft oder sonst im öffentlichen Interesse gegeben sind (§ 9c Abs. 2 Nr. 2 GmbHG) oder der Fehler die Nichtigkeit des Gesellschaftsvertrages zur Folge hat (§ 9c Abs. 2 Nr. 3 GmbHG).

c. Sonstige Aufgaben und Befugnisse

Neben der Prüfung von Errichtung und Anmeldung obliegt dem Registergericht im Zusammenhang mit der Gründung von Aktiengesellschaft und GmbH die Aufgabe, die Gesellschaft einzutragen und bekanntzumachen.

aa. Eintragung

Die Eintragung hat folgenden Inhalt: Firma und Sitz der Gesellschaft, eine inländische Geschäftsanschrift, Gegenstand des Unternehmens, die Höhe des Grundkapitals oder des Stammkapitals, der Tag der Feststellung der Satzung oder des Abschlusses des Gesellschaftsvertrags sowie die Vorstandsmitglieder (§ 39 Abs. 1 Satz 1 AktG) und deren Vertretungsbefugnisse (§ 39 Abs. 1 Satz 3 AktG) oder die Person des Geschäftsführers (§ 10 Abs. 1 Satz 1 GmbHG) und deren Vertretungsbefugnis (§ 10 Abs. 1 Satz 2 GmbHG). Enthält die Satzung Bestimmungen über das genehmigte Kapital oder über die Dauer der Gesellschaft, sind auch diese Angaben einzutragen (§ 39 Abs. 2 AktG, § 10 Abs. 2 Satz 1 GmbHG).

Das Gericht hat unverzüglich – also ohne schuldhaftes Zögern (§ 121 Abs. 1 Satz 1 BGB) – nach Eingang der Anmeldung über die Eintragung zu entscheiden (§ 25 Abs. 1 Satz 2 HRV).

---

141 Zur materiellen Prüfung siehe KG Berlin, GmbHR 1997, 708, 709; *Wicke*, in: Münchener Kommentar, GmbHG, § 9c Rn. 7; *Roth*, in: Roth/Altmeppen, GmbHG, § 9c Rn. 3.

bb. *Bekanntmachung*

Nach § 10 HGB macht das Gericht die Eintragung ins Handelsregister in dem von der Landesjustizverwaltung bestimmten elektronischen Informations- und Kommunikationssystem in der zeitlichen Folge ihrer Eintragung nach Tagen geordnet bekannt.[142]

cc. *Fehlerhafte oder unvollständige Einreichung*

(1) Berichtigung durch das Gericht

Schreibversehen und ähnliche offenbare Unrichtigkeiten in einer Eintragung kann das Gericht eigenständig berichtigen (§ 17 Abs. 1 Satz 1 HRV). Die Berichtigung ist den Beteiligten bekanntzugeben, es sei denn, es ist lediglich ein unwesentlicher Punkt der Eintragung betroffen (§ 17 Abs. 2 HRV).

(2) Beseitigung von Eintragungshindernissen durch die Gründer

Unvollständige oder fehlerhafte Anmeldungen, die ein Eintragungshindernis darstellen und nicht nach § 17 HRV durch das Gericht berichtigt werden können, sind von den Einreichenden in einem Verbesserungsverfahren zu korrigieren. Das Gericht hat unverzüglich auf das Eintragungshindernis hinzuweisen (§ 25 Abs. 1 Satz 3 HRV) und per Zwischenverfügung eine angemessene Frist zur Behebung des Hindernisses zu bestimmen (§ 382 Abs. 4 Satz 1 FamFG). Auf diesem Wege lassen sich etwa einzelne unwirksame oder anfechtbare Satzungsbestimmungen korrigieren.[143]

2. Vereinigtes Königreich

a. *Registrierung beim Companies House durch den Registrierbeamten (registrar)*

Eine *company* entsteht durch die Registrierung beim *Companies House* (section 16 Companies Act 2006). Das *Companies House* ist eine ausführende Behörde des Ministeriums *„Department for Business, Innovation and Skills (BIS)"*. Örtlich zuständig für englische und walisische Gesellschaften ist das *Companies House* in Cardiff[144], für schottische Gesellschaften das *Companies House* in Edinburgh[145]

142 Ausführlich zur Bekanntmachung siehe unten, Kapitel 2, Abschnitt VII.

143 Vgl. *Heinemann*, in: Keidel, FamFG, § 382 Rn. 23.

144 Companies House, Main Office, Crown Way, Cardiff, CF 14 3ZU.

145 Companies House, 4th Floor Edinburgh Quay 2, 139 Fountainbridge, Edinburgh EH3 9FF, LP - 4 Edinburgh 2 (Legal Post) / DX ED235 Edinburgh 1

und für Nordirland das *Companies House* in Belfast[146]. Personell zuständig ist jeweils ein Registrierbeamter (*registrar*). Die Registrierbeamten werden vom zuständigen Minister (*Secretary of State for Business, Innovation and Skills*) ernannt (section 1060 (2) Companies Act 2006).

b. Wirkung der Eintragung

Nach positiver Prüfung der Dokumente registriert der Registrierbeamte (*registrar*) die Dokumente (section 14 Companies Act 2006). Die Registrierung hat Folgende Wirkung: Die Unterzeichner und eventuell später hinzutretende Gesellschafter bilden gemeinsam eine juristische Person unter der in der Satzung genannten Firma (section 16 (2) Companies Act 2006). Diese juristische Person ist befähigt alle Tätigkeiten einer gegründeten *company* auszuführen (section 16 (3) Companies Act 2006). Status und Gesellschaftssitz der *company* gelten entsprechend der Angabe im Registrierungsantrag (section 16 (4) Companies Act 2006). Die Unterzeichner werden zu Anteilseignern, wie sie es in der Erklärung bezüglich des Kapitals und der Kapitalanteile festgelegt haben (section 16 (5) Companies Act 2006). Die in der Erklärung hinsichtlich der künftigen Direktoren genannten Personen gelten als in das Amt berufen (section 16 (6) Companies Act 2006).

c. Festlegung der Form durch den Registrierbeamten

Die Form, die Art der Authentifizierung und die Art der Übermittlung der Gründungsdokumente an das *Company House* können vom Registrierbeamten festgelegt werden (section 1068 (1) Companies Act 2006). Bis zum Companies Act 2006 oblag diese Entscheidung dem *Secretary of State*.[147]

d. Ermessen des Registrierbeamten, fehlerhafte Dokumente anzunehmen

Es steht im Ermessen des Registrierbeamten, Dokumente, die die Formerfordernisse nicht erfüllen, dennoch zu akzeptieren (section 1073 (1) Companies Act 2006). Die Dokumente gelten dann als wirksam zugegangen (section 1073 (2) Companies Act 2006). Diese Entscheidung des Registrierbeamten kann später nicht mehr angegriffen werden. Diese Vorschrift soll insbesondere in den Fällen hilfreich sein, in denen der Registrierbeamte nicht sicher ist, ob die

---

146 Companies House, Second Floor, The Linenhall, 32-38 Linenhall Street, Belfast, Northern Ireland BT2 8BG / DX 481 N.R. Belfast 1.

147 Siehe *Alcock/Birds/Gale*, Companies Act 2006, S. 65 Rn. 5.1.

entsprechenden Formalien eingehalten wurden, nach seinem Ermessen aber eine hinreichende Einreichung vorliegt.[148]

e. Korrektur fehlerhafter Dokumente durch den Registrierbeamten

Der Registrierbeamte hat zudem die Möglichkeit, fehlerhafte oder unvollständige Dokumente zu korrigieren oder zu ergänzen (section 1075 (1) Companies Act 2006). Die Korrektur oder Ergänzung findet allerdings nur auf Anweisung desjenigen statt, der die Dokumente eingereicht hat (section 1075 (2) Companies Act 2006). Der Anweisung kann eine entsprechende Anfrage des Registrierbeamtens vorausgehen (etwa telefonisch)[149], falls dieser den Fehler oder die Unvollständigkeit des Dokuments zuvor bemerkt hat (section 1075 (3) (a) Companies Act 2006). Die Möglichkeit der Annahme fehlerhafter Dokumente und die Möglichkeit der Korrektur oder Ergänzung von Dokumenten dienen der zügigen Behebung von formellen Fehlern während der Gründung.

f. Veröffentlichung durch den Registrierbeamten

Der Registrierbeamte veröffentlicht eine Mitteilung über den Erhalt der Gründungserklärung und des Gesellschaftsvertrages (sections 1077 (1), 1078 (2) *Constitutional documents* No. 1 Companies Act 2006) sowie über den Erhalt der Erklärung hinsichtlich der künftigen Geschäftsleiter (section 1078 (2) *Directors* No. 1 Companies Act 2006).

Bei der Gründung einer *PLC* veröffentlicht der Registrierbeamte zusätzlich eine Mitteilung über den Erhalt der Erklärung hinsichtlich des Kapitals und der ersten Kapitalanteile (section 1078 (3) *Share capital* No. 1 Companies Act 2006), eine Mitteilung über den Erhalt der Kopie der Berichte zur Bewertung von Nicht-Bareinlagen nach sections 593, 599 Companies Act 2006 (section 1078 (3) *Share capital* No. 4 Companies Act 2006) sowie den Erhalt der Erklärung über die Einhaltung der gesetzlichen Anforderungen zur Ausgabe eines Handelszertifikats (section 1078 (3) *Share capital* No. 11 Companies Act 2006). Außerdem veröffentlicht der Registrierbeamte eine Mitteilung über die Ausgabe des Gründungszertifikats (section 1064 (1) Companies Act 2006). Die Veröffentlichung dieser Mitteilungen enthält jeweils die Firma und eine Registriernummer

148 So auch *Steinfeld u.a.*, Blackstone's Guide to The Companies Act 2006, S. 60 Rn. 10.09.

149 Siehe *Steinfeld u.a.*, Blackstone's Guide to The Companies Act 2006, S. 60 Rn. 10.13; *Alcock/Birds/Gale*, Companies Act 2006, S. 69 Rn. 5.12.

der *PLC* sowie das Datum des Erhalts der Dokumente oder der Ausgabe des Gründungszertifikats.

Medium der Veröffentlichung ist das Amtsblatt (*gazette*, section 1064 (1) (a) Companies Act 2006). Jeder Registrierbeamte führt ein Amtsblatt in seinem Bezirk: Die *London Gazette* für England und Wales, die *Edinburgh Gazette* für Schottland sowie die *Belfast Gazette* für Nordirland.[150]

Es kommen allerdings auch alternative Medien zur Veröffentlichung in Betracht (section 1064 (1) (b) Companies Act 2006). Diese werden vom *Secretary of State* per Verfügung festgelegt (section 1116 (1), (2) Companies Act 2006), er kann insbesondere etwa eine elektronische Veröffentlichung ermöglichen (section 1116 (3) (a) Companies Act 2006). Pläne für eine Abschaffung des physischen Amtsblattes und eine alleinige Veröffentlichung in einem elektronischen Medium bestehen derzeit jedoch nicht.

g. *Öffentlichkeit des Registers*

Jedermann ist berechtigt, eine Kopie des Gründungszertifikats vom Registrierbeamten zu erhalten (section 1065 Companies Act 2006). Zudem ist jedermann befugt, das vom Registrierbeamten geführte Register einzusehen (section 1085 Companies Act 2006) und Kopien der dort hinterlegten Unterlagen anzufertigen (section 1086 Companies Act 2006).

h. *Gründungsprüfung*

Ist der Registrierbeamte davon überzeugt, dass die Gründer alle Gründungsvoraussetzungen eingehalten haben, so hat er die *company* einzutragen. Die von den Gründern abgegebene Erklärung über die Einhaltung der gesetzlichen Anforderungen (*statement of compliance*) dient dem Registrierbeamten als hinreichender Beweis (*sufficient evidence*) für die Einhaltung der Gründungsvoraussetzungen (section 13 (2) Companies Act 2006). Der Registrierbeamte prüft daher grundsätzlich nur, ob die Dokumente formell korrekt sind und vollständig eingereicht wurden. Ob die Angaben der Gründer darüber hinaus auch inhaltlich richtig sind, prüft der Registrierbeamte nicht. Dies gilt auch hinsichtlich der Werthaltigkeitsgutachten über Sacheinlagen.[151] Auch diese prüft der Registrierbeamte nicht auf ihre inhaltliche Richtigkeit.

---

150 Siehe *Alcock/Birds/Gale*, Companies Act 2006, S. 67 Rn. 5.7.

151 Dazu ausführlich unten, Kapitel 2, Abschnitt VI.

3. USA

a. Archivierung

Erfüllt die Gründungsurkunde alle vorgeschriebenen Voraussetzungen des § 1.20 MBCA, ist sie vom *Secretary of State* zu archivieren (sog. *filing*, § 1.25 (a) MBCA). Das Archivieren erfolgt, indem der *Secretary of State* die Gründungsurkunde mit Datum und Uhrzeit des Empfangs versieht (§ 1.25 (b) MBCA). Den Gründern ist eine Kopie der Gründungsurkunde mit einer Bestätigung der Archivierung unter Angabe von Datum und Uhrzeit zu übersenden, während das Original beim *secretary of state* verbleibt (§ 1.25 (b) MBCA).[152] Haben die Gründer die Gründungsurkunde elektronisch übermittelt, so kann der *Secretary of State* die Kopie und die Bestätigung ebenso elektronisch an die Gründer senden.[153] Die Kopie kann die *corporation* Dritten zur informellen Information über die Gründungsurkunde bereitstellen, ohne dass diese sich an den *Secretary of State* wenden müssen.[154] Gegen eine Gebühr kann außerdem jedermann eine zertifizierte Kopie der Gründungsurkunde vom *secretary of state* erwerben (vgl. § 1.22 (c) MBCA).[155]

Die Übergabe der Kopie sowie der Quittung über die Entrichtung der Archivierungsgebühren (*filing fee*) sind Nachweis darüber, dass die archivierte Gründungsurkunde der Kopie entspricht.[156] Zudem ist die Archivierung ein schlüssiger Beweis (*conclusive proof*) dafür, dass die Gründungsvoraussetzungen erfüllt wurden und die Gründung somit erfolgreich war (§ 2.03 (b) MBCA). Dies gilt hingegen nicht bei Verfahren von staatlicher Stelle gegen die Gesellschaft (§ 2.03 (b) MBCA).[157] Durch das *filing* wird zudem der Fiskus über die Gründung einer neuen *corporation* informiert.[158]

Frühere Versionen des MBCA sahen zum Nachweis der erfolgreichen Gründung die Ausgabe eines Zertifikats vor (*certificate of incorporation*). Dieser Nachweis wurde vom MBCA jedoch aufgegeben. Dadurch sollte die Anzahl der

---

152 Zum Vorgang des filing siehe auch *Merkt/Göthel*, US-amerikanisches Gesellschaftsrecht, S. 195 Rn. 274; *Fletcher*, Cyc Corp, § 156, p. 248.

153 § 1.25 MBCA, Official Comment, p. 1-57 No. 2.

154 Vgl. *Merkt/Göthel*, US-amerikanisches Gesellschaftsrecht, S. 195 Rn. 274.

155 Dazu auch § 1.25 MBCA, Official Comment, p. 1-57 No. 2.

156 § 2.03 MBCA, Official Comment, p. 2-45 No. 2.

157 Siehe dazu *Merkt/Göthel*, US-amerikanisches Gesellschaftsrecht, S. 196 Rn. 277.

158 *Choper/Coffee/Gilson*, Corporations, S. 244; *Merkt/Göthel*, US-amerikanisches Gesellschaftsrecht, S. 196 Rn. 274.

auszugebenden Dokumente reduziert werden und so der Vorgang der Gründung vereinfacht werden.[159]

b. *Verfahren bei mangelhaft eingereichter Gründungsurkunde*

Erfüllt die Gründungsurkunde die gesetzlichen Anforderungen nicht, so hat sie der *Secretary of State* innerhalb von fünf Tagen an den Einreichenden zurückzusenden und dabei zu begründen, weshalb er die Archivierung verweigert hat (§ 1.25 (c) MBCA). Gegen die Verweigerung können die Gründer innerhalb von 30 Tagen Widerspruch beim zuständigen Gericht einlegen (§ 1.26 (a) MBCA). Zuständig ist nach § 1.26 (a) MBCA das Gericht der Hauptstadt des Staates oder der des Bezirks (*county*) in dem die Gesellschaft ihren geplanten Hauptgeschäftssitz hat.

c. *Nur formelle Prüfung der Gründungsurkunde*

§ 1.25 (d) MBCA stellt klar, dass der *Secretary of State*, die Gründungsurkunde nur auf ihre formale Korrektheit hin überprüft, also lediglich daraufhin, ob die Angaben vollständig sind und die formalen Anforderungen erfüllt sind.[160]

Die Archivierung begründet weder eine Aussage noch eine Vermutung über die Korrektheit des Inhalts der eingereichten Dokumente (§ 1.25 (d) MBCA).[161] Aus diesem Grund können einzelne Bestimmungen der Gründungsurkunde auch gerichtlich auf Antrag überprüft werden. Antragsberechtigt sind Personen, die durch die entsprechende Bestimmung beschwert sind sowie stets der Generalstaatsanwalt (*attorney general*).[162]

Frühere Fassungen des MBCA sahen hingegen noch vor, dass der *Secretary of State* die eingereichten Dokumente auch auf ihre materielle Rechtmäßigkeit hin überprüft (§ 55 MBCA 1969).[163] Dies entsprach dem Fallrecht in den meisten

---

159 § 2.03 MBCA, Official Comment, p. 2-45 No. 3.

160 § 1.25 (d) MBCA: „*The secretary of state's duty to file documents under this section is ministerial.*".

161 Siehe dazu auch *Fletcher*, Cyc Corp, § 159, p. 250 f.

162 Vgl. § 1.25 MBCA, Official Comment, p. 1-57.

163 § 55 MBCA (1969): "*If the Secretary of State finds that the articles of incorporation conform to law, he shall [...] endorse on each of such duplicate originals the word "Filed", and the month, day and year of the filing thereof.*"; siehe auch § 1.25 MBCA, Official Comment, p. 1-56 No. 1; § 1.25 MBCA, Historical Background, p. 1-58 – dieses Erfordernis wurde durch den MBCA von 1984 aufgegeben (vgl. § 1.25 MBCA, Historical Background, p. 1-58).

Staaten zu dieser Zeit.[164] Im Jahre 1984 gab der MBCA dieses Erfordernis auf. Heute folgen die meisten Staaten dem MBCA – darunter Delaware (Del Code Ann tit 8, § 103 (c)) und Texas (Tex Bus Corp Act Ann art 3.03).[165]

d. Lokale Archivierung

Delaware (Del Code Ann tit 8, § 103), Illinois, Kansas, Lousiana, Nevada und North Carolina fordern neben der Archivierung beim *secretary of state* zusätzlich eine lokale Archivierung (*filing or recording*) einer zertifizierten Kopie (*certified copy / duplicated original*) im Verwaltungsbezirk (*county*) des eingetragenen (Erst-)Firmensitzes (*initial registered office*) oder des Hauptgeschäftssitzes (*principle place of business*) (sog. *local filing*).[166]

In Iowa, Maryland (§ 1-202 (a) (3) Md.Corp.Code) und New York (§ 104 (g) N.Y.Bus.Corp.L.) ist die Gründungsurkunde von einem Staatsbeamten (*state official*) zu unterzeichnen, der diese dann an den zuständigen Kommunalbeamten (*local official*) für die lokale Archivierung weiterreicht.[167] In Virginia wird nicht die Gründungsurkunde, sondern ein Zertifikat weitergereicht. In Alabama ist die Gründungsurkunde beim zuständigen Amtsrichter (*local probate judge*) einzureichen, der dann ein Zertifikat an den *Secretary of State* zum dortigen Archivieren weitergibt.[168] Alle anderen Staaten sehen, wie der MBCA, lediglich ein zentrales Archivieren vor.

e. Zertifizierte Kopie

Wird die Gründungsurkunde nicht elektronisch eingereicht, so ist ihr eine Kopie beizufügen (§ 1.20 (i) MBCA). Bis zum Jahr 1969 forderte der *MBCA* noch die Einreichung der Gründungsurkunde in zweifacher Originalausführung.[169]

---

164 *Rixford v. Jordan*, 214 Cal 547, 6 P2d 959; *McChesney v. Batman*, 121 Ky 303, 28 Ky L Rep 281, 89 SW 198; *State v. Rotwitt*, 17 Mont 537, 43 P 922; *Lincoln v. Personal Loan Service*, 133 Neb 373, 275 NW 324; *American Salt Co. v. Heidenheimer*, 80 Tex 344, 15 SW 1038.

165 Siehe *Fletcher*, Cyc Corp, § 159, p. 248.

166 Vgl. *Fletcher*, Cyc Corp § 156, p. 248 ff.; *Merkt/Göthel*, US-amerikanisches Gesellschaftsrecht, S. 195 Rn. 273.

167 Zur örtlichen Archivierung siehe auch *Fletcher*, Cyc.Corp. § 156; *Macey*, in: Macey on Corporation Laws, § 3.03[B], p. 3-22, 2001-2 suppl.

168 § 2.03 MBCA, p. 2-49, No. 1.

169 § 1.20 MBCA, Official Comment, p. 1-23 Nr. 4; § 2.01 MBCA, Official Comment, p. 2-2, No. 1.

f. Korrektur fehlerhafter Dokumente

Der *MBCA* ermöglicht es, bereits archivierte, aber fehlerhafte Dokumente zu korrigieren (§ 1.24 MBCA). Dazu ist es nicht erforderlich, dass das gesamte Dokument neu eingereicht und archiviert wird. Auch ist es nicht erforderlich, einen Änderungsantrag (*articles of amendment*) zu stellen.[170] Vielmehr genügt ein Antrag zur Korrektur (*articles of correction*), der lediglich das zu korrigierenden Dokument sowie den Fehler, der behoben werden soll, angibt. Korrigiert werden können auf diese Weise Ungenauigkeiten in archivierten Dokumenten (*„document contains an inaccuracy"*) (§ 1.24 (a) (1) MBCA), Fehler hinsichtlich der Unterzeichnung oder der Beglaubigung (§ 1.24 (a) (2) MBCA) oder fehlerhafte Dokumenteninhalte, die aus Problemen bei der elektronischen Übertragung herrühren (§ 1.24 (a) (3) MBCA).

Die Wirkung der Korrektur reicht zurück zum Zeitpunkt der ersten (fehlerhaften) Archivierung. Das Dokument gilt demnach als von Anfang an fehlerfrei. Dies gilt hingegen nicht gegenüber Personen, die sich bereits auf das fehlerhafte Dokument verlassen haben. Für diese Personen gilt die korrigierte Fassung ab der Korrektur (§ 1.24 (c) MBCA).

Der Regelung des *MBCA* zur Korrektur fehlerhafter Dokumente folgen die meisten Staaten, insbesondere etwa Kalifornien (Cal Corp Code § 109), Delaware (Del Code Ann tit 8, 103 (f)) und New York (NY Bus Corp Law § 105).[171]

g. Gründungsurkunde liefert schlüssigen Beweis

Zu beachten ist zudem, dass die Archivierung der Gründungsurkunde einen schlüssigen Beweis (*conclusive proof*) für eine ordentliche Gründung liefert (§ 2.03 (b) MBCA). Eine fehlerhafte Gründung kann ab Aushändigung nur noch vom Gründungsstaat angegriffen werden. *De facto corporations* und die *estoppel Lehre* können dann nicht mehr in Erscheinung treten.[172]

---

170 So früher die Rechtslage nach *common law* in den meisten Staaten: *Pratt-Low Preserving Co. v. Jordan*, 217, Cal 292, 18 P2d 676; *Rogers v. Toccoa Elec. Power Co.*, 163 Ga 919, 137 SE 272; *Nelson v. Northland Life Ins.* Co., 197 Minn 151, 266 NW 857; *Boornazian v. Sarkisian (Misc)*, 110 NYS2d 350; dazu auch *Fletcher*, Cyc Corp, § 155, p. 246.

171 Siehe auch *Fletcher*, Cyc Corp, § 155, p. 246.

172 Dazu ausführlich unten, Kapitel 2, Abschnitt X.

4. Vergleich

a. *Eine Stelle*

In allen drei Staaten ist eine Stelle zuständig für die Eintragung der Gesellschaft und für die Führung eines öffentlichen Archivs, das die essentiellen Daten der Gesellschaften enthält. In Deutschland und dem Vereinigten Königreich ist diese Stelle darüber hinaus zuständig für die Veröffentlichung der Gründung sowie bestimmter Daten über die entstandene Gesellschaft. In den USA gibt es hingegen keine öffentliche Mitteilung über die Gründung.

b. *Zuständige Stelle*

In Deutschland sind die Registergerichte zuständig. Im Vereinigten Königreich und den USA ist jeweils eine dem Wirtschaftsministerium unterstellte Behörde zuständig: im Vereinigten Königreich das *Companies House* und personell der Registrierbeamte, in den USA der *Secretary of State, Division of Corporations.*

c. *Prüfung*

In Deutschland prüft das Registergericht zum einen die formelle Korrektheit und zum anderen (im oben dargestellten beschränkten Umfang) die inhaltliche Richtigkeit der zur Anmeldung eingereichten Dokumente. Im Vereinigten Königreich und den USA erfolgt durch die eintragende Stelle lediglich eine formelle Prüfung der Gründung. Die inhaltliche Richtigkeit wird hingegen nicht geprüft.

d. *Ermessen der zuständigen Stelle*

Im Vereinigten Königreich liegt es im Ermessen des Registrierbeamten, Dokumente, die die Formerfordernisse nicht einhalten, dennoch zu akzeptieren. Die Dokumente gelten dann als wirksam zugegangen. In Deutschland steht dem Registergericht ein solches Ermessen nicht zu. Bei Mängeln der Form ist die Eintragung abzulehnen. In den USA besteht ein solches Ermessen ebenfalls nicht. Allerdings genügt dort stets Textform, sodass Formmängel generell praktisch keine Rolle spielen.

e. *Korrektur fehlerhafte Dokumente*

In Deutschland kann das Registergericht Schreibversehen und ähnliche offenbare Unrichtigkeiten in einer Eintragung eigenständig berichtigen. Kommt aufgrund der Art des Mangels eine solche Berichtigung nicht in Betracht, kann die Anmeldung zur Eintragung – nach einem Hinweis des Gerichts – von den

Einreichenden in einem Verbesserungsverfahren korrigiert werden. Im Vereinigten Königreich hat der Registrierbeamte die Möglichkeit – auf Anweisung des Einreichenden – fehlerhafte oder unvollständige Dokumente zu korrigieren oder zu ergänzen. Dies geschieht regelmäßig, wenn der Registrierbeamte einen Fehler bemerkt hat und die Gründer auf diesen hinweist. Ebenso können in den USA bestimmte formelle Fehler in Dokumenten korrigiert werden. Die Gründer müssen dazu einen entsprechenden Antrag stellen (*articles of correction*).

f. Bearbeitungszeit

In Deutschland und dem Vereinigten Königreich ist eine Höchstdauer der Bearbeitungszeit bis zur Eintragung der Gesellschaft nicht vorgeschrieben. In Deutschland ist lediglich festgelegt, dass das Gericht „unverzüglich" nach Eingang der Anmeldung zu entscheiden hat. In den USA muss der *Secretary of State* hingegen innerhalb von fünf Tagen über die Eintragung entscheiden. Erfüllt die Gründungsurkunde die gesetzlichen Anforderungen nicht, so hat sie der *Secretary of State* innerhalb dieser Frist an die Gründer zurückzusenden.

VI. Ausgabe der Anteile, Gesellschaftskapital und Kapitalaufbringung

Nachfolgend werden die Regeln über die Ausgabe der Anteile, die Anforderungen an das Gesellschaftskapital und dessen Aufbringung untersucht.

1. Deutschland

a. Mindestkapital und Kapitalaufbringung

aa. GmbH

Nach § 5 Abs. 1 GmbHG beträgt das Stammkapital mindestens 25.000 Euro. Eine Anmeldung zum Handelsregister darf erst erfolgen, wenn ein Viertel des Stammkapitals – mindestens jedoch die Hälfte des Mindestkapitals (also 12.500 Euro) – eingezahlt ist (§ 7 Abs. 2 GmbHG) und zur freien Verfügung der Geschäftsführer steht (§ 7 Abs. 3 GmbHG). Das Kapital kann durch Geld- oder Sacheinlage (§ 5 Abs. 4 GmbHG) aufgebracht werden.

bb. Unternehmergesellschaft

Nach § 5a GmbHG kann die Gesellschaft auch mit einem Stammkapital gegründet werden, das unter 25.000 Euro liegt; theoretisch auch mit einem

Stammkapital in Höhe von einem Euro.[173] Abweichend von § 4 GmbHG muss die Firma dann den Zusatz „Unternehmergesellschaft (haftungsbeschränkt)“ oder „UG (haftungsbeschränkt)“ führen.[174] Das Stammkapital ist entgegen § 7 Abs. 2 GmbHG voll einzuzahlen (§ 5a Abs. 2 Satz 1 GmbHG).

cc. Aktiengesellschaft

Das Mindestkapital der Aktiengesellschaft beträgt 50.000 Euro (§ 7 AktG). Die Gründer müssen die Einlagen nach Aufforderung durch den Vorstand einzahlen (§ 63 Abs. 1 Satz 1 AktG). Die Anmeldung darf erst erfolgen, wenn auf jede Aktie, soweit nicht Sacheinlagen vereinbart sind, der eingeforderte Betrag ordnungsgemäß eingezahlt worden ist (§ 36 Abs. 2 AktG). Der Betrag muss dabei mindestens ein Viertel des geringsten Ausgabebetrages erreichen (§ 36a Abs. 1 AktG). Der geringste Ausgabebetrag beträgt bei Nennbetragsaktien die Höhe des Nennbetrags und bei Stückaktien den rechnerischen Wert einer Aktie am Grundkapital. Eine Emission unter dem geringsten Ausgabebetrag (unter pari) ist unzulässig.

dd. Sacheinlagen

(1) Gegenstand der Sacheinlage

Das Aktiengesetz definiert Sacheinlagen als diejenigen Einlagen, die nicht durch Einzahlung des Ausgabebetrags der Aktien zu leisten sind (§ 27 Abs. 1 Satz 1 AktG). § 27 Abs. 2 AktG begrenzt die Sacheinlagefähigkeit: Sacheinlagen können nur Vermögensgegenstände sein, deren wirtschaftlicher Wert feststellbar ist (§ 27 Abs. 2, 1. Hs. AktG). Einlagefähig sind neben Sachen insbesondere auch Forderungen gegen Dritte oder gegen die Vorgesellschaft.[175] Verpflichtungen zu Dienstleistungen können nicht Sacheinlagen sein (§ 27 Abs. 2, 2. Hs. AktG).[176]

---

173 Da auch in diesem Fall die §§ 3 Abs. 1 Nr. 3 und 4 GmbHG gelten, muss im Gesellschaftsvertrag ein Stammkapital festgesetzt werden, wobei jeder Gesellschafter mindestens einen Geschäftsanteil im Nennbetrag von einem Euro übernehmen muss.

174 Zur gesetzlichen Rücklagenbildung bei der Unternehmergesellschaft und dem Übergang dieser in eine GmbH siehe § 5a Abs. 3, Abs. 5 GmbHG.

175 RGZ 42, 1, 4; BGHZ 15, 52, 60, BGH WM 1959, 1113, 1114; BGH NJW 1970, 469; *Pentz*, in: Münchener Kommentar AktG, § 27 Rn. 28 f.

176 BGHZ 180, 38 Rn. 12; BGHZ 184, 158 Rn. 15 f.; *Lutter*, Kapital, Sicherung der Kapitalaufbringung und Kapitalerhaltung in den Aktien- und GmbH-Rechten der EWG, 1964, S. 232.

Anders als das Aktiengesetz begrenzt das GmbHG nicht ausdrücklich die Sacheinlagefähigkeit von Vermögenswerten. Anerkannt ist jedoch, dass eine „funktionale Äquivalenz zur Geldeinlage“[177] gegeben sein muss – die Sacheinlage muss „so gut wie Geld“[178] sein. Auch bei der GmbH kann Sacheinlage daher nur sein, was einen feststellbaren wirtschaftlichen Wert hat.[179]

Wie bei der Aktiengesellschaft können auch bei der GmbH Dienstleistungen keine Sacheinlagen sein.[180] Die bloße Verpflichtung zur Leistung einer Dienstleistung genügt nicht dem Gebot des realen Vermögenszuflusses, da an die Stelle der Einlageforderung nur ein anderer schuldrechtlicher Anspruch tritt, der darüber hinaus nicht gleichermaßen gesellschaftsrechtlich gesichert ist. Denn während der Anspruch auf Leistung der Einlage der Ausfallhaftung unterliegt, würde das für den eingebrachten Anspruch auf Leistung der Dienstleistung nicht gelten.[181] Zudem fehlt es bei der Einbringung künftiger Dienstleistungen an der erforderlichen Aussonderung aus dem Vermögen des Inferenten.[182] Schwierigkeiten bereitet auch die Feststellung des Wertes sowie die Durchsetzung der Verwertung in der Zwangsvollstreckung (§§ 887, 888 Abs. 3 ZPO).[183]

Eine Forderung gegen die Gesellschaft aus bereits erbrachter Dienstleistung kann hingegen als Sacheinlage eingebracht werden.[184]

---

177 *Ulmer*, in: Großkommentar, GmbHG, § 5 Rn. 40.

178 *K. Schmidt*, Gesellschaftsrecht, § 20 II 3a.

179 BGH, NZG 2004, 910, 911; BGHZ 29, 300, 304; *Knobbe-Keuk*, ZGR 1980, 214, 215; *K. Schmidt*, GesR, § 20 II 3 a bb; *Ulmer*, in: Großkommentar GmbHG, § 5 Rn. 42; *Winter/ Westermann*, in: Scholz, GmbHG, § 5 Rn. 42; *Märtens*, in: Münchener Kommentar GmbHG, § 5 Rn. 69.

180 BGHZ 165, 352, 356; 180, 38, 42; BGH, NZG 2010, 343, 344 f.; KG GmbHR 2007, 1048 L; OLG Düsseldorf, DStR 2008, 2079; *Habersack*, in: FS Priester (2007), S. 164 ff.; *Giedinghagen/Lakenberg*, NZG 2009, 201, 202; *Pentz*, GmbHR 2009, 505 ff.; *Wißmann*, in: Münchener Kommentar GmbHG, § 82 Rn. 139, 169; *Zeidler*, in: Michalski, GmbHG, § 5 Rn. 111; *Fastrich*, in: Baumbach/Hueck, § 5 Rn. 24; *Ulmer*, in: Ulmer, GmbHG, § 5 Rn. 61; *Winter/ Westermann*, in: Scholz, GmbHG, § 5 Rn. 52.

181 So *Zeidler*, in: Michalski, GmbHG, § 5 Rn. 111, 85; *Hueck/Fastrich*, in: Baumbach/ Hueck, GmbHG, § 5 Rn. 24.

182 *Hoffmann*, NZG 2001, 433; *Winter*, in: Scholz, GmbHG, § 5 Rn. 42 ff.

183 BGHZ 165, 352, 353.

184 Vgl. BGHZ 132, 141, 143 f.; *Theusinger*, BB 2009, 183, 184; *Rodewald/Scheel*, GmbHR 2003, 1478, 1479.

(2) Zeitpunkt der Leistung

Besteht die Sacheinlage in der Verpflichtung, einen Vermögensgegenstand auf die Gesellschaft zu übertragen, so muss die Leistung nach überwiegender Auffassung[185] spätestens innerhalb von fünf Jahren nach der Eintragung erbracht werden (§ 36a Abs. 2 Satz 2 AktG). Lediglich sonstige Sacheinlagen, wie etwa Gebrauchs- oder Nutzungsüberlassung, sind nach dieser Auffassung vollständig vor der Eintragung zu leisten (§ 36a Abs. 2 Satz 1 AktG).

Bei der GmbH sind sämtliche Sacheinlagen vor der Anmeldung zur Eintragung vollständig so an die Gesellschaft zu bewirken, dass sie endgültig zur freien Verfügung der Geschäftsführer stehen (§ 7 Abs. 3 GmbHG). Bei der Unternehmergesellschaft sind Sacheinlagen ausgeschlossen (§ 5a Abs. 2 Satz 2 GmbHG).

(3) Bewertung von Sacheinlagen

(a) Gründungsbericht nach § 32 AktG und Sachgründungsbericht nach § 5 Abs. 4 Satz 2 GmbHG

Bei der Gründung einer Aktiengesellschaft müssen die Gründer im Gründungsbericht zunächst die wesentlichen Umstände darlegen, von denen die Angemessenheit der Leistungen für Sacheinlagen oder Sachübernahmen abhängt (§ 32 Abs. 2 Satz 1 AktG). Dabei sind anzugeben: die vorausgegangenen Rechtsgeschäfte, die auf den Erwerb durch die Gesellschaft hingezielt haben (§ 32 Abs. 2 Satz 2 Nr. 1 AktG), die Anschaffungs- und Herstellungskosten aus den letzten beiden Jahren (§ 32 Abs. 2 Satz 2 Nr. 2 AktG), beim Übergang eines Unternehmens auf die Gesellschaft die Betriebserträge aus den letzten beiden Geschäftsjahren (§ 32 Abs. 2 Satz 2 Nr. 3 AktG).

Bei der GmbH-Gründung müssen die Gründer im Falle der Leistung von Sacheinlagen einen Bericht abgeben. In diesem Sachgründungsbericht sind die für die Angemessenheit der Leistungen für Sacheinlagen wesentlichen Umstände

---

185 So *Frey*, Einlagen in Kapitalgesellschaften, 1990, S. 77 ff.; *Ganske*, DB 1978, 2461, 2462; *Hoffmann-Becking*, in: Münchener Handbuch AG, § 4 Rn. 26; *ders.* ZIP 1995, 1 f.; *Eckardt*, in: Münchener Kommentar, AktG, § 36a Rn. 11 ff.; *Hefermehl/Bungeroth*, in: Münchener Kommentar, AktG, § 188 Rn 19; *Hüffer*, NJW 1979, 1065, 1067; *ders.* AktG, § 188 Rn. 9; *Röhricht*, in: Großkommentar AktG, Rn 6 ff.; *Krebs/Wagner*, AG 1998, 467, 468 ff.; nach aA gilt die Fünf-Jahres-Frist des § 36 Abs. 2 Satz 2 AktG nur für solche Sacheinlagen, die in der Übertragung eines gegen einen Dritten gerichteten Anspruchs bestehen. So *Kraft*, in: Kölner Kommentar, AktG, § 36a Rn. 10 ff.; *D. Mayer*, ZHR 154, (1990), 535, 538 ff.; *K. Schmidt*, Gesellschaftsrecht, § 27 II 3 h Fn 4; *Döbereiner*, in: Spindler/Stilz Rn 11; *Lutter*, in: Kölner Kommentar, § 188 Rn. 27 f.; ausführlich und stellungnehmend zu diesem Streit unten, Kapitel 7, Abschnitt III.

darzulegen, beim Übergang eines Unternehmens auf die Gesellschaft sind die Jahresergebnisse der beiden letzten Geschäftsjahre anzugeben (§ 5 Abs. 4 Satz 2 GmbHG).

(b) Gründungsprüfung nach § 33 AktG

Bei der AG prüfen anschließend die Mitglieder des Vorstands und die des Aufsichtsrats im Rahmen der Gründungsprüfung nach § 33 Abs. 1 AktG die Werthaltigkeit der Sacheinlagen. Zusätzlich prüfen gegebenenfalls externe Gründungsprüfer die Werthaltigkeit der Sacheinlage (§ 33 Abs. 2 Nr. 4 AktG).

In zwei Fällen kann bei der Sachgründung auf externe Gründungsprüfer verzichtet werden. Erstens, wenn übertragbare Wertpapiere oder Geldmarktinstrumente im Sinne des § 2 Abs. 1 Satz 1 und Abs. 1a WpHG eingebracht werden sollen, die mit dem gewichteten Durchschnittspreis bewertet werden, zu dem sie während der letzten drei Monate vor dem Tag ihrer tatsächlichen Einbringung auf einem oder mehreren organisierten Märkten im Sinne von § 2 Abs. 5 WpHG gehandelt worden sind (§ 33a Abs. 1 Nr. 1 AktG). Und Zweitens, bei anderen, als den soeben genannten Vermögensgegenständen, wenn eine Bewertung zu Grunde gelegt wird, die ein unabhängiger, ausreichend vorgebildeter und erfahrener Sachverständiger nach den allgemein anerkannten Bewertungsgrundsätzen mit dem beizulegenden Zeitwert ermittelt hat und wenn der Bewertungsstichtag nicht mehr als sechs Monate vor dem Tag der tatsächlichen Einbringung liegt (§ 33a Abs. 2 AktG).

Bei der GmbH erfolgt eine entsprechende Prüfung durch Leitungs- und Verwaltungsorgane oder Externe nicht.

(c) Prüfung durch das Registergericht

Zuletzt prüft auch das Registergericht die Sacheinlagen. Es kann die Eintragung der Aktiengesellschaft ablehnen, wenn die Gründungsprüfer erklären oder es selbst der Auffassung ist, dass der Wert der Sacheinlagen oder Sachübernahmen nicht unwesentlich hinter dem geringsten Ausgabebetrag der dafür zu gewährenden Aktien oder dem Wert der dafür zu gewährenden Leistungen zurückbleibt (§ 38 Abs. 2 Satz 2 AktG).

Im Falle der Sachgründung ohne externe Gründungsprüfung (§ 33a AktG) hat das Gericht hinsichtlich der Werthaltigkeit der Sacheinlagen oder Sachübernahmen ausschließlich zu prüfen, ob die Voraussetzungen der Anmeldung bei Sachgründung ohne externe Gründungsprüfung (§ 37a AktG) erfüllt sind (§ 38 Abs. 3 Satz 1 AktG). Lediglich bei offenkundigen und erheblichen Überbewertungen kann das Gericht die Eintragung dann noch ablehnen (§ 38 Abs. 3 Satz 2 AktG).

Bei der GmbH-Gründung hat das Gericht die Eintragung abzulehnen, wenn Sacheinlagen nicht unwesentlich überbewertet worden sind (§ 9c Abs. 1 Satz 2 GmbHG).

(4) Folge bei Überbewertung

Wurden Sacheinlagen überbewertet, so hat der Gesellschafter in Höhe des Fehlbetrags eine Einlage in Geld zu leisten (§ 9 Abs. 1 GmbHG).[186]

(5) Verdeckte Sacheinlage

Eine verdeckte Sacheinlage liegt vor, wenn der Gründer zwar objektiv eine Geldeinlage leistet, diese jedoch bei wirtschaftlicher Betrachtung und aufgrund einer im Zusammenhang mit der Übernahme der Geldeinlage getroffenen Abrede in Wirklichkeit eine Sacheinlage ist (so die Legaldefinition der Sacheinlage in § 27 Abs. 3 Satz 1 AktG und § 19 Abs. 4 Satz 1 GmbHG). Eine solche verdeckte Sacheinlage hat zur Folge, dass der Gesellschafter trotz der Leistung der Geldeinlage nicht von seiner Einlagepflicht frei wird (§ 27 Abs. 3 Satz 1 AktG, § 19 Abs. 4 Satz 1 GmbHG). Die Verträge über die Sacheinlage und die Rechtshandlungen zu ihrer Ausführung sind indes wirksam (§ 27 Abs. 3 Satz 2 AktG, § 19 Abs. 4 Satz 2 GmbHG). Auf die fortbestehende Geldeinlagepflicht des Gesellschafters wird der Wert des Vermögensgegenstandes angerechnet. Maßgeblich ist der Wert des Vermögensgegenstandes im Zeitpunkt der Anmeldung der Gesellschaft zur Eintragung in das Handelsregister oder der Wert im Zeitpunkt seiner Überlassung an die Gesellschaft, falls diese später erfolgt (§ 27 Abs. 3 Satz 3 AktG, § 19 Abs. 4 Satz 3 GmbHG). Die Anrechnung erfolgt nicht vor Eintragung der Gesellschaft in das Handelsregister (§ 27 Abs. 3 Satz 4 AktG, § 19 Abs. 4 Satz 4 GmbHG). Die Beweislast für die Werthaltigkeit des Vermögensgegenstandes trägt der Gesellschafter (§ 27 Abs. 3 Satz 5 AktG, § 19 Abs. 4 Satz 5 GmbHG).

Die Regeln der verdeckten Sacheinlage stellen also einerseits sicher, dass der Gesellschafter zur Leistung der von ihm übernommenen Einlage verpflichtet bleibt. Andererseits wird der Gesellschafter durch die Wertanrechnung aber auch vor einer Inanspruchnahme geschützt, die über seiner ursprünglich übernommenen Einlagepflicht liegt.

Da die Einlagepflicht nicht erlischt und die Wertanrechnung erst nach der Eintragung erfolgt, steht die Leistung noch nicht zur endgültigen Verfügung der

---

186 Für die AG siehe BGHZ 64, 52, 62; BGHZ 118, 83, 101; *Hüffer*, AktG, § 36a Rn. 6; *Pentz*, in: Münchener Kommentar, AktG, § 36a Rn. 29.

Geschäftsleiter. Die Versicherung der Anmeldepflichtigen (§ 37 Abs. 1 Satz 2 AktG, § 8 Abs. 2 GmbHG) ist damit objektiv falsch, sodass eine Strafbarkeit der Gründer und der Leitungsorgane in Betracht kommt (§ 399 AktG Abs. 1 Nr. 1 AktG, § 82 Abs. 1 Nr. 1 GmbHG).[187]

ee. Hin- und Herzahlen, Her- und Hinzahlen

Hat die Gesellschaft vor Leistung der Einlage mit dem Gesellschafter eine Leistung an diesen vereinbart, die wirtschaftlich einer Rückzahlung der Einlage entspricht, so hat der Gesellschafter durch die Leistung der Einlage nur dann seine Einlagepflicht erfüllt, wenn die durch die Gesellschaft an den Gesellschafter erbrachte Leistung durch einen vollwertigen Rückgewähranspruch gedeckt ist, der jederzeit fällig ist oder durch fristlose Kündigung durch die Gesellschaft fällig werden kann (sog. Hin- und Herzahlen; § 27 Abs. 4 Satz 1 AktG, § 19 Abs. 5 Satz 1 GmbHG). Gleiches gilt auch für den zeitlich umgekehrten Fall, dass die geleistete Einlage nicht an den Gesellschafter zurückfließt, sondern der Gesellschafter bereits vor der Erbringung seiner Einlage eine Leistung aus dem Vermögen der Gesellschaft erhalten hat (sog. Her- und Hinzahlen).[188] Auch in diesem Fall wird der Gesellschafter nur dann von seiner Einlagepflicht frei, wenn die Leistung durch einen vollwertigen Rückgewähranspruch gedeckt ist, der jederzeit fällig ist oder durch fristlose Kündigung durch die Gesellschaft fällig werden kann.

ff. Agio

Die Gründer einer Aktiengesellschaft können festlegen, dass die Aktien für einen höheren als den geringsten Ausgabebetrag ausgegeben werden (sog. Aufgeld oder Agio). In diesem Fall muss der eingeforderte Betrag nach § 36 Abs. 2 AktG auch diesen Mehrbetrag vollständig umfassen (§ 36a Abs. 1 AktG). Ein Agio ist somit stets vollständig zu leisten.

---

187 Vgl. *Bayer/J. Schmidt*, ZGR 2009, 805, 828; *Pentz*, in: FS K. Schmidt, 2009, S. 1265, 1274 f.; *G. H. Roth*, in: FS Hüffer, 2010, S. 853, 857 f.; *Ulmer*, ZIP 2009, 293, 301 f.; *Arnold*, in: Kölner Kommentar AktG, § 27 Rn. 103; *Heidinger/Benz*, in: Spindler/Stilz, AktG, § 27 Rn. 200; *Schaal*, in: Erbs/Kohlaas, Strafrechtliche Nebengesetze, § 399 AktG, Rn. 42.

188 *Benz*, Verdeckte Sacheinlage und Einlagenrückzahlung im reformierten GmbH-Recht (MoMiG), S. 307 f.; *Heidinger/Herrler*, Spindler/Stilz, AktG, § 27 Rn. 231; *Bayer*, in: Lutter/Hommelhoff, GmbHG, § 27 Rn. 231; *Ebbing*, in: Michalski, GmbHG, § 19 Rn. 181; *Maier-Reimer/Wenzel*, ZIP 2008, 1449, 1454.

Auch die Gründer einer GmbH können ein Aufgeld festlegen (vgl. § 3 Abs. 2 GmbHG). Dieses ist jedoch nicht wie bei der Aktiengesellschaft vollständig vor der Eintragung zu leisten und auch die Versicherung nach § 8 GmbHG und die Prüfung nach § 9c GmbHG erstrecken sich nicht auf das Agio.[189]

Eine Emission der Anteile unter pari (Disagio) ist bei GmbH und Aktiengesellschaft unzulässig.

gg. Nicht rechtzeitige Einzahlung

Aktionäre, die den eingeforderten Betrag nicht rechtzeitig einzahlen, haben ihn vom Eintritt der Fälligkeit an mit 5 % pro Jahr zu verzinsen (§ 63 Abs. 2 Satz 1 AktG); die Geltendmachung weiterer Schäden ist nicht ausgeschlossen (§ 63 Abs. 2 Satz 2 AktG). Für den Fall, dass die Einlage nicht rechtzeitig geleistet wird, kann die Satzung Vertragsstrafen festsetzen (§ 63 Abs. 3 AktG). § 63 AktG regelt sowohl die nicht rechtzeitige Einzahlung vor Eintragung als auch diejenige nach Eintragung.[190]

Außerdem kann nach der Eintragung säumigen Aktionären eine Nachfrist mit der Androhung gesetzt werden, dass sie nach Fristablauf ihrer Aktien und der geleisteten Einzahlungen für verlustig erklärt werden (§ 64 Abs. 1 AktG).[191] § 64 AktG richtet sich nur gegen die Aktionäre, noch nicht gegen die Gründer, sodass eine Kaduzierung vor der Eintragung nicht in Betracht kommt.[192]

Darüber hinaus ist jeder im Aktienregister verzeichnete Vormann des ausgeschlossenen Aktionärs der Gesellschaft zur Zahlung des rückständigen Betrags verpflichtet, soweit dieser von seinen Nachmännern nicht zu erlangen ist (§ 65 Abs. 1 Satz 1 AktG). Ist die Zahlung des rückständigen Betrags von Vormännern nicht zu erlangen, so hat die Gesellschaft die Aktie unverzüglich zum Börsenpreis und beim Fehlen eines Börsenpreises durch öffentliche Versteigerung zu verkaufen (§ 65 Abs. 3 Satz 1 AktG).

---

189 Vgl. OLG Stuttgart ZIP 2011, 1612; OLG Oldenburg ZIP 2009, 424; OLG München ZIP 2007; *Winter/Veil*, in: Scholz, GmbHG, § 7 Rn. 45; *Ulmer*, in: Großkommentar GmbHG, § 7 Rn. 30; *Roth*, in: Roth/Altmeppen, § 7 Rn. 22; aA *Lutter*, in: Lutter/ Hommelhoff, GmbHG, § 58 Rn. 7.

190 RGZ 94, 61, 65; *Hüffer*, AktG, § 63 Rn. 2; *Bayer*, in: Münchener Kommentar AktG, § 63 Rn. 5 f.; *Drygala*, in: Kölner Kommentar AktG, § 63 Rn. 4.

191 Zum sich anschließenden Kaduzierungsverfahren siehe § 64 Abs. 2 – Abs. 4 AktG.

192 *Lutter*, in: Kölner Kommentar AktG, § 64 Rn. 12; *Gehrlein*, in: Großkommentar AktG, § 64 Rn. 15; *Bayer*, in; Münchener Kommentar, AktG, § 64 Rn. 14.

Entsprechende Regelungen über Verzugszinsen, Kaduzierung, Haftung der Rechtsvorgänger und Versteigerung von Geschäftsanteilen gelten auch für die nicht rechtzeitige Leistung der Einlagen bei der GmbH (§§ 20 – 23 GmbHG).

b. Zusammenfassung

Das deutsche Recht zur Einlagenleistung stellt sicher, dass die von den Gesellschaftern übernommene Einlagepflicht auch tatsächlich der Gesellschaft zufließt (sog. Grundsatz der realen Kapitalaufbringung). Gewährleistet wird dies durch verschiedene Mechanismen, insbesondere: die Pflicht zur vollständigen Übernahme des Kapitals, das Verbot der Unterpariemission, das Verbot der Befreiung von der Einlagepflicht, das Verbot der Aufrechnung durch den Gesellschafter, das Erfordernis, die Einlagen zur endgültigen freien Verfügung der Geschäftsleiter zu erbringen, die Werthaltigkeitsprüfungen der Sacheinlage sowie die Ausfallhaftung. Umgehungen werden verhindert durch die Regeln zur verdeckten Sacheinlage und durch die Regeln über das Hin- und Herzahlen. Auch die straf- und zivilrechtliche Verantwortung der Gründer und Leitungsorgane dient dem Zweck der realen Kapitalaufbringung.

2. Vereinigtes Königreich

a. Limited

Die Gründer einer *Ltd.* können die Höhe des Gesellschaftskapitals frei festgelegen, ein Mindestkapital gibt es nicht. Erforderlich ist nur, dass jeder Gründer mindestens einen Anteil zu einem festgelegten Nennwert übernimmt (section 8 (1) Companies Act 2006). Die Gesamtheit des Kapitals der dadurch übernommenen Anteile wird als *issued share capital* bezeichnet.

Dieses Kapital müssen die Gründer einer *Ltd.* jedoch nicht aufbringen, bevor die Gesellschaft eingetragen wird. Sie haften allerdings persönlich der *Ltd.* gegenüber in Höhe des Nennwert der von ihnen gezeichneten Anteile (section 74 (1), (2) (d) Insolvency Act 1986). Erst wenn die Gesellschaft die Anteilsinhaber zur Zahlung auffordert, werden die Einlageforderungen fällig.[193] Das englische Gesellschaftsrecht unterscheidet insofern zwischen dem tatsächlich aufgebrachten Kapital (*paid-up share capital*) und dem noch ausstehenden Kapital (*uncalled capital*, section 547 Companies Act 2006).

193 Vgl. *Boyle/Birds*, Company Law, S. 259; *Pennington*, Company Law, 7th ed. 1995, S. 171 f.

b. PLC

aa. Mindestkapital

Im Gegensatz zur *Ltd.* hat die *PLC* ein Mindestkapital. Das Mindestkapital für die *PLC* wurde im Vereinigten Königreich erst mit der Umsetzung der Kapitalrichtlinie[194] eingeführt. Es beträgt 50.000 Britische Pfund (section 763 (1) (a) Companies Act 2006) oder den entsprechenden Eurobetrag (section 763 (1) (b) Companies Act 2006). Der entsprechende Eurobetrag kann vom Minister per Verordnung festgelegt werden (section 763 (2), (3) Companies Act 2006); derzeit beträgt er 65.000 Euro.[195]

bb. Aufbringung

Bei der *PLC* muss mindestens ein Viertel des Nominalwerts der Anteile vor der Registrierung aufgebracht werden, ein Agio ist vollständig aufzubringen (section 586 (1) Companies Act 2006).

cc. Handelszertifikat (Trading Certificate)

Bevor die *PLC* ihre Geschäfte aufnehmen darf, muss der Registrierbeamte der *PLC* ein Handelszertifikat (*trading certificate*) ausstellen (section 761 Companies Act 2006). Das Handelszertifikat bescheinigt, dass das Gesellschaftskapital den Mindestbetrag in Höhe von 50.000 Pfund erreicht. Das Handelszertifikat ist ebenso wie das Gründungszertifikat schlüssiger Beweis dafür, dass die *company* berechtigt ist, als *PLC* Geschäfte zu betreiben (section 763 (4) Companies Act 2006).

Das Handelszertifikat müssen die Gründer beim *Companies House* beantragen (sections 761 (2), 762 Companies Act 2006). Im Antrag muss versichert werden, dass die Anforderungen an das Mindestkapital eingehalten sind (section 762 (1) (a) Companies Act 2006). Zudem sind die vorläufigen (geschätzten) Kosten der Gründung anzugeben (section 762 (1) (b) Companies Act 2006), sowie die Leistungen, welche die Gründer (*promoter*) erhalten und die Gegenleistung, die von den Gründern (*promoters*) dafür erbracht wird (section 762 (1) (c) Companies Act 2006). Zudem müssen die Gründer eine Erklärung über die

---

194 Zweite Richtlinie 77/91/EWG des Rates vom 13. Dezember 1976 zur Koordinierung der Schutzbestimmungen, die in den Mitgliedstaaten den Gesellschaften im Sinne des Artikels 58 Absatz 2 des Vertrages im Interesse der Gesellschafter sowie Dritter für die Gründung der Aktiengesellschaft sowie für die Erhaltung und Änderung ihres Kapitals vorgeschrieben sind, um diese Bestimmungen gleichwertig zu gestalten.

195 *The Companies (Authorised Minimum) Regulations* 2008, SI 2008/729, Nr. 2.

Einhaltung der gesetzlichen Anforderungen zur Ausgabe eines Handelszertifikats abgeben (*statement of compliance*, section 762 (1) (d) Companies Act 2006).

Ein Verstoß gegen das Verbot des Handeltreibens vor Ausgabe des Zertifikats stellt eine Straftat der Gesellschaft und der handelnden Geschäftsleiter dar (section 767 (1) Companies Act 2006). Zudem kann der *Secretary of State* beantragen, die *PLC* aufzulösen, wenn ein Jahr nach der Gründung noch kein Handelszertifikat ausgestellt wurde (sections 122 (1) (b), 124 (4) (a) Insolvency Act 1986).

Geschäfte, die entgegen section 761 Companies Act 2006 eingegangen werden, sind zwar wirksam (section 767 (3) Companies Act 2006). Allerdings haften die Geschäftsleiter der Gesellschaft gesamtschuldnerisch, wenn die Gesellschaft die Forderung nicht innerhalb von 21 Tagen nach Aufforderung begleichen kann (section 767 (3) (b) Companies Act 2006).

c. *Sacheinlagen*

Die Einlagepflicht kann durch Geldzahlung erfolgen oder durch eine sonstige, wertmäßig entsprechende Leistungen getilgt werden (section 582 (1) Companies Act 2006).[196] Die Gesellschafter können das Kapital demnach auch durch Sacheinlagen aufbringen.

aa. *Limited*

Für die *Ltd.* ist die Sacheinlage nicht im *Companies Act* geregelt. Einschlägig sind Regeln des *common law*. Neben Wertgegenständen sind danach auch Verpflichtungen zu Dienstleistungen sacheinlagefähig.[197] In Betracht kommt auch die Leistung auf die Einlagepflicht im Wege der Aufrechnung mit einer Forderung gegen die *Ltd.* (section 583 (3) (c) Companies Act 2006).[198] Bereits erbrachte Dienstleistungen (*past consideration*) sind indes keine taugliche Leistung auf die Einlagepflicht.[199]

---

196 So auch bereits vor der Regelung im Companies Act das *common law*: *Re China Steamship and Labuan Coal Co*, Drummond's Case (1869) LR 4 Ch App 772, Giffard LJ: "[...] if a man contracts to take shares he must pay for them [...] in money or in money's worth. If he pays in one or the other, that will be a satisfaction."

197 Siehe *Mayson/French/Ryan*, Company Law, Abschnitt 6.6.1, S. 183; *Boyle/Birds*, Company Law, S. 205 f.

198 Siehe auch *Mayson/French/Ryan*, Company Law, Abschnitt 6.6.1, S. 183.

199 *Re Eddystone Marine Insurance Co* [1893] 3 Ch 9; anders jedoch in Schottland: *Park Business Interiors Ltd v Park* [1992] BCLC 1034; dazu auch *Ringe/Otte*, in: Triebel u.a., Englisches Handels- und Wirtschaftsrecht, S. 226, Rn. 103.

Die Bewertung der Sacheinlage obliegt allein den Geschäftsleitern.[200] Haben diese die Sacheinlage vorsätzlich falsch, oder gar nicht bewertet, so ist die Sacheinlage nichtig.[201] Gerichte überprüfen die Bewertung von Sacheinlagen grundsätzlich nicht. Eine Prüfung kommt allenfalls in Betracht, wenn die Bewertung vollkommen unrealistisch ist.[202] Auch der Registrierbeamte bewertet im Rahmen der Gründung die Sacheinlagen nicht.

bb. PLC

Auch bei der *PLC* sind Sacheinlagen zulässig. Die Voraussetzungen sind jedoch strenger als bei der *limited.* Dienstleistungen sind nicht sacheinlagefähig (section 585 Companies Act 2006). Darüber hinaus kann die Übertragung eines Anspruchs auf die Gesellschaf nicht Sacheinlage sein, wenn der Anspruch erst in mehr als fünf Jahren fällig ist (section 587 (1) Companies Act 2006).

Die Bewertung von Sacheinlagen obliegt, anders als bei der *limited,* nicht den Geschäftsleitern, sondern sie muss durch eine unabhängige, besonders qualifizierte Person erfolgen („*valuation by qualified independent person*“, sections 593 ff., 1149 ff. Companies Act 2006). Abhängig sind die Geschäftsleiter und die Angestellten der *PLC* sowie sonstige in besonderer Nähe zur *PLC* stehende Personen (section 1151 Companies Act 2006). Die erforderliche besondere Qualifikation weist auf, wer befähigt ist, als gesetzlicher Abschlussprüfer tätig zu sein (sections 1150 (1) (a), 1212 Companies Act 2006)). Bewertet der Prüfer die Sacheinlage vorsätzlich oder grob fahrlässig falsch oder irreführend, begeht er eine Straftat, die der *Companies Act* mit bis zu zwei Jahren Freiheitsstrafe oder Geldstrafe ahndet (section 1153 Companies Act 2006). Über die Bewertung der Sacheinlagen ist ein Bericht anzufertigen, der an den Registrierbeamten weiterzuleiten ist (section 597 (1) Companies Act). Eine separate Prüfung durch den Registrierbeamten findet nicht statt.

cc. Verdeckte Sacheinlage

Verdeckte Sacheinlagen spielen bei der *Ltd.* keine Rolle. Da es bei der *Ltd.* nämlich kein besonderes Verfahren zur Bewertung von Sacheinlagen gibt, kommt auch eine Umgehung durch eine Verdeckung der Sacheinlage nicht in Betracht.

---

200 *Re Wragg Ltd* [1897] 1 Ch 796, CA; *Park Business Interiors Ltd v Park* [1992] B.C.L.C. 1034; *Gower/Davies*, Principles of Modern Company Law, S. 275 Rn. 11-13.

201 *Tintin Exploration Syndicate Ltd v Sandys* (1947) 177 LT 412.

202 *Hong Kong and China Gas Co Ltd v Glen* [1914] 1 Ch 527; Re White Star Line [1938] 1 Ch 458; Re Alkaline Reduction Syndicates, Ames' Case [1906] WN 79; *Tintin Exploration Syndicate v. Sandys*, 1947, 177 LT 412; dazu auch *Gower/Davies*, Principles of Modern Company Law, S. 275 Rn. 11-13; *Ringe/Otte*, in: Triebel u.a., Englisches Handels- und Wirtschaftsrecht, S. 225 f., Rn. 103.

Anders ist es bei der *PLC* – hier besteht die Gefahr, dass die Normen der unabhängigen Bewertung von Sacheinlagen umgangen werden. Der *Companies Act* regelt nicht wie AktG und GmbHG konkrete Fälle der Umgehung (verdeckte Sacheinlage, Hin- und Herzahlen), sondern statuiert ein allgemeines Umgehungsverbot: Werden Anteile unter Umgehung der Vorschriften über die Bewertung von Sacheinlagen ausgegeben, so muss der Inferent den aggregierten Nennbetrag der übernommenen Anteile in bar an die Gesellschaft leisten (section 593 (3) Companies Act 2006), zuzüglich Zinsen in Höhe von 5 % (section 593 (3) Companies Act iVm section 609 (1) Companies Act 2006). Auf Antrag des Gesellschafters kann das Gericht den Gesellschafter ganz oder zum Teil von der Verpflichtung befreien (*power of court to grant relief*; section 606 Companies Act 2006). Die Befreiung erfolgt in der Höhe, in der das Gericht die bereits erbrachte Leistung für recht und billig (*just and equitable*) hält (section 606 Abs. 2 (a) Companies Act 2006). Dabei wird das Gericht regelmäßig den Wert der bereits erbrachten Leistungen in Abzug bringen (section 606 (2) (c) Companies Act 2006). Im Falle der Umgehung der unabhängige Bewertung von Sacheinlagen machen sich zudem die Geschäftsleiter strafbar (section 607 Companies Act 2006).

d. *Aufrechnung*

Die Aufrechnung mit einer Forderung gegen die Gesellschaft ist zulässig (section 583 (2), (3) (d) Companies Act 2006). Mit einer künftigen Forderung kann hingegen nicht aufgerechnet werden.[203]

e. *Agio*

Ein Agio (*share premium*) ist vollständig aufzubringen (section 586 (1) Companies Act 2006) und in eine eigene Rücklage einzustellen (sog. *share premium account*, section 610 (1) Companies Act 2006), die grundsätzlich[204] denselben Kapitalerhaltungsregeln unterliegt, wie das auf den Nennwert aufgebrachte Kapital (section 610 (4) Companies Act 2006).

Die Gesellschaft darf ihre Anteile nicht unter Pari emittieren (section 580 (1) Companies Act 2006).[205] Werden Anteile dennoch unter Pari ausgegeben (*issue*

---

203 *Re Richmond Hotel Co* [1867] 2 Ch App 511.

204 Zu den Ausnahmen siehe sections 611 ff. Companies Act 2006; sowie *Gower/Davies*, Principles of Modern Company Law, S. 270 f. Rn. 11-9.

205 Vor Statuierung im Companies Act bereits das *common law*: *Ooregum Gold Mining Co v Roper* [1892] A.C. 125, HL; *Re Eddystone Marine Insurance Co* [1893] 3 Ch 9; zu diesen Fällen siehe *Mayson/French/Ryan*, Company Law, S. 179, Rn. 6.5.1.

of shares at a discount), so haften die Zeichner der Anteile in Höhe der Differenz (section 580 (2) Companies Act 2006).

3. USA

a. *Unterschiedliche Kapitalsysteme*

In den USA bestehen nebeneinander zwei Systeme hinsichtlich Nennwert und Grundkapital.[206]

Das erste System ist dadurch geprägt, dass Aktien auf einen Nennwert lauten (*par value shares*). Die Gründer müssen in der Satzung den Nennbetrag der Aktien festlegen. Außerdem müssen sie in der Satzung bestimmen, wie viele Anteile die Gesellschaft ausgeben darf (*authorized shares*). Die Ausgabe der Anteile darf nicht unter dem Nennwert erfolgen. Das Stammkapital (*stated capital*) ergibt sich aus der Addition des Nennwerts aller ausgegeben Anteile (*issued shares*).

Im zweiten System haben Aktien im Regelfall keinen Nennwert. Die Ausgabe der Anteile erfolgt gegen eine Einlage, deren Höhe die Geschäftsleiter (*board of directors*) festlegen (§ 6.21 (b) MBCA). Da es keine zu addierenden Nennwerte gibt, besteht nach dem Verständnis des *MBCA* in diesem Fall auch kein gesetzliches Stammkapital.

Dieses nennwertlose System statuiert der *MBCA* als Regelfall (§§ 2.02, 6.21 MBCA). Davon abweichend können die Gründer allerdings im Gesellschaftsvertrag auch einen Nennwert festlegen (§ 2.02 (b) (2) (iv) MBCA).[207]

34 Staaten haben heute das Nennwertsystem und damit das System des Festen satzungsmäßigen Gesellschaftskapitals ganz aufgegeben. Nur noch in Nebraska und North Dakota müssen Anteile einen Nennwert haben. In den restlichen Staaten, darunter Delaware und New York[208] (Title 8, § 151 (a) DGCL; § 501 (c)

---

206 Dazu *Gevurtz*, Corporation Law, 2000, § 2.3.2; *Veil*, Kapitalerhaltung, Das System der Kapitalrichtlinie versus situative Ausschüttungssperren, in: Lutter (Hrsg.), Das Kapital der Aktiengesellschaft in Europa, S. 91, 96.

207 MBCA Annotated, section 6.21, Official Comment, S. 6-72, Historical Background, S. 6-82 ff.; ausführlich zur geschichtlichen Entwicklung des Gesellschaftskapitals siehe *Booth*, Capital Requirements in United States Corporation Law, in: Lutter (Hrsg.), Das Kapital der Aktiengesellschaft in Europa, S. 717, 718 ff.

208 Ausführlich zur Kapitalverfassung der *corporation* im Staat New York, siehe *De Capriles/Mc Aniff*, The Financial Provisions of the New [1961] New York Business Corporation Law, 36 N.Y.U.L. Rev. 1239 (1961).

(d) NYBCL) können sowohl nennwertlose Anteile als auch Anteile mit Nennwert ausgegeben werden.[209]

b. Mindestkapital

Ein Mindestkapital gibt es in nahezu allen Bundesstaaten nicht mehr. Auch der *MBCA* sieht ein Mindestkapital nicht vor. Bis 1969 statuierte der *MBCA* ein Mindestkapital in Höhe von 1.000 US-Dollar (§ 51 MBCA (1960)).[210] Solange das Kapital nicht eingezahlt war, durfte die *corporation* keine Geschäfte betreiben (§ 51 MBCA (1960)). Tat sie es dennoch, so hafteten die Geschäftsleiter hinsichtlich des nicht aufgebrachten Teils persönlich (§ 43 (e) MBCA 1960).[211]

Die allermeisten Staaten folgten dem *MBCA* in der Abschaffung des Mindestkapitals.[212] Heute müssen die Gründer ein Mindestkapital nur noch im District of Columbia, in Texas (1.000 US-Dollar) sowie in Oklahoma (500 US-Dollar) aufbringen. Die Mindestkapitalaufbringung ist allerdings auch in diesen Staaten nicht Voraussetzung für das *filing* und damit auch nicht Voraussetzung für das Entstehen der Gesellschaft. Die Gesellschaft darf – entsprechend der alten Regelung des *MBCA* – vor der Aufbringung lediglich keine Verbindlichkeiten eingehen. Tut sie es dennoch, so haften die Geschäftsleiter bis zum Zeitpunkt der vollständigen Aufbringung des Mindestkapitals persönlich für die Verbindlichkeiten der Gesellschaft.[213]

c. Ausgabe von Anteilen

aa. Art der Leistung

Die Einlageleistung kann nach dem *MBCA* von folgender Art sein: jegliche materielle und immaterielle Güter, einschließlich Barzahlungen, Solawechsel, geleistete oder noch zu leistende Dienstleistungen sowie sonstige Wertpapiere der Gesellschaft („*any tangible or intangible property or benefit to the corporation, including cash, promissory notes, services performed, contracts for services to be performed, or other securities of the corporation*“, § 6.21 (b) MBCA). Ob ein Gut

209 MBCA Annotated, section 6.21, Statutory Comparison, S. 6-91 f.

210 § 2.02 MBCA, Historical Background, p. 2-27, No. 1d.

211 Zur alten Fassung des *MBCA* siehe § 2.02 MBCA, Historical Background, p. 2-27, No. 1d; *Hamilton/Macey/Moll*, Corporations, p. 164.

212 *Bainbridge*, Corporation Law and Economics, 2002, S. 770; *Manning/Hanks*, Legal Capital, 3. ed. 1990, S. 20 ff.

213 § 2.03 MBCA, Statutory Comparison, p. 2-51, No. 4; *Merkt/Göthel*, US-amerikanisches Gesellschaftsrecht, S. 213 Rn. 321; *Hamilton/Macey/Moll*, Corporations, p. 164 f.

als Gegenleistung im Sinne der Norm in Betracht kommt, obliegt allein der Einschätzung der Geschäftsleiter. Bei dieser Beurteilung treffen den Geschäftsleiter die üblichen Sorgfaltsanforderungen (vgl. § 8.30 MBCA).[214]

Delaware folgt dem *MBCA* (§ 152 DGCL). In New York und Kalifornien sind Solawechsel und künftige Dienstleistungen keine tauglichen Gegenleistungen; im Übrigen übernehmen New York und Kalifornien die Regelung des MBCA (§ 504 (a) NYBCL; § 409 (a) (1) CCC).

bb. Höhe der Leistung

Die Geschäftsleiter (*board of directors*) bestimmen eine angemessene Gegenleistung für die Ausgabe der Anteile (§ 6.21 (c) MBCA). Dabei müssen die Geschäftsleiter die für sie allgemein geltenden Sorgfaltspflichten beachten (§ 8.30 MBCA). Die Bewertung der Angemessenheit unterliegt grundsätzlich nicht der gerichtlichen Überprüfung. Es genügt, dass die Geschäftsleiter in gutem Glauben darüber sind, der Wert einer Einlage erreiche den Nennwert (§ 6.21 (c) MBCA).[215] Etwas anderes gilt nur, wenn das Gericht Hinweise darauf hat, dass die Anteile vorsätzlich unter Wert ausgegeben wurden.[216] Die Befugnisse der Geschäftsleiter hinsichtlich der Beurteilung der Gegenleistung für die Anteile kann per Satzungsbestimmung auf die Gesellschafter übertragen werden (§ 6.21 (a) MBCA).

In Delaware muss die Gegenleistung für Anteile mit Nennwert mindestens dem Nennwert entsprechen (§ 153 (a) DGCL). Bei nennwertlosen Anteilen legen die Geschäftsleiter die wertmäßige Höhe der zu erbringenden Gegenleistung fest (§ 153 (b) DGCL). Die Gegenleistung muss angemessen sein, was wie im *MBCA* allein der Beurteilung der Geschäftsleiter obliegt. Solange die Geschäftsleiter nicht betrügerisch handeln, kann die Beurteilung nicht von den Gerichten angegriffen werden kann (§ 152 DGCL).

cc. Zeitpunkt der Leistung

Der *MBCA* erlaubt die Ausgabe der Anteile bereits bevor Erhalt der Gegenleistung (§ 6.21 (b), (e) MBCA). So ist auch die Rechtslage in Delaware, Kalifornien und New York (§ 156 DGCL; § 409 (d) CCC; § 504 (j) NYBCL).

---

214 Vgl. Model Business Corporation Act Annotated, § 6.21, Official Comment, S. 6-74.

215 Vgl. auch *Coit v. Gold Amalgamating Co.*, 119 U.S. 343 (1886); *Johnson v. Louisville Trust Co.*, 293 F. 857 (6th Cir.1923).

216 *Johnson v. Louisville Trust Co.*, 293 F. 857 (6th Cir.1923).

Besteht die Leistung in einer künftigen Zahlung, oder einer sonstigen künftigen Erbringung eines Vermögenswertes, so kann die Gesellschaft die treuhänderische Verwahrung der Anteile oder eine sonstige Beschränkung der Übertragung der Anteile vorsehen, bis die Leistung vollständig erbracht ist (§ 6.21 (e) MBCA). Wird die Leistung trotz Fälligkeit nicht erbracht, so hat die Gesellschaft die Möglichkeit, die verwahrten oder sonst in der Übertragung beschränkten Anteile zu löschen (*cancelation*) (§ 6.21 (e) MBCA).

d. Verlust der Bedeutung des Gesellschaftskapitals als Garantiekapital

Bis zum Beginn des 20. Jahrhunderts erfüllte das Gesellschaftskapital in den USA noch die Funktion eines Garantiekapitals und damit auch die Funktionen eines Haftungsfonds und einer Risikobeteiligung der Gesellschafter.[217] Die Gesellschaftsrechte der Einzelstaaten sahen zwar überwiegend kein Mindestkapital vor. Wurde aber Kapital aufgebracht, unterlag dies bestimmten Regeln der Kapitalaufbringung. Die Gegenleistung für die Ausgabe von Anteilen musste mindestens dem Nennwert entsprechen. Der gesamte Nennwert aller Anteile ergab zusammen das Gesellschaftskapital, das nicht ausgeschüttet werden durfte und damit den Gläubigern als Haftungsfonds diente (sog. „*trust fund theory*“[218]).[219]

Um einer Haftung aufgrund Unterbewertung zu entgehen und Ausschüttungen zu erleichtern, ging die Praxis Anfang des 20. Jahrhunderts dazu über, die Gegenleistung für die Anteile in zwei Komponenten aufzuteilen: einen äußerst geringen Nennwert (sog. *nominal par value shares*) wie ein Cent oder zehn Cent und ein um ein Vielfaches höheres Aufgeld (*capital surplus*). Das Aufgeld war nach den *common law* Grundsätzen nicht von den Regeln der Kapitalaufbringung und der Kapitalerhaltung erfasst, sodass sich Werthaltigkeitsprüfung und Ausschüttungssperren nur am geringen Nennwert orientierten. Außerdem konnten die Gesellschaften durch den geringen Nennwert gewisse Steuern sparen, die auf den Nennwert bezogen erhoben wurden (insbesondere die *federal documentary tax*). Auch gegenüber nennwertlosen Aktien waren die Aktien mit geringstem Nennwert steuerlich vorteilhaft, da die Besteuerung nennwertloser Aktien sich häufig

217 Zu diesen Funktionen des gebundenen Kapitals unten ausführlich Kapitel 3, Abschnitt V.

218 Entwickelt von Court Joseph Story, in: *Wood v. Dummer*, 30 F.Cas. 435 (C.C.D.Me. 1824) (No. 17, 944); siehe dazu *Merkt/Göthel*, US-amerikanisches Gesellschaftsrecht, S. 267 Rn. 453.

219 Vgl. MBCA Annotated, section 6.21, Historical Background, S. 6-84.

an der Höhe der Gegenleistung orientierte.[220] Diese *common law* Regeln wurden ab Beginn des 20. Jahrhunderts zunehmend in den einzelstaatlichen Gesellschaftsrechtsstatuten niedergelegt und auch die erste Fassung des *MBCA* aus dem Jahre 1950 erfasste die geltenden Grundsätze (§ 17 MBCA (1950)).[221] So entstanden Gesellschaften, deren Kapital nur zu einem ganz geringem Teil gebunden war und dessen Großteil die Gesellschaft jederzeit ausschütten konnte. Rechtsprechung und Gesetzgeber ließen diese Umgehung der Bildung eines Garantiekapitals zu. Dies führte schließlich zum Verlust der Funktion des Gesellschaftskapitals als Garantiekapital.[222] Die Regeln der Ausschüttungssperren entwickelten sich erst später.

4. Vergleich

a. *Mindestkapital*

Ein Mindestkapital ist für öffentliche Kapitalgesellschaften in Europa durch die Kapitalrichtlinie[223] vorgeschrieben. Die Richtlinie bestimmt ein Mindestkapital in Höhe von 25.000 Euro. Sowohl Deutschland als auch das Vereinigte Königreich übersteigen diese festgelegte Höhe (Aktiengesellschaft: 50.000 Euro, *PLC*: 50.000 Britische Pfund oder 65.000 Euro).

Für die GmbH und die *Ltd.* ist ein Mindestkapital nicht durch Europarecht vorgeschrieben. Dennoch besteht in Deutschland für die GmbH grundsätzlich ein Mindestkapital in Höhe von 25.000 Euro. Abweichend davon kann eine GmbH als Unternehmehrgesellschaft auch mit einem geringeren Kapital ausgestattet werden. In diesem Fall gelten allerdings besondere Regeln zur Bildung einer gesetzlichen Rücklage bis zu dem Betrag, der dem Mindestkapital der GmbH entspricht.

Für die *Ltd.* bestehen hingegen weder ein Mindestkapital noch eine dem deutschen Recht entsprechende, zwingende Bildung einer gesetzlichen Rücklage. In den USA hat weder die *private corporation* noch die *public corporation* ein Mindestkapital.

b. *Art der Leistung der Einlage*

In allen Vergleichsstaaten kann das Kapital entweder durch eine Bareinlage oder durch die Einlage sonstiger Vermögenswerte aufgebracht werden. In

220 Vgl. MBCA Annotated, section 6.21, Historical Background, S. 6-84 f.

221 Vgl. MBCA Annotated, section 6.21, Historical Background, S. 6-84 f.; *Hackney*, Financial Provisions of the Model Business Corporation Act, 70 Harv. L. Rev. 1357 (1957).

222 So bereits *Eidenmüller/Engert*, AG 2005, 97, 105 f.

223 Richtlinie 77/91/EWG vom 13.12.1976 (Abl. EG Nr. L 26 v. 31. 1977).

Deutschland kann ein sonstiger Vermögenswert bei der Aktiengesellschaft und bei der GmbH insbesondere nicht in einer künftigen Dienstleistung des Gründers bestehen. Im Vereinigten Königreich können künftige Dienstleistungen bei der *Ltd.* eingelegt werden, bei der *PLC* hingegen nicht. In Delaware (dem *MBCA* folgend) können sowohl künftige als auch bereits erbrachte Dienstleistungen eingelegt werden. In New York und Kalifornien können künftige Dienstleistungen nicht eingelegt werden.

c. Bewertung von Sacheinlagen

Bei der Gründung einer Aktiengesellschaft müssen die Gründer im Gründungsbericht zunächst die wesentlichen Umstände darlegen, von denen die Angemessenheit der Leistungen für Sacheinlagen oder Sachübernahmen abhängt. Die Werthaltigkeit wird anschließend von Vorstand und Aufsichtsrat sowie von externen Gründungsprüfern geprüft (außer in den Fällen des § 33a Abs. 1 AktG). Zuletzt prüft das Registergericht die Werthaltigkeit der Sacheinlage. Bei der GmbH-Gründung erstatten zunächst ebenfalls die Gründer Bericht. Eine Prüfung durch Leitungs- oder Verwaltungsorgane gibt es nicht. Wie bei der Aktiengesellschaft kann der Registerrichter die Eintragung ablehnen, wenn Sacheinlagen nicht unwesentlich überbewertet worden sind.

Im Vereinigten Königreich ist zwischen *Ltd.* und *PLC* zu unterscheiden. Bei der *Ltd.* obliegt die Bewertung der Sacheinlage allein den Geschäftsleitern. Nur bei vorsätzlicher Falschbewertung oder ganz unterbliebener Bewertung gilt die Sacheinlage als nicht erbracht. Gerichte überprüfen die Bewertung von Sacheinlagen grundsätzlich nicht. Auch der Registrierbeamte bewertet im Rahmen der Gründung die Sacheinlagen nicht. Bei der *PLC* erfolgt eine Bewertung der Sacheinlagen durch besonders befähigte, externe Prüfer. Die Berichte dieser Prüfer sind mit der Anmeldung der Gesellschaft dem Registrierbeamten zuzuleiten. Der Registrierbeamte selbst prüft nur die Vollständigkeit des Berichts, nicht hingegen dessen inhaltliche Richtigkeit.

In den USA wird die Sacheinlage sowohl bei der *private corporation* als auch bei der *public corporation* allein durch die Geschäftsleiter bewertet. Diese Bewertung unterliegt nicht der gerichtlichen Überprüfung. Etwas anderes gilt allein dann, wenn das Gericht Hinweise darauf hat, dass Sacheinlagen vorsätzlich unterbewertet wurden.

d. Verdeckte Sacheinlage/Umgehung der Sacheinlagevorschriften

Besondere Bestimmungen für die Umgehung der Sacheinlagevorschriften gibt es in Deutschland für die AG und die GmbH, im Vereinigten Königreich nur für die *PLC*, nicht hingegen für die *Ltd.* und in den USA weder für die *private corporation* noch für die *public corporation.*

In Deutschland kommt eine Strafbarkeit sowohl der beteiligten Gründer als auch der an der verdeckten Sacheinlage beteiligten Leitungsorgane in Betracht. Im Vereinigten Königreich werden allein die Geschäftsleiter in die strafrechtliche Verantwortung genommen.

e. Zeitpunkt der Leistung der Einlage

In Deutschland müssen Bareinlagen mindestens in Höhe eines Viertels des geringsten Ausgabebetrags vor der Eintragung eingezahlt werden. Bei der GmbH muss der eingezahlte Betrag zudem die Hälfte des Mindestkapitals erreichen. Ein Agio ist vollständig vor der Eintragung einzuzahlen. Der restliche Betrag der Bareinlage ist nach Aufforderung durch die Geschäftsleiter einzuzahlen. Für den Regelfall der Sacheinlage, nämlich der dinglichen Übertragung eines Vermögensgegenstandes, gilt nach überwiegender Auffassung, dass dieser auch nach der Eintragung geleistet werden kann, jedoch nicht später als fünf Jahre nach der Eintragung.[224]

Im Vereinigten Königreich ist hinsichtlich des Zeitpunkts der Leistung der Einlage zwischen *Ltd.* und *PLC* zu unterscheiden. Bei Gründung einer *Ltd.* muss kein Kapital bereits vor Eintragung oder Ausgabe der Anteile eingezahlt werden. Bei der *PLC* ist vor Ausgabe der Anteile ein Viertel auf den Nennbetrag einzuzahlen. Ein Aufgeld ist vollständig vor Ausgabe der Anteile einzuzahlen. Sacheinlagen sind grundsätzlich vor Eintragung vollständig zu erfüllen.

In den USA muss die Einlage weder bei der *public corporation* noch bei der *private corporation* vor der Eintragung geleistet werden. Die *corporation* hat allerdings die Möglichkeit die Anteile treuhänderisch zu verwahren oder die Ausgabe der Anteile anderweitig zu beschränken, bis die Einlage vollständig erbracht wurde.

f. Agio

Bei der Gründung einer Aktiengesellschaft ist ein Aufgeld vor der Eintragung vollständig zu leisten. Bei der GmbH ist die Leistung eines Agios indes keine Eintragungsvoraussetzung. Auch im Vereinigten Königreich ist die vollständige Leistung des Agios nur bei der *PLC* eine Eintragungsvoraussetzung, nicht hingegen bei der *limited.* In den USA muss ein Aufgeld – wie auch die sonstige

224 Kritisch zur hM unten Kapitel 7, Abschnitt III.

Leistung auf die Einlage – weder bei der *public corporation* noch bei der *private corporation* vor der Eintragung geleistet werden.

VII. Register, Registerführung und Publizitätserfordernisse

Der folgende Abschnitt stellt die Bedeutung der Register, die Registerführung sowie die Publizitätserfordernisse dar.

1. Deutschland

Aktiengesellschaft und GmbH entstehen mit der Eintragung in das Handelsregister. Das Handelsregister wird von den Amtsgerichten elektronisch geführt (§ 8 Abs. 1 HGB). Das Gericht hat über die Eintragung „unverzüglich" nach Eingang der Anmeldung bei Gericht zu entscheiden (§ 25 Abs. 1 Satz 1 HRV).

a. Inhalt

Notwendigerweise einzutragen in das Handelsregister sind bei Gründung einer GmbH nach § 10 Abs. 1 Satz 1 GmbHG: die Firma und der Sitz der Gesellschaft, eine inländische Geschäftsanschrift und der Gegenstand des Unternehmens, die Höhe des Stammkapitals und der Tag des Abschlusses des Gesellschaftsvertrages, die Personen der Geschäftsführer sowie deren Vertretungsbefugnis (§ 10 Abs. 1 Satz 2 GmbHG).

Bei der Gründung einer AG hat die Eintragung gemäß § 39 AktG folgenden Inhalt: Die Firma und den Sitz der Gesellschaft, eine inländische Geschäftsanschrift, den Gegenstand des Unternehmens, die Höhe des Grundkapitals, den Tag der Feststellung der Satzung sowie die Vorstandsmitglieder (§ 39 Abs. 1 Satz 1 AktG) und deren Vertretungsbefugnisse (§ 39 Abs. 1 Satz 3 AktG). Enthält die Satzung Bestimmungen über das genehmigte Kapital oder über die Dauer der Gesellschaft, sind auch diese Angaben einzutragen (§ 39 Abs. 2 AktG).

b. Wirkung der Eintragung

Die Eintragung ist konstitutiv für das Entstehen von AG und GmbH (§ 11 Abs. 1 GmbHG; § 41 Abs. 1 Satz 1 AktG). Außerdem dienen das Handelsregister und dessen Bekanntmachungen dem Schutz des Rechtsverkehrs und der Rechtssicherheit. Das HGB schützt einerseits den guten Glauben Dritter an die Richtigkeit des Inhalts des Handelsregisters. So kann eine einzutragende Tatsache einem gutgläubigen Dritten nicht entgegengesetzt werden, wenn diese nicht eingetragen und bekanntgemacht war (sogenannte negative Registerpublizität, § 15 Abs. 1 HGB). Zudem können sich gutgläubige Dritte auch auf unrichtig bekanntgemachte Tatsachen berufen (sogenannte positive Registerpublizität (§ 15 Abs. 3 HGB). Andererseits wird auch der Eintragende bei richtiger Eintragung und Bekanntmachung geschützt, indem Dritte richtig eingetragene und bekanntgemachte Tatsachen gegen sich gelten lassen müssen (§ 15 Abs. 2 HGB).

c. *Bekanntmachung*

Das Gericht macht die Eintragung ins Handelsregister in dem von der Landesjustizverwaltung bestimmten elektronischen Informations- und Kommunikationssystem in der zeitlichen Folge ihrer Eintragung nach Tagen geordnet bekannt (§ 10 Satz 1 HGB). Die Länder haben hierfür eine einheitliche Internetadresse „www.handelsregister.de" gewählt. Es wird der gesamte Inhalt der Eintragung veröffentlicht (§ 10 Satz 2 HGB). Die Einsicht in die Bekanntmachungen ist kostenfrei. Die zusätzliche Bekanntmachung in einer Tageszeitung ist seit dem 1. 1. 2009 nicht mehr erforderlich (Art. 61 Abs. 4 Satz 1 EGHGB). Die Bekanntmachung selbst kostet je Veröffentlichung pauschal einen Euro (§ 137 Abs. 1 Nr. 4 KostO).

d. *Führung*

Die Landesregierungen sind ermächtigt, durch Rechtsverordnung nähere Bestimmungen über die elektronische Führung des Handelsregisters, die elektronische Anmeldung, die elektronische Einreichung von Dokumenten sowie deren Aufbewahrung zu treffen. Dies gilt indes nur, soweit nicht durch das Bundesministerium der Justiz nach § 387 Abs. 2 FamFG entsprechende Vorschriften erlassen werden. Eine solche Vorschrift ist die Handelsregisterverordnung (HRV)[225]. Diese enthält bundeseinheitlich geltende nähere Bestimmungen zu Einrichtung und Führung des Handelsregisters.

e. *Einsichtnahme in das Handelsregister*

Die Einsichtnahme in das Handelsregister und in die zum Handelsregister eingereichten Dokumente ist jedermann zu Informationszwecken möglich (§ 9 Abs. 1 Satz 1 HGB), ein besonderes Interesse muss nicht nachgewiesen werden. Die Einsichtnahme erfolgt über die Internetseiten www.handelsregister.de und www.unternehmensregister.de. Der Abruf von Daten aus dem Register kostet je Registerblatt 4,50 Euro (Nr. 400, Anlage zu § 2 Abs. 1 (JVKostO)), der Abruf

---

225 Verordnung vom 12. 8. 1937 (DJ S. 1251), zuletzt geändert durch Gesetz vom 11. 8. 2009 (BGBl. I S. 2713).

von Dokumenten, die zum Register eingereicht wurden, kostet für jede abgerufene Datei 1,50 Euro (Nr. 401, Anlage zu § 2 Abs. 1 (JVKostO)).

2. Vereinigtes Königreich

a. Registrierbeamter

Im Vereinigten Königreich gibt es drei Registrierbeamte, die für die Eintragung der Gesellschaft zuständig sind: einen für England und Wales, einen für Schottland und einen für Nordirland (section 1060 (1) Companies Act 2006). Die Registrierbeamten werden vom zuständigen Minister (*Secretary of State for Business, Innovation and Skills*) ernannt (section 1060 (2) Companies Act 2006). Der Registrierbeamte verfügt über ein offizielles Siegel (*registrar's official seal*), um Dokumente zu authentifizieren (section 1062 Companies Act 2006).

b. Wirkung der Registrierung

Nach positiver Prüfung der Dokumente registriert der Registrierbeamte (*registrar*) die Dokumente (section 14 Companies Act 2006). Die Registrierung hat folgende Wirkung: Die Unterzeichner und eventuell später hinzutretende Gesellschafter bilden gemeinsam eine juristische Person unter der in der Satzung genannten Firma (section 16 (2) Companies Act 2006). Diese juristische Person ist befähigt alle Tätigkeiten einer gegründeten *company* auszuführen (section 16 (3) Companies Act 2006). Status und Gesellschaftssitz der *company* gelten entsprechend der Angabe im Registrierungsantrag (section 16 (4) Companies Act 2006). Die Unterzeichner werden zu Anteilseignern, wie sie es in der Erklärung bezüglich des Kapitals und der Kapitalanteile festgelegt haben (section 16 (5) Companies Act 2006). Die in der Erklärung hinsichtlich der künftigen Direktoren genannten Personen gelten als in das Amt berufen (section 16 (6) Companies Act 2006). Die *company* besteht also ab der Registrierung als eigenständige juristische Person, sie kann rechtsgeschäftlich handeln und den Gläubigern haftet ab diesem Zeitpunkt nur noch das Gesellschaftsvermögen. Die Registrierung markiert also den Moment des Entstehens der Gesellschaft.

c. Gesellschaftsregister

Die von den Gründern eingereichten Dokumente sowie das Gründungszertifikat werden vom Registrierbeamten in einem Gesellschaftsregister (*register*) archiviert (sections 14, 1080 (1) Companies Act 2006). Das Medium zur Archivierung ist nicht vorgeschrieben. Es muss jedoch ermöglichen, die Informationen jederzeit einzusehen und zu vervielfältigen (section 1080 (4) Companies Act

2006). Ebenso zu archivieren sind die nach der Publizitätsrichtlinie zu veröffentlichenden Gegenstände. Hier gilt jedoch, dass diese zwingend in elektronischer Form zu archivieren sind (section 1080 (3) Companies Act 2006).

d. Einsicht in das Register

Jedermann ist berechtigt, eine Kopie des Gründungszertifikats vom Registrierbeamten zu erhalten (section 1065 Companies Act 2006). Zudem ist jedermann befugt, das vom Registrierbeamten geführte Register einzusehen (section 1085 Companies Act 2006).

e. Registrierungsgebühren

Der Anmeldung ist schließlich ein Scheck zur Deckung der Registrierungsgebühren beizufügen. Die Gebühren betragen grundsätzlich 20 Pfund, bei Inkorporation am selben Tag 50 Pfund, bei elektronischer Gründung 15 Pfund und bei elektronischer Gründung am selben Tag 30 Pfund.[226]

f. Publizität

aa. Gegenstand der Veröffentlichung

Der Registrierbeamte veröffentlicht eine Mitteilung über den Erhalt der Gründungserklärung und des Gesellschaftsvertrages (sections 1077 (1), 1078 (2) *Constitutional documents* No. 1 Companies Act 2006) sowie über den Erhalt der Erklärung hinsichtlich der künftigen Geschäftsleiter (section 1078 (2) *Directors* No. 1 Companies Act 2006).

Bei der Gründung einer *PLC* veröffentlicht der Registrierbeamte zusätzlich eine Mitteilung über den Erhalt der Erklärung hinsichtlich des Kapitals und der ersten Kapitalanteile (section 1078 (3) *Share capital* No. 1 Companies Act 2006), eine Mitteilung über den Erhalt der Kopie der Berichte zur Bewertung von Sacheinlagen nach sections 593, 599 Companies Act 2006 (section 1078 (3) *Share capital* No. 4 Companies Act 2006) sowie über den Erhalt der Erklärung über die Einhaltung der gesetzlichen Anforderungen zur Ausgabe eines Handelszertifikats (section 1078 (3) *Share capital* No. 11).

Außerdem veröffentlicht der Registrierbeamte eine Mitteilung über die Ausgabe des Gründungszertifikats (section 1064 (1) Companies Act 2006). Die Veröffentlichung dieser Mitteilungen enthält jeweils die Firma und eine

226 Siehe *Schedule 4 Companies (Fees) Regulations* 2004 (SI 2004/2621).

Registriernummer der *company* sowie das Datum des Erhalts der Dokumente oder der Ausgabe des Gründungszertifikats.

bb. Medium der Veröffentlichung

Medium der Veröffentlichung ist das Amtsblatt (*gazette*, section 1064 (1) (a) Companies Act 2006). Jeder Registrierbeamte führt ein Amtsblatt in seinem Bezirk: Die *London Gazette* für England und Wales, die *Edinburgh Gazette* für Schottland sowie die *Belfast Gazette* für Nordirland.[227] Die Amtsblätter sind gedruckt und elektronisch im Internet[228] verfügbar.

Es kommen allerdings auch alternative Medien zur Veröffentlichung in Betracht (section 1064 (1) (b) Companies Act 2006). Diese werden vom *Secretary of State* per Verfügung festgelegt (section 1116 (1), (2) Companies Act 2006). Dieser kann insbesondere eine alleinige elektronische Veröffentlichung ermöglichen (section 1116 (3) (a) Companies Act 2006). Pläne für eine Abschaffung des körperlichen Amtsblattes und eine alleinige Veröffentlichung in einem elektronischen Medium bestehen derzeit jedoch nicht.

3. USA

a. Archivierung (filing)

Erfüllt die Gründungsurkunde alle vorgeschriebenen Voraussetzungen, so ist sie vom *secretary of state* zu archivieren (sog. *filing*, § 1.25 (a) MBCA). Das Archivieren erfolgt, indem der *secretary of state* die Gründungsurkunde mit Datum und Uhrzeit des Empfangs versieht (§ 1.25 (b) MBCA). Den Gründern ist eine Kopie der Gründungsurkunde mit einer Bestätigung der Archivierung unter Angabe von Datum und Uhrzeit zu übersenden, während das Original beim *secretary of state* verbleibt (§ 1.25 (b) MBCA).[229] Die Kopie kann die *corporation* Dritten zur informellen Information über die Gründungsurkunde bereitstellen, ohne, dass diese sich an den *secretary of state* wenden müssen.[230]

Erfüllt die Gründungsurkunde die gesetzlichen Anforderungen hingegen nicht, so ist sie innerhalb von fünf Tagen an den Einreichenden zurückzusenden sowie mit einer Begründung der Verweigerung der Archivierung zu versehen

---

227 Siehe dazu *Alcock/Birds/Gale*, Companies Act 2006, S. 67 Rn. 5.7.

228 www.london-gazette.co.uk, www.edinburgh-gazette.co.uk, www.belfast-gazette.co.uk.

229 Zum Vorgang des filing siehe auch *Merkt/Göthel*, US-amerikanisches Gesellschaftsrecht, S. 195 Rn. 274; *Fletcher*, Cyc Corp, § 156, p. 248.

230 Vgl. *Merkt/Göthel*, US-amerikanisches Gesellschaftsrecht, S. 195 Rn. 274.

(§ 1.25 (c) MBCA). Gegen die Verweigerung können die Gründer innerhalb von 30 Tagen Widerspruch beim zuständigen Gericht einlegen (§ 1.26 (a) MBCA). Zuständig ist nach § 1.26 (a) MBCA das Gericht der Hauptstadt des Staates oder der des Bezirks (*county*) in dem die Gesellschaft ihren Hauptgeschäftssitz hat. Durch das *filing* wird zudem der Fiskus über die Gründung einer neuen *corporation* informiert.[231]

b. Lokale Archivierung

Delaware (Del Code Ann tit 8, § 103), Illinois, Kansas, Lousiana, Nevada und North Carolina erfordern neben der Archivierung beim *secretary of state* zusätzlich eine lokale Archivierung (*local filing or recording*) einer zertifizierten Kopie (*certified copy/duplicated original*) im Verwaltungsbezirk (*county*) des eingetragenen (Erst-)Firmensitzes (*initial registered office*) oder des Hauptgeschäftssitzes (*principle place of business*) (sog. *local filing*).[232]

In Iowa, Maryland (§ 1-202 (a) (3) Md.Corp.Code) und New York (§ 104 (g) N.Y.Bus.Corp.L.) ist die Gründungsurkunde von einem Staatsbeamten (*state official*) zu unterzeichnen, der diese dann an den zuständigen Kommunalbeamten (*local official*) für die lokale Archivierung weiterreicht.[233] In Virginia wird nicht die Gründungsurkunde, sondern ein Zertifikat weitergereicht. In Alabama ist die Gründungsurkunde beim zuständigen Amtsrichter (*local probate judge*) einzureichen, der dann ein Zertifikat an den *secretary of state* zum dortigen Archivieren weitergibt.[234] Alle anderen Staaten sehen, wie der MBCA, lediglich ein zentrales Archivieren vor.

c. Wirkung der Archivierung

Die Übergabe der Kopie sowie der Quittung über die Entrichtung der Archivierungsgebühren (*filing fee*) sind Nachweis darüber, dass die archivierte Gründungsurkunde der Kopie entspricht.[235] Zudem ist die Archivierung ein schlüssiger Beweis (*conclusive proof*) darüber, dass die Gründungsvoraussetzungen erfüllt

---

231 *Choper/Coffee/Gilson*, Corporations, S. 244; *Merkt/Göthel*, US-amerikanisches Gesellschaftsrecht, S. 196 Rn. 274.

232 Vgl. *Fletcher*, Cyc Corp § 156, p. 248 ff.; *Merkt/Göthel*, US-amerikanisches Gesellschaftsrecht, S. 195 Rn. 273.

233 Zur örtlichen Archivierung siehe auch *Fletcher*, Cyc.Corp. § 156; *Macey*, in: Macey on Corporation Laws, § 3.03[B], p. 3-22, 2001-2 suppl.

234 § 2.03 MBCA, p. 2-49, No. 1.

235 § 2.03 MBCA, Official Comment, p. 2-45 No. 2.

wurden und die Gründung somit erfolgreich war (§ 2.03 (b) MBCA). Dies gilt allein nicht bei Verfahren von staatlicher Stelle gegen die Gesellschaft (§ 2.03 (b) MBCA).[236] Frühere Versionen des *MBCA* sahen zum Nachweis der erfolgreichen Gründung die Ausgabe eines Zertifikats vor (*certificate of incorporation*). Dieser Nachweis wurde vom MBCA jedoch aufgegeben. Dadurch sollte die Anzahl der auszugebenden Dokumente reduziert werden und der Vorgang der Gründung vereinfacht werden.[237]

d. *Veröffentlichung*

Einige wenige Staaten sehen eine Veröffentlichung der Gründungsurkunde oder einen Hinweis auf die Gründung in einer Zeitung vor[238] (so etwa Arizona (section 10-203 D Arit.Rev.Stat.), Georgia (title 14 section 14-2-201.1 Georgia Code - Corporations and Partnerships) und Pennsylvania (title 15 section 1307)).[239] Ein Verstoß gegen die Veröffentlichungspflicht beeinträchtigt zwar nicht das Entstehen der *corporation*, kann jedoch zur Unwirksamkeit der von ihr eingegangenen Rechtsgeschäfte führen.[240] Die Veröffentlichung der Gründungsurkunde diene insbesondere dazu, die Geschäftspartner der *corporation* darüber zu unterrichten, dass diese es mit einer juristischen Person und nicht mit einer natürlichen Person zu tun haben.[241]

Der MBCA sah ein Erfordernis zur Veröffentlichung – „mangels nur geringen oder fehlenden öffentlichen Zwecks“[242] – hingegen nie vor. Erforderlich waren stets nur die Unterzeichnung der Gründungsurkunde und das Entrichten der Eintragungsgebühr (*filing fee*). Gleiches gilt für die allermeisten Einzelstaaten (vgl. etwa Delaware (tit 8 §§ 104-106 DGCL), Texas (art. 3.03, 3.04 TBCA), Kalifornien (§ 200 (c) Cal Corp Code) und New York (§§ 104, 402, 403 NYBCL)).

---

236 Siehe dazu *Merkt/Göthel*, US-amerikanisches Gesellschaftsrecht, S. 196 Rn. 277.

237 § 2.03 MBCA, Official Comment, p. 2-45 No. 3.

238 Vgl. *Hamilton*, The Law of Corporations, p. 80; *Fletcher*, Cyc.Corp. § 154; *Merkt/Göthel*, US-amerikanisches Gesellschaftsrecht, S. 195 Rn. 273.

239 Siehe § 2.03 MBCA, p. 2-50, No. 2; § 2.01 MBCA, p. 2-8, No. 6.

240 *Henry v. Markesan State Bank*, 68 F2d 554; *Christian v. Bowman*, 49 Minn 99, 104, 51 NW 663.

241 *Comstock v. Wood*, 204 Iowa 1027, 216 NW 640.

242 "*The Model Act has never required either publication or local filing, on the theory that these requirements serve little or no public purpose.*" (§ 2.03 MBCA, Annotation, p. 2-48, No. 1).

e. Publizität, Register, Einsicht

Gegen eine Gebühr kann jedermann eine zertifizierte Kopie der Gründungsurkunde vom *secretary of state* erwerben (vgl. § 1.22 (c) MBCA).[243] Die meisten Staaten ermöglichen zudem einen kostenlosen Onlineabruf einiger essentieller Unternehmensinformationen über die Internetseite des jeweiligen *Department of State (Division of Corporations)*. Für Gesellschaften mit Sitz in Delaware lassen sich auf diese Weise folgende Informationen abrufen: Die Firma, ein Aktenzeichen, das Gründungsdatum, die Namen, die Adresse, die Telefonnummer und den Wohnsitz des *registered agent*.[244] In New York lassen sich vergleichbare Informationen abrufen, online allerdings erst nach Einrichtung eines speziellen Onlinekontos (sog. „*Drawdown Account*"), außerdem per Telefon, Email, Fax oder Post.[245] Informationen über das Kapital, die Anteile, die Gründer oder Geschäftsleiter lassen sich auf diese Weise nicht erlangen. Weitreichendere Publizitätsanforderungen stellt das bundesgesetzliche Kapitalmarktrecht an *public corporations*, die SEC registrierte Wertpapiere ausgeben.[246]

4. Vergleich

In allen drei Staaten reichen die Gründer die zur Gründung der Gesellschaft erforderlichen Unterlagen bei einer staatlichen Stelle ein. Diese Unterlagen enthalten alle essentiellen Informationen über die zu gründende Gesellschaft. Die staatliche Stelle archiviert diese Daten in einem Register.

a. Register

In Deutschland werden die Daten über die Gesellschaft im Handelsregister archiviert. Dieses zu führen ist grundsätzlich Ländersache. Deutschland hat

---

243 Dazu auch § 1.25 MBCA, Official Comment, p. 1-57 No. 2.

244 Siehe für Delaware die Internetseite des *Department of State Delaware, Division of Corporations* unter: https://delecorp.delaware.gov/tin/controller: "*The entity information provided on this website, free of charge, consists of the entity name, file number, incorporation/formation date, registered agent name, address, phone number and residency*.".

245 Siehe die Internetseite des *Department of State New York, Division of Corporations* unter: http://www.dos.ny.gov/corps/faq_entity_info.page.asp: "*Information available includes the following: (1) current entity name; (2) date of organization; (3) jurisdiction, if other than New York State; (4) county location; (5) service of process address; (6) registered agent, if any; and (7) filing history. Information on business corporations may also include the name and address of the chief executive officer and the principal business location.*"

246 Siehe dazu ausführlich *Merkt*, Unternehmenspublizität, S. 184 ff.

jedoch von der Möglichkeit Gebrauch gemacht, bundesweite Register zu erstellen (Handelsregister und Unternehmensregister). Im Vereinigten Königreich gibt es drei Register: eines in England, für England und Wales, eines in Schottland für Schottland und eines in Nordirland für Nordirland, geführt jeweils von einem eigenständigen *Companies House*. In den USA gibt es in jedem Staat ein separates Register, geführt vom jeweiligen *Secretary of State*. Darüber hinaus gibt es ein bundesweites, von der SEC geführtes Register für *public corporations*, deren Wertpapiere bei der SEC registriert sind.

b. Einsichtnahme

Eine Einsicht in das Register ist in allen drei Ländern gegen eine Gebühr möglich. Eine im Umfang der Publizitätsrichtlinie vergleichbare Informationsmöglichkeit besteht in den USA nur für diejenigen Unternehmen, deren Wertpapiere bei der SEC registriert sind.

c. Bekanntmachung

In Deutschland macht das Registergericht Eintragungen ins Handelsregister elektronisch im Internet (www.handelsregisterbekanntmachungen.de) in der zeitlichen Folge ihrer Eintragung nach Tagen geordnet bekannt. Die Eintragungen werden ihrem ganzen Inhalt nach veröffentlicht. Im Vereinigten Königreich gibt es für die jeweiligen Register in England, Schottland und Nordirland jeweils ein eigenes Amtsblatt (*Gazette*), in dem über Registereinträge informiert wird. Der Registrierbeamte veröffentlicht jedoch nicht den Inhalt des Registers, sondern leidglich eine Information darüber, dass er die erforderlichen Gründungsunterlagen erhalten hat. In den USA wird die Gründung einer *corporation* in den allermeisten Staaten gar nicht bekanntgemacht.

VIII. Mantelgründung

Die nachfolgenden Ausführungen betreffen die Zulässigkeit und die Praxis von Mantelgründungen.

1. Deutschland

a. Gesellschaftsmantel

Ein Gesellschaftsmantel liegt vor, wenn die Gesellschaft neben ihrer bloßen Existenz keinen Zweck verfolgt und ihre Tätigkeit allenfalls auf die Verwaltung des eigenen Vermögens gerichtet ist. Von einem solchen Zweck abgesehen, ist die Gesellschaft unternehmenslos.

b. Mantelentstehung

Ein solcher Mantel kann entstehen, wenn eine Gesellschaft ihre bisherige Geschäftstätigkeit aufgibt und die Gesellschaft als bloße „Hülse" zurückbleibt.[247] Zum anderen kann ein Gesellschaftsmantel auch von vornherein als Mantel auf Vorrat gegründet werden.[248] Dies ist etwa der Fall, wenn Unternehmer ein späteres Aufnehmen einer (eventuell noch ungewissen) Geschäftstätigkeit planen. Das Vorziehen des Gründungsprozesses erlaubt die spätere sofortige Geschäftsaufnahme. Ein weiteres Motiv für eine Vorratsgründung kann darin liegen, den Mantel gewinnbringend zu veräußern.[249]

c. Offene und verdeckte Vorratsgründung

Zulässig ist allein eine offene Vorratsgründung. Bei einer solchen wird als Unternehmensgegenstand die „Verwaltung eigenen Vermögens" angegeben.[250] Eine unzulässige, verdeckte Vorratsgründung liegt vor, wenn ein Unternehmensgegenstand angegeben wird, der gar nicht tatsächlich betrieben werden soll.[251] Die Angabe eines solchen, bloß fiktiven Unternehmensgegenstandes ist nichtig und hat die Gesamtnichtigkeit der Satzung und damit der Gründung zur Folge.[252]

d. Mantelverwendung

Die Verwendung eines Gesellschaftsmantels kann entweder in der Aktivierung einer bisher stets unternehmenslosen Gesellschaft bestehen oder in der

247 *Wicke*, GmbHG, § 3 Rn. 8; *Pentz*, in: Münchener Kommentar, AktG, § 23 Rn. 87.

248 *Wicke*, GmbHG, § 3 Rn. 8.

249 *Wicke*, GmbHG, § 3 Rn. 8; *Roth*, in: Roth/Altmeppen, GmbHG, § 3 Rn. 12; *Lachmann*, NJW 1998, 2268; *Pentz*, in: Münchener Kommentar, AktG, § 23 Rn. 87.

250 Rspr. zur AG siehe BGHZ 117, 323; OLG Stuttgart, ZIP 1992, 250, 251; zudem *Ulmer*, in: Großkommentar, GmbHG, § 3 Rn. 144; *Roth*, in: Roth/Altmeppen, GmbHG, § 3 Rn. 12; *K. Schmidt*, Gesellschaftsrecht, § 4 III 2a; *Hüffer*, AktG Rn. 25; *Röhricht*, in Großkommentar, AktG, § 23 Rn. 121 f.

251 *Röhricht*, in: Großkommentar, AktG, § 23 Rn. 124; *Roth*, in: Roth/Altmeppen, GmbHG, § 3 Rn. 12.

252 Die Dogmatik ist umstritten: Nichtig aufgrund Verstoßes gegen § 23 Abs. 3 Nr. 2 AktG (*Meyer*, ZIP 1994, 1661, 1663 f.; *Kraft*, in: Kölner Kommentar, AktG, § 23 Rn. 56); Scheingeschäft gemäß § 117 BGB (KG JFG 1, 200, 202; *K. Schmidt*, Gesellschaftsrecht, § 4 III 2b; *Ulmer*: in Hachenburg, GmbHG, § 3 Rn. 32); nichtig gemäß § 134 BGB (*Kantak*, Mantelgründung und Mantelverwertung bei der GmbH, S. 48 ff., 66; *Baumbach/Hueck*, GmbHG, § 3 Rn. 5); offengelassen in BGHZ 117, 323, 334.

Reaktivierung[253] einer früher unternehmerisch aktiven Gesellschaft.[254] Die Verwendung des Mantels erfordert die Übertragung der Anteile der alten Gesellschafter auf die neuen Gesellschafter. Die Übertragung von GmbH-Anteilen erfordert einen in notarieller Form geschlossenen Vertrag (§ 15 Abs. 3 GmbHG). Inhaberaktien sind grundsätzlich frei übertragbar durch Abtretung der Mitgliedschaft (§§ 413, 398 ff. BGB) oder durch Übereignung (§§ 929 ff.). Namensaktien können darüber hinaus durch Indossament übertragen werden (§§ 929 ff., § 68 Abs. 1 Satz 1 AktG iVm Art. 12, 13, 16 WechselG).

e. *Mantelkauf*

Der Mantelkauf dient der Beschleunigung der Geschäftsaufnahme.[255] Die Unternehmer müssen nicht selbst eine Gesellschaft gründen und sparen so Zeit. Sie erwerben eine fertige „Gesellschaftshülle", die dann mit der eigenen Unternehmung „gefüllt" wird. In Betracht kommt zudem, dass Unternehmensgründer sich durch einen kostengünstigen Erwerb eines Mantels den gegebenenfalls höheren Kapitalaufwand einer Neugründung sparen wollen.[256]

Bis in das Jahr 1990 ließen sich mit einer Mantelverwendung darüber hinaus Steuern sparen, indem der Verlustvortrag eines Mantels für das neue Unternehmen genutzt werden konnte. Mit dem Steuerreformgesetz[257] des Jahres 1988 entfiel diese Möglichkeit jedoch (§ 8 Abs. 4 KStG aF; entsprechende Regelung jetzt: § 8c KStG).[258] Früher diente der Mantelkauf zudem der Umgehung des Verbots der Einpersonengründung, die jedoch für die GmbH[259] seit 1980 und für die Aktiengesellschaft[260] seit 1994 zulässig ist.[261]

253 BGHZ 153, 158; 155, 318.

254 *Wicke*, GmbHG, § 3 Rn. 10.

255 Vgl. *Pentz*, in: Münchener Kommentar, AktG, § 23 Rn. 88; *Wicke*, GmbHG, § 3 Rn. 9.

256 *Roth*, in: Roth/Altmeppen, GmbHG, § 3 Rn. 12.

257 Steuerreformgesetz 1990, vom 25. Juli 1988, BGBl. 1988, 1093.

258 Ausführlich dazu *Maier*, in: Beck'sches Steuer- und Bilanzrechtslexikon, Edition 4/12, Mantelkauf, Rn. 1 ff.; *Melchers*, DStR 1997, 948; *Grashoff*, Steuerrecht 2010, Rn. 281 ff.

259 Änderung des § 1 GmbHG durch „Gesetz zur Änderung des GmbHG und anderer handelsrechtlicher Vorschriften" vom 4.7.1980, BGBl. I S. 836.

260 Änderung des § 2 AktG durch „Gesetz für kleine Aktiengesellschaften und zur Deregulierung des Aktienrechts" vom 2. 8. 1994, BGBl. I S. 1961.

261 *Pentz*, in: Münchener Kommentar, AktG, § 23 Rn. 88.

f. Wirtschaftliche Neugründung

In den oben genannten Fällen wird ein alter Mantel mit einer neuen Unternehmung gefüllt. Im technischen Sinne wird daher keine neue Gesellschaft gegründet. Allerdings wird die neue Unternehmung erstmals wirtschaftlich tätig und hätte – wenn sie nicht den Mantel erworben hätte – eine neue Gesellschaft gründen müssen. Wirtschaftlich betrachtet entsteht also eine neue Gesellschaft. Man spricht daher in diesen Fällen von sogenannten „wirtschaftlichen Neugründungen".

Die wirtschaftliche Neugründung ist grundsätzlich zulässig. Allerdings sind zum Schutz der Gläubiger und Mitgesellschafter die Gründungsvorschriften über die Kapitalaufbringung samt der registergerichtlichen Kontrolle analog anzuwenden.[262] Insbesondere müssen die Gründer die wirtschaftliche Neugründung dem Registergericht offenlegen und versichern, dass die Mindesteinlagen geleistet sind und zur freien Verfügung der Geschäftsleiter stehen. Einzelheiten sind umstritten, insbesondere die Fragen, ob das satzungsmäßige Kapital[263] oder nur das Mindestkapital[264] aufgebracht sein muss; ob die Grundsätze der Vorbelastungshaftung[265]

---

262 BGHZ 117, 323, 331 ff.; BGHZ 153, 158, 160 ff.; OLG Brandenburg, FGPrax 2002, 129 f.; LG Dresden, NJW-RR 2001, 823; *Hüffer*, AktG, § 23 Rn. 26; *Röhricht*, in: Großkommentar AktG, § 23 Rn. 132 ff.; *Ulmer*, in: Großkommentar, GmbHG, § 3 Rn. 146 ff.; *Pentz*, in Münchener Kommentar, AktG, § 23 Rn. 96; *Seibt*, in: K. Schmidt/Lutter, AktG, § 23 Rn. 43; *K. Schmidt*, Gesellschaftsrecht, § 4 III 3; aA: keine analoge Anwendung des Gründungsrechts; bei Missbrauch der Mantelverwendung Haftung nach § 826 BGB oder Durchgriffshaftung (BayObLG DB 1999, 954 ff.; OLG Frankfurt, GmbHR 1992, 456; *Banerjea*, GmbHR 1998, 814 ff.; *Bärwaldt/Schabacker*, GmbHR 1998, 1005, 1008 ff.; *Bommert*, GmbHR 1983, 212; *Kantak*, Mantelgründung und Mantelverwertung bei der GmbH, 1988, S. 81, 146; Kraft in Kölner Komm Rn 60; *Kübler*, Gesellschaftsrecht, § 22 II 4; *Meyding*, Die Mantel-GmbH im Gesellschafts- und Steuerrecht, 1989, S. 96 ff.

263 So *Ihrig*, DB 1988, 1197, 1201 ff.; *Lachmann*, NJW 1998, 2263, 2264; *Schick*, GmbHR 1997, 982, 984 f.; *Peters*, Der GmbH-Mantel als gesellschaftsrechtliches Problem, 1989, S. 71 ff.

264 So *Hüffer*, AktG, § 23 Rn. 27; *Röhricht*, in: Großkommentar, AktG, Rn 129 ff.; *Priester*, DB 1983, 2291, 2295 f.; *ders.*, ZHR 168 (2004) 248, 260 f.; *K. Schmidt*, Gesellschaftsrecht, § 4 III 3; *Ulmer*, DB 1983, 1124 ff.; *ders.*, in Hachenburg, GmbHG § 3 Rn 39; *Fastrich*, in: Baumbach/Hueck, GmbHG, § 3 Rn. 15.

265 Dafür: BGHZ 155, 318, 327; *Pentz*, in Münchener Kommentar, AktG, § 23 Rn. 95; *Ulmer*, BB 1983, 1123, 1125; *Ahrens*, DB 1998, 1069 f.; *Lübbert*, BB 1998, 2221; dagegen: *Altmeppen*, DB 2003, 2050, 2051 f.; *Götz/Gehlich*, ZIP 1999, 1653, 1660 ff.; *Heidenhain*, NZG 2003, 1051, 1053; *Priester*, ZHR 168 (2004) 248, 263 f.; *K. Schmidt*, NJW 2004, 1345, 1349 f.; *Wilhelmi*, DZWiR

und der Handelndenhaftung[266] entsprechend anzuwenden sind; und ob hinsichtlich der Verwendung von Alt- und Neumänteln rechtlich zu differenzieren ist[267].

2. UK

Im Vereinigten Königreich werden etwa 60 % aller Gründungen durch spezialisierte Dienstleistungsunternehmen durchgeführt.[268] Die meisten dieser Dienstleister bieten auch den Kauf von Mantelgesellschaften an (*shelf companies* oder *ready-made companies*).

Bei der Gründung der Vorratsgesellschaften übernehmen die Betreiber des Dienstleisters die ersten Anteile (*subscriber*) und stellen den *first director* und den *first secretary*. Nach dem Kauf werden die Anteile auf den Käufer übertragen und *first director* und *first secretary* treten zurück.[269]

a. Übertragung der Anteile

Die Anteile einer *company* sind frei übertragbar, soweit nicht der Gesellschaftsvertrag eine Beschränkung vorsieht.[270] Satzungen von *Ltds.* sehen zwar häufig

---

2004, 177, 185 f.; *Roth*, in Roth/Altmeppen, GmbHG, § 3 Rn. 14; *Lutter/Bayer*, in: Lutter/Hommelhoff, GmbHG, § 3 Rn. 19.

266 Dafür: BGHZ 155, 318, 327; KG NZG 1998, 731 f.; LG Hamburg NJW 1985, 2426; *Pentz*, in Münchener Kommentar, AktG, § 23 Rn. 95; *Ihrig*, BB 1988, 1197, 1203; *Hüffer*, AktG, Rn. 27a; dagegen: *OLG Brandenburg*, GmbHR 1998, 1031, 1032; *OLG Karlsruhe*, DB 1978, 1219, 1220; *OLG Koblenz*, GmbHR 1989, 374; *Röhricht*, in: Großkommentar, AktG, § 23 Rn. 140; Priester, ZHR 168 (2004) 248, 263 f.; *Schaub*, NJW 2003, 2125, 2128; *K. Schmidt*, Gesellschaftsrecht, § 4 III 3 e; *Fastrich*, in: Baumbach/Hueck, GmbHG, § 11 Rn 42; *Lutter/Bayer*, in: Lutter/Hommelhoff, GmbHG, § 11 Rn. 22.

267 Gegen eine Differenzierung BGHZ 155, 318, 322; gegen die entsprechende Anwendung des Gründungsrechts auf Altmäntel: *Altmeppen*, NZG 2003, 145, 147; *Noack*, LMK 2003, 65, 66; *Krafka*, ZGR 2003, 578, 587 f.; Gegen die Anwendung auf Vorratsgesellschaften: *Goetz/Gehlich*, ZIP 1999, 1653, 1657.

268 *Company Law Review Steering Group*, Modern Company Law for a Competitive Economy: Developing the Framework (URN 00/656) (London: DTI, 2000), para 11.32.

269 *Mayson/French/Ryan*, Company Law, Abschnitt 2.2.4, S. 49.

270 Eine solche Beschränkung der Anteilsveräußerung kann auf verschiedene Arten erfolgen. Beispielsweise kann die Übertragung unter das Erfordernis der Zustimmung durch die *directors* gestellt werden (vgl. *Re Smith and Fawcett Ltd* [1942] Ch 304). Oder die *articles* können bestimmen, dass eine Übertragung nur an andere Gesellschafter möglich ist. In Betracht kommt auch, den übrigen Gesellschaftern ein Vorkaufsrecht

eine solche Beschränkung vor.[271] Im Falle der Vorratsgründung wird eine Beschränkung jedoch nicht festgelegt. Denn eine Beschränkung würde nur die spätere Veräußerung des Mantels erschweren. Bei der Übertragung der Anteile ist zwischen zertifizierten Anteilen und nicht zertifizierten Anteilen (*certificated shares* und *uncertificated shares*) zu unterscheiden.

aa. Zertifizierte und unzertifizierte Anteile

Zertifiziert sind die Anteile, wenn die company an jeden Anteilsinhaber ein Dokument ausgibt, das den Gesellschafter und seine Anteile ausweist. *Ltds.* und nicht börsennotierte *PLCs*, haben in aller Regel zertifizierte Anteile.[272] Gesellschaften, deren Anteile zum Handel an der Börse zugelassen sind, müssen hingegen unzertifiziert sein.[273]

bb. Übertragung von zertifizierten Anteilen

Form und Verfahren der Übertragung zertifizierter Anteile sind im *Companies Act* nicht genauer bestimmt und können im Gesellschaftsvertrag ausgestaltet werden. Die Mustersatzung (auf die in nahezu allen Fällen der Mantelgründung zurückgegriffen wird) sieht vor, dass die Übertragung mittels eines Dokuments in gewöhnlicher Form stattfinden kann („*Shares may be transferred by means of an instrument of transfer in any usual form [...]*")[274] und, dass erst mit der Eintragung im *shareholder register* die Übertragung der Anteile abgeschlossen ist und der Erwerber neuer Inhaber wird.[275]

Der Companies Act schreibt lediglich vor, dass die Gesellschaft die Übertragung der Anteile nur dann eintragen darf, wenn eine geeignete Übertragungsurkunde an sie übermittelt wurde (§ 770 (1) (a) CA 2006). Der *Stock Transfer Act*

einzuräumen (*pre-emption right*) (vgl. *Tett v Phoenix Property and Investment Co Ltd.* [1986] BCLC 149); vgl. auch *Mayson/French/Ryan*, Company Law, Abschnitt 8.3.4.4, S. 231 f.; *Gower/Davies*, Principles of Modern Company Law, S. 942, Rn. 27-7. Bei *public companies*, deren Anteile zum Handel an der Börse zugelassen sind, ist eine Beschränkung der Übertragung nicht möglich (Rule 2.2.4 FSA Listing Rules).

271 Siehe oben, Kapitel 2, Abschnitt II.

272 Die Mustersatzung sieht vor, dass die Gesellschaft ein solches Aktienzertifikat (*share certificate*) ausgeben muss: The Companies Model Articles Regulations 2008, reg. 24.

273 Rule 6.1.23-6.1.24, FSA Listing Rules.

274 The Companies Model Articles Regulations 2008, sch. 1, reg. 26 (1) (*Ltd.*); sch. 3, reg. 63 (1) (plc).

275 The Companies Model Articles Regulations 2008, sch. 1, reg. 26 (4) (*Ltd.*); sch. 3, reg. 63 (4) (plc).

1963 stellt ein Musterdokument für die Übertragung von Anteilen bereit (*stock transfer form*)[276], auf das die Beteiligten in der Praxis zurückgreifen. Das Musterdokument sieht als Formerfordernis lediglich die Unterschrift des Übertragenden vor. Das Musterdokument enthält alle notwendigen Informationen über die Beteiligten und die zu übertragenden Anteile. Dieses Dokument sendet der Übertragende (*transferor*) dem Übernehmenden (*transferee*) zu. Anbei sendet der Übertragende auch ein Anteilszertifikat, das die Anteile und die früheren Inhaber ausweist (*share certificate*).[277] Der Übernehmende reicht die Dokumente bei der Gesellschaft ein. Die Gesellschaft wird daraufhin den neuen Anteilsinhaber in ein Register eintragen, das alle Gesellschafter erfasst (*shareholder register*). Damit ist die Übertragung abgeschlossen und der Übernehmende ist neuer Anteilsinhaber. Der Erwerber hat eine spezielle Steuer (*stamp duty*) zu entrichten. Diese beträgt 0,5 % der Gegenleistung, mindestens jedoch fünf Pfund (§§ 114 ff. Finance Act 2000).

cc. Übertragung von nicht zertifizierten Anteilen

§ 770 (1) CA 2006 gilt nicht für die Übertragung von nicht zertifizierten Anteilen (vgl. § 770 (1) (b) (ii) iVm §§ 783 ff. CA 2006). Die Übertragung nicht zertifizierter Anteile, die an der London Stock Exchange gehandelt werden, richtet sich nach den *Uncertified Securities Regulations 2001*[278]. Die nicht zertifizierten Anteile sind elektronisch zentral sammelverwahrt, und zwar bei einem dazu autorisierten Betreiber (*central securities depository (CSD)*), der *Euroclear UK & Ireland Ltd.*). Übertragung und Registrierung der Anteile erfolgen mittels eines durch die *Euroclear UK & Ireland Ltd.* betriebenen elektronischen Systems (CREST).[279]

276 Vgl. Schedule 1, Stock Transfer Act 1963; Das Musterdokument kann nur verwendet werden, für die Übertragung von Anteilen, die bereits voll eingezahlt sind (§ 1 (1) Stock Transfer Act 1963). Diese Voraussetzung ist in aller Regel bei Mantelgesellschaften erfüllt.

277 Zu diesem Ablauf, siehe *Smith/Keenan*, Company Law, S. 208; *Gower/Davies*, Principles of Modern Company Law, 939 f, Rn. 27-5; *Mayson/French/Ryan*, Company Law, Abschnitt 8.3.2, S. 226.

278 SI 2000/3755.

279 Vgl. zur Funktion als Sammelverwahrer: Uncertificated Securities Regulations 2001, SI 2001/3755; zur Funktion als Clearing House: Financial Services and Markets Act 2000, S. 285; ausführlich zum Vorgang der elektronischen Übertragung, *Mayson/French/Ryan*, Company Law, Abschnitt 8.3.3, S. 227 ff.

b. Mantelverwendung

Der Vorteil eines solchen Mantelkaufs (*buying off the shelf*) liegt in der schnellen Möglichkeit, mit dem haftungsbeschränkten Geschäftsbetrieb zu beginnen.[280] Nachteilig ist, dass die Firma regelmäßig keinen Bezug zum Unternehmen aufweist.[281] Zudem ist der Gesellschaftsvertrag nicht auf den Käufer zugeschnitten.[282] Regelmäßig verwenden die Mantelgesellschaften die Mustersatzung. Ein Unternehmensgegenstand wird dabei nicht festgelegt, so dass die Gesellschaften zur Ausübung aller Geschäfte befugt sind.[283] Die Mantelgesellschaft wird in der Regel kein Kapital aufgebracht haben. Eine Änderung der Firma oder der *articles of association* sowie eine Erhöhung des Gesellschaftskapitals können später erfolgen. Eine Vorratsgesellschaft kann bereits für 45 Pfund gekauft werden.[284]

3. USA

Auch in den USA bieten Gründungsdienstleister Gesellschaftsmäntel zum Kauf an. Da die Gründung einer *corporation* aber ohnehin kostengünstig ist und schnell von statten geht, ist Hauptmotiv für den Kauf eines Gesellschaftsmantels nicht die Zeit- oder die Kostenersparnis. Den Käufern eines Gesellschaftsmantels geht es vielmehr darum, von Beginn an eine Gesellschaft zu betreiben, die offiziell bereits ein gewisses Alter aufweist. Dies soll Vertragspartnern Langlebigkeit und Seriosität suggerieren. Dementsprechend werden Mantelgesellschaften in den USA auch als *„aged corporations"* bezeichnet. Ein höheres Alter einer *corporation* (*„filing history"*) kann sich außerdem positiv auf die Aufnahme von Darlehen auswirken. Entweder dadurch, dass ein Darlehensgeber die Kreditvergabe gänzlich davon abhängig macht, dass die Gesellschaft ein Mindestalter aufweist oder dadurch, dass mit steigendem Alter der *corporation* sich für diese die Konditionen der Kreditvergabe verbessern. Auch kann eine Gesellschaft mit höherem Alter unter Umständen mehr Investoren anziehen, als eine neu entstandene Gesellschaft.[285] Mit dem Alter des Gesellschaftsmantels steigt auch der

---

280 *Gower/Davies*, Principles of Modern Company Law, S. 94 Rn. 4-16.

281 *Gower/Davies*, Principles of Modern Company Law, S. 94 Rn. 4-16.

282 *Mayson/French/Ryan*, Company Law, Abschnitt 2.2.4, S. 49.

283 Siehe oben, Kapitel 2, Abschnitt II.

284 *Mayson/French/Ryan*, Company Law, Abschnitt 2.2.4, S. 49.

285 Vgl. zu diesen Motiven der Mantelgründung *Spadaccini*, Incorporate Your Business: In Any State (2007), S. 253; *Walma/McCann-Smith*, The Fundamentals of Corporate Law and Procedure (2000), S. 54.

Preis. Gesellschaftsmäntel mit einem Alter über einhundert Jahre erzielen Preise von über 100.000 US-Dollar.[286]

4. Vergleich

Alle drei Staaten erlauben die Gründung einer neuen Kapitalgesellschaft im Wege des Kaufs und der Verwendung eines Gesellschaftsmantels. In Deutschland gelten sämtliche Gründungsvorschriften über die Kapitalaufbringung samt der registergerichtlichen Kontrolle analog. Im Vereinigten Königreich und den USA ist lediglich die Übertragung der Anteile der Altgesellschafter auf die neuen Gesellschafter erforderlich. Während in Deutschland und im Vereinigten Königreich das Motiv der Beschleunigung der Geschäftsaufnahme im Vordergrund steht, hat der Kauf einer Mantelgesellschaft in den USA seine Gründe eher in einer verbesserten Kreditwürdigkeit.

IX. Vorgründungsgeschäfte

In diesem Abschnitt geht es um Geschäfte, die die Gründer vor dem Entstehen der Gesellschaft abschließen. Obwohl die Gesellschaft in diesem Zeitpunkt noch nicht besteht, beabsichtigen die Parteien (meist), dass die später entstehende Gesellschaft Vertragspartner wird.

1. Deutschland (Vorgesellschaft und Vorgründungsgesellschaft)

Aktiengesellschaft und GmbH entstehen mit Eintragung ins Handelsregister. Ab diesem Zeitpunkt haftet den Gläubigern der Gesellschaft nur das Gesellschaftsvermögen (§ 1 Abs. 1 Satz 2 AktG, § 13 Abs. 2 GmbHG). Bis zur Eintragung bestehen AG und GmbH „als solche nicht" (§ 41 Abs. 1 Satz 1 AktG, § 11 Abs. 1 GmbHG). Mit Feststellung der Satzung wird die Aktiengesellschaft allerdings bereits errichtet (§ 29 iVm § 23 Abs. 2 Nr. 1, 2 AktG). Die GmbH wird durch Abschluss des Gesellschaftsvertrages errichtet (§ 2 GmbHG). Zwischen dem Zeitpunkt der Errichtung und dem Zeitpunkt der Eintragung bestehen die Gesellschaften als sogenannte Vorgesellschaften (Vor-AG und Vor-GmbH). Die nachfolgend dargestellten, für die GmbH von der Rechtsprechung entwickelten, Grundsätze sind nicht GmbH-spezifisch und gelten entsprechend für die AG.[287]

---

286 Siehe dazu etwa die Angebote eines Anbieters für Mantelgesellschaften unter http://www.companiesinc.com/corporation/aged; abgedruckt im Anhang [XY].

287 BGHZ 117, 323, 326 f.; BGHZ 119, 177, 186; *Lutter*, NJW 1989, 2649, 2653 f.; *Farrenkopf/Cahn*, AG 1985, 209; *Hüffer*, ZGR 1993, 474, 488; *ders.*, AktG, § 41 Rn. 2; *Hoffmann-Becking*, in: Münchener Handbuch AG, § 3 Rn. 33 ff.

a. Rechtsnatur

Die Vorgesellschaft ist nicht Personengesellschaft, Verein oder sonstige juristische Person, sondern rechtsfähige[288] Personenvereinigung *sui generis*[289] und Gesamthandsgemeinschaft[290]. Soweit die Eintragung nicht Voraussetzung ist, gilt für die Vorgesellschaft das Recht der entstandenen Gesellschaft.[291]

b. Firma

Die Vorgesellschaft ist firmenfähig (§ 12 BGB, §§ 17 ff. HGB).[292] Um Irreführungen zu vermeiden, hat die Firma die Information zu enthalten, dass es sich lediglich um eine Vorgesellschaft handelt. Dazu ist der Firma etwa der Zusatz „in Gründung“ oder abgekürzt „i. Gr.“ voranzustellen.[293]

c. Organe

Die Organe von Vor-GmbH und Vor-AG entsprechen denjenigen der entstandenen Gesellschaft. Bei der GmbH bestehen also bereits Gesellschafterversammlung und Geschäftsführer[294], bei der Aktiengesellschaft Vorstand, Aufsichtsrat und Gründerversammlung[295].

d. Kompetenzen

Zweck der Vorgesellschaft ist die Gründung der Gesellschaft. Geschäftsführungsbefugnis und Vertretungsmacht umfassen daher nur Aufgaben, die zur Gründung erforderlich sind.[296] Dazu zählen vor allem die Entgegennahme der

---

288 Ausführlich zu den einzelnen Rechten siehe *Hüffer*, AktG, § 41 Rn. 10, mwN.

289 BGHZ 21, 242, 246; BGHZ 45, 338, 347; BGHZ 51, 30, 32; BGHZ 117, 323, 326 f.; BGHZ 143, 314, 319; BGHZ 169, 270 Tz 10; *Hüffer*, AktG, § 41 Rn. 4; *Ulmer*, in: Großkommentar, GmbHG, § 11 Rn. 10 f.; *Beuthien*, ZIP 1996, 305, 307.

290 BGH, WM 1980, 955, 956; *Ulmer*, in: Großkommentar, GmbHG, § 11 Rn. 59; *Merkt*, in: FS K. Schmidt (2009), S. 1161, 1163 ff.

291 BGHZ 21, 242, 246; 45, 338, 347; 51, 30, 32; 117, 323, 326f.; *Hüffer*, AktG, § 41 Rn. 4; *Kraft*, in: Kölner Kommentar, AktG, § 41 Rn. 23 ff.; *Ulmer*, in: Großkommentar, GmbHG, § 11 Rn. 11 ff.

292 BGHZ 120, 103, 106.

293 BGHZ 120, 103, 106; BGH, NJW 1998, 1079, 1080; *Merkt*, in: Münchener Kommentar, GmbHG, § 11 Rn. 48; *Hüffer*, in Großkommentar, HGB, § 17 Rn. 14.

294 *Merkt*, in: Münchener Kommentar, GmbHG, § 11 Rn. 21.

295 *Hüffer*, AktG, § 41 Rn. 6, 11 ff.

296 BGHZ 53, 210, 212; 65, 378, 383; 72, 45, 49; 80, 129, 139; *Ulmer*, in: Großkommentar, GmbHG, § 11 Rn. 35, 68; *Merkt*, in: Münchener Kommentar, GmbHG, § 11 Rn. 24;

Einlagen (§ 7 Abs. 2, Abs. 3 GmbHG) und die Anmeldung der Gesellschaft zum Handelsregister (§ 7 Abs. 1 GmbHG).

e. *Differenzhaftung*

Nach der Eintragung haften die Gesellschafter der Gesellschaft gegenüber in Höhe der Differenz zwischen satzungsmäßigem Kapital und tatsächlichem Gesellschaftsvermögen (Differenzhaftung).[297] Dieser Grundsatz wurde von der Rechtsprechung[298] in Anlehnung an § 9 GmbHG entwickelt, gilt jedoch ebenso für die Aktiengesellschaft.[299] Die Differenzhaftung ist eine rechtsfortbildende Konkretisierung des Grundsatzes der Kapitalaufbringung.[300] Im Zeitpunkt der Entstehung der Gesellschaft müssen Stammkapital und Grundkapital vollständig vorhanden sein (Unversehrtheitsgrundsatz).[301] Die Gesellschafter haften nicht als Gesamtschuldner, sondern jeder Gesellschafter haftet anteilig nach der Höhe der jeweils übernommenen Einlagen.[302] Es haften nur diejenigen Gründer, die der Geschäftsaufnahme zugestimmt haben.[303]

Hüffer, AktG, § 41 Rn. 11; *Pentz*, in: Münchener Kommentar, AktG, § 41 Rn. 34; *Kraft*, in: Kölner Kommentar, AktG, § 41 Rn. 43; a. A. (umfassende Vertretungsmacht): *K. Schmidt*, in: FS Kraft (1998), S. 573, 582.

297 BGHZ, 80, 129, 140 ff.; 165, 391; BAG, AG 2005, 203; *Ulmer*, in: FS Ballerstedt (1975), S. 279, 290 ff.; *ders.*, Großkommentar, GmbHG, § 11 Rn. 98 ff; *Merkt*, in: Münchener Kommentar, GmbHG, § 11 Rn. 74 ff., 79; *Hueck/Fastrich*, in: Baumbach/Hueck, GmbHG, § 11 Rn. 25; 29; *Lutter*, NJW 1989, 2649, 2655; *Hüffer*, AktG, § 41 Rn. 9a; *Zöllner*, in: FS Wiedemann (2002) S. 1383, 1401 ff.; *Hoffmann-Becking*, in: Münchener Handbuch AG, § 3 Rn. 31; *Goette*, DStR 1997, 628 ff.; a. A. (Außenhaftung der Gesellschafter): OLG Thüringen, GmbHR 1999, 772; LAG Köln, DStR 1998, 178, 179; LSG Stuttgart, NJW-RR 1997, 1463; *K. Schmidt*, ZIP 1997, 671; *Flume*, DB 1998, 45 ff.; *Altmeppen*, NJW 1997, 3272 ff.; *Beuthien*, GmbHR 1996, 309, 312 ff.

298 BGHZ, 80, 129, 140 ff.

299 *Farrenkopf/Cahn*, AG 1985, 209; *Hüffer*, AktG, § 41 Rn. 8; *Hoffmann-Becking*, in: Münchener Handbuch AG, § 3 Rn. 36; *Pentz*, in: Münchener Kommentar, AktG, § 41 Rn. 23, 113; *K. Schmidt*, Gesellschaftsrecht, § 11 IV 2 b, § 27 II 4.

300 *Hüffer*, AktG, § 41 Rn. 8.

301 BGHZ 80, 129, 136; BGH 124, 282, 285; BGH, NJW 1998, 223; *Lutter*, NJW 1989, 2649; *Ulmer*, in: Großkommentar, GmbHG, § 11 Rn. 98.

302 BGHZ 80, 129, 141; BGH WM 1982, 40; *Hüffer*, AktG, § 41 Rn. 9; *Ulmer*, in: Großkommentar, GmbHG, § 11 Rn. 112.

303 *Hüffer*, AktG, § 41 Rn. 8; *Ulmer*, in: Großkommentar, GmbHG, § 11 Rn. 94; a. A. (Haftung ist von Zustimmung unabhängig): *Pentz*, in: Münchener Kommentar, AktG, § 41 Rn. 116; *K. Schmidt*, in: Großkommentar, AktG, § 41 Rn. 119.

f. Verlustdeckungspflicht

Kommt es nicht zur Eintragung, besteht für die Gesellschafter gegenüber der Vorgesellschaft die Pflicht, nicht vom Gesellschaftsvermögen abgedeckte Verluste zu decken (Verlustdeckungspflicht).[304] Der Anspruch entsteht erst, wenn die Eintragung endgültig scheitert.[305] Anders als bei der Unterbilanzhaftung, ist nicht das Stammkapital oder Grundkapital wiederherzustellen, sondern es sind lediglich die Verluste zu decken, die nach der Liquidation der Gesellschaft übrig sind.[306] Die Gesellschafter haften den Gläubigern nicht unmittelbar. Die Gläubiger müssen zunächst die Vorgesellschaft in Anspruch nehmen. Nur für den Fall, dass die Vorgesellschaft nicht leisten kann, können die Gläubiger die Ansprüche der Vorgesellschaft gegen die Gesellschafter auf Verlustdeckung pfänden und vollstrecken.[307] Eine unmittelbare Außenhaftung kommt allein für Gesellschafter in Betracht, die auch selbst beim Geschäftsabschluss handeln, dann allerdings in Form der Handelndenhaftung.[308] Die Verlustdeckungspflicht besteht – wie die Unterbilanzhaftung – *pro rata*, also nach dem Verhältnis der Geschäftsanteile. Zudem haften ebenfalls nur die Gesellschafter, die einer Aufnahme der Geschäfte zugestimmt haben.[309]

g. Gesamtrechtsnachfolge

Mit der Eintragung endet die Vorgesellschaft ohne weiteren Akt. Die Rechte und Pflichten der Vorgesellschaft gehen im Wege der Gesamtrechtsnachfolge

---

304 GmbH: BGH, NJW 1996, 1210, 1211; BGHZ, 134, 333; *Huber*, in: FS Fischer (1979), S. 263, 285 ff.; *Ulmer*, ZIP 1996, 733, 734 ff.; *Goette*, DStR, 2006, 714; AG: OLG Hamm, AG 2003, 278; OLG Karlsruhe AG 1999, 131, 132; LG Heidelberg, AG 1998, 197, 198 f.; *Hüffer*, AktG, § 41 Rn. 9a; *Wiedenmann*, ZIP 1997, 2029, 2030 ff.; a. A. (unbeschränkte Außenhaftung der Gesellschafter): LSG Baden-Württemberg, ZIP 1997, 1651, 1652; LAG Hessen, GmbHR 1998, 782; *Flume*, in: FS Caemmerer (1978), S. 517 ff.; *K. Schmidt*, ZIP 1997, 671, 672 f.; *Beuthien*, WM 2002, 2261 ff.

305 BGHZ 134, 333, 341; *Ulmer*, in: Großkommentar, GmbHG, § 11 Rn. 95; *Stimpel*, in: FS Fleck (1988) S. 345, 358 ff.; *Meister*, in: FS Werner (1984), S. 549 f.; *Lieb*, in: FS Stimpel (1985), 414 f.; *Gummert*, DStR 1997, 1009 f; *Monhemius*, GmbHR 1997, 387; *Wiegand*, BB 1998, 1067.

306 *Ulmer*, in: Großkommentar, GmbHG, § 11 Rn. 120.

307 *Merkt*, in: Münchener Kommentar, GmbHG, § 11 Rn. 92.

308 Dazu sogleich.

309 BGHZ 134, 333, 341; BGH, NJW 1996, 1210, 1212; *Ulmer*, in Großkommentar, GmbHG, § 11 Rn. 120.

auf die entstandene Gesellschaft über.[310] Eine Genehmigung der Geschäfte ist nur erforderlich, wenn das Geschäftsführungsorgan ohne Vertretungsmacht gehandelt hat und die Vorgesellschaft daher gar nicht verpflichtet wurde.[311] Die frühere Rechtsprechung ging hingegen noch davon aus, dass stets eine Genehmigung oder Schuldübernahme zu erfolgen hat.[312]

h. Unechte Vorgesellschaft

Eine sogenannte „unechte Vorgesellschaft" liegt vor, wenn zwar Gesellschaftsvertrag oder Satzung wirksam sind, jedoch eine Eintragung der Gesellschaft von Anfang an nicht beabsichtigt war[313] oder später aufgegeben wird[314].[315] Hier findet das Recht der Vorgesellschaft keine Anwendung. Charakteristisch für die Vorgesellschaft ist nämlich, dass sie lediglich ein Durchgangsstadium bei Entstehung einer AG oder GmbH ist und deshalb auf die Eintragung ausgerichtet sein muss. Auf die unechte Vorgesellschaft ist das Recht der GbR (§§ 705 ff. BGB) oder, soweit ein Handelsgewerbe betrieben wird, das der OHG (§ 105 ff. HGB)

---

310 Grundsatz wurde von Rspr. für GmbH entwickelt (BGH, NJW 1982, 932; BGHZ 80, 129, 137); ist allerdings auch auf AG anwendbar (*Hüffer*, AktG, § 41 Rn. 16; *Farrenkopf/Cahn*, AG 1985, 209; *Beuthien*, ZIP 1996, 360, 361; *Hoffmann-Becking*, in: Münchener Handbuch AG, § 3 Rn. 36); a. A. (Vorgesellschaft und eingetragene Gesellschaft sind identisches Rechtssubjekt (Identitätstheorie)): *Pentz*, in: MüKo AktG, § 41 Rn. 107 mwN; *Merkt*, in Münchener Kommentar, GmbHG, § 11 Rn. 58.

311 BGHZ 53, 210, 212; BGHZ 65, 378, 383; BGHZ 72, 45, 49; *Ulmer*, in: Großkommentar, GmbHG, § 11 Rn. 68; *Bayer*, in: Lutter/Hommelhoff, § 11 Rn. 11; a. A. (aufgrund umfassender Vertretungsmacht Genehmigung nur erforderlich bei evidentem Missbrauch der Vertretungsmacht oder ausdrücklicher Vereinbarung, dass lediglich die eingetragene Gesellschaft Vertragspartner werden soll und das diese den Vertrag genehmigen muss): *Scholz/K. Schmidt*, GmbHG, § 11 Rn. 63 f.; *Gummert*, in: Münchener Handbuch, GmbH, § 16 Rn. 49; *Roth*, ZGR 1984, 597, 609; *Weimar*, GmbHR 1988, 289, 292; *Beuthien*, NJW 1997, 565 ff.

312 RGZ 58, 55, 56; RGZ 83, 370, 373; RGZ 105, 228, 229 f.; 134, 121, 122; 151, 86, 91; BGHZ 17, 385, 391 f.; BGHZ 20, 281, 287; vgl. auch *Scholz*, JW 1938, 3149, 3152; *Fleck*, ZGR 1975, 212, 219.

313 BGHZ 22, 240 ff.; BGH, NJW 2000, 1193, 1194.

314 BGH, NZG 2004, 663; BGH NJW 2003, 429, 430; BAG NJW 2000, 2915; BAG NJW 1997, 3331; BFH DStR 1998, 1129; OLG Jena NZG 2002, 571.

315 *K. Schmidt*, in: Großkommentar, AktG, § 41 Rn. 130; *Ulmer*, in Großkommentar, GmbHG, § 11 Rn 26 jeweils mwN.

anzuwenden.[316] Es gilt dann eine unbeschränkte Außenhaftung nach § 128 HGB.[317] Ist die unechte Vorgesellschaft eine GbR, gilt § 128 HGB analog.[318]

i. Handelndenhaftung

Handeln Personen vor der Eintragung im Namen der Gesellschaft, so haften sie persönlich und gesamtschuldnerisch (§ 11 Abs. 2 GmbHG und § 41 Abs. 1 Satz 2 AktG). Handelnde in diesem Sinne sind die Mitglieder des vertretungsberechtigten Organs, also Geschäftsführer und Vorstandsmitglieder.[319] Die Handelnden haften auch für ihre Vertreter.[320] Gründer, die nicht zugleich vertretungsberechtigte Organe sind, unterfallen nicht der Handelndenhaftung – auch dann nicht, wenn sie der Geschäftsaufnahme zugestimmt haben.[321]

Die Handelndenhaftung greift erst ab Errichtung der Gesellschaft. Für die Vorgründungsgesellschaft gilt die Handelndenhaftung demnach nicht.[322] Handeln andere, als die Gesellschafter, so haften diese als Vertreter ohne Vertretungsmacht nach § 179 BGB.

Die Handelnden haften nur, wenn sie im Namen der Gesellschaft gehandelt haben. Das ausdrückliche Handeln im Namen der „Gesellschaft in Gründung" unterfällt ebenfalls der Handelndenhaftung.[323] Es ist also unerheblich,

---

316 BGHZ 22, 240; BGH, NZG 2004, 663; *Merkt*, in: Münchener Kommentar, GmbHG, § 11 Rn. 81.

317 BGH, NJW 2000, 1193, 1194; *K. Schmidt*, in: Großkommentar, AktG, § 41 Rn. 131.

318 BGHZ 142, 315; BGHZ 146, 341, 310; *Merkt*, in Münchener Kommentar, GmbHG, § 11 Rn. 81.

319 BGHZ 47, 25, 28 f.; BGHZ 65, 378, 381; BGHZ 66, 359, 361; *Hüffer*, AktG, § 41 Rn. 20; *Kraft*, in: Kölner Kommentar, § 41 Rn. 94; *Pentz* in Münchener Kommentar, AktG, § 41 Rn. 132; *Ulmer*, in: Großkommentar, GmbHG, § 11 Rn. 126, 133; *Merkt*, in: Münchener Kommentar, GmbHG, § 11 Rn. 128; *Lieb* DB 1970, 963 ff.

320 BGHZ 53, 206, 208.

321 BGHZ 47, 25, 28 f.; BGH NJW 1955, 1228; BGHZ 72, 45, 46; *Ulmer*, in: Großkommentar, GmbHG, § 11 Rn. 133, 135; *Hüffer*, AktG, § 41 Rn. 20; *Kraft*, in: Kölner Kommentar, AktG, § 41 Rn. 94; *Pentz*, in: Münchener Kommentar, AktG, § 41 Rn. 133; Merkt, in: Münchener Kommentar, GmbHG, § 11 Rn. 128; *Lieb*, DB 1970, 961, 963 ff.; anders noch: RGZ 55, 302, 304; 70, 296, 301; BGH, NJW 1955, 1228; *Beuthien* ZIP 1996, 313.

322 GmbH: BGHZ 91, 148, 150 ff.; *Ulmer*, in: Großkommentar, GmbHG, § 11 Rn. 131; *Scholz/K. Schmidt*, GmbHG, § 11 Rn. 97; AG: BAG, AG 2006, 796, 797; OLG Köln, WM 1996, 261; *Hüffer*, AktG, § 41 Rn. 23.

323 *Wiedemann*, JurA 1970, 439, 460 f.; *Flume*, FS Geßler (1971), S. 20 ff.; *Hüffer*, AktG, § 41 Rn. 22; *K. Schmidt*, in: Großkommentar, AktG, § 41 Rn. 90; *Pentz*, in Münchener

dass der Gläubiger weiß, dass die Gesellschaft noch nicht entstanden ist. Wird der Vertrag hingegen unter der aufschiebenden Bedingung der Eintragung der Gesellschaft geschlossen, haften die Handelnden nicht. Denn in diesem Fall entsteht bis zur Eintragung keine Verbindlichkeit und ab Eintragung haftet die entstandene Gesellschaft selbst.[324] Außerdem kann die Handelndenhaftung durch Parteivereinbarung ausgeschlossen werden.[325]

Die Handelndenhaftung erlischt, sobald die Gesellschaft entstanden ist.[326] Die Gläubiger sind durch die Differenzhaftung der Gründer hinreichend geschützt. Würde die Handelndenhaftung nach Eintragung aufrechterhalten, würde dies zu einer ungerechtfertigten Bevorteilung der alten Gläubiger gegenüber den Neugläubigern führen.[327]

Die Handelnden können Rückgriff bei der Gesellschaft nehmen (§§ 670 ff. BGB).[328] Der Rückgriff auf die übrigen Gesellschafter besteht nur mittelbar aufgrund der Verlustdeckungspflicht eines jeden Gesellschafters gegenüber der Gesellschaft.[329]

j. Schuldübernahme

Die Gesellschaft kann nach ihrer Entstehung die Verbindlichkeiten des Handelnden aus der Handelndenhaftung übernehmen. Für eine Schuldübernahme ist grundsätzlich eine Genehmigung des Gläubigers erforderlich (§ 415 Abs. 1 Satz 1 BGB). Das Aktienrecht macht hiervon eine Ausnahme. Eine Schuldübernahme ist danach ohne die Einwilligung des Gläubigers möglich, wenn sie innerhalb von drei Monaten nach der Eintragung der Gesellschaft erfolgt und dem Gläubiger von der Gesellschaft oder dem Schuldner mitgeteilt wird (§ 41 Abs. 2

Kommentar, AktG, § 41 Rn. 136; *Merkt*, in: Münchener Kommentar, GmbHG, § 11 Rn. 68; a. A. (Handelndenhaftung nur bei Handeln im Namen der künftigen AG) BGH, NJW 1974, 1284; BGHZ 72, 45, 47; OLG Hamm, WM 1985, 658, 660.

324 Vgl. *K. Schmidt*, in: Großkommentar, AktG, § 41 Rn. 90.

325 BGHZ 53, 210, 213; BGH NJW 1973, 798; *Hüffer*, AktG, § 41 Rn. 24; *Ulmer*, in: Großkommentar, GmbHG, § 11 Rn. 148.

326 GmbH: BGHZ 69, 95, 103 f.; 70, 132, 139 ff.; 76, 320, 323; 80, 182, 183 f.; BGH, NJW 1982, 932; OLG Brandenburg, NZG 2002, 182, 183; *Ulmer*, in: Großkommentar, GmbHG, § 11 Rn. 146; *Scholz/K. Schmidt*, GmbHG, § 11 Rn. 118; *Dreher*, DStR 1992, 33, 37; *Fleck*, GmbHR 1983, 5, 14. AG: *K. Schmidt*, in: FS Kraft (1998), S. 573, 580; *Hüffer*, in AktG, § 41 Rn. 25.

327 *K. Schmidt*, in: Großkommentar, AktG, § 41 Rn. 112.

328 *Hüffer*, AktG, § 41 Rn. 26; Ulmer, in: Großkommentar, GmbHG, § 11 Rn. 144.

329 *Hüffer*, AktG, § 41 Rn. 26; a. A. (Anspruch aus Anstellungsvertrag) BGHZ 86, 122, 126.

AktG). Aufgrund der Gesamtrechtsnachfolge der Verbindlichkeiten der Vorgesellschaft auf die entstandene Gesellschaft und dem gleichzeitigen Erlöschen der Verbindlichkeiten des Handelnden, ist der Anwendungsbereich allerdings von geringer Bedeutung. Praktisch bedeutsam wird die Übernahme der Schuld der Handelnden nur, wenn der Handelnde ohne Vertretungsmacht gehandelt hat und die Vorgesellschaft daher gar nicht verpflichtet wurde. Denn in diesem Fall kann die Forderung auch nicht im Wege der Gesamtrechtsnachfolge auf die eingetragene Gesellschaft übergehen.[330] Für die GmbH gibt es keine entsprechende Regelung.

k. Vorgründungsgesellschaft

Von der Vorgesellschaft zu unterscheiden ist die sog. Vorgründungsgesellschaft.[331] Sie entsteht bereits durch vertraglichen Zusammenschluss mehrerer Personen zum Zwecke der Gründung einer AG oder GmbH.[332] Dabei handelt es sich um eine GbR oder (soweit die Voraussetzungen eines Handelsgewerbes gemäß § 1 Abs. 2 HGB vorliegen) um eine OHG, mit dem Zweck der Gründung einer AG oder GmbH.[333] Die Gründer haften persönlich nach dem Recht der GbR oder dem Recht der OHG. Die persönliche Haftung kann allerdings vertraglich ausgeschlossen werden.[334] Die Vorgründungsgesellschaft erlischt mit der Errichtung aufgrund Zweckerreichung (§ 726 BGB).[335] Die Vorgründungsgesellschaft ist nicht mit der Vorgesellschaft oder der eingetragenen Gesellschaft

---

330 *Hüffer*, AktG, § 41 Rn. 28; *Pentz*, in: Münchener Kommentar, § 41 Rn. 125, 155; *Farrenkopf/Cahn*, AG 1985, 209; *Lutter*, NJW 1989, 2654; *Ulmer*, in: Großkommentar, GmbHG, § 11 Rn. 124; a. A. (§ 41 Abs. 2 AktG auch nicht für diesen Fall erforderlich, da dann Genehmigung des Geschäfts durch eingetragene Gesellschaft nach § 177 BGB möglich): *K. Schmidt*, in: FS Kraft (1998), *Priester*, ZHR 165 (2001), 383, 393.

331 *Hüffer*, AktG, § 41 Rn. 3; *Hueck/Fastrich*, in: Baumbach/Hueck, GmbHG, § 11 Rn. 3; a. A. ein einheitlicher Gründerverband von Vorgründungsvertrag bis Eintragung: *Kießling*, Vorgründungs- und Vorgesellschaften, 1999, 352 ff.

332 *Hueck/Fastrich*, in: Baumbach/Hueck, GmbHG, § 2 Rn. 33.

333 BGH, GmbHR 1984, 41 f.; BGHZ 91, 148, 151; OLG Karlsruhe, GmbHR 1988, 482, 483; OLG Stuttgart, NZG 2002, 910, 911 ff.; *Ulmer*, Großkommentar, GmbHG, § 11 Rn. 49; *K. Schmidt*, Gesellschaftsrecht, § 34 III 2 a, S. 1011; *ders.*, GmbHR 1982, 6; *Bayer*, in: Lutter/Hommelhoff, GmbHG, § 11 Rn. 25; *Hüffer*, AktG, § 41 Rn. 3; *Priester*, GmbHR 1995, 481, 482.

334 BGH 142, 315, 321; *Bayer*, in: Lutter/Hommelhoff, § 11 Rn. 2.

335 *Hüffer*, AktG, § 41 Rn. 15; *Pentz*, in: Münchener Kommentar, AktG, § 41 Rn. 21; *Merkt*, in: Münchener Kommentar, GmbHG, § 11 Rn. 111.

identisch.[336] Die Rechte und Pflichten der Vorgründungsgesellschaft gehen daher auch nicht ohne vertragliche Übernahme auf die errichtete Gesellschaft über.[337]

l. Praktische Relevanz bei Einbringung eines Unternehmens als Sacheinlage

Insbesondere dann, wenn eine Kapitalgesellschaft durch Einbringung eines bereits bestehenden Unternehmens gegründet wird, ist das Recht der Vorgesellschaft von praktischer Bedeutung. Da während der Gründungsphase das bestehende Unternehmen in aller Regel fortgeführt werden muss, wird sich die Frage der Haftung und der Behandlung der Verträge – aufgrund der Vielzahl der Vorgründungsgeschäfte – in besonderer Weise stellen. Häufigster Anwendungsfall ist dabei wohl die Einbringung eines einzelkaufmännischen Unternehmens in eine GmbH.

m. Zusammenfassung

Während des Gründungsvorgangs sind zwei Phasen zu unterscheiden: Die erste Phase reicht vom Entschluss, eine Gesellschaft zu gründen, bis zum Abschluss des Gesellschaftsvertrages (Errichtung der Gesellschaft). In dieser Phase besteht der Personenzusammenschluss bereits als sogenannte Vorgründungsgesellschaft. Die Vorgründungsgesellschaft ist eine GbR oder eine OHG, sodass auch das Recht der jeweiligen Personengesellschaft gilt und die Gesellschafter persönlich und unbeschränkt haften. Die zweite Phase beginnt mit der Errichtung und endet mit der Eintragung, also der Entstehung der Gesellschaft. In dieser zweiten Phase besteht die Gesellschaft als sogenannte Vorgesellschaft. Die Rechte und Pflichten der Vorgründungsgesellschaft gehen nicht automatisch auf die Vorgesellschaft über. Sie müssen durch Rechtsgeschäft übertragen werden. Auf die Vorgesellschaft ist bereits das Recht der AG oder GmbH anwendbar, soweit eine Eintragung nicht Voraussetzung ist. Die Vertretungsmacht des Geschäftsführungsorgans ist in diesem Zeitraum auf Geschäfte beschränkt, die der Eintragung der Gesellschaft dienen. Im Zeitraum von der Errichtung bis zur Eintragung haften die unmittelbar Handelnden den Gläubigern gegenüber persönlich und unbeschränkt (Handelndenhaftung). Mit Eintragung der

---

336 BGHZ 91, 148, 151; BGH, NJW-RR 2001, 1042, 1043; *Ulmer*, in: Großkommentar, GmbHG, § 11 Rn. 30.

337 BGH, NJW 1983, 2822; *K. Schmidt*, GmbHR 1982, 6, 9; *Ulmer*, in: Großkommentar, GmbHG, § 11 Rn. 91.

Gesellschaft erlischt die Handelndenhaftung. Zu diesem Zeitpunkt gehen auch alle Rechte und Pflichten im Wege der Gesamtrechtsnachfolge auf die entstandene Gesellschaft über. Kommt es zur Eintragung, haften die Gesellschafter der Gesellschaft gegenüber in Höhe der Differenz zwischen Nennbetrag und tatsächlichem Gesellschaftsvermögen (Differenzhaftung). Kommt es nicht zur Eintragung, so besteht für die Gesellschafter gegenüber der Vorgesellschaft die Pflicht, nicht vom Gesellschaftsvermögen abgedeckte Verluste zu decken (Verlustdeckungspflicht).

Das deutsche Recht der Vorgesellschaft ist in vielen Punkten umstritten. Die Auseinandersetzungen betreffen allerdings meist allein die dogmatische Begründung. Hinsichtlich der Rechtsfolgen besteht überwiegend Konsens, und die höchstrichterliche Rechtsprechung ist gefestigt. Die umfangreiche Judikatur und Literatur zum Recht der Vorgesellschaft zeigt, dass es einen praxisrelevanten und regelungsbedürftigen Zeitraum zwischen der Errichtung und dem Entstehen der Gesellschaft gibt. Ein Grund dafür ist die vergleichsweise lange Zeitspanne zwischen Errichtung und Eintragung. Besondere Relevanz hat das Recht der Vorgesellschaft in den Fällen der Einbringung eines bestehenden Unternehmens als Sacheinlage.

2. Vereinigtes Königreich (*Pre-incorporation Contracts*)

Die *company* entsteht mit ihrer Registrierung (sections 14, 15 (1), 16 (1), (2) Companies Act 2006). Ab diesem Zeitpunkt kann sie rechtsgeschäftlich handeln (section 16 (3) Companies Act 2006). Solange die Gesellschaft sich noch in der Gründungsphase befindet, stellt sie kein eigenständiges Rechtssubjekt dar. Mit Beginn der Gründung entsteht insbesondere keine *unlimited company*, *partnership* oder Vor-Gesellschaft *sui generis*.[338] Die sich noch in der Gründungsphase befindende *company* kann daher auch keine Verträge schließen.

a. Handelndenhaftung

Verträge, die vor der Gründung im Namen der (noch nicht existenten) *company* geschlossen werden (sog. *pre-incorporation contracts*), verpflichten nur den für die *company* Handelnden und nicht die Gesellschaft selbst (section 51 (1) Companies Act 2006). Es ist dabei unerheblich, ob die Parteien hinsichtlich des

338 Vgl. *Keith Spicer Ltd. v Mansell* [1970] 1 W.L.R. 333 CA.

Bestehens der *company* gutgläubig sind, oder nicht.[339] Auch ist es unerheblich, ob die Gegenpartei mit der *company* oder mit dem Handelnden kontrahieren wollte.[340]

Section 51 (1) CA 2006 geht zurück auf Art. 7 der Publizitätsrichtlinie.[341] Telos der Norm ist der Schutz des Vertragspartners der in Gründung befindlichen Gesellschaft.[342] Entsteht die Gesellschaft nämlich später nicht, kann auch kein Anspruch gegen die Gesellschaft entstehen. Der Vertragspartner kann sich dann jedoch an den Handelnden wenden.

Section 51 (1) CA 2006 findet nur Anwendung, wenn zum Zeitpunkt des vermeintlichen Vertragsschlusses zumindest bereits die Absicht besteht, eine Gesellschaft zu gründen und der Vertrag auch mit der geplanten Gesellschaft

---

339 *Phonogram Ltd v Lane* [1982] QB 938; vgl. auch *Mayson/French/Ryan*, Company Law,S. 626.

340 Danach differenzierte das *Common Law* bis zur Umsetzung der Publizitätsrichtlinie: Ergab die Auslegung des Willens beider Parteien, dass der Handelnde Vertragspartei werden sollte, so kam es zum Vertragsschluss mit dem Handelnden. War von einem solchen Parteiwillen nicht auszugehen, kam gar kein Vertrag zustande und der Handelnde wurde weder berechtigt, noch verpflichtet (siehe *Newborne v Sensolid (Great Britain) Ltd*, [1954] 1 Q.B. 45, CA; vgl. auch *Black v Smallwood* [1966] A.L.R. 744 Aust. HC; *Wickberg v Shatsky* [1969], 4 D.L.R. (3rd) 540 (B.C.S.C.); *Hawkes Bay Milk Corporation Ltd v Watson* [1974] 1 N.Z.L.R. 218; *Marblestone Industries Ltd v Fairchild* [1975] 1 N.Z.L.R. 529).

341 Erste Richtlinie des Rates vom 9. März 1968 zur Koordinierung der Schutzbestimmungen, die in den Mitgliedstaaten den Gesellschaften im Sinne des Artikels 58 Absatz 2 des Vertrages im Interesse der Gesellschafter sowie Dritter vorgeschrieben sind, um diese Bestimmungen gleichwertig zu gestalten, RL 68/151/EWG, ABl. L 65 vom 14. 3. 1968, S. 8; neu gefasst durch 2009/101/ EG, zuletzt geändert durch Art. 2 ÄndRL 2012/17/EU vom 13. 6. 2012 (ABl. Nr. L 156 S. 1).

342 Vgl. *Gower/Davies*, Principles of Modern Company Law, S. 116 Rn. 5-8.

geschlossen werden soll.[343] Der Gründungsprozess muss jedoch noch nicht begonnen haben.[344]

Die persönliche Haftung des Handelnden für die in Gründung befindliche *company* kann von den Parteien vertraglich ausgeschlossen werden (Section 51 (1) Companies Act 2006 "[...] *subject to any agreement to the contrary* [...]"). Dazu genügt es jedoch nicht, dass der Handelnde offen im Namen der Gesellschaft kontrahiert („*for and on behalf of Company XY*"). Sondern es muss ausdrücklich vereinbart werden, dass der Handelnde nicht haften soll.[345]

Section 51 (1) Companies Act 2006 statuiert nur eine persönliche Haftung des Handelnden, eine persönliche Begünstigung des Handelnden ist nicht ausdrücklich geregelt.[346] Allerdings verweist die Norm auf einen Vertragsschluss

---

343 Dazu folgende Urteile: *Cotronic (UK) Ltd v Dezonie* [1991] B.C.L.C. 721: Hier sollte ein Vertrag mit einer Gesellschaft geschlossen werden, die jedoch bereits aus dem *companies register* gestrichen und daher nicht mehr existent war. Als die Beteiligten dies bemerkten, gründeten sie eilig eine neue Gesellschaft mit gleicher Firma. Der Court of Appeal entschied, dass section 51 (1) Companies Act 2006 hier keine Anwendung findet, da die Parteien den Vertrag nicht mit dieser dann gegründeten Gesellschaft, sondern ursprünglich mit der, aus dem *companies register* gestrichenen Gesellschaft, schließen wollten. *Badgerhill Properties Ltd v Cottrell* [1991] B.C.L.C. 805: hier wurde die Anwendung von section 51 (1) Companies Act 2006 vom Court of Appeal ebenfalls verneint. In diesem Fall war im Vertrag eine falsche Firma angegeben („*Badgerhill Property Ltd*" anstatt „*Badgerhill Properties Ltd*"). Nachdem die Gesellschaft in Zahlungsschwierigkeiten geriet, wollte der Kläger sich über section 51 (1) Companies Act 2006 an den director der Gesellschaft halten, da „*Badgerhill Property Ltd*" nicht gegründet war. Das Gericht lehnte die Regel des section 51 (1) Companies Act ab, da die Parteien einen Vertrag mit „*Badgerhill Properties Ltd*" schließen wollten und nicht mit einer noch nicht gegründeten Gesellschaft „*Badgerhill Property Ltd*". Ebenfalls abgelehnt wurde die Anwendung von section 51 (1) Companies Act 2006 in *Oshkosh B'Gosh Inc v Dan Marbel Inc Ltd* [1989] B.C.L.C. 507, CA: In diesem Fall betrieb eine Gesellschaft Geschäfte unter ihrer neuen Firma, obwohl der Firmenwechsel noch nicht wirksam vollzogen war. Section 51 (1) Companies Act 2006 war nicht einschlägig, da die Gesellschaft bereits gegründet war und ein Firmenwechsel auch keine Gründung durch Umwandlung darstelle; zur einschlägigen Judikatur siehe auch *Wild/Weinstein*, Smith and Keenan's Company Law, 14. Aufl. 2009, S. 52.

344 *Phonogram Ltd v Lane* [1982] QB 938.

345 *Phonogram Ltd v Lane* [1982] 1 Q.B. 938 (946), CA; vgl. auch *Morse/Davies/Worthington u. a.*, Palmer's Company Law, Annotated Guide to the Companies Act 2006, section 51 general note.

346 Der Gesetzgeber hat die Frage, ob der Handelnde auch berechtigt wird, den Gerichten zur Klärung überlassen (H C Debs, Standing Committee D, Third Sitting, July 20, 2006, cols. 99-101).

mit dem Handelnden. Charakteristisch für einen Vertrag sind aber gerade die synallagmatischen Hauptleistungspflichten.[347] Der Handelnde wird daher nicht nur verpflichtet, sondern er wird auch berechtigt.[348] Auch er kann daher grundsätzlich auf den Vollzug des Vertrages bestehen. Etwas anderes gilt nur dann, wenn es der Gegenseite entscheidend darauf ankommt, an die Gesellschaft zu leisten. Dann kann sie die Erfüllung an den Handelnden verweigern.[349]

b. Übergang der Rechte und Pflichten auf die Gesellschaft nach der Gründung

Regelmäßig haben die Vertragsparteien eigentlich die Absicht, mit dem Vorgründungsgeschäft die *company* zu verpflichten. Ziel der Parteien ist daher, dass nach der Gründung die Gesellschaft die Stellung des Handelnden einnimmt.

Die Gesellschaft kann nach ihrer Entstehung das Vorgründungsgeschäft nicht einfach genehmigen.[350] Denn im Zeitpunkt des vermeintlichen Vertragsschlusses existierte der Geschäftsherr (die Gesellschaft) noch gar nicht, sodass eine Stellvertretung tatsächlich auch nicht stattfinden konnte.[351]

Um nach der Gründung die *company* im Sinne des Vorgründungsgeschäfts zu berechtigen und zu verpflichten, muss die Gesellschaft vielmehr das

---

347 Dies gilt auch im Vertragsrecht des Vereinigten Königreichs. Nach den Regeln der „*consideration*" ist das Bestehen einer Gegenleistung im englischen Vertragsrecht sogar zwingende Voraussetzung für die Vollziehbarkeit der Leistung (vgl. *Dyer's case* (1414) 2 Hen. V, fol. 5, pl. 26; *Bret v JS* (1600) Cro Eliz 756; *Callisher v Bischoffsheim* (1870) LR 5 QB 449; *Re Selectmove Ltd* [1993] EWCA Civ 8; *Peel/Treitel*, Treitel on the Law of Contract, 13. Aufl. 2011, S. 73; *Stone*, The Modern Law of Contract, 8. Aufl. 2009, S. 105 ff.).

348 *Braymist Ltd. v The Wise Finance Co Ltd* [2002] Ch. 273, CA.; vgl. auch *Gower/Davies*, Principles of Modern Company Law, S. 116 Rn. 5-9; *Mayson/French/Ryan*, Company Law, 27. Aufl. 2010, S. 627.

349 *Gower/Davies*, Principles of Modern Company Law, S. 116 Rn. 5-9; *Morse/Davies/ Worthington u. a.*, Palmer's Company Law, Annotated Guide to the Companies Act 2006, § 51 general note.

350 *Natal Land Co & Colonization Ltd v Pauline Colliery and Development Syndicate Ltd* [1904] AC 120 (Privy Council); *Morse/Davies/Worthington u. a.*, Palmer's Company Law, Annotated Guide to the Companies Act 2006, § 51 general note; *Cheffins*, Company Law, Theory, Structure and Operation (1997), S. 252.

351 Vgl. *Kelner v Baxter*, (1866) L.R. 2 C.P. 174; *Re Empress Engineering Co* [1880] 16 ChD 125; *Natal Land and Colonization Co Ltd v Pauline Colliery and Development Syndicate Ltd* [1904] AC 120; *Mayson/French/Ryan*, Company Law, 27. Aufl. 2010, S. 627.

Schuldverhältnis übernehmen (*novation*). Damit gehen alle Ansprüche und Verbindlichkeiten vom Handelnden auf die Gesellschaft über. Die Übernahme eines Schuldverhältnisses erfordert, wie im deutschen Recht, die Zustimmung der Gegenpartei.[352] Die Übernahme des Schuldverhältnisses kann auch konkludent erfolgen.[353] Für die Annahme eines konkludenten Übernahmevertrages genügt es jedoch nicht, dass die Geschäftsführer von der Wirksamkeit des Vorgründungsgeschäfts ausgehen und sich entsprechend verhalten.[354]

Die Beteiligten sind aus dem Vorgründungsgeschäft nicht verpflichtet, die Vertragsübernahme durchzuführen. Es besteht daher für die Beteiligten die Gefahr, dass nach dem Entstehen der Gesellschaft einer der Beteiligten kein Interesse mehr an der Vertragsvollziehung hat und die Vertragsübernahme nicht durchführen möchte. Dies kann etwa der Fall sein, wenn die Gesellschaft in Zahlungsschwierigkeiten gerät und die Gegenpartei daher lieber am Handelnden als Schuldner festhalten möchte, weil die Erfüllung des Anspruchs durch diesen wahrscheinlicher ist.

Sicherheit können die Beteiligten jedoch erlangen, indem sie sich bereits bei Abschluss des Vorgründungsgeschäfts dazu verpflichten, die Vertragsübernahme später durchzuführen.[355] In Betracht kommt auch, dass bereits zu diesem Zeitpunkt Handelnder und Gegenpartei den auf eine Vertragsübernahme gerichteten Willen erklären und die Erklärungen vom Eintritt der Bedingung des Entstehens der Gesellschaft abhängig machen. Die Gesellschaft kann hingegen eine solche Willenserklärung zu diesem Zeitpunkt noch nicht abgeben, da sie noch nicht besteht. Sie kann sich allerdings bereits im Gesellschaftsvertrag dazu verpflichten, die Vertragsübernahme später durchzuführen.

Um die Vertragsübernahme auf die soeben beschriebenen Wege bereits bei Abschluss des Vorgründungsgeschäfts zu sichern, müssen die Beteiligten jedoch überhaupt wissen, dass das Vorgründungsgeschäft nur den Handelnden bindet. Außerdem verkompliziert dieses Procedere die Vorgründungsgeschäfte und erhöht bei Bedarf für eine entsprechende Beratung die Gründungskosten. Darüber hinaus besteht die Unsicherheit, dass die auf die Vertragsübernahme gerichteten Willenserklärungen nichtig oder anfechtbar sind.

---

352 *Atiyah/Smith*, Atiyah's Introduction to the Law of Contract, 6. Aufl. 2005, S. 364 f.

353 Vgl. *Re Patent Ivory Manufacturing Co* [1888] 38 ChD 156; *Heinhuis v Blacksheep Charters Ltd* [1987] 46 DLR (4th) 67; *Re Johannesburg Hotel Co* [1891] 1 Ch 119; *North Sydney Investment Co v Higgins* [1899] AC 263 (PC).

354 Re Northumberland Avenue Hotel Co [1866] 33 Ch D 16; Natal Land Co v Pauline Colliery [1904] AC 120, 126 (PC).

355 Vgl. *Birds/Clark/McNeil u. a.*, Boyle & Birds' Company Law, 7. Aufl. 2009, S. 105 f.

c. *Vorgründungsgeschäfte und Vorratsgesellschaften*

Wird vor einem bereits geplanten Mantelkauf im Namen der noch zu erwerbenden *company* gehandelt, findet section 51 (1) Companies Act 2006 keine Anwendung. Denn zum Zeitpunkt des Vertragsschlusses bestand die Gesellschaft bereits.[356] Mangels Vertretungsbefugnis kommt allerdings auch kein Vertrag mit der Gesellschaft zustande. Die erworbene Gesellschaft kann die Vertretung ohne Vertretungsmacht allerdings genehmigen. Dadurch entsteht ein wirksamer Vertrag mit der Gesellschaft als Vertragspartner.[357] Eine Genehmigung durch die (ehemalige Vorrats-) Gesellschaft ist nicht möglich, wenn der Handelnde bei Vertragsschluss ausdrücklich im Namen einer Gesellschaft „in Gründung" gehandelt hat. Denn die Vorratsgesellschaft bestand zu diesem Zeitpunkt bereits.[358]

d. *Probleme bei Einbringung eines Unternehmens als Sacheinlage*

Die stringente Handelndenhaftung und das damit für den Forderungsübergang stets erforderliche Zustimmungserfordernis der Vertragspartner führen dazu, dass die Einbringung eines bereits bestehenden Unternehmens als Sacheinlage in eine neu gegründete *Ltd.* oder *PLC* im englischen Recht wenig praktikabel ist. Die durch das bestehende Unternehmen während der Gründungsphase bereits im Namen der neuen Gesellschaft geschlossenen Verträge gehen nämlich anders als im deutschen Recht gerade nicht *ipso iure* auf die entstandene *company* über, sondern es bedarf der Zustimmung jedes einzelnen Gläubigers.

Wie im deutschen Recht lässt sich das wirtschaftlich gleiche Ergebnis – nämlich die Fortführung eines bestehenden Unternehmens in anderer Rechtsform – allerdings auch im englischen Recht zum Teil durch einen Formwechsel erzielen.

Der siebente Abschnitt des *Companies Act* regelt die verschiedenen Möglichkeiten des Formwechsels für *companies* (*Re-registration as a means of altering a company's status*, sections 90 – 111). In Betracht kommen danach der Formwechsel einer *Ltd.* in eine *PLC* (sections 90 – 96 Companies Act 2006) und umgekehrt (sections 97 – 101 Companies Act 2006), der Formwechsel einer *Ltd.* in eine *unlimited company* (sections 102 – 104 Companies Act 2006) und umgekehrt (sections 105 – 108 Companies Act 2006) sowie der Formwechsel einer *PLC* in eine *unlimited company* (sections 109 – 111 Companies Act 2006).

---

356 *Oshkosh B'Gosh Inc. v Dan Marbel Inc. Ltd* [1989] BCLC 507.

357 Vgl. *Mayson/French/Ryan*, Company Law, 27. Aufl. 2010, S. 627.

358 *Cross v Aurora Group Ltd* [1988] 4 NZCLC 64, 909; vgl. auch *Mayson/French/Ryan*, Company Law, 27. Aufl. 2010, S. 627.

Für den Fall des Formwechsels einer *unlimited company* in eine *Ltd.* schützen die Normen des *Insolveny Act* die Gläubiger vor der neuerlich geltenden Haftungsbeschränkung. Diejenigen, die bereits Gesellschafter der *unlimited company* waren, haften im Falle der Insolvenz der *Ltd.* persönlich für alle Verbindlichkeiten, die im Zeitpunkt des Formwechsels bereits bestanden. Gesellschafter der *unlimited company*, die zu irgendeinem Zeitpunkt nach dem Formwechsel aus der *Ltd.* ausscheiden, haften im Falle der Insolvenz bis zu drei Jahre nach dem Formwechsel für Verbindlichkeiten, die vor dem Formwechsel eingegangen wurden (section 77 Insolvency Act 1986).

Den Formwechsel einer Personengesellschaft (*partnerships*) oder eines einzelkaufmännischen Unternehmens (*sole proprietorship*) in eine *company* kennt das englische Recht hingegen nicht. Hier bleibt nur die Möglichkeit, eine neue Gesellschaft zu gründen, sämtliche Vermögenswerte, Verbindlichkeiten und Verträge einzeln – unter Zustimmung der Vertragspartner – auf die neue Gesellschaft zu übertragen und die alte Gesellschaft abzuwickeln.[359]

Zu bedenken ist allerdings, dass sowohl Personengesellschaften, als auch einzelkaufmännische Unternehmen im Vereinigten Königreich im Wirtschaftsverkehr eine geringere Rolle spielen als in Deutschland[360], sodass die Schwierigkeit der Fortführung einer solchen Unternehmung als *company* sich praktisch selten stellt. Auch der „kleine englische Geschäftsmann“[361] wählt nämlich in der Regel bereits zu Beginn seiner geschäftlichen Tätigkeit die Rechtsform der *limited.* Denn diese ist schnell und kostengünstig gegründet und die Haftungsbeschränkung muss nicht durch die Aufbringung eines Mindestkapitals „erkauft“ werden.

e. *Zusammenfassung*

Vor der Eintragung existiert die Gesellschaft als eigenständiges Rechtssubjekt nicht. Das *Common Law* löste die Frage der Haftung bei Vorgründungsgeschäften nach den Stellvertretungsregeln des allgemeinen Vertragsrechts. Es unterschied danach, ob die Parteien die Gesellschaft verpflichten wollten oder den Handelnden. Im ersten Fall gab es gar keinen Vertrag, im zweiten Fall wurde der Handelnde Vertragspartei. Das heutige Gründungsrecht hält bei den Vorgründungsgeschäften nun stringent an der Handelndenhaftung des § 51 (1) CA 2006 fest. Ausnahmen gibt es nur, wenn die Parteien die Haftung des Handelnden

359 *Ringe/Otte*, in: Triebel u.a., Englisches Handels- und Wirtschaftsrecht, S. 282 f.; *Triebel/Otte/Kimpel*, BB 2005, 1233, 1239.

360 So auch *Triebel*, RIW 2001, 1.

361 *Triebel*, RIW 2001, 1.

explizit ausgeschlossen haben. Einerseits lässt diese starre Regel nun wenig Raum für Einzelfallentscheidungen, die den Interessen beider Parteien gerecht werden. Andererseits bedeutet die klare Rechtsfolge für alle Beteiligte Rechtssicherheit. Der Handelnde bleibt auch nach dem Entstehen der Gesellschaft weiterhin Vertragspartner. Es gibt keinen automatischen Übergang der Rechte und Pflichten des Vorgründungsgeschäfts und die Gesellschaft kann die Verträge auch nicht genehmigen. Erforderlich ist entweder eine Vertragsübernahme mit Zustimmung aller Beteiligten, oder der Abschluss eines neuen Vertrages. Die Parteien sind dadurch der Gefahr ausgesetzt, dass einer der Beteiligten der Vertragsübernahme nicht zustimmt. Zwar können die Parteien sich bereits bei Abschluss des Vorgründungsgeschäfts zur späteren Vertragsübernahme verpflichten. Dies verkompliziert jedoch die Verträge und erhöht gegebenenfalls die Gründungskosten.

Abhilfe schaffen könnte eine gesetzliche Regelung, die vorsieht, dass die Gesellschaft mit Entstehung durch einseitige Erklärung den Vertrag übernehmen kann, und dass mit der Übernahme die persönliche Haftung des Handelnden erlischt. Promoter und Gegenpartei des *pre-incorporation contracts* könnten dann eine *novation* nicht mehr verhindern. Zudem müssten die *pre-incorporation contracts* die entsprechenden Vereinbarungen nicht mehr enthalten. Im Jahre 1962 erarbeitete eine von der Regierung beauftragte Expertengruppe (*Jenkins Committee*) einen entsprechenden Vorschlag[362], der später auch Gesetzentwurf wurde.[363] Der Entwurf wurde jedoch nicht umgesetzt. Vergleichbare Regeln bestehen in anderen *common law*-Jurisdiktionen, etwa in Kanada (§ 14 Canada Business Corporation Act), British 6Columbia (§ 20 British Columbia Business Corporation Act), Neuseeland (§ 182 New Zealand Companies Act 1993) und Barbados (§ 16 Barbados Companies Act).

362 Jenkins Committee on Company Law, Board of Trade, Report of the Company Law Committee (1962), § 13, abgedruckt bei *Hicks/Goo*, Cases and Materials on Company Law, S. 89.

363 Für eine Lösung iSd Jenkins Committees auch *Gower/Davies*, Principles of Modern Company Law, S. 118 Rn. 5-9; *Cheffins*, Company Law, Theory, Structure and Operation (1997), S. 253; *Wild/Weinstein*, Smith and Keenan's Company Law, 14. Aufl. 2009, S. 53; *Savirimuthu*, Pre Incorporation Contracts and the problem of Corporate Fundamentalism – Are Promoters Proverbially Profuse (2003), Co Law 196; Prentice, s9 of the European Communities Act (1973) 89 LQR 518; *Green*, Security of Transaction after Phonogram (1984) 47 MLR 671; *Griffiths*, Agents without Principals: Pre Incorporation Contracts in s36 C(1) of the Companies Act 1985, (1993) 13 LS 241.

3. USA Vorgründungsgeschäfte (*Preincorporation Transactions*)

Trotz der kurzen Gründungsdauer der *corporation* kommt es auch in den USA dazu, dass die Gründer bereits vor dem Entstehen der *corporation* zahlreiche Verträge in deren Namen schließen, etwa um einen reibungslosen Geschäftsstart zu ermöglichen. Es stellt sich die Frage, wie diese Geschäftsabschlüsse vor dem Entstehen der *corporation* zu bewerten sind.

Nach allgemeinen Stellvertretungsregeln des US-Vertragsrechts wird ein Stellvertreter selbst Vertragspartei, wenn der Geschäftsherr zum Zeitpunkt des Vertragsschlusses nicht existiert und der Stellvertreter davon Kenntnis oder fahrlässige Unkenntnis hat.[364] Eine Person, die im Namen einer noch nicht entstandenen *corporation* einen Vertrag schließt, obwohl sie weiß, dass die *corporation* noch nicht existiert, wird gemäß dieses Grundsatzes also selbst Vertragspartei. Da eine Stellvertretung mangels Geschäftsherrn tatsächlich gar nicht stattfand, kann die später entstandene *corporation* den Vertrag auch nicht genehmigen (*ratification*).[365]

Dieser Grundsatz ist auch gesellschaftsrechtlich im *MBCA* niedergelegt. Nach § 2.04 MBCA haften alle Personen, die im Namen der Gesellschaft handeln, obwohl sie wissen, dass eine Gründung noch nicht erfolgt ist, persönlich und gesamtschuldnerisch (*jointly and severally*).[366]

---

364 *American Law Institute (ALI)*, Restatement (Third) of Agency (2006), § 6.04 ("*Principal Does Not Exist or Lacks Capacity – Unless the third party agrees otherwise, a person who makes a contract with a third party purportedly as an agent on behalf of a principle becomes a party to the contract if the purported agent knows or has reason to know that the purported principle does not exist or lacks capacity to be a party to a contract.*"); vgl. auch *Palmiter*, Corporations, 4. Aufl. 2003, S. 488. Präziser müsste man hier von einem nur vermeintlichen Stellvertreter sprechen, da eine Stellvertretung mangels Geschäftsherrn tatsächlich gar nicht stattgefunden hat.

365 *Bainbridge*, Corporate Law, 2. Aufl. 2009, S. 19; *Palmiter*, Corporations, 4. Aufl. 2003, S. 490.

366 Auf die Kenntnis der nicht ordentlichen Gründung stellt auch etwa der Uniform Limited Partnership Act ab. Nach § 306 (a) Uniform Limited Partnership Act (2001) haften trotz fehlerhafter Gründung die Partner nicht persönlich, soweit sie in irriger aber gutgläubiger Weise („*erroneously but in good faith*") an eine ordentliche Gründung glauben. Vergleichbare Regelungen bestanden bereits im Uniform Limited Partnership Act (1916) (§ 12) sowie im Revised Uniform Partnership Act (1976) (3.04); vgl. auch *Timberline Equipment Co., Inc. v. Davenport*, 514 P. 2d 1109 (Or.1973); *Henn/Alexander*, Laws of Corporations, p. 244 ff.

Zahlreiche Staaten haben eine dem *MBCA* folgende Regelung.[367] Einige Staaten haben eine Regelung die dem § 146 MBCA (1969) entspricht.[368] Danach haften Personen gesamtschuldnerisch, wenn sie im Namen der Gesellschaft handeln, obwohl ihnen die Befugnis dazu fehlt. Auf die Kenntnis der fehlenden Befugnis kommt es dabei nicht an. In Delaware verbietet die entsprechende Regelung, die nicht erfolgte Gründung als Verteidigung gegen Ansprüche in einem Gerichtsverfahren vorzubringen (§ 329 (a) DGCL).[369] In anderen Staaten existiert keine entsprechende Regelung. Dort wird auf die allgemeinen Stellvertretungsregeln zurückgegriffen.[370]

Die persönliche Haftung widerspricht allerdings regelmäßig dem Willen beider Vertragsparteien. Denn diese wollen meist die später entstehende Gesellschaft und nicht den handelnden Gründer verpflichten. Die Parteien können daher vereinbaren, dass der Handelnde nicht Vertragspartei wird.[371] Eine solche Vereinbarung kann auch konkludent erfolgen.[372] Ob eine konkludente Vereinbarung vorliegt, ist anhand der Umstände des Einzelfalls zu entscheiden. Die bloße Kenntnis von der fehlenden Existenz der Gesellschaft genügt nicht.[373] Entscheidend ist, dass die Gegenseite bei Vertragsschluss davon ausgeht, dass der Handelnde nicht Vertragspartner wird und die Gegenseite sich daher allein auf das Vermögen der (in Gründung befindlichen) Gesellschaft verlässt.[374] Teilweise

---

367 Darunter Alabama, Arizona, Arkansas, Connecticut, Florida, Georgia, Hawaii, Idaho, Indiana, Iowa, Kentucky, Maine, Massachusetts, Mississippi, Missouri, Nebraska, New Hampshire, Oregon, South Carolina, South Dakota, Tennessee, Utah, Vermont, Virginia, Washington und Wyoming (siehe RMBCA § 2.04 Statutory Comparison, S. 2-63).

368 District of Columbia, Illinois, Montana, New Mexico, North Dakota und Rhode Island (siehe RMBCA § 2.04 Statutory Comparison, S. 2-64).

369 Vergleichbare Regelungen bestehen in Oklahoma, Kansas und Puerto Rico (siehe § 2.04 RMBCA, Statutory Comparison, Nr. 2, S. 2-64).

370 Kalifornien, Louisiana, Maryland, Michigan, Minnesota, Nevada, New Jersey, New York, North Carolina, Ohio, Pennsylvania, Texas, West Virginia und Wisconsin (siehe § 2.04 RMBCA, Statutory Comparison, Nr. 2, S. 2-64).

371 *American Law Institute (ALI)*, Restatement (Third) of Agency (2006), § 6.04 ("*unless the third party agrees otherwise*").

372 *Eisenberg*, Corporations and Other Business Organizations, Cases and Materials, S. 115.

373 *Goodman v. Darden, Doman & Stafford Associates*, 100 Wash.2d 476, 670 P. 2d 648 (1983); *Coopers & Lybrand v. Fox*, 758 P. 2d 683 (Col. App. 1988).

374 Konkludente Vereinbarung idS bejaht, in: *Quaker Hill, Inc. v. Parr*, 148 Colo. 45, 364 P. 2d 1056 (1961); *Company Stores Development Corp. v. Pottery Warehouse, Inc.*, 733 S.W.2d 886 (Tenn.App. 1987); *Sherwood & Roberts-Oregon, Inc. v. Alexander*,

wird vertreten, dass immer dann, wenn die Gesellschaft später gar nicht entsteht, der Handelnde haftet – denn es könne nicht Parteiwille sein, dass gar kein Vertrag zustande komme.[375]

Daneben kommen auch andere vertragliche Konstruktionen in Betracht. Die Rechtsprechung ermittelt den entsprechenden Parteiwillen anhand der Gesamtumstände des Einzelfalls. Es kann etwa lediglich ein widerrufliches Angebot zum Vertragsschluss an die später entstehende Gesellschaft gerichtet werden.[376] Ein Vertrag kommt dabei noch nicht zustande. Der Handelnde haftet dann nicht (sog. *nonrecourse agent*).[377] Die Gesellschaft wird später nur Vertragspartei, wenn sie das Angebot annimmt. Diese Konstruktion wird von den Gerichten allerdings nur angenommen, wenn die Parteien dies ausdrücklich vereinbaren. Denn es wird vermutet, dass die Parteien sich auch durch Vorgründungsgeschäfte binden wollen.[378]

In Betracht kommt auch, dass der noch nicht entstandenen Gesellschaft ein unwiderrufliches, zeitlich befristetes Angebot unterbreitet wird. Im Gegenzug verpflichtet sich der Handelnde dazu, sein Möglichstes zu tun, um auf die Gründung der *corporation* und die Annahme des Vertrages hinzuwirken (*„best efforts" agent*).[379] Der Handelnde haftet für die Einhaltung seiner Zusage.[380]

Die Parteien können auch vereinbaren, dass bis zum Entstehen der Gesellschaft der Handelnde Vertragspartei bleibt und danach die *corporation* den Vertrag übernimmt und an dessen Stelle tritt (*novation*) (*interim contracting*

---

525 P. 2d 135 (Or. 1974); verneint, in: *Stanley J. How & Associates, Inc. v. Boss*, 222 F. Supp. 936 (S.D. Iowa 1963); *Goodman v. Darden, Doman & Stafford Associates*, 100 Wash.2d 476, 670 P. 2d 648 (1983).

375 *White & Bollard, Inc. v. Goodenow*, 361 P. 2d 571 (Wa. 1961); aA *Sherwood & Roberts-Oregon, Inc. v. Alexander*, 525 P. 2d 135 (Or. 1974).

376 *R.A.C. Realty Co. v. W.O.U.F. Atlanta Realty Corp.*, 52 S.E.2d 617 (Ga.Ct.App. 1949); *Strause v. Richmond Woodworking Co.*, 65 S.E. 659 (Va.1909); *Quaker Hill, Inc. v. Parr*, 364 P. 2d 1056 (Colo.1961); *Sherwood & Robertson-Oregon, Inc. v. Alexander*, 525 P. 2d 135 (Or.1974); *Stewart Realty Co. v. Keller*, 193 N.E.2d 179 (Ohio Ct.App. 1962).

377 Vgl. *Palmiter*, Corporations, S. 488.

378 Vgl. *Johnson v. Sams*, 296 Minn. 112, 206 N.W.2d 925 (1973); *Henn/Alexander*, Laws of Corporations and Other Business Enterprises, S. 249 f.

379 Vgl. *McEachin v. Klingman*, 12 S.E.2d 212 (Ga.Ct.App. 1940); *Kirschmann v. Lediard & Ree*, 61 Barb. 573 (N.Y.1872); *Henn/Alexander*, Laws of Corporations and Other Business Enterprises, S. 251; *Palmiter*, Corporations, 488.

380 *Southern-Gulf Marine v. Camcraft, Inc.*, 410 So.2d 1181 (La.Ct.App1982); *McDaniel v. Service Food & Supply, Inc.*, 271 Md. 371, 316 A.2d 800 (1974).

party).[381] Um dem Gründer die spätere Entlassung aus der Haftung zu sichern, können die Parteien bereits bei Abschluss der Vorgründungsgeschäfte die spätere Vertragsübernahme vereinbaren.[382]

In Betracht kommt auch, dass die Gesellschaft später dem Vertrag beitritt (*adoption*) (*additional contracting party*).[383] Gründer und *corporation* haften im Außenverhältnis dann gesamtschuldnerisch (*jointly and severally*).[384] Im Innenverhältnis kann der Gründer sich von der Haftung freistellen lassen. Er trägt dann jedoch das Insolvenzrisiko der *corporation*.[385] Die *adoption* kann auch konkludent erfolgen.[386]

Möglich ist es zudem, dass die Vertragspartei des Gründers diesem zunächst nur ein Vorkaufsrecht einräumt. Das Vorkaufsrecht kann der Gründer dann nach dem Entstehen der Gesellschaft an diese abtreten (*assignable option*).[387] Bei dieser Variante entstehen der Gesellschaft allerdings zusätzliche Kosten. Denn regelmäßig wird der Vertragspartner für die Einräumung des Vorkaufsrechts eine Gegenleistung verlangen.

Welche der Möglichkeiten gegeben ist, ist abhängig von der konkreten Ausgestaltung der Vereinbarung und sonstigen Umständen.[388]

Legt der Gründer nicht offen, dass die *corporation* sich noch in Gründung befindet, lässt sein Verhalten darauf schließen, dass der Geschäftsherr existiert

---

381 *Accord How & Associates, Inc. v. Boss*, 222 F. Supp. 936 (S.D. Iowa 1963); *Kellner v. Saye*, 331 F.Supp. 846 (D.Neb.1971); *Ehrich/Bunzl*, Promoters' Contracts, 38 Yale L.J. 1011 (1929); *Palmiter*, Corporations, 2003, S. 488; *Henn/Alexander*, Laws of Corporations and Other Business Enterprises, S. 257 f.

382 *Pinto/Branson*, Understanding Corporate Law, S. 27; *Henn/Alexander*, Laws of Corporations and Other Business Enterprises, 3. Aufl. 1983, S. 258.

383 *Accord How & Associates, Inc. v. Boss*, 222 F. Supp. 936 (S.D. Iowa 1963); *Jacobson v. Stern*, 605 P. 2d 198 (Nev. 1980); *Palmiter*, Corporations, S. 488; *Bainbridge*, Corporate Law, S. 20.

384 *Illinois Controls, Inc. v. Langham*, 70 Ohio St.3d 512, 639 N.E.2d 771 (1994).

385 Vgl. *Southern Gulf Marine v. Camcraft, Inc.*, 410 So.2d 1181 (La.Ct.App. 1982).

386 *McArthur v. Times Printing Co.*, 51 N.W. 216 (Minn.1892); *Illinois Controls, Inc. v. Langham*, 639 N.E.2d 771 (Oh. 1994).

387 Vorgeschlagen in: *Accord How & Associates, Inc. v. Boss*, 222 F. Supp. 936 (S.D. Iowa 1963); vgl. auch *Pinto/Branson*, Understanding Corporate Law, S. 29.

388 Vgl. zur Bezeichnung der Parteien: *Carle v. Corhan*, 127 Va. 223, 103 S.E. 699 (1920); *Macey Corp. v. Ramey*, 144 N.E.2d 698 (Ohio C.P. 1957) zum Inhalt der Präambel sowie die Ausgestaltung der einzelnen Verpflichtungen und deren zeitlicher Ablauf vgl. *O'Rorke v. Geary*, 207 Pa. 240, 56 A. 541 (1903); *Henn/Alexander*, Laws of Corporations and Other Business Enterprises, S. 258.

und dass Vertretungsmacht besteht. In diesen Fällen haftet der Handelnde vertraglich aus konkludenter Garantieerklärung (*liability for breach of implied warranty*).[389] In Betracht kommt dann zudem eine deliktische Haftung aufgrund Täuschung des Dritten (*liability for misrepresentation*). Eine deliktische Haftung kommt zudem in Betracht, wenn der Gründer im Namen einer „Gesellschaft in Gründung" (*„corporation to be formed"*) handelt, obwohl von vornherein geplant ist, dass die Gesellschaft nie gegründet wird.[390]

Die Ungewissheit der Vorgründungsgeschäfte kann allein durch klare ausdrückliche Regelungen in den Vereinbarungen beseitigt werden.

Wie im englischen Recht ist auch im US-amerikanischen Recht die Gründung einer Kapitalgesellschaft durch Sacheinlage eines bereits bestehenden Unternehmens aufgrund des fehlenden *ipso iure* Übergangs der Rechte und Pflichten aus den Vorgründungsgeschäften auf die entstandene *corporation* problematisch. Wie im englischen Recht besteht aber alternativ die Möglichkeit eines Formwechsels, um eine bestehende *corporation* in anderer Rechtsform fortzuführen (vgl. etwa §§ 251 ff. DGCL). Dabei kommt – anders als im englischen Recht – auch ein Formwechsel von Personengesellschaften in Kapitalgesellschaften in Betracht (vgl. etwa § 265 DGCL: *conversion of other entities to a domestic corporation*).

Zusammenfassung

Bei Vorgründungsgeschäften wird grundsätzlich der handelnde Gründer und nicht die *corporation* in Gründung Vertragspartei. Das folgt aus den allgemeinen Vertretungsregeln. In Staaten, die § 2.04 MBCA adaptiert haben, folgt dies aus dem spezielleren Umsetzungsgesetz. Diese Rechtsfolge widerstrebt jedoch in den meisten Fällen dem Parteiwillen, denn eigentlich soll ein Vertrag mit der später entstehenden Gesellschaft geschlossen werden. Es gibt daher verschiedene vertragliche Modelle, die eine persönliche Haftung des Gründers ausschließen und die sicherstellen, dass die *corporation* nach ihrem Entstehen Vertragspartei wird. Die Gerichte nehmen häufig konkludente Vereinbarungen in diesem Sinne an. Eine einheitliche Rechtsprechung gibt es allerdings nicht, was zu einer erheblichen Rechtsunsicherheit führt. Die Ungewissheit der Wirkung der Vorgründungsgeschäfte kann allenfalls durch klare ausdrückliche

389 Vgl. *Weiss v. Baum*, 218 App.Div. 83, 217 N.Y.S. 820 (2d Dep't 1926); *Bradley v. Marshall*, 285 A.2d 745 (Vt.1971). *Henn/Alexander*, Laws of Corporations and Other Business Enterprises, S. 249.

390 Vgl. *Henn/Alexander*, Laws of Corporations and Other Business Enterprises, S. 249.

Regelungen in den Vereinbarungen beseitigt werden. Legt der Gründer nicht offen, dass die Gesellschaft sich noch in Gründung befindet, kommt zudem eine vertragliche Haftung aus konkludenter Garantieerklärung (*liability for breach of implied warranty*) sowie eine deliktische Haftung aufgrund Täuschung (*misrepresentation*) in Betracht.

4. Vergleich

a. *Rechtsnatur im Vorgründungsstadium und Verantwortlichkeit der Gründer*

In Deutschland ist die später entstehende Gesellschaft vom Zeitpunkt des Entschlusses der Gründung an bis zur Errichtung eine Personengesellschaft (GbR oder OHG). Die Gründer haften entsprechend persönlich nach dem Recht der Personengesellschaften. Ab der Errichtung existiert die Unternehmung als Personenvereinigung *sui generis* (Vor-AG und Vor-GmbH). Diejenigen, die für die Vorgesellschaft handeln, haften persönlich, bis die Gesellschaft entsteht (Handelndenhaftung). Die übrigen Gründer haften nur in Höhe ihrer Einlage. Kommt es zur Eintragung, erlischt die Handelndenhaftung. Den Gläubigern haftet nur noch das Gesellschaftsvermögen. Dieses muss aber in Höhe des gezeichneten Kapitals ungeschmälert vorhanden sein, es darf nicht durch Verluste ganz oder teilweise aufgezehrt sein. Im Innenverhältnis haften alle Gesellschafter der Gesellschaft gegenüber in Höhe der Differenz zwischen dem gezeichneten Kapital und dem tatsächlichen Gesellschaftsvermögen (*Differenzhaftung*).

Im Vereinigten Königreich stellt die Gesellschaft im Vorgründungsstadium kein selbstständiges Rechtssubjekt dar, insbesondere auch keine Personengesellschaft oder Personenvereinigung sui generis. Der *Companies Act* statuiert für Vorgründungsgeschäfte lediglich eine Haftung der Handelnden. Anders als im deutschen Recht erlischt diese Handelndenhaftung jedoch nicht *ipso iure* nach dem Entstehen der Gesellschaft. Ebenfalls abweichend von der deutschen Rechtslage haftet nach Entstehung die Gesellschaft nicht. Auch eine – der Differenzhaftung des deutschen Rechts entsprechende – Verantwortung derjenigen Gesellschafter, die nicht gehandelt haben, gibt es nicht. Die Handelndenhaftung kann vertraglich ausgeschlossen werden. Dies erfordert jedoch eine ausdrückliche Regelung.

In den USA hat die *corporation* – wie die *company* im englischen Recht – vor ihrer Entstehung keine eigene Rechtspersönlichkeit. Ebenso wie im englischen Recht werden durch Vorgründungsgeschäfte grundsätzlich nur die Handelnden verpflichtet, die übrigen Gründer nicht. Der *MBCA* sowie zahlreiche Einzelstaaten machen eine Handelndenhaftung allerdings davon abhängig, dass der

Handelnde weiß, dass die corporation noch nicht entstanden ist. Bei fehlender Kenntnis kommt gar kein Vertrag zustande. Wie in Deutschland und dem Vereinigten Königreich können die Parteien die Handelndenhaftung ausschließen. Abweichend von der deutschen und der englischen Rechtslage nehmen die Gerichte jedoch häufig konkludente Parteivereinbarungen in diesem Sinne an.

Im Vereinigten Königreich und den USA haften für Geschäfte, die im Vorgründungsstadium abgeschlossen wurden, den Gläubigern also nur die Handelnden. Dies gilt sowohl für den Zeitraum bis zum Entstehen der Gesellschaft als auch danach. In Deutschland haften bis zur Errichtung nicht nur die Handelnden, sondern alle Gründer gesamtschuldnerisch nach dem Recht der Personengesellschaften. Ab Errichtung haften zunächst nur die Handelnden. Ab Eintragung erlischt die Handelndenhaftung und die entstandene Gesellschaft haftet. Im Innenverhältnis haften ab diesem Zeitpunkt alle Gründer *pro rata* in Höhe einer etwaigen Differenz zwischen gezeichnetem Vermögen und tatsächlich vorhandenem Vermögen.

b. Übergang der Rechte und Pflichten

In Deutschland ist hinsichtlich des Übergangs der Rechte und Pflichten zu differenzieren. Rechte und Pflichten der Vorgründungsgesellschaft gehen nicht von allein auf die Vorgesellschaft über. Die Rechte und die Pflichten der Vorgesellschaft gehen hingegen *ipso iure* im Wege der Gesamtrechtsnachfolge auf die entstandene Gesellschaft über.

Im Vereinigten Königreich und den USA gehen die Rechte und Pflichten aus den Vorgründungsgeschäften nicht ohne weiteres Zutun auf die entstandene Gesellschaft über. In Betracht kommt nur eine Vertragsübernahme durch die entstandene Gesellschaft. Dies erfordert jedoch die Zustimmung des Gläubigers. Wollen die Parteien bereits bei Abschluss des Vorgründungsgeschäfts die Vertragsübernahme sicherstellen, so müssen sie dies bereits bei Vertragsschluss vereinbaren. In der Praxis haben sich verschiedene Vertragsgestaltungen entwickelt, die dies ermöglichen.

Dieses Zustimmungserfordernis führt dazu, dass die Gründung einer *company* oder einer *corporation* durch Sacheinlage eines bereits bestehenden Unternehmens problematisch ist. Allerdings besteht sowohl im Vereinigten Königreich, als auch in den USA die Möglichkeit, einen Formwechsel zu beschließen und dadurch das bestehende Unternehmen in anderer Rechtsform fortzuführen.

X. Fehlerhafte Gründung

Der folgende Abschnitt stellt die unterschiedliche Behandlung fehlerhafter Gründungen dar.

1. Deutschland

Der Abschluss des Gesellschaftsvertrages (§ 3 Abs. 1 GmbHG) und die Feststellung der Satzung (§ 23 Abs. 1 AktG) sowie die Übernahmeerklärung der Gründer (§ 23 Abs. 2 AktG) können an Mängeln leiden. In Betracht kommen zum einen Mängel, die die Gründung in ihrer Gesamtheit betreffen, wie etwa Willensmängel der Gründer, Vertretungsmängel oder Formmängel. Zum anderen kommen auch spezielle Mängel des Gesellschaftsvertrages oder der Satzung in Betracht. Liegt einer dieser Mängel vor, darf die Gesellschaft nicht eingetragen werden (§ 38 Abs. 1 Satz 2, Abs. 4 AktG; § 9c Abs. 1 Satz 1 GmbHG). Bei der Behandlung von Gründungsmängeln ist zwischen allgemeinen und speziellen Mängeln zu unterscheiden. Darüber hinaus ist danach zu differenzieren, ob die Gesellschaft bereits eingetragen ist oder nicht.

a. Vor Eintragung

Bei der Behandlung von Gründungsmängeln vor der Eintragung ist zunächst danach zu unterscheiden, ob die Gesellschaft schon in Vollzug gesetzt wurde oder nicht.

aa. Vor Invollzugsetzung

Hat die Vor-Gesellschaft ihre Geschäfte noch nicht aufgenommen, gelten die allgemeinen Regeln des BGB über Willensmängel und sonstige Nichtigkeitsgründe.[391] Die Vermutung des § 139 BGB, dass bei Teilnichtigkeit grundsätzlich das ganze Rechtsgeschäft nichtig ist, gilt dabei aber nicht.[392] Es ist nämlich davon auszugehen, dass den Gesellschaftern typischerweise am Bestand der Gesellschaft gelegen ist. Nur ausnahmsweise führt die Nichtigkeit einzelner Bestimmungen daher zur Gesamtnichtigkeit des Vertrages.[393]

---

391 RGZ 127, 186, 191; BGHZ 13, 320, 322; *Hüffer*, AktG, § 23 Rn. 41; *Pentz*, in: Münchener Kommentar, AktG, § 23 Rn. 167; *Röhricht*, in: Großkommentar, AktG, § 23 Rn. 207; *Arnold*, in: Kölner Kommentar, AktG, § 23 Rn. 158; *Fastrich*, in: Baumbach/Hueck, GmbHG, § 2 Rn. 38.

392 RGZ 86, 210, 212; 114, 77, 80 f.; BGH, DB 1976, 2106, 2107; *Schäfer*, Die Lehre vom fehlerhaften Verband, S. 236 ff.; *K. Schmidt*, Gesellschaftsrecht, § 6 I 1 b); *Pentz*, in: Münchener Kommentar, AktG, § 23 Rn. 167; *Hüffer*, AktG, § 23 Rn. 41; *Ulmer*, in: Großkommentar, GmbHG, § 2 Rn. 86 f.; *Michalski*, in: Michalski, GmbHG, § 2 Rn. 53.

393 BGHZ 47, 293, 301; 49, 364, 365; *Schäfer*, Die Lehre vom fehlerhaften Verband, S. 236 ff.; *Ulmer*, in: Großkommentar, GmbHG, § 2 Rn. 86 f.; *Michalski*, in: Michalski, GmbHG, § 2 Rn. 53.

bb. Nach Invollzugsetzung

Hat die Vorgesellschaft nach außen gerichtete Tätigkeiten aufgenommen[394] oder hat die Vorgesellschaft bereits Gesellschaftsvermögen gebildet,[395] so gelten die Sonderregeln über die „fehlerhafte Gesellschaft".

Nach den Grundsätzen der fehlerhaften Gesellschaft ist ein fehlerhaft zustande gekommener Gesellschaftsvertrag, der bereits in Vollzug gesetzt wurde, im Innen- und Außenverhältnis als wirksam zu behandeln.[396] Die Nichtigkeitsfolge, die das Gesetz für bestimmte Vertragsmängel vorsieht (vgl. §§ 119 ff., 125, 134, 138 BGB) greifen nicht. Beruft sich ein Gesellschafter auf den Mangel, kann die Gesellschaft allenfalls *ex nunc* aufgelöst und abgewickelt werden.[397] Die Grundsätze der fehlerhaften Gesellschaft gelten allerdings dann nicht, wenn „vorrangige Interessen" der Allgemeinheit oder besonders schutzwürdige Personen betroffen sind.[398]

b. Nach Eintragung

Nach der Eintragung können Gründungsmängel grundsätzlich nicht mehr geltend gemacht werden. Dies gilt sowohl für Satzungsmängel, als auch für Mängel der Erklärungen einzelner Gründer, die den gesamten Gründungsvorgang betreffen.[399]

---

394 Vgl. RGZ 165, 192, 205; BGHZ 3, 285, 288; BGHZ 13, 320, 321; *Hüffer*, AktG, § 23 Rn. 41; *Ulmer*, in: Großkommentar GmbHG, § 2 Rn. 92.

395 Vgl. RGZ 166, 51, 58; BGHZ 13, 320, 321; *Hüffer*, AktG, § 23 Rn. 41; *Ulmer*, in: Großkommentar, HGB, § 105 Rn. 343; ausführlich s. *Ulmer*, in: Münchener Kommentar BGB, § 705 Rn. 243 ff.

396 *K. Schmidt*, Gesellschaftsrecht, § 6 I ff.; *Kraft*, in: Kölner Kommentar, AktG, § 275 Rn. 3, § 41 Rn 33; *Pentz*, in: Münchener Kommentar, AktG, § 23 Rn. 167; *Ulmer*, in: Großkommentar, GmbHG, § 2 Rn. 92; a. A. (Fälle sind durch Rechtsscheinhaftung im Außenverhältnis zu lösen): *Canaris*, Die Vertrauenshaftung im deutschen Privatrecht, S. 120 ff.; 167 ff.; 447 ff. mwN; zu den verschiedenen dogmatischen Begründungen der Lehre der fehlerhaften Gesellschaft siehe *Simitis*, Die faktischen Vertragsverhältnisse als Ausdruck der gewandelten sozialen Funktion der Rechtsinstitute des Privatrechts; *Wiesner*, Überblick bei *K. Schmidt*, Gesellschaftsrecht, § 6 I 3.

397 Vgl BGHZ 3, 285, 287 f.; BGHZ 13, 320, 324; *Kübler*, Gesellschaftsrecht, § 25 IV; *Ulmer*, in: Großkommentar, HGB, § 105 Rn. 345.

398 BGHZ 3, 285, 288; BGHZ 17, 160, 167; BGHZ 26, 330, 335; BGHZ 55, 5, 9; BGHZ 62, 234, 241; BGHZ 75, 214, 217 f.; *Kübler*, Gesellschaftsrecht, § 25 IV; *Ulmer*, in: Großkommentar, HGB, § 105 Rn. 345; a. A. (auch in diesen Fällen gelten die Grundsätze der fehlerhaften Gesellschaft) *K. Schmidt*, Gesellschaftsrecht, § 6 III 3; *Pentz*, in: Münchener Kommentar, AktG, § 23 Rn. 170.

399 RGZ 123, 102, 106 ff.; 124, 279, 287 ff.; 127, 186, 191; BGHZ 21, 378, 382 f.; *Schäfer*, Die Lehre vom Fehlerhaften Verband, S. 282 ff.; *Hüffer*, AktG, § 23 Rn. 42; *Kraft*, in: Kölner Kommentar, AktG, § 23 Rn. 110; *Röhricht*, in: Großkommentar, AktG, § 23 Rn. 220.

Nach der Eintragung der Gesellschaft können nur noch folgende Gründungsmängel, im Wege der Nichtigkeitsklage, geltend gemacht werden: (1.) Die Satzung enthält keine Bestimmungen über die Höhe des Grundkapitals oder (2.) über den Gegenstand des Unternehmens oder (3.) die Bestimmungen der Satzung über den Gegenstand des Unternehmens sind nichtig (§ 275 Abs. 1 Satz 1 AktG, § 75 Abs. 1 GmbHG). Klageberechtigt sind nur die Gesellschafter sowie die Mitglieder des Geschäftsführungsorgans und des Aufsichtsrats. Andere Mängel können nach der Eintragung nicht mehr geltend gemacht werden (§ 275 Abs. 1 Satz 2 AktG).[400] Ein Mangel, der den Unternehmensgegenstand betrifft, kann bei der Aktiengesellschaft durch Satzungsänderung, bei der GmbH durch Gesellschafterbeschluss geheilt werden (§ 276 AktG, § 76 GmbHG). Liegt einer dieser Mängel vor, so kann zudem das Registergericht von Amts wegen die Gesellschaft löschen (§§ 395 Abs. 1 Satz 1, 397 FamFG).

Fehlen in der Satzung der Aktiengesellschaft die Angaben zu Firma und Sitz der Gesellschaft (§ 23 Abs. 3 Nr. 1 AktG), zur Zerlegung des Grundkapitals (§ 23 Abs. 3 Nr. 4 AktG), dazu, ob die Aktien auf den Inhaber oder den Namen ausgestellt werden (§ 23 Abs. 3 Nr. 5 AktG) oder über die Zahl der Mitglieder des Vorstands (§ 23 Abs. 3 Nr. 6 AktG) oder sind diese Angaben nichtig, so kann das Registergericht die Gesellschaft auflösen (§ 399 FamFG, § 262 Abs. 1 Nr. 5 AktG) – allerdings erst dann, wenn der Mangel nach Aufforderung nicht beseitigt wurde (§ 399 Abs. 1 Satz 1 FamFG). Entsprechendes gilt für die GmbH gemäß § 60 Abs. 1 GmbHG.

Sämtliche Mängel von Satzungsbestandteilen sind nach Ablauf von drei Jahren nach Eintragung geheilt (§ 242 Abs. 2 AktG analog).[401] Dann kann nur noch das Registergericht von Amts wegen die Satzungsbestimmung löschen (§ 242 Abs. 2 Satz 3 AktG iVm § 398 FamFG analog).[402]

c. *Zusammenfassung*

Wurde die Vorgesellschaft noch nicht in Vollzug gesetzt, so gelten bis zur Eintragung die allgemeinen Grundsätze des BGB. Gründungsmängel können uneingeschränkt geltend gemacht werden und entfalten die vom Gesetz vorgesehene Rechtsfolge.

Wurde die Vorgesellschaft in Vollzug gesetzt, gelten die Regeln der fehlerhaften Gesellschaft. Demgemäß ist der Gesellschaftsvertrag trotz Fehler als wirksam zu behandeln, soweit nicht vorrangige Interessen des Allgemeinwohls dem

400 Für AG vgl. auch RGZ 82, 292; 114, 80; für GmbH: BGHZ 21, 378, 381.
401 Vgl. BGHZ 144, 365, 368.
402 Vgl. BGHZ 144, 365, 368.

entgegenstehen. Die Geltendmachung eines Fehlers kann nur zur Auflösung der Gesellschaft *ex nunc* führen.

Ab Eintragung der Gesellschaft entfalten Gründungsmängel grundsätzlich keine Wirkung mehr und die Gesellschaft ist wirksam entstanden. Leidglich besondere Mängel des Gesellschaftsvertrages oder der Satzung, etwa hinsichtlich des Gesellschaftskapitals oder des Gesellschaftszwecks, können dann noch klageweise oder von Amts wegen geltend gemacht werden.

2. Vereinigtes Königreich

Die Ausgabe der Gründungsurkunde ist zwingender Beweis (*conclusive evidence*) dafür, dass den Gründungsvoraussetzungen entsprochen wurde, die *company* ordnungsgemäß registriert wurde – und damit entstanden ist (section 15 (4) Companies Act 2006).[403] Wird nach Ausgabe der Gründungsurkunde bemerkt, dass bei der Gründung ein Fehler gemacht wurde, hat dies daher nicht zur Folge, dass die Gesellschaft nicht oder nur als fehlerhafte Gesellschaft besteht. Die Gesellschaft besteht trotz des Mangels fort. Die Gründung ist weder *ex tunc* noch *ex nunc* unwirksam oder anfechtbar. Der zwingende Beweis dafür, dass alle Gründungsvoraussetzungen eingehalten wurden, führt also zum Vorrang des Verkehrsschutzes, genauer: zum Vorrang des Vertrauens Dritter in die Existenz der Gesellschaft.

Dies gilt nach einschlägiger Judikatur allein nicht gegenüber dem Staat. Der Generalstaatsanwalt (*attorney general*) kann ein Gerichtsverfahren einleiten, um die Gründung für unwirksam erklären zu lassen. Dies geschieht in der Praxis allerdings nur in Fällen, in denen es um eine Störung der öffentlichen Ordnung geht.[404] Bei bloß formalen Mängeln während des Gründungsvorgangs wird der Generalstaatsanwalt nicht tätig.[405]

Eine Ausnahme dazu, dass das Gründungszertifikat schlüssiger Beweis für eine ordnungsgemäße Gründung ist, enthält zudem das englische Recht der Gewerkschaften. Section 10 (3) *Trade Union and Labour Relations (Consolidation) Act 1992* bestimmt, dass die Registrierung einer Gewerkschaft nach den Normen des Companies Act 2006 nicht möglich ist. Hier kann der Registrierbeamte

---

403 Siehe oben, Kapitel 2, Abschnitt I.

404 So etwa in *R. v. Registrar of Companies, Ex p. HM's Attorney-General* [1991] B.C.L.C. 476; Hier wurde der Gesellschaftszweck "*to carry on the business of prostitution*" als Verstoß gegen die öffentliche Ordnung und somit als widerrechtlich eingestuft und die Gründung einer *Ltd.* für unwirksam erklärt, Beispiel nach *Gower/Davies*, Principles of Modern Company Law, S. 96 Rn. 4-18.

405 *Gower/Davies*, Principles of Modern Company Law, S. 96 Rn. 4-18.

eine entgegen dieser Vorschrift erfolgte Registrierung zurücknehmen.[406] Dem *Trade Union and Labour Relations (Consolidation) Act 1992* kommt insofern Vorrang zu. Dabei kommt auch eine Klage von Dritten in Betracht – die Geltendmachung ist nicht auf den Generalstaatsanwalt beschränkt.[407]

3. USA

Common Law und *MBCA* behandeln fehlerhafter Gründungen (*defective incorporations*) unterschiedlich.

a. Grundsätze des Common Law

Früher wurde ganz überwiegend vertreten, dass die fehlerhafte Gesellschaft als Personengesellschaft (*partnership*) zu qualifizieren sei und die Gesellschafter als *partner* persönlich und unbeschränkt haften.[408] Fehlerhafte Gesellschaften erfüllen nämlich regelmäßig alle Voraussetzungen einer *partnership*. Nach § 202 *Revised Uniform Partnership Act* (*RUPA*) ist eine *partnership* definiert als ein Zusammenschluss von zwei oder mehr Personen, die gemeinsam ein Geschäft zur Gewinnerzielung betreiben.

Gerichte empfanden die Rechtsfolge der persönlichen Haftung der handelnden Gründer in gewissen Fällen jedoch als unbillig. Heute wenden die Gerichte für fehlerhaft gegründete Gesellschaften daher das Recht der *partnership* nicht mehr an.[409] Sie entwickelten drei Modelle, nach denen die Gründer trotz fehlerhafter Gründung nicht persönlich haften sollten: das Modell der *de jure corporation*, das Modell der *de facto corporation* und das Modell der *corporation by estoppel.*

aa. de jure corporation

Der Begriff *de jure corporation* beschreibt eine *corporation*, die den Gründungsvorschriften entsprechend wirksam gegründet wurde.[410] In der Praxis

---

406 Vgl. *Gower/Davies*, Principles of Modern Company Law, S. 96 f. Rn. 4-18; *Drury*, Nullity of Companies in English Law, (1985) 48 M.L.R. 644, S. 649 f.

407 Siehe *Edinburgh & District Water Manufacturers Association v. Jerkinson* (1904) 5 Sessions Cases 1159; *British Association of Glass Bottle Manufacturers v. Nettlefold* (1911) 27 T.L.R. 527.

408 *Dodd*, Partnership Liability of Stockholders in Defective Corporations, 40 Harv.L.Rev. 521 (1927); *Burdick*, Are Defectively Incorporated Associations Partnerships?, 6 Colum.L.Rev. 1 (1906).

409 Vgl. *Baker v. Bates-Street Shirt Co.*, 6 F.2d 854 (1st Cir. 1925); *Palmiter*, Corporations, S. 497.

410 Vgl. *Bainbridge*, Corporate Law, S. 22 f.; § 2.04 RMBCA, Historical Background, p. 2-58, No. 1.

genügt dabei bereits die Einhaltung aller wesentlichen Bestimmungen (gefordert wird nicht *perfect compliance*, sondern *substantial compliance*).[411] Mängel in der Gründung, die auf einem Verstoß gegen eine unwesentliche Vorschrift beruhen, sind nach dieser Regel nicht zu berücksichtigen. Die *corporation* entsteht also trotz des Fehlers. Wesentlich in diesem Sinne ist dabei eine Bestimmung, die in einer Mussvorschrift enthalten ist.[412] Auf diese Weise engen die Gerichte bereits den Rahmen ein, in dem überhaupt eine fehlerhafte Gründung vorliegt.

bb. de facto corporation

Scheitert die Gründung der *corporation* und es entsteht keine *de jure corporation*, kann dennoch eine sogenannte *de facto corporation* entstanden sein.[413] Auch bei der *de facto corporation* genießen die Gesellschafter eine Haftungsbeschränkung gegenüber Gesellschaftsgläubigern.[414] Nur der Staat kann die Existenz der Gesellschaft in Frage stellen (in einem sog. *quo warranto process*).[415] Nach *Common Law* müssen drei Voraussetzungen vorliegen, damit die Grundsätze der *de facto corporation* einschlägig sind:[416] (1.) Es müssen zunächst gültige Normen bestehen, unter welchen die *corporation* hätte gegründet werden können. (2.) Es muss guter Glaube hinsichtlich einer ordentlichen Gründung nach diesen Normen bestehen. (3.) Es muss im Namen der *corporation* gehandelt worden sein.

---

411 *People v. Montecito Water Co.*, 97 Cal. 276 (1893); *Fletcher*, Cyc.Corp. § 3799; *Merkt/Göthel*, US-amerikanisches Gesellschaftsrecht, S. 219 Rn. 336.

412 Vgl. *J.W. Butler Paper Co. v. Cleveland*, 77 N.E. 99 (Ill.1906); *People v. Ford*, 128 N.E. 479 (Ill. 1920); *Henn/Alexander*, Laws of Corporation, S. 328.

413 *In re Vicksburg Bridge & Terminal Co.*, 22 F.Supp. 490 (1937); *Animazing Entertainment v. Louis Lofredo Association*, 88 F.Supp. 2d 265 (S.D.N.Y.2000); vgl. auch *Fletcher*, Cyc.Corp. §§ 3759-3888; *Lattin*, The Law of Corporations (1971) 183-189; *Beveridge*, Corporate Puzzles: Being A True And Complete Explanation of De Facto Corporations and Corporations by Estoppel, their Historical Development, Attempted Abolition, and Eventual Rehabilitation, Okla.City U.L.Rev. 22 (1977) 935-971.

414 *Mabel First Lutheran Church v. Cadwallader*, 215 N.W. 845 (Minn. 1927); *Industrial Building & Loan Ass'n v. Williams*, 268 P. 228 (Or.1928).

415 *Bainbridge*, Corporate Law, S. 23; *Palmiter*, Corporations, S. 495; *McKee v Standard Minerals Corp.* 156 A. 193, 195 (Del. Ch. 1931); *City of Wilmington v. Addicks*, 43 A. 297, 301 (Del. Ch. 1899).

416 Vgl. § 2.04 RMBCA, Historical Background, p. 2-60, No. 1.

cc. corporation by estoppel

Sollte aufgrund der Schwere der Gründungsmängel keine *de jure corporation* entstanden sein und etwa mangels guten Glaubens auch keine *de facto corporation* bestehen, können die Gerichte dennoch eine beschränkte Haftung nach der Lehre der „*corporation by estoppel*" bejahen. Diese Lehre greift, wenn ein Gründer im Namen der Gesellschaft handelt und die Gegenpartei sich bei Abschluss des Vertrages allein auf das Vermögen der *corporation* verlässt.[417] Derjenige, der sich zunächst auf die Existenz der Gesellschaft beruft, soll diese später nicht bestreiten dürfen. Der Grundsatz ähnelt damit der Lehre des *venire contra factum proprium* des römischen Rechts. Herausgebildet haben sich vor allem drei Fallgruppen, in denen die Lehre der *corporation by estoppel* angewendet wird.[418]

Im ersten Fall beruft sich ein Schuldner der *corporation* darauf, dass die Gesellschaft mangels wirksamer Gründung als Gläubiger nicht existiere. Die fehlerhaft gegründete Gesellschaft kann gegen den Schuldner dennoch vorgehen, wenn dieser das Geschäft in Kenntnis des Gründungsmangels einging.[419]

Im zweiten Fall ist die fehlerhafte Gesellschaft Schuldnerin und beruft sich gegenüber dem Gläubiger auf die fehlerhafte Gründung um einer Verbindlichkeit zu entgehen. Der fehlerhaften Gesellschaft wird der Verweis auf die Fehlerhaftigkeit versagt, wenn die Gründer ein Geschäft im Namen der Gesellschaft abschließen wollten. Die *estoppel Lehre* kommt in diesem Fall dem Gläubiger zugute.[420]

Im dritten Fall will der Gläubiger die Gesellschafter in Anspruch nehmen. Diese können sich nach der *estoppel Lehre* dann auf das Haftungsschild berufen, wenn die Gläubiger bei Abschluss des Geschäfts nichts gegen die Fehlerhaftigkeit einzuwenden hatten.[421]

---

417 Vgl. *Cranson v. International Business Machines Corp.*, 200 A.2d 33 (Md. 1964).

418 Vgl. auch *Fletcher*, Cyc.Corp. §§ 3889-3991.

419 *Handley v. Stutz*, 139 U.S. 417 (1891); *Snyder v. Studebaker*, 19 Ind. 462 (1862).

420 *Fitzpatrick v. Rutter*, 43 N.E. 392 (Ill.1889).

421 *American Vending Services, Inc. v. Morse et al.*, 881 P. 2d 917 (Ct.App. 1994); zum nur dogmatischen Diskurs, ob der erste und der dritte Fall tatsächlich Fallgruppen der *estoppel Lehre* sind oder nach dem allgemeinem Billigkeitsrecht (*equitable remedies)* zu lösen sind, vgl. *Childs v. Philpot*, 487 S.W.2d 637 (1972); allg. zum Begriff *equitable remedies* vgl. *Friedman*, A History of American Law, S. 25 ff; nach *Hamilton/ Macey/Moll*, Cases and Materials on Corporations, Including Partnerships and Limited Liability Companies, S. 243 ist die *estoppel doctrine* ohnehin ein Ausfluss des *equity law.*

b. MBCA

Die Modelle der *de facto corporation* und der *corporation by estoppel* etablierten sich zu einer Zeit, in der die Gründung einer *corporation* noch wesentlich mehr Schritte voraussetzte und insgesamt schwieriger und daher fehleranfälliger war.[422] Häufige Fehlerquellen während der Gründung waren insbesondere das Erfordernis der doppelten Registrierung (*dual filing requirement*), die Aufbringung eines Mindestkapitals sowie Veröffentlichungspflichten.[423] Diese Gründungsvoraussetzungen wurden jedoch im *MBCA* sowie in den meisten Staaten aufgegeben.[424] Fehlerhafte Gründungen spielen daher heute eine geringere Rolle.

Die Modelle der *de facto corporation* und der *corporation by estoppel* werden zudem in der Literatur seit einiger Zeit kritisiert. Die Modelle seien unbestimmt und würden keine Rechtssicherheit bieten. Zudem würden generell die Gesellschafter gegenüber den Gläubigern bevorzugt.[425] Auch die Verfasser des *MBCA* hatten Bedenken hinsichtlich der Rechtsprechung zu fehlerhaften Gründungen. Bereits der *MBCA* von 1950 (§ 139) statuierte daher eine persönliche gesamtschuldnerische Haftung aller im Namen einer Gesellschaft handelnden, wenn diese dazu nicht berechtigt waren. Also auch, wenn gehandelt wurde, obwohl die Gesellschaft noch nicht entstanden war. Nach § 50 MBCA (1950) entstand die Gesellschaft (*de jure*) erst mit Ausgabe des *certificate of incorporation.* Auf Kenntnis des Gründungsmangels oder eines guten Glaubens hinsichtlich des Entstehens der Gesellschaft wurde nicht abgestellt.[426] Der *MBCA* von 1969

---

422 § 2.04 RMBCA, Historical Background, p. 2-59, No. 1.

423 Vgl. *Hamilton/Macey/Moll*, Cases and Materials on Corporations, Including Partnerships and Limited Liability Companies, S. 247; *Bainbridge*, Corporate Law, S. 22; *Pinto/Branson*, Understanding Corporate Law, S. 31; Die unvollständige Aufbringung des Mindestkapitals hatte in Louisiana zur Folge, dass die Geschäftsführer für alle Verbindlichkeiten der fehlerhaft gegründeten Gesellschaft persönlich hafteten (*Sulphur Export Corp. v. Caribbean Clipper Lines*, 277 F. Supp. 632 (E.D. La. 1969)). Nach dem *MBCA* hingegen hafteten die Geschäftsführer nur für die vollständige Kapitalaufbringung, nicht auch für sonstige Verbindlichkeiten der Gesellschaft.

424 Siehe oben, Kapitel 2, Abschnitte VI. und VII.

425 § 2.04 RMBCA, Historical Background, p. 2-59, No. 1; *Frey*, Legal Analysis and the "De Facto Doctrine", U.Pa.L.Rev. 100 (1952) 1153.

426 Vgl. *Booker Custom Packing Co., Inc. v. Sallomi*, 149 Ariz. 124, 716 P. 2d 1061 (App. 1986); *Thompson & Green Mach. Co., Inc. v. Music City Lumber Co., Inc.*, 683 S.W.2d 340 (Tenn.App. 1984).

sprach sich dann sogar ausdrücklich gegen die Anerkennung der *de facto corporations* aus (§§ 146, 56 MBCA (1969)).[427]

Grundsatz des *MBCA* war es, nur dann das Privileg der Haftungsbeschränkung zu gewähren, wenn auch sämtliche Gründungsvoraussetzungen eingehalten wurden und die Gesellschaft ordnungsgemäß errichtet wurde.[428] Aufgrund der nach dem *MBCA* einfachen Gründungsstruktur sollte hiervon keine Ausnahme gemacht werden.[429] Staaten, die §§ 139, 150 MBCA (1950) umgesetzt hatten, urteilten überwiegend, dass mit der Adaption des *MBCA* kein Raum mehr für die Modelle der *de facto corporation* und für die *estoppel Lehre* bliebe.[430]

Andere Staaten hingegen, die §§ 139, 150 MBCA nicht umgesetzt hatten, hielten teilweise an der Lehre der *de facto corporation* und *corporation by estoppel* fest.[431] Insbesondere wendeten die Gerichte die Lehre der *de facto corporation* an, wenn die Gründer gutgläubig und vernünftigerweise, jedoch irrig („*honestly and reasonably but erroneously*") vom Entstehen der Gesellschaft ausgingen.[432] Die Lehre der *de facto corporation* wendeten die Gerichte etwa an, wenn der Gründer nach Absenden der *articles of incorporation* bereits Verträge schloss, ohne die Archivierung der Gründungsurkunde abzuwarten. Kam es nun später als erwartet zur Archivierung, etwa weil die Gründungsurkunde zur Korrektur zurückgeschickt wurde und vom Gründer erneut eingereicht werden musste, entschieden die Gerichte, dass das Haftungsschild bereits zum ersten Einreichen entstanden sei.[433] Die Lehre der *corporation by estoppel* wurde etwa herangezogen, wenn der Vertragspartner einen Vertrag mit der noch nicht gegründeten Gesellschaft

427 § 2.04 RMBCA, Historical Background, p. 2-61 No. 2 – "*Under the unequivocal provisions of the Model Act, any steps short of securing a certificate of incorporation would not constitute apparent compliance. Therefore a de facto corporation cannot exist under the Model Act.*" (§ 56 MBCA (1969), Official Comment); § 146 MBCA, official comment: "*This section is designed to prohibit the application of any theory of de facto incorporation*".

428 § 2.04 RMBCA, Official Comment, p. 2-56.

429 § 2.04 RMBCA, Official Comment, p. 2-56.

430 *Booker Custom Packing Co., Inc. V. Sallomi*, 149 Ariz. 124, 716 P. 2d 1061 (App. 1986); *Timberline Equipment Co., Inc. v. Davenport*, 514 P. 2d 1109 (Or.1973); a.A. *Grabarek v. J's Const. & Masonry, Inc.*, 2002 WL 1837845 (Conn.Super.2002); *Harry Rich Corp v. Feinberg*, 518 So2d 377 (Fla 3d DCA 1987).

431 *Cantor v. Sunshine Greenery, Inc.*, 165 N.J. Super. 411, 398 A.2d 571 (1979); *Vincent Drug Co. v. Utah State Tax Commission*, 407 P. 2d 683 (Utah1965).

432 Vgl. *Cranson v. International Business Machines Corp.*, 234 Md. 477, 200 A.2d 33 (1964).

433 Vgl. *Cantor v. Sunshine Greenery, Inc.*, 165 N.J. Super. 411, 398 A.2d 571 (1979).

schloss und Leistung verlangte, obwohl er wusste, dass die Gründung noch gar nicht in die Wege geleitet wurde, er sich aber dennoch ausschließlich auf das Vermögen der (vermeintlich später entstehenden) Gesellschaft verließ.[434]

Die Gerichte unterschieden zudem zwischen aktiven und passiven Investoren. Nur bei Ersteren bejahten sie eine persönliche Haftung. Denn nur diese würden iSd § 146 MBCA (1969) „vermeintlich als Gesellschaft handeln" („*persons who assume to act as a corporation are liable for preincorporation transactions*").[435] Später wurde hingegen entschieden, dass aktiv all diejenigen Investoren seien, die bei operativen Entscheidungen mitwirkten und nicht nur diejenigen, die das konkrete Geschäft abschlossen.[436]

Der *MBCA* reagierte auf die Rechtsprechung, die teilweise noch an der Lehre der *de facto corporation* und der Lehre der *corporation by estoppel* festhielt und flexibilisierte die einschlägige Norm. Nach dem aktuellen *MBCA* haftet der Handelnde nur noch dann persönlich, wenn er auch weiß, dass die Gesellschaft nicht ordnungsgemäß gegründet wurde (§ 2.04 RMBCA).

Darüber hinaus statuiert der *MBCA*, dass die Archivierung der Gründungsurkunde ein schlüssiger Beweis (*conclusive proof*) für eine ordentliche Gründung ist (§ 2.03 (b) MBCA). Die Lehre der de *facto corporation* und die *estoppel Lehre* können dann nicht mehr in Erscheinung treten. Eine fehlerhafte Gründung kann ab Aushändigung nur noch vom Gründungsstaat angegriffen werden. Die meisten Staaten haben die Regel des *MBCA* übernommen, darunter Delaware und New York (§ 403 NYBCL).

c. *Zusammenfassung*

In den Fällen der fehlerhaften Gründung haftet grundsätzlich der Gründer persönlich. Denn die *corporation* entsteht erst mit Ausgabe des Gründungszertifikats. Erst ab diesem Zeitpunkt besteht die beschränkte Haftung. Die persönliche Haftung bei fehlerhafter Gründung wird von den Gerichten in gewissen Fallgruppen allerdings für unbillig erachtet. Daher haben die Gerichte die Lehre der *de facto corporation* und der Lehre der *corporation by estoppel* entwickelt. Diese *Common Law* Regeln werden von den Gerichten jedoch nicht einheitlich angewandt. Es besteht eine erhebliche Rechtsunsicherheit. In den meisten Fällen verneinen die Gerichte eine persönliche Haftung des Gründers, wenn dieser

---

434 *Quaker Hill, Inc. v. Parr*, 148 Colo. 45, 364 P. 2d 1056 (1961).

435 *Frontier Refining Co. v. Kunkles, Inc.*, 407 P. 2d 880 (Wyo. 1965).

436 *Timberline Equipment Co. v. Davenport*, 267 Or. 64, 72-76, 514 P. 2d 1109, 1113-14 (1973).

hinsichtlich der Existenz der Gesellschaft gutgläubig ist, in deren Namen handelt, und darüber hinaus die Gegenseite sich lediglich auf das Vermögen der Gesellschaft verlässt und bei Geschäftsabschluss den Gründer nicht als Schuldner betrachtet. Nach dem *MBCA* gilt, dass grundsätzlich eine persönliche Haftung bei fehlerhafter Gründung nur in Betracht kommt, wenn der Gründer Kenntnis von der fehlenden Existenz der Gesellschaft hat. Kommt es zur Eintragung, ist dies ein zwingender Beweis dafür, dass die Gesellschaft wirksam entstanden ist. Gründungsmängel können dann nur noch vom Staat geltend gemacht werden.

4. Vergleich

In Deutschland sind hinsichtlich der Auswirkung von Gründungmängeln drei Phasen der Gründung zu unterscheiden. In der ersten Phase - vom Entschluss der Gründung, bis zur Errichtung der Gesellschaft - gelten die allgemeinen Regeln des BGB. In der zweiten Phase - von der Errichtung, bis zur Eintragung der Gesellschaft - gelten die Grundsätze der fehlerhaften Gesellschaft; Gründungsmängel können geltend gemacht werden, eine Auflösung und eine Abwicklung der Gesellschaft kommt nur mit Wirkung *ex nunc* in Betracht. In der dritten Phase - ab Eintragung der Gesellschaft - gelten die besonderen Bestimmungen des Aktiengesetzes oder des GmbH-Gesetzes, Gründungsmängel entfalten grundsätzlich keine Wirkung mehr, nur bestimmte Mängel des Gesellschaftsvertrages und der Satzung können dann noch gerichtlich angegriffen werden.

Im Vereinigten Königreich ist die Ausgabe der Gründungsurkunde zwingender Beweis dafür, dass die *company* wirksam entstanden ist. Gründungsmängel können ab diesem Zeitpunkt nicht mehr geltend gemacht werden. Lediglich der Staat kann die Gründung dann noch gerichtlich überprüfen lassen. Der Companies Act 2006 räumt damit dem Verkehrsschutz stets den Vorrang ein.

In den USA ist zwischen der Regelung des *MBCA* und der *Common Law* Rechtsprechung zu unterscheiden. Bis zur Eintragung haften nach den Regeln des *MBCA* nur diejenigen Gründer persönlich, die Kenntnis vom Fehler der Gründung hatten, für die Übrigen ist die Haftung auf das Gesellschaftsvermögen beschränkt. Ab Eintragung der Gesellschaft können nach dem *MBCA* Gründungsmängel nur noch vom Staat geltend gemacht werden. Die Eintragung der Gesellschaft ist nämlich zwingender Beweis für eine wirksame Gründung. Nach den Regeln des *Common Law* werden Gründungsmängel nicht allein durch die Eintragung geheilt. Ob ein Haftungsschild trotz des Gründungsfehlers besteht, entscheidet sich nach der Lehren der *de jure corporation*, der Lehre der *de facto corporation* und der Lehre der *corporation by estoppel.*

XI. Zwischenergebnis zu Kapitel 2

Aufgabe des zweiten Kapitels war das Herausarbeiten der Gemeinsamkeiten und Unterschiede der jeweiligen Gründungsrechte. Insbesondere wurde dabei untersucht, welche Normen des deutschen Rechts die Gründung von Kapitalgesellschaften vergleichsweise aufwändig und damit teurer und langwieriger machen. Die Ergebnisse sind wie folgt zusammenzufassen.

1. Unterschiede bestehen zunächst hinsichtlich der Anzahl der von den Gründern einzureichenden Dokumente. In Deutschland sind dies wesentlich mehr als im Vereinigten Königreich oder in den USA.
2. Entsprechend der höheren Anzahl von Dokumenten sind in Deutschland auch inhaltlich insgesamt mehr Angaben zu machen. Diese Mehrangaben führen zunächst zu einem höheren Aufwand auf Seiten der Gründer und anschließend auf Seiten des Registergerichts, das die Gründungsdokumente prüft. Hervorgehoben sei hier vor allem die allein in Deutschland zwingende Angabe eines Unternehmensgegenstandes. Zuerst müssen die Gründer darauf achten, dass der Unternehmensgegenstand die gesetzlichen Anforderungen erfüllt, danach muss das Registergericht eine entsprechende Prüfung vornehmen.
3. Ebenfalls weitreichender sind in Deutschland die Pflichten zur Prüfung der Gründung in der Sphäre der Gesellschaft, genauer: die Pflichten der Gründer und der Gesellschaftsorgane. Während im Vereinigten Königreich solche Pflichten allein bei der *PLC* bestehen, fehlen diese in den USA vollständig.
4. Auch die mit der Eintragung befasste Stelle trifft in Deutschland ein höherer Prüfungsaufwand. Dort ist neben der formellen Korrektheit der Anmeldung nämlich auch (in beschränktem Umfang) die inhaltliche Richtigkeit der eingereichten Dokumente festzustellen. Besonders zu erwähnen ist die allein in Deutschland vor Eintragung erfolgende Prüfung der Werthaltigkeit und der Einlagefähigkeit von Sacheinlagen.
5. Darüber hinaus ist in Deutschland auch der Gegenstand möglicher Sacheinlagen beschränkt. Insbesondere kann dort die Verpflichtung zur Erbringung einer Dienstleistung nicht Sacheinlage sein, während dies im Vereinigten Königreich bei der *Ltd.* möglich ist und in den USA sowohl bei der *private corporation* als auch bei der *public corporation.*
6. Strenger sind in Deutschland auch die Anforderungen an die Einzahlung eines Mindestkapitals. Im Vereinigten Königreich ist ein Mindestkapital nur bei der *PLC* vorgesehen. Zwar gibt es auch in Deutschland die Möglichkeit, eine GmbH mit weniger als 25.000 Euro zu gründen, allerdings bestehen

dann besondere Pflichten zur Rücklagenbildung, die es bei der *Ltd.* nicht gibt. In den USA fordert weder die Gründung einer *private corporation* noch die einer *public corporation* die Aufbringung eines Mindestkapitals.

7. Die Pflicht zur Veröffentlichung der Gründung besteht nur in Deutschland und dem Vereinigten Königreich, nicht hingegen in den USA.
8. Die in Deutschland bestehenden Anforderungen an die Kapitalaufbringung gelten auch bei der Mantelverwendung, soweit ein Fall der wirtschaftlichen Neugründung vorliegt. Im Vereinigten Königreich und den USA besteht eine entsprechende Pflicht hingegen nicht.
9. Dogmatisch kompliziert und in vielen Punkten umstritten ist das Recht der Vorgründungsgeschäfte in allen Vergleichsstaaten. In Deutschland spielt es allerdings aufgrund des regelmäßig längeren Zeitraums zwischen Anmeldung und Eintragung praktisch eine größere Rolle. In Deutschland ist überdies der Fall der Einbringung eines einzelkaufmännischen Unternehmens in eine GmbH nicht selten, sodass sich auch aus diesem Grund die Frage der Behandlung der Verträge und die Frage der Haftung in der Gründungsphase der GmbH in besonderer Weise stellen.
10. Zuletzt führt das kompliziertere deutsche Gründungsrecht zu einer höheren Fehleranfälligkeit. Aufgrund der ausführlichen Prüfung der Gründung kommt es letztlich aber nicht zu mehr fehlerhaften Gründungen. Weder das Recht der fehlerhaften Gesellschaft noch die Regeln über die Behandlung von Gründungsmängeln sind daher von besonderer praktischer Relevanz.

3. Kapitel: Der Telos des deutschen Gründungsrechts

Das deutsche Gründungsrecht ist also an zahlreichen Stellen aufwändiger und komplizierter als das Gründungsrecht des Vereinigten Königreichs und das Gründungsrecht der USA. Die Gründung von Kapitalgesellschaften ist in Deutschland daher vergleichsweise teuer und langwierig. Es stellt sich mithin die Frage, ob das deutsche Gründungsrecht nach dem angelsächsischen Vorbild dereguliert werden sollte. Schließlich werden im Vereinigten Königreich und den USA – trotz des liberalen Gründungsrechts – ebenso erfolgreich Kapitalgesellschaften gegründet; insgesamt ist dort die Startup-Aktivität sogar höher als in Deutschland.[437] Dies könnte den Schluss nahelegen, dass diejenigen, das deutsche Recht verkomplizierenden, Normen überflüssig sind, dass Kapitalgesellschaften also genauso gut in einem „simpleren" Rechtsrahmen entstehen können. Dies zu beurteilen erfordert jedoch zunächst Kenntnis darüber, welchen Telos die vergleichsweise weitreichenden Anforderungen im deutschen Gründungsrecht überhaupt verfolgen.

Um dem nachzugehen, untersucht das dritte Kapitel Sinn und Zweck: der Pflicht zur Angabe eines Unternehmensgegenstandes (I.), des Erfordernisses der notariellen Beurkundung und der öffentlichen Beglaubigung (II.), des Gründungsberichts und der Gründungsprüfung (III.), der Prüfung der Gründung durch das Gericht (IV.), des Mindestkapitals (V.), der Regeln der Kapitalaufbringung (VI.), der Eintragung und der Bekanntmachung (VII.), der Lehre der wirtschaftlichen Neugründung (VIII.), der Regeln der Vorgesellschaft (IX.) und zuletzt, der fehlerhaften Gesellschaft (X.).

I. Unternehmensgegenstand

Der folgende Abschnitt untersucht den Telos der Pflicht zur Angabe eines Unternehmensgegenstandes in Gesellschaftsvertrag und Satzung.

1. Information

Hauptzweck der Angabe des Unternehmensgegenstandes ist die Information der Öffentlichkeit. Da der Gesellschaftszweck im Handelsregister veröffentlicht

437 Zur stärkeren Startup-Aktivität im Vereinigten Königreich siehe unten, Kapitel 5, VII.

ist (§ 39 Abs. 1 Satz 1 AktG, § 10 Abs. 1 GmbHG), können sich Interessierte, wie etwa Anleger oder Kreditgeber, über die Art der Tätigkeit der Gesellschaft informieren.[438] Insbesondere kann die Angabe des Gesellschaftszwecks in der Kombination mit der Angabe über das gezeichnete Kapital die Beurteilung der Kreditwürdigkeit der Gesellschaft verbessern.[439]

2. Prüfung der Legalität

Darüber hinaus erlangt das Registergericht durch die Angabe des Unternehmensgegenstandes die Möglichkeit zu prüfen, ob die Gesellschaft einen erlaubten Zweck verfolgt.[440] Früher beurteilte das Registergericht anhand des Unternehmensgegenstandes zudem, ob die Gesellschaft für die beabsichtigte Tätigkeit eine staatliche Genehmigung benötigt. Die Genehmigungsbedürftigkeit der geschäftlichen Tätigkeit ist nach der Streichung von § 8 Abs. 1 Nr. 6 GmbHG aF und § 37 Abs. 4 Nr. 5 AktG aF heute jedoch nicht mehr Prüfungsgegenstand des Gerichts, sodass auch der Unternehmensgegenstand hierfür keine Rolle mehr spielt.

3. Begrenzung der Geschäftsführungsbefugnis

Im Innenverhältnis begrenzt der Unternehmensgegenstand die Geschäftsführungsbefugnis der Geschäftsleiter (§ 82 Abs. 2 AktG, § 37 Abs. 1 GmbHG).[441] Auch bei der Aktiengesellschaft geht die Eigenverantwortlichkeit des Vorstands (§ 76 AktG) nicht so weit, dass dieser ein (vermeintlich) übergeordnetes verselbständigtes Interesse der Gesellschaft entgegen der Satzungsbestimmung des

---

438 BGH, DB 1981, 466; *Röhricht*, in: Großkommentar, AktG, § 23 Rn. 81; *Lutter/Bayer*, in: Lutter/Hommelhoff, GmbHG, § 3 Rn 5; *Ulmer*, in: Großkommentar GmbHG, § 3 Rn 15; *Fastrich*, in: Baumbach/Hueck, GmbHG, § 3 Rn. 7; *Michalski*, in: Michalski, GmbHG, § 3 Rn. 7; *Streuer*, GmbHR 2002, 407, 408; relativierend *Roth*, in: Roth/Altmeppen, GmbHG, § 3 Rn. 7; *Wallner*, JZ 1986, 721, 725 f.

439 So auch *Pentz*, in: Münchener Kommentar, AktG, § 23 Rn. 78; *Tieves*, Der Unternehmensgegenstand der Kapitalgesellschaft, S. 74 f.

440 *Fastrich*, in: Baumbach/Hueck, GmbHG, § 3 Rn. 7; *Michalski*, in: Michalski, GmbHG, § 3 Rn. 7; *Emmerich*, in: Scholz, GmbHG, § 3 Rn. 12; *Wicke*, in: Münchener Kommentar GmbHG, § 3 Rn. 10; *Kraft*, in: Kölner Kommentar AktG, § 23 Rn. 43; *Röhricht*, in: Großkommentar AktG, § 23 Rn. 81; *Pentz*, in: Münchener Kommentar AktG, § 23 Rn. 78; einschränkend *Sina*, GmbHR 2001, 661, 663; *Heckschen*, GmbHR 2007, 198.

441 *Röhricht*, in: Großkommentar, AktG, § 23 Rn. 83; *Hüffer*, AktG, § 23 Rn. 21; *Pentz*, in: Münchener Kommentar, AktG, § 23 Rn. 78.

Unternehmensgegenstandes – und damit entgegen dem Willen der Gründer – durchsetzen dürfte.[442] Bei einer Überschreitung des Unternehmensgegenstandes kommt ein Schadensersatzanspruch der Gesellschaft gegen die Geschäftsleiter nach § 93 AktG oder § 43 Abs. 1 GmbHG in Betracht. Zudem ist eine Abberufung aus wichtigem Grund möglich (§ 84 Abs. 3 AktG, § 38 Abs. 2 GmbHG). Eine Außenwirkung (im Sinne der früher im Vereinigten Königreich und in den USA geltenden *Ultra-Vires-Doktrin*)[443] entfaltet der Unternehmensgegenstand nicht (§ 82 Abs. 2 AktG, § 37 Abs. 2 GmbHG).[444] Im Einzelfall kommt aber ein Schadensersatzanspruch im Außenverhältnis aus vertraglicher Nebenpflichtverletzung der Gesellschaft gegenüber bewussten und langfristigen Gläubigern (etwa Genussrechtsgläubiger, Anleihegläubiger, Kreditinstitute) in Betracht.[445]

4. Schutz der Mitgesellschafter

Zudem sind die Minderheitsgesellschafter durch den satzungsmäßigen Unternehmensgegenstand davor geschützt, dass die Mehrheit die geschäftliche Betätigung willkürlich ausweitet oder ändert, etwa indem diese einen billigenden Mehrheitsbeschluss fasst oder den satzungswidrigen Zustand hinnimmt. Im ersten Fall ist der Beschluss aufgrund des Satzungsverstoßes anfechtbar, im zweiten Fall kann die Minderheit auf Unterlassung und Rückgängigmachung klagen.[446]

II. Erfordernis notarieller Beurkundung und öffentlicher Beglaubigung

Nachfolgend werden Sinn und Zweck des Erfordernisses der notariellen Beurkundung von Gesellschaftsvertrag und Satzung, sowie der öffentlichen Beglaubigung der Anmeldung erörtert.

---

442 *Kübler*, Gesellschaftsrecht, § 15 III 4 a), § 14 III 2 e); *K. Schmidt*, Gesellschaftsrecht, § 28 II 1, *Röhricht*, in: Großkommentar, AktG, § 23 Rn. 84; *Schön*, ZGR 1996, 429, 436 ff., 439; aA *Mertens*, NJW 1970, 1718 ff.

443 Dazu siehe oben, Kapitel 2, Abschnitt X.

444 Ausführlich *K. Schmidt*, Gesellschaftsrecht, § 8 V 2, S. 214 ff.

445 BGHZ 119, 305, 330 f.; *Tieves*, Der Unternehmensgegenstand der Kapitalgesellschaft, S. 79 f.; *Habersack*, ZHR 155 (1991), 378, 393 f.; *Lutter*, ZGR 1993, 291, 300 f.

446 Vgl. *Tieves*, Der Unternehmensgegenstand der Kapitalgesellschaft, S. 86 ff., 373 ff.; *Wicke*, in: Münchener Kommentar, GmbHG, § 3 Rn. 11; *Zimmermann*, in: Rowedder/Schmidt-Leithoff, GmbHG, § 53 Rn. 19; *Priester*, in: Scholz, GmbHG, § 53 Rn. 34.

1. Notarielle Beurkundung

Notarieller Beurkundung bedürfen die Feststellung der Satzung der Aktiengesellschaft sowie der Abschluss des Gesellschaftsvertrages der GmbH (§ 23 Abs. 1 Satz 1 AktG, § 2 Abs. 1 Satz 1 GmbHG). Die notarielle Beurkundung dient verschiedenen Zwecken.

a. Rechtssicherheit

In erster Linie soll die notarielle Beurkundung von Gesellschaftsvertrag und Satzung der Rechtssicherheit dienen, indem die Grundlagen der entstehenden Gesellschaft (also Inhalt von Satzung und Gesellschaftsvertrag) beweisbar festgehalten werden.[447] Durch die Beurkundung entsteht nämlich eine öffentliche Urkunde im Sinne der §§ 415, 418 ZPO, die vollen Beweis des beurkundeten Vorgangs (§ 415 Abs. 1 ZPO) und der im Dokument bezeugten Tatsachen (§ 418 Abs. 1 ZPO) begründet.[448]

b. Warnfunktion

Außerdem sollen die Gründer über das Ausmaß ihres rechtsgeschäftlichen Handelns belehrt und gewarnt werden.[449] Vorschnelle und unüberlegte Gründungen sollen verhindert werden.[450] Insbesondere sollen die Gründer davor geschützt werden, die aus der Gründung resultierenden Pflichten und Risiken voreilig einzugehen.[451]

---

447 Vgl. *Hüffer*, AktG, § 23 Rn. 1; *Pentz*, in Münchener Kommentar, AktG, § 23 Rn. 26; *Seibt*, in: Schmidt/Lutter, AktG, § 23 Rn. 12; *Arnold*, in: Kölner Kommentar, AktG, § 23 Rn. 29; *Limmer*, in: Spindler/Stilz, AktG, § 23 Rn. 7; *Solveen*, in: Hölters, AktG, § 23 Rn. 10; *Michalski*, in: Michalski, GmbHG, § 2 Rn. 14; *Ulmer*, in Großkommentar, GmbHG, § 2 Rn. 11; *Hertel*, in: Staudinger, BGB, Vorbemerkungen zu § 127a, 128 Rn. 76; *Wicke*, ZIP 2006, 977.

448 Siehe dazu *Limmer*, in: Spindler/Stilz, AktG, § 23 Rn. 7; *Solveen*, in: Hölters, AktG, § 23 Rn. 10; *J. Mayer*, Münchener Kommentar, GmbHG, § 2 Rn. 21.

449 Vgl. RGZ 54, 418, 419; BGH, WM 1988, 163, 164; *Pentz*, in Münchener Kommentar, AktG, § 23 Rn. 26; *Limmer*, in: Spindler/Stilz, AktG, § 23 Rn. 7; *Ulmer*, in: Großkommentar, GmbHG, § 2 Rn. 11; *Schäfer*, in: Henssler/Strohn, Gesellschaftsrecht, § 2 GmbHG Rn. 12; *Michalski*, in: Michalski, GmbHG, § 2 Rn. 14; *J. Mayer*, Münchener Kommentar, GmbHG, § 2 Rn. 21.

450 *Solveen*, in: Hölters, AktG, § 23 Rn. 10.

451 Zur AG-Gründung: RGZ 130, 74; RGZ 156, 138; dazu auch *Pentz*, in Münchener Kommentar, AktG, § 23 Rn. 26.

Dazu soll der Notar die Gründer beispielsweise über das Risiko der Differenz-, der Ausfall-, und der Durchgriffshaftung aufklären.[452]

c. *Beratung*

Über die Warnfunktion hinaus hat der Notar zudem die Aufgabe, die Parteien eingehend zu beraten – etwa in welcher rechtlichen Form das von den Beteiligten verfolgte Ziel zu erreichen ist.[453]

d. *Richtigkeitsgewähr*

Des Weiteren soll die Unabhängigkeit und Zuverlässigkeit des Notars die Richtigkeit von Satzung und Gesellschaftsvertrag[454] sowie die Einhaltung der sonstigen Gründungsvorschriften sicherstellen.[455] Dies dient letztlich insgesamt dem Schutz der Öffentlichkeit, sowie insbesondere dem Schutz von Gläubigern und Anteilserwerbern, vor „unsoliden Gesellschaftsgründungen".[456]

e. *Gerichtsentlastung*

Außerdem soll die notarielle Beurkundung die Gerichte entlasten. Insbesondere die Legalitätskontrolle durch den Notar gemäß § 14 Abs. 2 BNotO und § 4 BeurkG sowie die oben beschriebene Richtigkeitsgewähr verhindern bereits im Vorfeld der Eintragung das Entstehen von Gesellschaftsverträgen oder Satzungen mit rechtswidrigem oder unwirksamem Inhalt. Dies erleichtert die Arbeit der Registergerichte bei der Prüfung der Errichtung und der Anmeldung nach § 38 Abs. 1 AktG und § 9c Abs. 1 Satz 1 GmbHG.[457] Zudem soll die notarielle Belehrungspflicht (§ 17 BeurkG) insgesamt zu ausgewogenen und interessenge-

---

452 BGH NJW 2007, 3566; *Roth*, in: Roth/Altmeppen, GmbHG, § 2 Rn. 24; *Wicke*, ZIP 2006, 977.

453 Vgl. BGH, DNotZ 1996, 568, 571; *Limmer*, in: Spindler/Stilz, AktG, § 23 Rn. 7; *Schäfer*, in: Henssler/Strohn, Gesellschaftsrecht, § 2 GmbHG Rn. 12.

454 Siehe BGH, ZIP 1989, 29, 34; *Pentz*, in Münchener Kommentar, AktG, § 23 Rn. 26; *Seibt*, in: Schmidt/Lutter, AktG, § 23 Rn. 12; sowie *Limmer*, in: Spindler/Stilz, AktG, § 23 Rn. 7; *Wicke*, ZIP 2006, 977.

455 *Roth*, in: Roth/Altmeppen, GmbHG, § 2 Rn. 24; *J. Mayer*, Münchener Kommentar, GmbHG, § 2 Rn. 21.

456 *Roth*, in: Roth/Altmeppen, GmbHG, § 2 Rn. 24; Vgl. *J. Mayer*, Münchener Kommentar, GmbHG, § 2 Rn. 21.

457 Vgl. *Goette*, Öffentliche Anhörung zum MoMiG (BT-Drs. 16/6140) am 23. Januar 2008, abrufbar unter: http://www.kapitalmarktrecht-im-internet.eu/de/Rechtsgebiete/Privatrecht/Artikelgesetze/80/MoMiG.htm; *Solveen*, in: Hölters,

rechten Vertragsgestaltungen beitragen[458] und dadurch zu weniger Rechtsstreitigkeiten der Beteiligten im Nachhinein führen. Ebenfalls gerichtsentlastende Wirkung hat die bereits erwähnte erhöhte Beweiskraft notarieller Urkunden in gerichtlichen Verfahren.[459]

2. Öffentliche Beglaubigung

Eine Beteiligung des Notars sieht das Gesetz zudem bei der Anmeldung der Gesellschaft vor. Nach § 12 Abs. 1 Satz 1 HGB ist die Anmeldung von AG und GmbH elektronisch in öffentlich beglaubigter Form einzureichen. Die öffentliche Beglaubigung durch den Notar dient in erster Linie der Prüfung der Identität des Unterzeichnenden (§§ 40, 41 BeurkG, § 26 Abs. 1 DONot).[460] Darüber hinaus stellt der Notar allerdings auch fest, dass der Unterzeichner die Erklärung persönlich abgegeben hat und dass der Unterzeichner nicht unter Zwang oder Täuschung gehandelt hat oder geschäftsunfähig war.[461] Außerdem sind bei der Beurkundung der Unterschrift neben dem Namen auch das Geburtsdatum, der Wohnort und die Wohnung anzugeben (§ 26 Abs. 2 Satz 1 DONot). Die öffentliche Beglaubigung wird allerdings durch die bereits erfolgte notarielle Beurkundung ersetzt (§ 129 Abs. 2 BGB). Die notarielle Beurkundung erfüllt bei der Gründung von Aktiengesellschaft und GmbH mithin zusätzlich die genannten Zwecke der öffentlichen Beglaubigung.

3. Zusammenfassung

Die notarielle Beurkundung dient auf verschiedene Weise sowohl dem Interesse der Gründer als auch dem Interesse von Dritten. Die Gründer werden durch die Beratungs- und Warnfunktion der notariellen Beurkundung geschützt. Dritte, die geschützt werden, sind einerseits Gläubiger und Anteilserwerber. Ihnen helfen die hergestellte Rechtssicherheit sowie die Gewähr der Richtigkeit von Gesellschaftsvertrag und Satzung. Andererseits haben die Gerichte ein Interesse an der notariellen Beurkundung, da sie durch diese auf verschiedene Weise entlastet werden.

AktG, § 23 Rn. 10; *Schäfer*, in: Henssler/Strohn, Gesellschaftsrecht, § 2 GmbHG Rn. 12; *Wicke*, ZIP 2006, 977 f.; *Heneweer*, FGPrax 2004, 259, 260.

458 Siehe dazu BGH, DNotZ 1996, 568, 571.

459 So auch *Solveen*, in: Hölters, AktG, § 23 Rn. 10; *Limmer*, in: Spindler/Stilz, AktG, § 23 Rn. 7; *Roth*, in: Roth/Altmeppen, GmbHG, § 2 Rn. 24.

460 Dazu *Krafka*, in: Münchener Kommentar, HGB, § 12 Rn. 13; *Winkler*, BeurkG, § 40 Rn. 77; *Heneweer*, FGPrax 2004, 259 f.

461 Siehe *Heneweer*, FGPrax 2004, 259, 260.

III. Gründungsbericht und Gründungsprüfung

Nachfolgend wird der Telos des Gründungsberichts und der Gründungsprüfung erörtert.

1. Gründungsbericht

Indem der Gründungsbericht alle für die Gründung wesentlichen Umstände offenlegt, verstärkt er zunächst allgemein den Schutz vor unzulänglichen, unsoliden und insbesondere betrügerischen Gründungen.[462] Darüber hinaus dient der Gründungsbericht als Grundlage für die Gründungsprüfung nach § 33 AktG.[463] Außerdem erleichtert er dem Gericht die Prüfung der Gründung nach § 38 AktG.[464] Zuletzt dient der Gründungsbericht auch der Information der Öffentlichkeit. Er ist nämlich der Anmeldung zur Eintragung beizufügen (§ 37 Abs. 4 Nr. 4 AktG) und kann somit von jedermann eingesehen werden.[465]

Diese Zwecke erstrecken sich insbesondere auch auf die Angemessenheit der Leistung für Sacheinlagen (§ 32 Abs. 2 AktG) sowie auf die Übernahme von Aktien für Rechnung eines Mitglieds des Vorstands oder des Aufsichtsrats und auf die Frage, ob und in welcher Weise ein Mitglied des Vorstands oder des Aufsichtsrats sich einen besonderen Vorteil oder für die Gründung oder ihre Vorbereitung eine Entschädigung oder Belohnung ausbedungen hat (§ 32 Abs. 3 AktG).

Der Bericht der Gründer der GmbH beschränkt sich auf die Darlegung der für die Angemessenheit der Leistungen für Sacheinlagen wesentlichen Umstände (§ 5 Abs. 4 Satz 2 GmbHG). Zweck ist die Sicherung der Kapitalaufbringung

---

462 RegBegr AktG 1965, abgedruckt bei *Kropff*, S. 52; *Hüffer*, AktG, § 32 Rn. 1; *Röhricht*, in: Großkommentar, AktG, § 32 Rn 2; *Pentz*, in: Münchener Kommentar, AktG, § 32 Rn. 3; *Gerber*, in: Spindler/Stilz, AktG, § 32 Rn. 1.

463 RegBegr AktG 1965, abgedruckt bei *Kropff*, S. 52; *Hüffer*, AktG, § 32 Rn. 1; *Röhricht*, in: Großkommentar, AktG, § 32 Rn 2; *Pentz*, in: Münchener Kommentar, AktG, § 32 Rn. 3; *Gerber*, in: Spindler/Stilz, AktG, § 32 Rn. 1.

464 RegBegr AktG 1965, abgedruckt bei *Kropff*, S. 52; *Hüffer*, AktG, § 32 Rn. 1; *Röhricht*, in: Großkommentar, AktG, § 32 Rn 2; *Pentz*, in: Münchener Kommentar, AktG, § 32 Rn. 3; *Gerber*, in: Spindler/Stilz, AktG, § 32 Rn. 1.

465 *Hüffer*, AktG, § 32 Rn. 1; *Pentz*, in: Münchener Kommentar, AktG, § 32 Rn. 4; *Gerber*, in: Spindler/Stilz, AktG, § 32 Rn. 1.

bei der Leistung von Sacheinlagen, die Erleichterung der Prüfung der Sacheinlagen durch das Registergericht sowie die Information der Öffentlichkeit.[466]

2. Gründungsprüfung

Die Mitglieder des Vorstands und die Mitglieder des Aufsichtsrats haben den Hergang der Gründung zu prüfen (§ 33 Abs. 1 AktG). Eine entsprechende Pflicht der Geschäftsführer der GmbH besteht nicht.

Die Gründungsprüfung soll Gesellschaftsgründungen verhindern, „die nicht die im Interesse der künftigen Gläubiger und Aktionäre notwendigen Sicherungen erfüllen".[467] Vor allem soll die Seriosität der Gründung gesichert werden, um Schwindelgründungen (insbesondere im Interesse späterer Kapitalanleger) vorzubeugen und frühzeitig aufzudecken.[468] Formell soll die ordnungsgemäße Errichtung der Aktiengesellschaft sichergestellt werden.[469] Außerdem dient die Gründungsprüfung der Erleichterung der Prüfung durch das Registergericht nach § 38 AktG.[470] Schließlich dient die Gründungsprüfung auch der Information der Öffentlichkeit über die Gründungsverhältnisse.[471] Denn Jedermann kann den Bericht bei Gericht einsehen (vgl. § 34 Abs. 3 Satz 2 AktG).

IV. Prüfung durch das Gericht

Die Prüfung durch das Gericht nach § 38 AktG dient ebenfalls vornehmlich dem Schutz des Rechtsverkehrs vor unseriösen und fehlerhaften Gründungen.[472] Insbesondere soll die Aufbringung des Kapitals sichergestellt werden.[473]

---

466 Begr. RegE, BT-Drucks. 8/1347, S. 30; BayObLG, NZG 1999, 321; *Märtens*, in: Münchener Kommentar, GmbHG, § 5 Rn. 241; *Zeidler*, in: Michalski, GmbHG, § 5 Rn. 147.

467 RegBegr AktG 1965, abgedruckt bei *Kropff*, S. 54; siehe auch *Pentz*, in: Münchener Kommentar, AktG, § 33 Rn. 4.

468 *Pentz*, in: Münchener Kommentar, AktG, § 33 Rn. 4.

469 RegBegr AktG 1965, abgedruckt bei *Kropff*, S. 53; *Gerber*, in: Spindler/Stilz, AktG, § 33 Rn. 1.

470 RegBegr AktG 1965, abgedruckt bei *Kropff*, S. 53; so auch *Hüffer*, AktG, § 33 Rn. 1; *Gerber*, in: Spindler/Stilz, AktG, § 33 Rn. 1.

471 *Röhricht*, in: Großkommentar, AktG, § 33 Rn. 2; *Hüffer*, AktG, § 33 Rn. 1; *Pentz*, in: Münchener Kommentar, AktG, § 33 Rn. 4; *Gerber*, in: Spindler/Stilz, AktG, § 33 Rn. 1.

472 *Pentz*, in: Münchener Kommentar, AktG, § 38 Rn. 6; *Hüffer*, AktG, § 38 Rn. 1; *Döbereiner*, in: Spindler/Stilz, Akt, § 38 Rn. 1.

473 *Pentz*, in: Münchener Kommentar, AktG, § 38 Rn. 6; *Hüffer*, AktG, § 38 Rn. 1; *Döbereiner*, in: Spindler/Stilz, Akt, § 38 Rn. 1.

V. Mindestkapital

1. Gläubigerschutz

Das Mindestkapital dient dem Schutz der Gläubiger. Einerseits unmittelbar durch den Aufbau einer den Gläubigern vorrangig haftenden Vermögensmasse und andererseits mittelbar durch die Steuerung des Verhaltens der Geschäftsleiter.

a. Unmittelbarer Gläubigerschutz durch haftendes Kapital

Hinsichtlich der Funktion des Mindestkapitals als haftendes Eigenkapital sind, um genau zu sein, drei Funktionen zu unterscheiden, die dem gesamten Eigenkapital zuzuschreiben sind: Eine Schuldentilgungsfunktion, die Funktion des Eigenkapitals als Verlustpuffer und die Funktion als Risikopuffer.

aa. Schuldentilgungsfunktion

Zunächst einmal stellt das gezeichnete Kapital einen „Schuldentilgungsfonds"[474] dar – also einen Geldposten, mit dem die fälligen Fremdverbindlichkeiten der Gesellschaft getilgt werden können (Schuldentilgungsfunktion).[475] Dieselbe Funktion erfüllt jedoch auch das noch nicht fällige Fremdkapital; auch dieses kann dazu genutzt werden, die fälligen Forderungen der Fremdkapitalgeber zu begleichen.[476]

bb. Verlustpuffer

Allerdings ist der Residualanspruch der Eigenkapitalgeber nach Auflösung der Gesellschaft (§ 271 Abs. 1 AktG, §§ 72 Satz 1, 73 Abs. 1 GmbHG) oder im Falle der Insolvenz der Gesellschaft (§ 199 Satz 2 InsO) im Verhältnis zu den Forderungen der Fremdkapitalgeber grundsätzlich[477] nachrangig. Zuerst sind die Ansprüche der Fremdkapitalgeber zu befriedigen. Nur dann und soweit nach Erfüllung aller Drittansprüche ein Residuum verbleibt, besteht ein Anspruch der Eigenkapitalgeber. Auf diese Weise wird verhindert, dass bereits geringe Verluste eine Überschuldung der Gesellschaft auslösen und wirtschaftliche

---

474 *Baums*, ZHR 175 (2011), 160, 166.

475 *Baums*, ZHR 175 (2011), 160, 166 f.

476 *Baums*, ZHR 175 (2011), 160, 167.

477 Zu von diesem Grundsatz abweichenden Fremdkapitalmitteln aus rechtlicher Sicht siehe *Baums*, Die Fremdkapitalfinanzierung der Aktiengesellschaft durch das Publikum, in: Bayer/Habersack (Hrsg.), Aktienrecht in Wandel, Band II, S. 978, 983.

Einbußen nicht sofort auf die Gläubiger durchschlagen.[478] In diesem Sinne erfüllt das Eigenkapital eine Funktion als „Verlustpuffer".[479]

cc. Risikopuffer

Zudem schützt das Eigenkapital, soweit es noch vorhanden ist, die Gläubiger vor künftigen, noch nicht eingetretenen Verlusten („Risikopuffer").[480]

dd. Beitrag des Mindestkapitals

Diese drei Funktionen des Eigenkapitals werden durch die Pflicht zur Leistung eines bestimmten Betrages in Höhe des Mindestkapitals sichergestellt. Die Höhe des Schuldentilgungsfonds, Verlustpuffers und Risikopuffers muss also eine gewisse, gesetzlich vorgeschriebene Mindestgröße haben.

b. Mittelbarer Gläubigerschutz durch Verhaltenssteuerung

Die wichtigere Funktion des Mindestkapitals im Hinblick auf den Gläubigerschutz ist die Steuerung des Verhaltens der Gesellschafter.

aa. Selbstbehalt der Gesellschafter

Das Eigenkapital dient nämlich außerdem als persönlicher Selbstbehalt der Gesellschafter.[481] Die Gründer des Unternehmens werden am Risiko beteiligt und dadurch davon abgehalten übermäßige wirtschaftliche Wagnisse einzugehen (sog. Überinvestitionsproblem, im Falle der nahenden Insolvenz das Problem des „*gambling for resurrection*").[482] Das Mindestkapital zwingt die Gründer zu

---

478 Vgl. auch *Lutter*, in: Lutter (Hrsg.), Das Kapital der Aktiengesellschaft in Europa, S. 3; *Eidenmüller/Grunewald/Noack*, Das Mindestkapital im System des festen Kapitals, in: Lutter (Hrsg.), Das Kapital der Aktiengesellschaft in Europa, S. 17, 26 f.

479 *Baums*, ZHR 175 (2011), 160, 168.

480 *Baums*, ZHR 175 (2011), 160, 168.

481 *T. Bezzenberger*, Das Kapital der Aktiengesellschaft, S. 102 ff.; *Baums*, ZHR 175 (2011), 160, 180 f. mit Nachweisen zur US-amerikanischen, betriebswirtschaftlichen Literatur; siehe zudem *Fleischer*, ZGR 2004, 437, 466 ff.; *Drygala*, ZGR 2006, 587, 595 ff.

482 Ausführlich dazu *Baums*, ZHR 175 (2011), 160, 182; siehe auch *Roth*, ZGR 1986, 371, 378; *Pentz/Priester/Schwanna*, Bar- und Sachkapitalaufbringung bei Gründung und Kapitalerhöhung, in: Lutter (Hrsg.), Das Kapital der Aktiengesellschaft in Europa, S. 50; *Engert*, Kapitalgesellschaften ohne gesetzliches Kapital: Lehren aus dem US-amerikanischen Recht, in: Lutter (Hrsg.), Das Kapital der Aktiengesellschaft in Europa, S. 743, 747 ff.; *Vetter*, ZGR 2005, 788, 800 f.; *Adams*, Eigentum, Kontrolle und beschränkte Haftung, S. 34 ff.; *Bitter*, Konzernrechtliche Durchgriffshaftung bei

einem Mindestselbstbehalt.[483] Die Minderung des Risikoanreizes der Geschäftsleiter bei geringer Eigenkapitaldecke durch einen Selbstbehalt funktioniert jedoch nur dort, wo die Eigenkapitalgeber, also die am Risiko Beteiligten, auch Einfluss auf die Geschäftsleitung haben. Dies ist vor allem der Fall in der kleinen oder mittelständischen GmbH, in der die Geschäftsleiter häufig auch Gesellschafter sind. Anders ist es jedoch häufig in der AG, in der die Eigenkapitalgeber seltener an der Geschäftsleitung beteiligt sind (§ 76 Abs. 1 AktG); umso mehr in der Publikums-AG, in der die Eigenkapitalgeber häufig bloß passive Investoren sind.[484]

Aufgrund der Publizität des gezeichneten Kapitals können die Gläubiger sich darüber informieren, ob und in welcher Höhe die Gründer ein Eigenrisiko übernommen haben und die Gründer können ein entsprechendes Signal setzen.[485]

bb. Risikolimit für Vorstand

In der Aktiengesellschaft sorgt das Eigenkapital zusätzlich auf andere Weise für eine Steuerung des Verhaltens des Vorstands.[486] Den Vorstand treffen nämlich verschiedene Pflichten, die den Bestand der Gesellschaft sichern sollen.

Personengesellschaften, S. 195 f.; zum Problem des Risikoanreizes bei beschränkter Haftung siehe auch *Ross/Westerfield/Jaffe*, Corporate Finance, S. 438 f.; *Eidenmüller*, Unternehmenssanierung zwischen Markt und Gesetz, S. 22 f.; grundlegend zum „Überinvestitionsproblem aus ökonomischer Sicht *Jensen/Meckling*, J. Fin. Econ. 3 (1976), 306, 312 ff., 342.

483 zum Aspekt des Selbstbehalts bezogen auf das Mindestkapital siehe *Eidenmüller/Grunewald/Noack*, Das Mindestkapital im System des festen Kapitals, in: Lutter (Hrsg.), Das Kapital der Aktiengesellschaft in Europa, S. 17, 23 f.

484 *Baums*, ZHR 175 (2011), 160, 183; vgl. auch *Eidenmüller/Grunewald/Noack*, Das Mindestkapital im System des festen Kapitals, in: Lutter (Hrsg.), Das Kapital der Aktiengesellschaft in Europa, S. 27; anders: *Pentz/Priester/Schwanna*, Bar- und Sachkapitalaufbringung, in: Lutter (Hrsg.), Das Kapital der Aktiengesellschaft in Europa, S. 51, die aufgrund der Möglichkeit der faktischen Einflussnahme des Aktionärs auf den Vorstand dem Grundkapital der AG durchaus eine „Funktion der Mäßigung der Gesellschafter“ zusprechen.

485 So auch *Adams*, Eigentum, Kontrolle und beschränkte Haftung, S. 34 ff.; *Bitter*, Konzernrechtliche Durchgriffshaftung bei Personengesellschaften, S. 195 f.; *Drygala*, ZGR 2006, 587, 599 f.; *Engert*, Kapitalgesellschaften ohne gesetzliches Kapital: Lehren aus dem US-amerikanischen Recht, in: Lutter (Hrsg.), Das Kapital der Aktiengesellschaft in Europa, S. 743, 748.

486 *Baums*, ZHR 175 (2011), 160, 185.

Insbesondere im Hinblick auf die Abwendung der Überschuldung werden diese Pflichten durch die Eigenkapitalziffer bestimmt. Solche Verhaltenspflichten sind vor allem die Einrichtung eines Früherkennungssystems (§ 91 Abs. 2 AktG) sowie die besonderen Pflichten beim Abschluss von Geschäften, wenn der Bestand der Gesellschaft bereits gefährdet ist oder durch das Geschäft gefährdet wird.[487]

c. *Beseitigung von Informationsasymmetrien*

Hinsichtlich des Gläubigerschutzes durch die Bildung eines Haftungsfonds und durch die Verhaltenssteuerung aufgrund des Selbstbehalts erfüllt das Mindestkapital noch einen zusätzlichen Zweck. Es beseitigt die Informationsasymmetrie zwischen Gesellschaft und Gläubigern darüber, ob überhaupt ein Haftungsfonds gebildet und ein Selbstbehalt geleistet wurde.

Die Informationsasymmetrie darüber, ob überhaupt ein Risikobeitrag geleistet wurde, würde bei Kleingläubigern, für die es sich finanziell nicht lohnt, die Informationsasymmetrie zu beseitigen (etwa durch Sichtung des satzungsmäßigen Kapitals im Handelsregister), zu einer negativen Selektion führen (Stichwort: *market for lemons*[488]). Denn annahmegemäß werden diese Gläubiger die Gefahr, dass kein angemessener Eigenkapitalbeitrag geleistet wurde, einpreisen. Zu diesem schlechteren Preis werden aber nur diejenigen Unternehmer bereit sein zu leisten, deren Leistung tatsächlich einen geringeren Wert hat – etwa aufgrund der eigenen geringeren Bonität. Damit würde die Nichtbeseitigung der Informationsasymmetrie zu einem teilweisen Marktversagen führen.[489]

Hier hilft das Mindestkapital. Denn die Gläubiger von GmbH und AG können am Rechtsformzusatz der Firma ablesen, dass in einer gewissen Mindesthöhe ein Haftungsfonds gebildet und ein Selbstbehalt geleistet wurde. Bei der UG, die ohne Mindestkapital gegründet werden kann, besteht diese Informationsasymmetrie hingegen fort.[490]

---

487 Ausführlich dazu *Baums*, ZHR 175 (2011), 160, 194 ff.; *ders.*, ZGR 2011, 218, 250 ff., 270 ff.; ausführlich zu den Pflichten nach § 91 Abs. 2 AktG siehe *Bunting*, ZIP 2012, 357 ff.

488 Dazu siehe *Akerlof*, The Market for Lemons: Quality Uncertainty and the Market Mechanism, Quarterly Journal of Economics. 84, Nr. 3, 1970, S. 488 ff.

489 So bereits *Eidenmüller/Engert*, GmbHR 2005, 433 ff.

490 Dazu kritisch weiter unten, Kapitel 7, Abschnitt III.

2. Seriösitätsschwelle

Das Mindestkapital dient zudem der Verhinderung völlig unseriöser Gründungen.[491] Es wirkt als „Seriösitätsschwelle". Der Einsatz eigenen Kapitals verringert die Anzahl planloser, voreiliger, betrügerischer oder in sonstiger Weise kriminelle Gründungen.[492]

3. Sperrfunktion gegenüber Kleinunternehmen bei AG

Nach Auffassung des Gesetzgebers des Aktiengesetzes von 1937 war „die Rechtsform der Aktiengesellschaft mit ihrer notwendigen Anonymität [...] nur da zuzulassen, wo das Maß des Kapitalbedarfs sie unbedingt fordere; könne ein Unternehmen auch in anderer Rechtsform betrieben werden, die mehr die persönliche Verantwortung in den Vordergrund stelle, so dürfe es nicht das Kleid der anonymen Aktiengesellschaft wählen."[493] Entsprechend hoch wurde das Mindestkapital damals auf 500.000 Reichsmark festgesetzt. Nach kontinuierlicher Reduktion des Mindestkapitals[494] ist es heute nicht mehr Ziel des Gesetzgebers, kleineren Unternehmen die Rechtsform der AG zu versagen. Eine Sperrfunktion besteht nur noch gegenüber Kleinstunternehmen für deren Betrieb nicht einmal ein Eigenkapital von 50.000 Euro erforderlich ist.[495]

---

491 Begründung RegE MindestkapG, BT-Drucks 15/5673, S. 8; *Ballerstedt*, ZHR 135 (1971), 383, 384 ff.; *Brändel*, in: Großkommentar, AktG, § 7 Rn. 11; *Ulmer*, in: Hachenburg, GmbHG, § 5 Rn. 7; *T. Bezzenberger*, Das Kapital der Aktiengesellschaft, 2005, S. 30; *Merkt*, ZGR 2004, 305, 317 f.; *Eidenmüller/Grunewald/Noack*, Das Mindestkapital im System des festen Kapitals, in: Lutter (Hrsg.), Das Kapital der Aktiengesellschaft in Europa, S. 30; *Pentz/Priester/Schwanna,* Bar- und Sachkapitalaufbringung bei Gründung und Kapitalerhöhung, in: Lutter (Hrsg.), Das Kapital der Aktiengesellschaft in Europa, S. 51 f.; *Allen/Kraakman*, Commentaries and Cases on the Law of Business Organization, S. 137; kritisch: *Haas*, DStR 2006, 993, 994 ff.

492 *Pentz/Priester/Schwanna,* Bar- und Sachkapitalaufbringung bei Gründung und Kapitalerhöhung, in: Lutter (Hrsg.), Das Kapital der Aktiengesellschaft in Europa, S. 51.

493 BegrRegE AktG 1937, abgedruckt bei *Kropff*, S. 22; so auch bereits der Gedanke bei *A. Smith*, Wealth of Nations, Vol.V. chap. 1, Pt. III, Art. 1: „[...] *incorporation with limited liability could only be justified, if the capital was so great, that private ventures would not otherwise provide it* [...]".

494 Zu geschichtlichen Entwicklung der Gründungsvoraussetzungen siehe *Söhnchen*, Die historische Entwicklung der rechtlichen Gründungsvoraussetzungen von Handels- und Aktiengesellschaften; *Schäfer/Jahntz*, Gründungsverfahren und Gründungsmängel, in: Bayer/Habersack, Aktienrecht im Wandel II, S. 217 ff.

495 *Hüffer*, AktG, § 7 Rn. 1; Sperrfunktion auch Funktion des Mindestkapitals in der Begründung des Entwurfs der Kapitalrichtlinie, ABl. EG Nr. C 48 v. 24. 4. 1970, S. 8,

4. Finanzierungsfunktion

Dem Mindestkapital wird zudem eine Finanzierungsfunktion im Sinne eines „Startkapitals“[496] zugeschrieben.[497] Das während der Gründung gezeichnete (Mindest-)Kapital kann das Unternehmen nutzen, um den Geschäftsbetrieb zu beginnen. Diese Aufgabe kann indes auch das Fremdkapital erfüllen, sodass es sich bei der Finanzierungsfunktion zwar um eine typische, nicht aber um eine allein dem Wesen des Eigenkapitals zugehörige Eigenschaft handelt.[498]

VI. Kapitalaufbringung

Die Regeln über die Ausgabe der Anteile und über die Kapitalaufbringung sind geprägt durch das Prinzip, dass das gezeichnete Kapital auch tatsächlich wertmäßig der Gesellschaft zufließen muss (Grundsatz der realen Kapitalaufbringung[499]). Erst dadurch, dass das gezeichnete Kapital von den Gründern auch tatsächlich eingezahlt werden muss und eingezahlt wird, werden die Funktionen des Mindest- und des Eigenkapitals gewährleistet. Außerdem stellt der Grundsatz der realen Kapitalaufbringung sicher, dass auf jeden Anteil der gleiche Beitrag geleistet wird; er dient somit auch dem Schutz der Mitgesellschafter und Anleger in der Publikums-AG.[500]

Die Einhaltung des Grundsatzes der realen Kapitalaufbringung erfolgt bei der Aktiengesellschaft durch folgende Vorschriften:

- die Pflicht zur Übernahme sämtlicher Aktien (§§ 1 Abs. 2, 2, 29 AktG),
- das Verbot der Unterpariemission (§§ 9, 36 a Abs. 2 Satz 3 AktG),

---

10; *Drescher*, in: Spindler/Stilz, AktG, § 7 Rn. 1; *Eidenmüller/Engert*, AG 2005, 97, 99; *Heider*, in: Münchener Kommentar, AktG, § 7 Rn. 10.

496 *Sudmeyer*, in: Schüppen/Schaub, Münchener Anwaltshandbuch Aktienrecht, § 10 Rn. 6.

497 *Pentz/Priester/Schwanna*, Bar- und Sachkapitalaufbringung bei Gründung und Kapitalerhöhung, in: Lutter (Hrsg.), Das Kapital der Aktiengesellschaft in Europa, S. 47 ff.; *Fischer*, in: Schimansky/Bunte/Lwowski, Bankrechts-Handbuch, Band II, § 129 Rn. 1; *D. Schneider*, DB 1987, 185, 186.

498 *Baums*, ZHR 175 (2011), S. 160, 163 f.

499 Grundlegend *Lutter*, Kapital, Sicherung der Kapitalaufbringung und Kapitalerhaltung in den Aktien- und GmbH-Rechten der EWG; *K. Schmidt*, Gesellschaftsrecht, § 37 III mwN.

500 Zum Aspekt des Mitgesellschafter- und Anlegerschutzes durch die Regeln der Kapitalaufbringung im AktG siehe *Ekkenga/Bayer*, Festes Kapital im Aktienrecht und seine Bedeutung für den Minderheiten und Anlegerschutz, in: Lutter (Hrsg.), Das Kapital der Aktiengesellschaft in Europa, S. 342, 345 ff.

- die Regeln über Sondervorteile und Gründungsaufwand (§ 26 AktG),
- die Normen über Sacheinlagen und Sachübernahmen (27, 32 Abs. 2, 33 Abs. 2 Nr. 4, 34 Abs. 1, 2, 36 Abs. 2 Satz 2, 37 Abs. 4 Nr. 2, 38, 40, 41 Abs. 3 AktG),
- die Regeln über das Hin- und Herzahlen (§ 27 Abs. 4 AktG),
- die Nachgründungsvorschriften (§§ 52, 53 AktG),
- die Vorschriften zur Mindesteinlage (§ 36 a AktG),
- die Regelung, dass die Leistung auf die Einlagen endgültig zur freien Verfügung des Vorstands stehen muss (36 Abs. 2 Satz 2 AktG),
- die präventiven Haftungsbestimmungen (§§ 46 ff. AktG),
- die Haftung der Aktionäre und Vormänner für nicht geleistete Einlagen (§§ 64, 65 AktG),
- das Verbot der Befreiung von der Einlagepflicht (§ 66 Abs. 1 Satz 1 AktG),
- das Verbot der Aufrechnung gegen den Anspruch der Gesellschaft auf Leistung der Einlage (§ 66 Abs. 1 Satz 2 AktG),
- der Bericht der Gründer über den Hergang der Gründung (§ 32 AktG),
- die Gründungsprüfung durch Vorstand, Aufsichtsrat und gegebenenfalls durch externe Gründungsprüfer (§ 33 AktG),
- die gerichtliche Kontrolle der Kapitalaufbringung (§ 38 AktG),
- die Haftung der Gründer, Mitglieder des Vorstands und des Aufsichtsrats für falsche Angaben (§ 399 AktG),
- die Regeln zur Vorgesellschaft und durch
- die Regeln zur Mantelgründung und Mantelverwendung.

Bei der GmbH prägen folgende Vorschriften den Grundsatz der realen Kapitalaufbringung:

- die Normen über Sacheinlagen und Sachgründungsbericht (§§ 5 Abs. 4 Satz 1, Satz 2, 7 Abs. 3, 8 Abs. 1 Nr. 4, Nr. 5, 9, 9c Abs. 1 Satz 2, 19 Abs. 4 GmbHG),
- die Regeln über das Hin- und Herzahlen (§ 19 Abs. 5 GmbHG),
- die Vorschriften zur Mindesteinlage (§ 7 Abs. 2 Satz 1 GmbHG),
- die Regelung, dass die Leistung auf die Einlagen endgültig zur freien Verfügung der Geschäftsführer stehen muss und die Versicherung in der Anmeldung darüber (§§ 7 Abs. 3, 8 Abs. 2 Satz 1 GmbHG),
- die Haftung der Rechtsvorgänger für nicht erfüllte Einlageverpflichtungen (§ 22 GmbHG),
- die Aufbringung von Fehlbeträgen (§ 24 GmbHG),
- die Ersatzansprüche der Gesellschaft gegen Gesellschafter und Geschäftsführer (§§ 9a, 9b GmbHG),
- die Prüfung der Errichtung und Anmeldung durch das Registergericht (§ 9c GmbHG),

- das Verbot der Befreiung von der Einlagepflicht (§ 19 Abs. 2 Satz 1 GmbHG),
- die Haftung der Gesellschafter und Geschäftsführer für falsche Angaben (§ 82 GmbHG),
- die Regeln zur Vorgesellschaft und durch
- die Regeln zur Mantelgründung und Mantelverwendung.

1. Sacheinlagen

a. Bewertung

Die Regeln über die Bewertung von Sacheinlagen gewährleisten, dass der Wert der Sacheinlage auch dem Nennwert der dafür ausgegebenen Anteile entspricht. Insbesondere soll eine Überbewertung vermieden werden. Anders als bei Bareinlagen ist der konkrete Geldwert bei der Einlage sonstiger Vermögenswerte (zB Vermögensgegenstände, Forderungen, Dienstleistungen) nämlich äußerlich nicht sofort erkennbar. Daher muss der Wert dieser Vermögenswerte beziffert werden. Dies erfolgt sowohl bei der AG als auch bei der GmbH zunächst durch die Gründer im Gründungsbericht. Anschließend wird der von den Gründern festgesetzte Wert der Sacheinlage durch Dritte überprüft. Bei der AG erfolgt eine Überprüfung des festgesetzten Werts der Sacheinlagen zunächst durch Vorstand und Aufsichtsrat sowie gegebenenfalls durch externe Gründungsprüfer. Bei der GmbH findet eine Prüfung durch die Geschäftsleiter oder externe Gründungsprüfer hingegen nicht statt. Sowohl bei der AG als auch bei der GmbH überprüft außerdem das Registergericht die Bewertung der Sacheinlagen.

b. Publizität

Dem Schutz der Gläubiger und dem Schutz der Mitgesellschafter dienen zudem Regeln zur Offenlegung der Sacheinlagen. In Gesellschaftsvertrag und Satzung sind der Gegenstand der Sacheinlage und die für die Sacheinlage gewährten Anteile anzugeben (§ 5 Abs. 4 Satz 1 GmbHG, § 27 Abs. 1 Satz 1 AktG). Bei der Aktiengesellschaft muss darüber hinaus die Person, von der die Gesellschaft den Gegenstand erwirbt, genannt werden (§ 27 Abs. 1 Satz 1 AktG). Im (Sach-) Gründungsbericht müssen die Gründer die wesentlichen Umstände darlegen, von denen die Angemessenheit der Leistungen für die Sacheinlagen abhängt (§ 5 Abs. 4 Satz 2 GmbHG, § 32 Abs. 2 Satz 1 AktG). Diese Informationen sind als Teil der Anmeldung zur Eintragung ihrem gesamten Inhalt nach im Handelsregister veröffentlicht (§ 10 Satz 2 HGB).

c. Regeln der verdeckten Sacheinlage

Die Regeln der verdeckten Sacheinlage verhindern die Umgehung der Sacheinlagevorschriften (insbesondere §§ 27 Abs. 1, 2, 32 Abs. 2, 33 Abs. 2 Nr. 4, 33 a, 36 a Abs. 2, 37 a, 38 Abs. 2, 3 AktG) und dienen so ebenfalls der realen Kapitalaufbringung.

2. Hin- und Herzahlen

Wirtschaftlich betrachtet wird in den Fällen des Hin- und Herzahlens[501] die Einlagepflicht durch einen schuldrechtlichen Anspruch gegen den Gesellschafter ersetzt. Da Forderungen der Gesellschaft gegen den Gesellschafter jedoch nicht sacheinlagefähig sind[502], sind weder die Regeln über die Sacheinlagen noch diejenigen über verdeckte Sacheinlagen einschlägig. Die reale Kapitalaufbringung wird in diesen Fällen daher auf andere Weise sichergestellt: Der Gesellschafter wird in den Fällen des Hin- und Herzahlens nur dann von seiner Einlagepflicht frei, wenn die Leistung durch einen vollwertigen Rückgewähranspruch gedeckt ist, der jederzeit fällig ist oder durch fristlose Kündigung durch die Gesellschaft fällig werden kann.

3. Agio

Die Pflicht zur vollen Aufbringung des Agio verhindert unseriöse Finanzausstattungszusagen („Luftversprechungen").[503] Die Bindung des Agio durch die Einstellung in die Kapitalrücklage (§ 272 Abs. 2 Nr. 1 HGB, § 150 AktG) dient der Verhinderung der Ausschüttung von Scheingewinnen (sog. *Agiotage*).[504]

VII. Eintragung und Bekanntmachung

1. Funktionen des Handelsregisters

a. Publizität

Das Handelsregister archiviert Unternehmensdaten, die für den Rechtsverkehr von wesentlicher Bedeutung sind. Diese Daten sind jedermann öffentlich

---

501 Zum Hin- und Herzahlen siehe oben, Kapitel 2, Abschnitt VI.

502 Siehe oben, Kapitel 2, Abschnitt VI.

503 *Pentz/Priester/Schwanna*, Bar- und Sachkapitalaufbringung, in: Lutter (Hrsg.), Das Kapital der Aktiengesellschaft in Europa, S. 42, 81, 90.

504 Ausführlich dazu siehe *Priester*, in: FS Lutter, 2000, 617 f.; *Herchen*, Agio und verdecktes Agio im Recht der Kapitalgesellschaften, S. 17 ff.; *Baums*, in: FS Hommelhoff, 2012, S. 61 ff.

zugänglich, ein besonderes Interesse muss nicht nachgewiesen werden (§ 9 Abs. 1 Satz 1 HGB).[505] Die Funktion des Handelsregisters liegt somit zunächst darin, „Tatsachen und Rechtsverhältnisse der Kaufleute und Handelsgesellschaften zu verlautbaren, die für den Rechtsverkehr von wesentlicher Bedeutung sind."[506]

b. Verkehrsschutz

Das im Handelsregister eingetragene gilt (vgl. § 15 HGB). Der Rechtsverkehr kann sich auf eingetragene Tatsachen verlassen. Das Handelsregister dient damit dem Verkehrs- und Vertrauensschutz.[507]

2. Zweck der Bekanntmachung

Die Bekanntmachung informiert den Rechtsverkehr über neue Eintragungen oder Änderungen im Handelsregister, ohne dass dieser das Handelsregister selbst nach Veränderungen durchsuchen müsste.[508] Dadurch wird die Publizität des Handelsregisters verstärkt.[509] Neben der freien Abrufbarkeit wesentlicher Daten, geordnet nach Unternehmen, besteht durch die Bekanntmachungen eine chronologische Aufbereitung neuer Eintragungen.[510]

3. Rechtsfolgen der Bekanntmachung

Das Gesetz knüpft Rechtsfolgen in zahlreichen Fällen nicht nur an die Eintragung sondern auch an die Bekanntmachung (zB Publizitätswirkung nach § 15 HGB, Abweichende Vereinbarung bei Firmenfortführung nach § 25 Abs. 2 HGB, Fristablauf bei Gläubigerschutz bei Kapitalherabsetzung nach § 225 AktG, Verzinsung der Barabfindung ausgeschiedener Aktionäre nach § 320b Abs. 1 Satz 6 AktG).

---

505 Ausführlich zur Registerpublizität siehe *Merkt*, Unternehmenspubliziztät, S. 84 ff.; 133 ff.; 314 f.; *Krafka*, Einführung in das Registerrecht, Rn. 71 ff.

506 BGH, NJW 1998, 1071; siehe auch *K. Schmidt*, Handelsrecht, § 13 I 1.

507 *K. Schmidt*, Handelsrecht, § 13 I 1 a; *Krafka*, in: Münchener Kommentar, HGB, § 8 Rn. 5; BGHZ 87, 59, 62.

508 *Noack*, NZG 2006, 801, 802; *Wamser*, in: Henssler/Strohn, Gesellschaftsrecht, § 10 HGB Rn. 2.

509 *Krafka*, in: Münchener Kommentar, HGB, § 10 Rn. 1.

510 Vgl. BT-Drucks. 16/960, S. 44; Im Gegensatz zur Einsichtnahme ins Handelsregister (www.handelsregister.de oder www.unternehmensregister.de) ist der Abruf der Bekanntmachungen (www.handelsregisterbekanntmachungen.de) kostenlos.

VIII. Lehre der wirtschaftlichen Neugründung bei der Mantelverwendung

Wie oben dargestellt, ist die wirtschaftliche Neugründung grundsätzlich zulässig und es sind die Gründungsvorschriften über die Kapitalaufbringung samt der registergerichtlichen Kontrolle analog anzuwenden. Insbesondere müssen die Gründer die wirtschaftliche Neugründung dem Registergericht offenlegen und versichern, dass die Mindesteinlagen geleistet sind und zur freien Verfügung der Geschäftsleiter stehen.[511] Die entsprechende Anwendung der Gründungsvorschriften verhindert deren Umgehung und sichert somit die reale Kapitalaufbringung.

IX. Recht der Vorgesellschaft

1. Vorgesellschaft

Das Recht der Vorgesellschaft dient dazu, dass die Gesellschaft im Zeitpunkt zwischen Errichtung und Eintragung als Rechtssubjekt sui generis (sog. Vorgesellschaft) bereits haftungsbeschränkt Geschäfte betreiben kann und dass sämtliche Berechtigungen und Verpflichtungen aus diesen Geschäften im Wege der Gesamtrechtsnachfolge auf die entstandene Gesellschaft übergehen. Die Gründer müssen die Eintragung nicht abwarten, sondern können bereits nach Errichtung den Geschäftsbetrieb aufnehmen.[512]

2. Differenzhaftung und Verlustdeckungspflicht

Die Differenzhaftung sorgt dafür, dass das satzungsmäßige Kapital im Zeitpunkt des Entstehens der Gesellschaft vollständig vorhanden ist. Die Verlustdeckungspflicht schützt die Gläubiger für den Fall, dass die Vorgesellschaft später doch nicht eingetragen wird. In diesem Fall müssen die Gründer für sämtliche Verluste, die nicht vom Gesellschaftsvermögen gedeckt sind, persönlich einstehen.[513]

3. Handelndenhaftung

Die gesellschaftsrechtliche Handelndenhaftung bestand bereits zur Zeit des Konzessionssystems (Art. 211 Abs. 2 ADHGB (1861)). Seit dieser Zeit wurden

511 Siehe oben Kapitel 2, Abschnitt VIII.

512 Dazu ausführlich oben.

513 Dazu ausführlich oben.

der Handelndenhaftung verschiedene Zwecke zugeschrieben.[514] Zunächst sollte durch die Handelndenhaftung aus „rechtspolizeilichen Gründen" die Aufnahme des Geschäfts vor der Eintragung verhindert werden (*Straffunktion*).[515] Dann wurde argumentiert, durch die Handelndenhaftung würden die Gründer zu einer zügigen Eintragung gedrängt (*Druckfunktion*).[516] Danach wurde der Hauptgrund der Handelndenhaftung darin gesehen, vor der Eintragung den Gläubigern die Existenz eines Schuldners zu sichern (*Sicherungsfunktion*).[517] Diese drei Funktionen haben nach heutigem Recht der Vorgesellschaft nur noch geringe Bedeutung.

Die Aufnahme der Geschäftstätigkeit vor Eintragung kommt im heutigen Wirtschaftsleben häufig vor und wird teilweise vom Geschäftsführungsorgan sogar erwartet. Dies ist etwa der Fall bei Fortführung einer Gesellschaft, die im Wege einer Sacheinlage in die in Gründung befindliche Gesellschaft eingebracht wird. Außerdem sind die Gründer nach der Errichtung gemäß dem Recht der Vorgesellschaft legitimiert, im Namen der Gesellschaft in Gründung zu handeln. Der Bestrafungsgedanke kann demnach heute nicht mehr aufrechterhalten werden.[518] Der Handelndenhaftung eine Druckfunktion zuzusprechen lässt außer Acht, dass die Gründer ab Einreichung der Gründungsdokumente die Eintragung kaum noch beschleunigen können.[519] Mit Einführung der Haftung der Vorgesellschaft, der Verlustdeckungspflicht und der Unterbilanzhaftung ist der Gläubiger zudem heute hinreichend geschützt, sodass auch eine Sicherungsfunktion überkommen ist.[520]

Heute wird der Handelndenhaftung häufig eine *Ausgleichsfunktion* zugesprochen. Die Bereitstellung eines zusätzlichen Schuldners dient danach als Ausgleich dafür, dass eine registergerichtliche Kontrolle des Kapitals noch nicht stattgefunden hat und die Anforderungen des Kapitalaufbringungs- und Kapitalerhaltungsgrundsatzes erst ab Eintragung der Gesellschaft gelten.[521]

---

514 Vgl. *Lieb*, DB 1970, 961, 962 f.; *Weimar*, AG 1992, 69, 73.

515 RGZ 47, 1, 2; 55, 302, 304; 70, 296, 301; *Puchelt*, Commentar zum ADHGB (1882), Art. 211 Rn. 6; *Brodmann*, Kommentar zum Aktienrecht (1928), § 200 Rn. 2b; vgl. auch *Riedel*, BB 1974, 1459.

516 BGHZ 47, 25.

517 BGHZ 47, 25, 29 f.; 53, 210, 214; 65, 378, 380 f.; 66, 359, 360; 69, 95, 103; 76, 320, 323; *K. Schmidt*, GmbHR 1973, 146, 152.

518 BGHZ 47, 25, 29; *Weimar*, AG 1992, 69, 73; *Hüffer*, AktG, § 41 Rn. 19.

519 *Weimar*, GmbHR 1988, 289, 298; *Hüffer*, AktG, § 41 Rn. 19; *Ulmer*, in: Großkommentar, GmbHG, § 11 Rn. 124; *Merkt*, in: Münchener Kommentar, GmbHG, § 11 Rn. 120.

520 BGHZ 80, 129; *Hüffer*, AktG, § 41 Rn. 19; *Ulmer*, in: Großkommentar, GmbHG, § 11 Rn. 123 f.

521 BGHZ 80, 129, 133; 80, 182, 184; 91, 148, 152; *Merkt*, in: Münchener Kommentar, GmbHG, § 11 Rn. 119; *K. Schmidt*, in: Scholz, GmbHG, § 11 Rn. 93.

Der auch heute noch wesentliche Grund für die Handelndenhaftung ist allerdings der Ausgleich der fehlenden Registerpublizität der Vorgesellschaft.[522] Denn wegen der fehlenden Eintragung ist die Vorgesellschaft als Schuldnerin schwer zu ermitteln. Mit dem Handelnden steht dagegen ein gut greifbarer Schuldner bereit.[523]

Dieser Zweck der Handelndenhaftung hat seinen Ursprung bereits im römischen Recht und zwar im Recht der Stellvertretung (*actio institoria; actio exercitoria*[524]). Nach römischem Recht, das kein Stellvertretungsrecht im Sinne der §§ 164 ff. BGB kannte, haftete nämlich grundsätzlich der handelnde Stellvertreter selbst, nicht sein Prinzipal oder Hintermann.[525] Es haftete also beispielsweise der Gutsverwalter, nicht der Gutsbesitzer; es haftete der Kapitän, nicht der Reeder. Das hatte bei den damaligen wirtschaftlichen Verhältnissen auch einen guten Sinn. Ließ zum Beispiel der Kapitän eines römischen Schiffes dieses Schiff in Athen reparieren, konnte der Werkunternehmer den Kapitän auf Zahlung in Anspruch nehmen. Er brauchte also nicht den gar nicht in Athen, sondern in Rom lebenden und aufzutreibenden Reeder zu verklagen. Ebenso, wenn der Gutsverwalter eines Landguts in Latium eine kranke Kuh verkaufte: Der Käufer konnte den Gutsverwalter verklagen, auch wenn Geschäftsherr und Patron ein anderer war (der im Zweifel in Rom lebte). Eine entsprechende Haftung des Prokuristen findet sich auch noch im Allgemeinen Landrecht für die Preußischen Staaten von 1794. Im zweiten Teil bestimmt § 541: „*So lange die Prokura des Faktors dauert, haben diejenigen, mit welchen er Handlungsgeschäfte getrieben hat, die Wahl: ob sie ihn oder den Prinzipal belangen wollen.*“. Die heutige Handelndenhaftung im Recht der Kapitalgesellschaften geht auf diese alte Vertreterhaftung zurück. Grund für die Übernahme ist, dass bis zur Eintragung ins Handelsregister die Gesellschaft als solche nicht besteht, und mangels Registerpublizität ihre Ladungsfähige Anschrift nicht bekannt ist, sodass zum Schutz der Gläubiger der Vorgesellschaft eben der oder die Handelnden verklagt werden können.

---

522 *Merkt*, in: Münchener Kommentar, GmbHG, § 11 Rn. 119; *Beuthien*, ZIP 1996, 305, 312; *ders.*, ZIP 1996, 360, 367; *Bergmann*, GmbHR 2003, 563, 570.

523 *Merkt*, in: Münchener Kommentar, GmbHG, § 11 Rn. 119; *Beuthien*, ZIP 1996, 360, 367; 618 f.; *Meyer*, GmbHR 2002, 1176, 1183.

524 Dazu ausführlich *Kleineidam*, Die Haftung des Geschäftsherrn mit der actio institoria und der exercitoria nach römischem Recht; *Hausmaninger/Selb*, Römisches Privatrecht, S. 324 ff.

525 Siehe *Mitteis*, Die Lehre von der Stellvertretung nach römischem Recht mit Berücksichtigung des österreichischen Rechts, S. 9; *Kaser*, Das römische Privatrecht, S. 226.

X. Fehlerhafte Gründungen

1. Fehlerhafte Vorgesellschaft

Wurde die fehlerhaft gegründete Vorgesellschaft in Vollzug gesetzt, so gilt die Lehre der fehlerhaften Gesellschaft. Danach ist ein fehlerhaft zustande gekommener Gesellschaftsvertrag im Innen- und Außenverhältnis als wirksam zu behandeln.[526] Die Nichtigkeitsfolge, die das Gesetz für bestimmte Vertragsmängel vorsieht (vgl. §§ 119 ff., 125, 134, 138 BGB) greifen nicht. Beruft sich ein Gesellschafter auf den Mangel, kann die Gesellschaft allenfalls ex nunc aufgelöst und abgewickelt werden.[527] Die Grundsätze der fehlerhaften Gesellschaft gelten allerdings dann nicht, wenn „vorrangige Interessen“ der Allgemeinheit oder besonders schutzwürdige Personen betroffen sind – in diesem Fall gelten die allgemeinen Bestimmungen.[528]

Die Behandlung einer fehlerhaften Gesellschaft als wirksam dient dazu, dass sich die Gesellschafter auf den Bestand der Gesellschaft verlassen können. Zum anderen soll das Vertrauen der Gläubiger in die Existenz der Gesellschaft geschützt werden.[529] Außerdem wird die praktisch schwierige Rückabwicklung vermieden, wenn die Gesellschaft bereits seit längerer Zeit ihr Geschäft betrieben hat.[530]

---

526 *K. Schmidt*, Gesellschaftsrecht, § 6 I ff.; *Kraft*, in: Kölner Kommentar, AktG, § 275 Rn. 3, § 41 Rn 33; *Pentz*, in: Münchener Kommentar, AktG, § 23 Rn. 167; *Ulmer*, in: Großkommentar, GmbHG, § 2 Rn. 92; a. A. (Fälle sind durch Rechtsscheinhaftung im Außenverhältnis zu lösen): *Canaris*, Die Vertrauenshaftung im deutschen Privatrecht, S. 120 ff.; 167 ff.; 447 ff. mwN; zu den verschiedenen dogmatischen Begründungen der Lehre der fehlerhaften Gesellschaft siehe *Simitis*, Die faktischen Vertragsverhältnisse als Ausdruck der gewandelten sozialen Funktion der Rechtsinstitute des Privatrechts; *Wiesner*, Die Lehre von der fehlerhaften Gesellschaft, S. 42 ff.; Überblick bei *K. Schmidt*, Gesellschaftsrecht, § 6 I 3.

527 Vgl BGHZ 3, 285, 287 f.; BGHZ 13, 320, 324; *Kübler*, Gesellschaftsrecht, § 25 IV; *Ulmer*, in: Großkommentar, HGB, § 105 Rn. 345.

528 BGHZ 3, 285, 288; BGHZ 17, 160, 167; BGHZ 26, 330, 335; BGHZ 55, 5, 9; BGHZ 62, 234, 241; BGHZ 75, 214, 217 f.; *Kübler*, Gesellschaftsrecht, § 25 IV; *Ulmer*, in: Großkommentar, HGB, § 105 Rn. 345; a. A. (auch in diesen Fällen gelten die Grundsätze der fehlerhaften Gesellschaft) *K. Schmidt*, Gesellschaftsrecht, § 6 III 3; *Pentz*, in: Münchener Kommentar, AktG, § 23 Rn. 170.

529 *Wiedemann*, Gesellschaftsrecht I, § 3 I 2, S. 148; *Ulmer*, in: Münchener Kommentar, BGB, § 705 Rn. 323 ff.; *Habermeier*, in: Staudinger, BGB, § 705 Rn. 63.

530 Vgl. *K. Schmidt*, Gesellschaftsrecht, § 6 I 2, 3; *Kübler*, Gesellschaftsrecht, § 25 II.

2. Fehlerhafte AG und fehlerhafte GmbH

Nach der Eintragung der Gesellschaft gilt die allgemeine Lehre der fehlerhaften Gesellschaft nicht mehr. Gründungsmängel entfalten dann keine Wirkung mehr. Lediglich besondere Mängel des Gesellschaftsvertrages oder der Satzung, etwa hinsichtlich des Gesellschaftskapitals oder des Gesellschaftszwecks, können dann noch klageweise oder von Amts wegen geltend gemacht werden. Die Beschränkung der Geltendmachung von Mängeln nach der Eintragung durch GmbH- und Aktienrecht ist (gesetzlich fixierter) Teil der Lehre der fehlerhaften Gesellschaft.[531] Die hierbei einschlägigen Normen dienen also ebenfalls der Rechtssicherheit, genauer: dem Vertrauensschutz der Gläubiger und dem Bestandsinteresse der Gesellschafter sowie der Vermeidung schwieriger Rückabwicklungen.[532]

XI. Zwischenergebnis Kapitel 3

Das dritte Kapitel ging der Frage nach, welchen Zweck diejenigen Normen des deutschen Gründungsrechts erfüllen, die über die Anforderungen des angelsächsischen Gründungsrechts hinausgehen. Zusammenfassend lässt sich festhalten, dass das weitreichendere deutsche Gründungsrecht dem präventiven Schutz von Gläubigern und dem Schutz von Mitgesellschaftern dient. Dies gilt insbesondere für die Normen, die eine reale Kapitalaufbringung sicherstellen, darüber hinaus aber auch für das Erfordernis notarieller Beurkundung und Mitwirkung, für die zwingende Angabe eines Unternehmensgegenstandes, sowie für die Publizitätspflichten. Diese Schutzmechanismen fehlen bei der US-amerikanischen *corporation* und der englischen *Ltd.* vollständig; die englische *PLC* enthält aufgrund der Umsetzung der Kapitalrichtlinie hinsichtlich der Kapitalaufbringung vergleichbare Regelungen.

Wenn aber das angelsächsische Gründungsrecht weitgehend auf den präventiven Schutz von Gläubigern und Mitgesellschaftern verzichtet, stellt sich die Frage, ob es dieser Schutzmechanismen überhaupt bedarf. Das Fehlen dieser

---

531 Vgl. *Wiedemann*, Gesellschaftsrecht I, § 3 I 2; *K. Schmidt*, Gesellschaftsrecht, § 6 II – Nichtigkeitsklage ist „gesetzliches Grundmuster des Rechts der fehlerhaften Gesellschaft"; *Hüffer*, in: Münchener Kommentar AktG, § 275 Rn. 5; *Kraft*, in: Kölner Kommentar AktG, § 275 Rn. 3.

532 Vgl. RGZ 127, 186, 191; ausführlich *Casper*, Die Heilung nichtiger Beschlüsse im Kapitalgesellschaftsrecht, S. 74 ff.; siehe zudem *Hüffer*, in: Münchener Kommentar AktG, § 275 Rn. 5; *Bachmann*, in: Spindler/Stilz, AktG, § 275 Rn. 2; *Paschke*, ZHR 155 (1991), 1, 3 ff.

Mechanismen im angelsächsischen Recht könnte darauf hindeuten, dass die Strenge im deutschen Gründungsrecht überflüssig ist. Dies wäre allerdings nur dann der Fall, wenn das angelsächsische Recht nicht an anderer Stelle entsprechende Schutzmechanismen enthält. Dass dies aber der Fall ist, zeigt das folgende, 4. Kapitel.

4. Kapitel: Entsprechende Mechanismen im Vereinigten Königreich und den USA

Das 4. Kapitel untersucht, inwieweit das angelsächsische Recht dem deutschen Recht entsprechende Mechanismen zum Schutz der Gläubiger und der Mitgesellschafter enthält - und zwar an anderer Stelle als dem Gründungsrecht.

I. Mechanismen im Vereinigten Königreich

1. Haftung der Geschäftsleiter

Zunächst sorgt das englische *Company Law* durch eine vergleichsweise weitreichende Haftung der Geschäftsleiter für ergänzenden Gläubigerschutz. Kurz dargestellt werden nachfolgend die besonderen Verhaltensanforderungen der Geschäftsleiter in der Krise der Gesellschaft (*wrongful trading* und *fraudulent trading*), sowie die Regeln der Disqualifizierung von Geschäftsleitern (*disqualification*).

a. Haftung für gläubigerschädigendes Verhalten in der Krise der Gesellschaft

Nach dem englischen Insolvenzrecht (*Insolvency Act 1986*) haften die Geschäftsführer für gläubigerschädigendes Verhalten in der Krise der Gesellschaft. Dabei sind zwei Fälle zu unterscheiden.

aa. Wrongful Trading (section 214 Insolvency Act 1986)

Erkennt der Geschäftsleiter oder hätte er erkennen müssen, dass eine Insolvenz bevorsteht, und leitet er dennoch nicht alle notwendigen Schritte ein, um Schäden der Gläubiger zu minimieren, so haftet er der Gesellschaft auf Schadensersatz (*wrongful trading*, section 214 (1) Insolvency Act 1986).[533]

---

533 Ausführlich zum *wrongful trading*: *Goode*, Principles of Corporate Insolvency Law, Rn. 14-27 ff.; *Milman/Durrant*, Corporate Insolvency: Law and Practice, S. 220 ff.; siehe zudem *Gower/Davies*, Principles of Modern Company Law, Rn. 9-7; *Mayson/French/Ryan*, Company Law, S. 668 ff.; aus der deutschen Literatur: *Habersack/Verse*, ZHR 168 (2004), 174, 182 ff.; *Wachendorf*, "Wrongful trading" als ein mögliches europäisches Haftungsmodell gegen die Insolvenzverschleppung, S. 23 ff.; *Haug*, Ex-post-Gläubigerschutz in der private company limited by shares, S. 175 ff.; *Bachner*, Gläubigerschutz durch Insolvenzrecht in England, in: Lutter (Hrsg.), Das Kapital der Aktiengesellschaft in Europa, S. 526, 543 ff.

Den Geschäftsleiter trifft die Beweislast dafür, alles Erforderliche getan zu haben.[534]

bb. Fraudulent Trading (section 213 Insolvency Act 1986)

Handelt der Geschäftsleiter im Vorfeld der Auflösung oder während der Auflösung der Gesellschaft vorsätzlich betrügerisch zum Nachteil der Gläubiger, haftet er der Gesellschaft auf Schadensersatz (section 213 (2) Insolvency Act 1986).[535] Außerdem wird das *fraudulent trading* mit Freiheitsstrafe oder mit Geldstrafe sanktioniert (section 458 Companies Act 1985). Aufgrund des Vorsatzerfordernisses hat das *fraudulent trading* eine geringe praktische Bedeutung.[536]

b. Tätigkeitsverbote für Geschäftsleiter (*disqualification*)

Haben sich Geschäftsleiter in der Vergangenheit als ungeeignet zur Leitung einer Gesellschaft erwiesen, so kann das Gericht diese für eine bestimmte Zeit disqualifizieren (sog. *disqualification*).[537] Nach der Spruchpraxis kann die Dauer der *disqualification* zwischen zwei und 15 Jahren betragen.[538] Die *disqualification* ist in einem eigenen Gesetz geregelt, dem *Company Directors Disqualification Act 1986*. Die *disqualification* hat zur Folge, dass der Geschäftsleiter von jeglicher künftiger Geschäftsführung ausgeschlossen ist und ihm die Gründung einer *company* untersagt ist. Eine *disqualification* erfolgt, (1.) wenn ein Fall des *wrongful trading* oder ein Fall des *fraudulent trading* vorliegt (section 10 Company Directors Disqualification Act 1986), (2.) bei Begehung einer Straftat durch

---

534 *Goode*, Principles of Corporate Insolvency Law, S. 470.

535 Ausführlich zum *fraudulent trading*: *Goode*, Principles of Corporate Insolvency Law, Rn. 14-21 ff.; *Mayson/French/Ryan*, Company Law, S. 663 ff.; *Gower/Davies*, Principles of Modern Company Law, Rn. 9-5 f.; *Just*, Die englische Limited in der Praxis, V. 6. b. Rn. 181.

536 *Habersack/Verse*, ZHR 168 (2004), 174, 177.

537 Aus der deutschen Literatur: Überblick bei *Just*, Die englische Limited in der Praxis, V. 7. a. Rn. 187 ff.; ausführlich: *Schillig*, in: Kindler/Nachmann, Handbuch Insolvenzrecht in Europa, 2. Teil: Länderberichte, England und Wales IV. 2. Rn. 605 ff.; *Bachner*, Gläubigerschutz durch Insolvenzrecht in England, in: Lutter (Hrsg.), Das Kapital der Aktiengesellschaft in Europa, S. 526, 551 ff.; rechtsvergleichend *Fleischer*, WM 2004, 157, 160 ff.; *Steffek*, Gläubigerschutz in der Kapitalgesellschaft, S. 591 ff.; *Hirte/Lanzius/Mock*, Tätigkeitsverbote für Organmitglieder als Gläubigerschutzinstrument, in: Lutter (Hrsg.), Das Kapital der Aktiengesellschaft in Europa, S. 301, 311 ff.

538 *Re Sevenoaks Stationers Ltd.* (1990) 3 WLR 1165.

den Geschäftsleiter (*indictable offence*; section 2 Company Directors Disqualification Act 1986), (3.) im Falle eines fortdauernden Verstoßes gegen gesetzliche Pflichten (section 3 Company Directors Disqualification Act 1986), bei Betrug während der Abwicklung der Gesellschaft (section 4 Company Directors Disqualification Act 1986), (4.) in Fällen sonstiger Ungeeignetheit des Geschäftsleiters, die Gesellschaft zu führen (sog. *unfitness*; section 6 Company Directors Disqualification Act 1986) – dabei ist entscheidend, ob der Geschäftsleiter sich an die allgemeinen Standards kaufmännischer Moral gehalten hat (*common standard of commercial morality*[539]). Das Gericht entscheidet über die Ungeeignetheit auf Antrag des *secretary of state* nach einer Überprüfung der Gesellschaft oder auf Antrag des Insolvenzverwalters (*official receiver*) bei Abwicklung der Gesellschaft (sections 7, 8 Company Directors Disqualification Act 1986). Ein Verstoß gegen das Tätigkeitsverbot stellt eine Straftat dar, die mit Freiheitsstrafe von bis zu zwei Jahren geahndet wird (section 13 Company Directors Disqualification Act 1986). Außerdem haftet der Geschäftsleiter bei Verstoß für sämtliche Gesellschaftsverbindlichkeiten unbeschränkt persönlich (section 15 Company Directors Disqualification Act 1986). Die gerichtlichen Anordnungen werden in einem eigenen Register veröffentlicht, das für jedermann einsehbar ist (Section 18 Company Directors Disqualification Act 1986).[540] Telos der *disqualification* ist einerseits der präventive Schutz der Öffentlichkeit. Erstens, unmittelbar durch den Ausschluss ungeeigneter Geschäftsleiter,[541] und zweitens mittelbar, im Wege der Verhaltenssteuerung durch abschreckende Sanktionen sowie durch die Gewinnung und Weiterentwicklung von Verhaltensstandards guter Unternehmensführung.[542]

Auch das deutsche Kapitalgesellschaftsrecht kennt die Disqualifizierung von Geschäftsleitern (§ 6 Abs. 2 Satz 2 Nr. 3 GmbHG, § 76 Abs. 3 Nr. 3 AktG). Allerdings gehen die Disqualifizierungsgründe des *Company Directors Disqualification Act 1986* über diejenigen des GmbHG und des AktG hinaus. Insbesondere erfasst der Company Directors Disqualification Act jede erhebliche und schuldhafte Pflichtverletzung (section 4 (1) (b) Company Directors Disqualification

539 Company Directors Disqualification Act 1986, Schedule 1, Matters for Determining Unfitness of Directors, Part I: „*Matters applicable in all cases*" und Part II: „*Matters applicable where company has become insolvent.*".

540 Siehe auch Companies (Disqualification Orders) Regulation 2001 (SI 2001/1967).

541 *Schillig*, in: Kindler/Nachmann, Handbuch Insolvenzrecht in Europa, 2. Teil: Länderberichte, England und Wales IV. 2. Rn. 605.

542 Zum Telos siehe *Re Blackspur Group Plc.* [1998] 1 B.C.L.C. 676; *Hicks*, J.B.L. 2001, 433, 438; *Fleischer*, WM 2004, 157, 160; *Steffek*, Gläubigerschutz in der Kapitalgesellschaft, S. 623 ff.

Act 1986), während im deutschen Kapitalgesellschaftsrecht nur abschließende Katalogtatbestände zu einer Disqualifizierung führen können. Zudem besteht im englischen Recht im Gegensatz zum deutschen Recht kein Vorsatzerfordernis.[543]

2. Persönliche Haftung der Gesellschafter (Durchgriffshaftung)

Neben den Geschäftsleitern sind auch die Gesellschafter einem vergleichsweise hohen Haftungsrisiko ausgesetzt. Ausnahmsweise wird die Haftungsbeschränkung aufgehoben, und die Gesellschafter haften für die Gesellschaftsverbindlichkeiten persönlich (*lifting the corporate veil*).[544] In der Rechtsprechung haben sich drei Fallgruppen herausgebildet: (1.) Die Gesellschaft wird als bloße Fassade, zur Umgehung rechtlicher Verpflichtungen gegründet („*mere facade simply concealing the true facts*“[545]).[546] (2.) Die Gesellschaft ist als Vertreter oder Treuhänder der Gesellschafter zu qualifizieren.[547] (3.) Es kommt zu einem Haftungsdurchgriff aufgrund extensiver Vertrags- oder Gesetzesauslegung.[548]

Die Gerichte sind generell zurückhaltend bei der Aufhebung der Haftungsbeschränkung.[549] Die Durchgriffshaftung hat im Vereinigten Königreich eine wesentlich geringere Bedeutung als in den USA[550] (insbesondere in Fällen der Unterkapitalisierung).[551]

---

543 Ausführlicher Vergleich bei *Steffek*, Gläubigerschutz in der Kapitalgesellschaft, S. 632 ff.

544 Ausführlich zum *lifting the corporate veil*: *Mülhens*, Der sogenannte Haftungsdurchgriff im deutschen und englischen Recht, passim; *Haug*, Ex-post-Gläubigerschutz in der private company limited by shares, S. 83 ff.; *Merkt/Spindler*, Fallgruppen der Durchgriffshaftung und verwandte Rechtsfiguren, in: Lutter (Hrsg.), Das Kapital der Aktiengesellschaft in Europa, S. 207, 239 ff.

545 *Woolfson v. Strathclyde Regional Council*, 1978 S.L.T. 159.

546 *Jones v. Lipman* (1962) 1 All ER 442; *Adams v. Cape Industries Plc.* (1990) Ch.344 (1990), 2 WLR 657, CA; *Gower/Davies*, Principles of Modern Company Law, Rn. 8-9.

547 *Smith, Stone & Knight Ltd. v. Birmingham Corporation* (1939) 4 All ER 116; *Firestone Tyre & Rubber Co v. Lewellin* (1957) 37 TC 111 (H.L.); *Gower/Davies*, Principles of Modern Company Law, Rn. 8-10.

548 *D.H.N. Food Distributors Ltd. v. Tower Hamlets London Borough Council* (1976) 1 WLR 852; *Gower/Davies*, Principles of Modern Company Law, Rn. 8-5 f.

549 Prägend bereits *Salomon v A Salomon & Co Ltd* [1897] AC 22; so auch *Merkt/Spindler*, Fallgruppen der Durchgriffshaftung und verwandte Rechtsfiguren, in: Lutter (Hrsg.), Das Kapital der Aktiengesellschaft in Europa, S. 207, 252 f.

550 Zur Durchgriffshaftung in den USA siehe unten, Kapitel 5, Abschnitt IV.

551 *Gower/Davies*, Principles of Modern Company Law, Rn. 8-14; *Fleischer*, Kapitalschutz und Durchgriffshaftung bei Auslandsgesellschaften, in: Lutter, Europäische Auslandsgesellschaften in Europa, S. 49, 66 f.; *Fleischer*, DStR 2000, 1015, 1018.

3. Individuelle Absicherung der Vertragsgläubiger

Weit verbreitet ist eine individuelle vertragliche Absicherung der Gläubiger der *company*.[552] Das *Company Law* überantwortet es größtenteils den Gläubigern, für ihren Schutz selbst zu sorgen (sog. *self help approach*).[553] So vereinbaren etwa Warenlieferanten häufig einen Eigentumsvorbehalt oder die Zahlung per Vorkasse.[554] Im Falle der Kreditgewährung müssen die Gesellschafter regelmäßig Bürgschaften stellen.[555] Das englische Recht kennt zudem ein besonderes Sicherungsmittel, die sogenannte *floating charge*: Diese ist eine Sicherheit am gesamten oder an Teilen des gegenwärtigen und zukünftigen Vermögens der Gesellschaft.[556] Das Unternehmen behält zunächst die volle Verfügungsbefugnis über das Sicherungsgut; erst mit Eintritt des (vertraglich vereinbarten) Sicherungsfalles entsteht ein Verfügungsverbot (sog. *crystallization*).[557] Die *floating charge* ist im *Companies House* und im *companies register* einzutragen (section 860 Companies Act 2006).[558] Die *floating charge* reicht weiter als die

---

552 Ausführlich dazu mit Nachweisen zur angelsächsischen Literatur *Haug*, Ex-post-Gläubigerschutz in der private company limited by shares, S. 63 ff.

553 Charakteristisch für diesen Ansatz bereits *Lord Macnaghten*, in: Salomon v A Salomon & Co Ltd [1897] AC 22, 53: "*The unsecured creditors of A. Salomon and Company, Limited, may be entitled to sympathy, but they have only themselves to blame for their misfortunes. They trusted the company, I suppose, because they had long dealt with Mr. Salomon, and he had always paid his way; but they had full notice that they were no longer dealing with an individual, and they must be taken to have been cognisant of the memorandum and of the articles of association.*". Siehe zudem *Lord Watson* aaO, 40: "*But the apathy of a creditor cannot justify an imputation of fraud against a limited company or its members, who have provided all the means of information which the Act of 1862 requires; and, in my opinion, a creditor who will not take the trouble to use the means which the statute provides for enabling him to protect himself must bear the consequences of his own negligence.*".

554 *Goddard*, Corporate Personality – Limited Recourse and its Limits, in: Grantham/Rickett, Corporate Personality in the 20th Century, S. 11, 20.

555 *Fleischer*, DStR 2000, 1015, 1018.

556 Siehe *Re Panama, New Zealand & Australian Royal Mail Co* (1870) L.R. 5 Ch. App 318, CA; *Re Yorkshire Woolcombers Association Ltd.* [1903] 2 Ch 284, H. L.; *Goode*, Commercial Law, S. 676 ff.; *Gower/Davies*, Principles of Modern Company Law, Rn. 32-5 ff.; *Davies*, AG 1998, 346, 349 f.; *Freedman*, 63 M.L.R. 2000, 317, 332; *Haug*, Ex-post-Gläubigerschutz in der private company limited by shares, S. 65.

557 *Illingworth v Houldsworth* [1904] AC 355, 358; *Boyle/Birds*, Company Law, S. 317, 324 ff.

558 Ausführlich zur Registrierung siehe *Gower/Davies*, Principles of Modern Company Law, Rn. 32-22 ff.

Globalzession des deutschen Rechts. Die Anforderungen, die das im deutschen Recht bestehende sachenrechtliche Spezialitätsprinzip an die Globalzession stellt, kennt das englische Recht nämlich nicht.[559]

4. Staatsaufsicht

Dem Schutz der Gläubiger soll darüber hinaus eine weitreichende Staatsaufsicht dienen. Das Wirtschaftsministerium kann eine Sonderprüfung der Gesellschaft beantragen, wenn Anhaltspunkte dafür vorliegen, dass die Gesellschaft grob missbräuchlich, betrügerisch oder in sonstiger Weise gesetzeswidrig die Gläubiger benachteiligt (sections 1035 ff. Companies Act 2006).[560] Verhindert werden sollen insbesondere auch Fälle der Unterkapitalisierung. Führt die Prüfung der *company* nämlich zu dem Ergebnis, dass deren Kapitalausstattung vollkommen ungenügend ist, kann das Wirtschaftsministerium ungeeignete Geschäftsleiter ausschließen oder die Gesellschaft auflösen (section 124 A Insolvency Act 1986). Die staatliche Sonderprüfung soll neben dem Schutz der Gläubiger auch als Ausgleich für das schwerfällige und teure Prozesssystem sowie für den defizitären Schutz der Minderheitsgesellschafter dienen.[561]

5. Publizitätspflichten

Das englische *Company Law* legt der *Ltd.* und der *PLC* außerdem weitgehende Publizitätspflichten auf. Diese Publizitätspflichten sollen insbesondere der Information von Anlegern und Gläubigern über die finanzielle Situation der Gesellschaft dienen.[562]

---

559 *Rehm*, in: Eidenmüller, Ausländische Kapitalgesellschaften, § 10 Rn. 44; *Schlegel*, in: Münchener Kommentar, InsO, Band 3, Anhang, Länderberichte, England und Wales, Ziff. 3.2.2 Rn. 19; *Heinz/Hartung*, Die englische Limited, S. 81 Rn. 109.

560 Ausführlich zur staatlichen Sonderprüfung siehe *Gower/Davies*, Principles of Modern Company Law, Rn. 18-1 ff.; *Rehm*, in: Eidenmüller (Hrsg.), Ausländische Kapitalgesellschaften, § 10 Rn. 72; *Großfeld*, in: Staudinger, Neuberabeitung 1998, Internationales Gesellschaftsrecht, Rn. 131 f.; *Haug*, Ex-post-Gläubigerschutz in der private company limited by shares, S. 78 ff.

561 So *Gower/Davies*, Principles of Modern Company Law, 7. Aufl. 2003, S. 467: "*The fact that we have gone further is not necessarily grounds for pride; it is partly due to the still primitive state of our version of derivative actions and to the appalling cost of litigation in England.*"; zum Aspekt Minderheitenschutz siehe auch *Northwest Holst Ltd. v Secretary of State for Trade* [1978] Ch. 201, 223, CA.

562 *Fleischer*, DStR 2000, 1015, 1019.

a. *Jahresabschluss*

Die *company* muss jährlich ihre Jahresabschlüsse beim *Companies House* einreichen (section 441 (1) Companies Act 2006). Die *Ltd.* muss dies innerhalb von neun Monaten nach Ende des Geschäftsjahrs (section 442 (2) (a) Companies Act 2006), die *PLC* innerhalb von sechs Monaten nach Ende des Geschäftsjahres (section 442 (2) (b) Companies Act 2006). Ein Verstoß wird mit Geldstrafe für die Gesellschaft und die Geschäftsleiter geahndet (sections 451 – 453 Companies Act 2006). Innerhalb derselben Frist ist der Jahresabschluss zudem den Gesellschaftern, den Inhabern von Schuldverschreibungen und allen, die für die Einladung zur Gesellschafterversammlung berechtigt sind, zuzuleiten (sections 423 (1), 424 (2) Companies Act 2006).

b. *Gesellschaftsbericht (annual return)*

Außerdem muss die Gesellschaft einen Jährlichen Gesellschaftsbericht (*annual return*) beim *Companies House* einreichen (section 854 (1) Companies Act 2006). Dieser enthält folgende allgemeine Angaben über die Gesellschaft (section 855 Companies Act 2006): die Adresse des *registered office*, die Art der Gesellschaft und deren wesentliche Geschäftstätigkeit, Angaben über die Geschäftsleiter und Gesellschaftssekretäre, für den Fall, dass das zur Einsicht bestimmte Gesellschafterregister (*register of members*) oder das zur Einsicht bestimmte Register der Anleihegläubiger (*register of debenture holders*) nicht am Gesellschaftssitz hinterlegt ist, der Ort, an dem diese hinterlegt sind. Darüber hinaus enthält der Gesellschaftsbericht Details über das Kapital und die Gesellschafter (section 856 Companies Act 2006).

6. Kapitalerhaltung

Ausgeschüttet werden kann stets nur der Nettogewinn (section 830 (1), (2) Companies Act 2006).[563] Auf diese Weise ist eine Agiotage nicht möglich.[564]

---

563 Section 830 (2) Companies Act 2006: „*A company's profits available for distribution are its accumulated, realized profits, so far as not previously utilised by distribution or capitalisation, less its accumulated, realised losses, so far as not previously written off in a reduction or reorganisation of capital duly made.*" (akkumulierte, realisierte Gewinne, soweit nicht bereits zur Ausschüttung oder Kapitalisierung genutzt, abzüglich der akkumulierten, realisierten Verluste, soweit nicht bereits durch Herabsetzung oder Neuordnung des Kapitals abgeschrieben); siehe zudem grundlegend *Trevor v Whitworth* (1887) 12 App. Cas. 409; *Re Exchange Banking Co, Flitcroft's Case* (1882) 21 Ch D 519.

564 So auch *Ekkenga*, in: Münchener Kommentar, GmbHG, § 30 Rn. 43.

Eine *PLC* muss zudem vor jeder Ausschüttung einen Überschuldungstest (*net asset test*) durchführen (vgl. section 831 Companies Act 2006). Eine Ausschüttung ist demgemäß nur zulässig, wenn (1.) der Betrag des Reinvermögens (*net assets*) nicht geringer ist, als die Summe aus angefordertem, gezeichnetem Kapital (*called up share capital*) und den nicht ausschüttbaren Rücklagen (*undistributable reserves*) und, soweit (b) die Ausschüttung nicht dazu führt, dass der Betrag des Reinvermögens geringer ist als die Summe aus angefordertem, gezeichnetem Kapital und nicht ausschüttbaren Rücklagen (section 831 (1) (a), (b) Companies Act 2006). Im Falle der unzulässigen Ausschüttung hat die Gesellschaft einen Anspruch auf Rückzahlung gegen die Gesellschafter (section 847 Companies Act 2006). Zudem haften die Geschäftsleiter der Gesellschaft auf Schadensersatz.[565]

Der Rückkauf eigener Anteile ist der Gesellschaft grundsätzlich untersagt (section 658 Companies Act 2006).[566] Ein Verstoß stellt eine Straftat der Gesellschaft und der beteiligten Geschäftsleiter dar und wird mit bis zu zwei Jahren Freiheitsstrafe oder mit Geldstrafe geahndet (section 658 (2) (a), (3) Companies Act 2006). Der Rückkauf ist unwirksam (section 658 (2) (b) Companies Act 2006).

II. Mechanismen in den USA

1. Kapitalerhaltung

Nach dem Recht des *MBCA* darf grundsätzlich das gesamte Kapital der Gesellschaft ausgeschüttet werden. Grenzen sind nur die Zahlungsfähigkeit (bestimmt nach dem „*equity insolvency test*", § 6.40 (c) (1) MBCA) und die Überschuldung (bestimmt nach dem „*balance sheet test*", § 6.40 (c) (2) MBCA).[567]

In den Staaten Delaware und New York darf der Überschuss (*surplus*) des Nettovermögens über das gesetzliche Kapital/Stammkapital (*stated capital*) stets als Dividende ausgeschüttet werden (§ 170 (a) (1), 154, 244 DGCL; § 510 NYBCL). Besteht kein solcher Überschuss, darf der Jahresgewinns (*net profits*) des Jahres, für welche die Dividende gezahlt werden soll, und des Vorjahres,

565 *Re Exchange Banking Co, Flitcroft's Case* (1882) 21 Ch D 519; *Re Halt Garage* (1964) Ltd [1982] 3 All ER 1016.

566 Prägend: Trevor v. Whitworth (1887) 12 App. Cas 409; zu den Ausnahmen vom Verbot siehe section 659 Companies Act 2006.

567 Ausführlich zu *equity insolvency test* und *balance sheet test* nach dem MBCA siehe *Murphy*, Equity Insolvency and the New Model Business Corporation Act, U. Rich. L. Rev. 15 (1981), 839.

ausgeschüttet werden (§ 170 (a) (2) DGCL) (sog. *nimble dividends*). Grenze ist darüber hinaus stets die Insolvenz der Gesellschaft (§ 510 (a) NYBCL; §§ 170 (a), 244 (b) DGCL).

Sowohl nach dem *MBCA* als auch nach den Statuten von Delaware und New York haften die Geschäftsleiter im Falle einer rechtswidrigen Ausschüttung (§ 8.33 (a) MBCA; § 174 (a) DGCL). Die Ausschüttungsentscheidung ist eine kaufmännische Beurteilung (*business judgement*) und damit nur ausnahmsweise gerichtlich überprüfbar[568], etwa im Falle von Betrug, Arglist oder Ermessensmissbrauch.[569] Die Geschäftsleiter können Regress bei den Gesellschaftern nehmen – allerdings nur, wenn diese bei Erhalt der Leistung bösgläubig waren (§ 8.33 (b) (2) MBCA; § 174 (c) DGCL). In New York stellt eine verbotene Ausschüttung zudem eine Straftat dar (§ 190.35 (1) (a), (b) NY Penal Law (Misconduct by Corporate Official)).

Weniger strenge Standards der Rechnungslegung verringern den Gläubigerschutz der Ausschüttungsregeln.[570] So kann vor einer Ausschüttung stets eine Neubewertung von Unternehmensgegenständen vorgenommen werden. Dabei gilt nicht ein Vorsichtsprinzip, wie es dem HGB zugrunde liegt, sondern Vermögensgegenstände können mit ihrem Marktwert auch über dem Anschaffungswert bilanziert werden (sog. *fair-value-method*).[571]

Insgesamt gewähren die Kapitalerhaltungsregeln damit nur einen vergleichsweise geringen Gläubigerschutz.[572] Zur Ergänzung sind die Gläubiger daher weitgehend auf eine individuelle Absicherung durch vertragliche Vereinbarungen mit den Schuldnern angewiesen.[573] Zudem ergänzen insolvenzrechtliche Bestimmungen und Regeln der Durchgriffshaftung den Gläubigerschutz.

568 MBCA Annotated, § 6.40 Official Comment.

569 *Guithard v. Gorham Savings Bank*, 2002 WL 746106 (Me. Super. Ct. 2002); *In re International Business Machines Corp. Securities Litigation*, 954 F. Supp 81 (SD NY 1997); *Gabellt & Co v. Liggett Group, Inc.* 479 A. 2d 276 (Del Ch); *Wilderman v. Wilderman*, 315 A. 2d 610 (Del Ch).

570 *Hertig/Kanda*, in: Kraakman u.a., The Anatomy of Corporate Law, S. 84; *Fleischer*, RIW 2005, 92, 94.

571 *Klang v. Smith's Food & Drug Centers, Inc.*, 702 A.2d 150 (Del.1997).

572 So auch *Bainbridge*, Corporation Law and Economics, 2002, S. 779; *Booth*, Capital Requirements in United States Corporation Law, in: Lutter (Hrsg.), Das Kapital der Aktiengesellschaft in Europa, S. 717, 735.

573 *Bainbridge*, Corporation Law and Economics, 2002, S. 780: „Given the relative ineffectualness of dividend statutes in protecting creditor interests, self-help has become the rule of the day."; vgl. auch *Baums*, ZHR 175 (2011), S. 160, 186, *Booth*, Capital Requirements in United States Corporation Law, in: Lutter

2. Vertragliche Absicherung

Insbesondere Fremdkapitalgeber sorgen durch vertragliche Vereinbarungen in Kreditverträgen oder Anleihebedingungen für eine zusätzliche Sicherung ihrer Ansprüche (sog. *covenants*).[574] Vertraglich vereinbart werden häufig die Einhaltung bestimmter Finanzkennzahlen, etwa bestimmter Eigen- und Fremdkapitalquoten (*financial covenants*),[575] Ausschüttungsschranken, Begrenzungen der Aufnahme weiteren Fremdkapitals, der Erhalt des Betriebskapitals (Liquiditätsklausel), Beschränkungen der Veräußerung bestimmter Vermögensgegenstände, Beschränkungen von Sale-and-lease-back Transaktionen, Begrenzungen der Bestellung von weiteren Sicherheiten oder Schutzvorkehrungen bei Kontroll- oder Schuldnerwechseln.[576]

Covenants in Kreditverträgen, die unmittelbar Ausschüttungen begrenzen, spielen in den USA eine wesentlich größere Rolle, als im Vereinigten Königreich und in Deutschland.[577] Andere *covenants* (insbesondere hinsichtlich: *minimum net worth*, *interest cover* und *gearing*) sind bei der Fremdkapitalfinanzierung im Vereinigten Königreich hingegen durchaus üblich.[578]

(Hrsg.), Das Kapital der Aktiengesellschaft in Europa, S. 717, 736; *Merkt*, ZGR 2004, 305, 313 f.; *Fleischer*, Kapitalschutz und Durchgriffshaftung bei Auslandsgesellschaften, in: Lutter (Hrsg.), Europäische Auslandsgesellschaften in Europa, S. 49, 72; *Böckmann*, Gläubigerschutz bei GmbH und close corporation, S. 138, 141 ff.; *Krüger*, Mindestkapital und Gläubigerschutz, S. 194 ff.; *Mülbert*, Der Konzern 2004, 151, 156 f.

574 Zuletzt ausführlich *Heinrich*, Covenants als Alternative zum institutionellen Gläubigerschutz, passim.

575 *Fleischer*, ZIP 1998, 313; *Mülbert*, Der Konzern 2004, 151, 156 f.

576 Zum typischen Inhalt von *covenants* siehe *Enriques/Macey*, 86 Cornell L. Rev., 1165, 1188; *Simmons*, 28 Bus. Law. (1972), S. 179 ff.; *Smith/Warner*, On Financial Contracting. An Analysis of Bond Covenants, Journal of Financial Economics 7, 1979, S. 117 ff.; *Bratton*, EBOR 7 (2006), 39; *Baums*, Die Fremdkapitalfinanzierung der Aktiengesellschaft durch das Publikum, in: Bayer/Habersack (Hrsg.), Aktienrecht in Wandel, Band II, S. 978 ff.; *Heinrich*, Covenants als Alternative zum institutionellen Gläubigerschutz, S. 120 ff.

577 Vgl. *Leuz/Wüstemann*, The Role of Accounting in the German Financial System, Centre for Financial Studies Working Paper No. 2003/16; *Ferran*, The Place for Creditor Protection on the Agenda for Modernisation of Company Law in the Euopean Union, ECGI – Law Working Paper No. 51/2005, S. 6.

578 *Ferran*, The Place for Creditor Protection on the Agenda for Modernisation of Company Law in the Euopean Union, ECGI – Law Working Paper No. 51/2005, S. 6, mwN.

Außerdem lassen vertragliche Gläubiger ihre Ansprüche oft besichern.[579] Die vertraglichen Vereinbarungen ähneln in ihrer Gesamtheit im Ergebnis häufig den Regeln des zwingenden deutschen Kapitalerhaltungsrechts.[580]

3. Betrügerische Übertragung von Vermögenswerten (Law of Fraudulent Transfers)

Für den Schutz von Gläubigern und Minderheitsgesellschaftern sorgen außerdem die Regeln über betrügerische Übertragungen von Vermögenswerten (*fraudulent transfer*; früher: *law of fraudulent conveynaces*). Hier folgen die allermeisten Staaten dem einschlägigen Modellgesetz (dem „*Uniform Fraudulent Transfer Act*" *(UFTA)*; bis 1984: „*Uniform Fraudulent Conveyance Act*" *UFCA))*.[581] Die Regeln gelten auch für einseitige Leistungen der Gesellschaft und sind im *corporate law* deshalb insbesondere relevant bei gläubigerschädigenden Ausschüttungen.[582] Die betrügerische Übertragung von Vermögenswerten kann von den Gläubigern angefochten werden. Im Falle der erfolgreichen Anfechtung müssen die Gesellschafter die erhaltenen Vermögenswerte zurückgewähren (§ 9 (b) UFTA; USC: Title 11 §§ 548a, 550 (a) Bankruptcy Code).[583]

a. Actual Fraud (§ 4 Uniform Fraudulent Transfer Act)

Betrügerisch im Sinne des *Uniform Fraudulent Transfer Act* sind Vermögensübertragungen eines Schuldners zunächst, wenn diese vorsätzlich Gläubiger

579 *Easterbrook/Fischel*, The Economic Structure of Corporate Law, 1991, S. 50.

580 *Hopt*, in: FS Wiedemann, S. 1013, 1018 f.; *Schön*, ZGR 2000, 706, 727; *Merkt*, ZGR 2004, 305, 313; *Baums*, ZHR 175 (2011), S. 160, 186.

581 Ausführlich zum *fraudulent transfer* siehe *Clark*, Corporate Law, § 2.2, S. 40 ff.; *Baird*, EBOR 7 (2006), 199 ff; rechtsvergleichend *Fleischer*, RIW 2005, 92; *Engert*, Kapitalgesellschaften ohne gesetzliches Kapital: Lehren aus dem US-amerikanischen Recht, in: Lutter (Hrsg.), Das Kapital der Aktiengesellschaft in Europa, S. 743, 777 ff.

582 Dazu bereits *Kehl*, Corporate Dividends, S. 35 ff.; siehe zudem *Clark*, Corporate Law, S. 86 ff.; 624 f.; *Kahan*, in: Hopt/Wymeersch, Capital Markets and Company Law, S. 145, 146; *Hertig/Kanda*, in: Kraakman u.a., The Anatomy of Corporate Law, 2004, S. 95; *Fleischer*, Kapitalschutz und Durchgriffshaftung bei Auslandsgesellschaften, in: Lutter (Hrsg.), Europäische Auslandsgesellschaften in Europa, S. 49, 72; *Fleischer*, RIW, 2005, 92, 94; *Schön*, Der Konzern 2004, 162, 168.

583 Eingehend zur Gläubiger- und Konkursanfechtung *Engert*, Kapitalgesellschaften ohne gesetzliches Kapital: Lehren aus dem US-amerikanischen Recht, in: Lutter (Hrsg.), Das Kapital der Aktiengesellschaft in Europa, S. 743, 769 ff.

schädigen sollen („*with actual intent to hinder, delay, or defraud any creditor*"; § 4 (a) (1) Uniform Fraudulent Transfer Act).

Eine betrügerische Vermögensübertragung liegt zudem vor, wenn der Schuldner keine angemessene Gegenleistung erhält und ihm für seine künftigen oder bereits eingegangenen Geschäfte nur noch unvernünftig geringe Vermögenswerte verbleiben („*unreasonably small capital*", § 4 (a) (2) (i) Uniform Fraudulent Transfer Act) oder er beabsichtigt Verbindlichkeiten einzugehen, die er bei Fälligkeit nicht begleichen können wird (§ 4 (a) (2) (ii) Uniform Fraudulent Transfer Act).

b. Constructive Fraud (§ 5 Uniform Fraudulent Transfer Act)

Betrügerisch im Sinne des *Uniform Fraudulent Transfer Act* sind zudem Vermögensübertragungen, denen keine angemessene Gegenleistung zugrunde liegt und die erfolgt sind, während die Gesellschaft insolvent war oder die dazu geführt haben, dass die Gesellschaft insolvent wurde (§ 5 *Uniform Fraudulent Transfer Act*).

4. Durchgriffshaftung (Piercing the Corporate Veil)

Dem Schutz der Gläubiger dient zudem eine vergleichsweise weitreichende Durchgriffshaftung. Missbrauchen die Gesellschafter die beschränkte Haftung der juristischen Person zum Nachteil der Gläubiger, so kommt die „Auflösung des Haftungsschildes" und damit ein Durchgriff auf das private Vermögen der Gesellschafter in Betracht (Lehre des *piercing the corporate veil*).[584] Die *corporation* wird zwar grundsätzlich – wie die GmbH und die AG in Deutschland – als eigeneständige juristische Einheit gesehen. Die Haftungsbeschränkung wird aber lediglich als ein Privileg betrachtet, das dann nicht gerechtfertigt ist und daher aufgehoben wird, wenn ein Missbrauch vorliegt.[585] Diese Durchgriffshaf-

584 Zur Lehre des *piercing the corporate veil*, siehe *Clark*, Corporate Law, § 2.4, S. 71 ff.; *Fletcher*, Cyc. Corp. § 41; ausführliche Fallsammlung und -analyse bei *Krendl/Krendl*, Piercing the Corporate Veil: Focusing the Inquiry, 55 Del. L.J. 1 (1978); *Merkt/Göthel*, US-amerikanisches Gesellschaftsrecht, S. 236 Rn. 376 ff.; rechtsvergleichend: *Drobnig*, Haftungsdurchgriff bei Kapitalgesellschaften; *Nacke*, Die Durchgriffshaftung in der US-amerikanischen Corporation, *Böckmann*, Gläubigerschutz bei GmbH und close corporation, S. 223 ff.; *Merkt/Spindler*, Fallgruppen der Durchgriffshaftung und verwandte Rechtsfiguren, in: Lutter (Hrsg.), Das Kapital der Aktiengesellschaft in Europa, S. 207, 253 ff.; *Haar*, RabelsZ 64 (2000), 537 ff.; *von Arnim*, NZG 2000, 1001.

585 Siehe *Laya v. Erin Homes, Inc.*, 177 W.Va. 343, 352 S.E.2d 93 (1986): „*While, legally speaking, a corporation constitutes an entity seperate and apart from the persons who*

tung beruht auf *case law*, eine Kodifikation gibt es bislang allein in Texas (Art. 2.21 Tex.Bus.Corp.Act (1997))[586]. Ein Durchgriff auf die Gesellschafter kommt in Betracht, wenn nach konkreten Tatumständen ein Aufrechterhalten des Haftungsschildes unbillig wäre.[587] Dabei sind verschiedenste Gerechtigkeitserwägungen in Betracht zu ziehen.[588] Ein häufiger Grund für eine Durchgriffshaftung

own it, such is a fiction of the law introduced for purpose of convenience and to subserve the ends of justice, and it is now well settled, as a general principle, that the fiction should be disregarded when it is urged with an intent not within its reason purpose, and in such a way that its retention would produce injustices or inequitable consequences".

586 Siehe *Lee*, Veil Piercing and Actual Fraud under Article 2.21 of the Texas Business Corporation Act, Baylor L.Rev. 54 (2002) 427.

587 *Platt v. Billingsley*, 234 Cal.App. 2d 577: „*There must be (1) such unity of interest and ownership that be seperate personalities of the corporation and the individuals no longer exist, and (2) if the acts are treated as those of the corporation alone, an inequitable result will follow.*"

588 Vgl. dazu die von *Justice McHugh* aufgezeigten Kriterien, in: *Laya v. Erin Homes, Inc.*, 177 W.Va. 343, 352 S.E.2d 93, 98 (1986): „*Some of the factors to be considered in deciding wether to pierce the corporate veil are: (1) commingling of funds and other assets of the corporation with those of the individual shareholders; (2) diversion of the corporation's funds or assets to noncorprate uses (to the personal uses of the corporation's shareholders); (3) failure to maintain the corporate formalities necessary for the issuance of or subscription to the corporation's stock, such as formal approval of the stock issue by the board of directors;(4) an individual shareholder representing to persons outside the corporation that he or she is personally liable for the debts or other obligations of the corporation; (5) failure to maintain corporate minutes or adequate corporate records; (6) identical equitable ownership in two entities;(7) identity of the directors and officers of two entities who are responsible for supervision and management (a partnership or sole proprietorship and a corporation owned and managed by the same parties); (8) failure to adequately capitalize a corporation for the reasonable risks of the corporate undertaking; (9) absence of seperately held corporate assets; (10) use of a corporation as a mere shell or conduit to operate a single venture or some particular aspect of the business of an individual or another corporation; (11) sole ownership of all the stock by one individual or members of a single family; (12) use of the same office or business location by the corporation and its individual shareholders; (13) employment of the same employees or attorney by the corporation and its shareholder(s); (14) concealment or misrepresentation of the identity of the ownership, management or financial interest in the corporation and concealment of personal business activities of the shareholders (sole shareholders do not reveal the association with a corporation, which makes loans to them without adequate security); (15) disregard of legal formalities and failure to maintain proper arm's length relationships among related entities; (16) use of a corporate entity as a conduit to procure labour, services or merchandise*

ist die Unterkapitalisierung („*failure to adequately capitalize a corporation for the reasonable risks of the corporate undertaking*"[589]).[590]

Die Lehre des *piercing the corporate veil* hat in den USA eine große praktische Relevanz[591] und eine wesentlich größere Bedeutung als die Durchgriffshaftung in Deutschland.[592] Sie dient damit der Kompensation des geringen Gläubigerschutzes des statuierten Kapitalgesellschaftsrechts.[593] Außerdem ergänzt die Durchgriffshaftung die Regeln des *fraudulent transfer* indem auch die anfängliche Unterkapitalisierung sanktioniert werden kann.[594]

Die Lehre vom *piercing the corporate veil* spielt für die *Public Corporation* als Publikumsgesellschaft hingegen praktisch keine Rolle.[595] Denn Voraussetzung

---

for another person or entity; (17) diversion of corporate assets from the corporation by or to a stockholder or other person or entity to the detriment of creditors, or the manipulation of assets and liabilities between entities to concentrate the assets in one and the liabilities in another; (18) contracting by the corporation with another person with the intent to avoid the risk of nonperformance by use of the corporate entity; or the use of a corporation as a subterfuge for illegal transactions; (19) for formation and use of the corporation to assume the existing liabilities of another person or entity."

589 *Justice McHugh*, in: *Laya v. Erin Homes, Inc.*, 177 W.Va. 343, 352 S.E.2d 93, 98 (1986).

590 Minton v. Cavaney 56 Cal.2d.576 (1961); Nach einer Studie von Thompson, 76 Cornell L. Rev. 1991, 1036, 1063 beruht der Haftungsdurchgriff in über 70% der Fälle auf einer Unterkapitalisierung.

591 *Thompson*, Piercing the Corporate Veil: An Empirical Study, 76 Corn. L. Rev. (1991), S. 1036; *Wiedemann*, Gesellschaftsrecht, § 4 III 1, S. 223; *Böckmann*, Gläubigerschutz bei GmbH und close corporation, S. 235 f.; *Merkt/Spindler*, Fallgruppen der Durchgriffshaftung und verwandte Rechtsfiguren, in: Lutter (Hrsg.), Das Kapital der Aktiengesellschaft in Europa, S. 207, 253; *von Arnim*, NZG 2000, 1001, 1007.

592 *Nacke*, Die Durchgriffshaftung in der US-amerikanischen Corporation, S. 51; *Böckmann*, Gläubigerschutz bei GmbH und close corporation, S. 292 ff.; *Merkt/Spindler*, Fallgruppen der Durchgriffshaftung und verwandte Rechtsfiguren, in: Lutter (Hrsg.), Das Kapital der Aktiengesellschaft in Europa, S. 207, 275.

593 So auch *Drobnig*, Haftungsdurchgriff bei Kapitalgesellschaften, S. 88; *Böckmann*, Gläubigerschutz bei GmbH und close corporation, S. 292 f.; *von Arnim*, NZG 2000, 1001, 1007.

594 *Fleischer*, RIW 2005, 92, 97; *Böckmann*, Gläubigerschutz bei GmbH und close corporation, S. 235 ff.

595 Vgl. die empirischen Analysen bei *Barber*, Piercing the Corporate Veil, Willamette, L.Rev. 17 (1981) 371, 372; *Thompson*, Piercing the Corporate Veil: An Empirical Study, 76 Corn. L. Rev. (1991), S. 1036; siehe zudem *Easterbrook/Fischel*, The Economic Structure of Corporate Law, 1991, S. 55; *Merkt/Göthel*, US-amerikanisches Gesellschaftsrecht, S. 240 Rn. 386; *Rehm*, in: Eidenmüller, Ausländische Kapitalgesellschaften, § 11 Rn. 49.

einer persönlichen Haftung der Gesellschafter ist immer, dass diese in vorwerfbarer Weise die Haftungsbeschränkung ausgenutzt haben. Dies ist grundsätzlich allerdings nur der Fall, wenn die Gesellschafter auch aktiv an der Geschäftsführung teilnehmen.[596]

5. Rangrücktritt von Gesellschafterforderungen in der Insolvenz (*Doctrine of Equitable Subordination/ Deep Rock-Doktrin*)

Wenn Billigkeitserwägungen es erfordern, kann im Falle der Insolvenz das Gericht Ansprüche von Gesellschaftern gegen die Gesellschaft nachrangig stellen (sog. *equitable subordination*, § 510 Bankruptcy Code).[597] Die *equitable subordination* ist damit ein allgemeines Instrument zum Ausgleich von Gläubigerbenachteiligungen.[598] Eine Rangrückstellung nach den Regeln der *equitable subordination* kommt insbesondere in Betracht bei der Gewährung von Gesellschafterdarlehen im Zeitpunkt, in dem die Gesellschaft nur noch eine geringe Eigenkapitaldecke aufweist.[599]

6. Gläubigerschützende Geschäftsleiterpflichten in Insolvenznähe

Nach der Rechtsprechung bestehen zudem bereits in Insolvenznähe (*vicinity of insolvency*) Treuepflichten der Geschäftsleiter nicht nur gegenüber den Gesellschaftern sondern auch gegenüber den Gläubigern.[600] Bei Verletzung dieser Treuepflichten haften die Geschäftsleiter auf Schadensersatz.

---

596 Siehe *Merkt/Göthel*, US-amerikanisches Gesellschaftsrecht, S. 240 Rn. 386.

597 Siehe *Pepper v. Litton*, 308 U.S. 295, 1939; *Taylor v. Standard Gas & Electric Co.*, 306 U.S. 307, 1939; *Clark*, Corporate Law, § 2.3, S. 52 ff.; *Herzog/Zweibel*, The Equitable Subordination of Claims in Bankruptcy, 15 Vand. L. Rev. 83 (1961); rechtsvergleichend: *Gehde*, Eigenkapitalersetzende Gesellschafterleistungen in Deutschland und den USA; *Böckmann*, Gläubigerschutz bei GmbH und close corporation, S. 210 ff.; *Fleischer*, Finanzplankredite und Eigenkapitalersatz im GesR, 1995, S. 123ff.

598 *Gehde*, Eigenkapitalersetzende Gesellschafterleistungen in Deutschland und den USA, 323; *Götz*, Juristische und ökonomische Analyse des Eigenkapitalersatzrechts, S. 147.

599 *Rehm*, in: Eidenmüller, Ausländische Kapitalgesellschaften, § 11 Rn. 34.

600 *Credit Lyonnais Bank Nederland N.V. v. Pathe Communications Corp.*, 17 Del. J. Corp. L. 1099, 1155 (1992); *Miramar Resources, Inc. v. Schultz*, 208 B. R. 723, 729 (Bankr. Md. Fla. 1997); rechtsvergleichend dazu *Fleischer*, ZGR 2004, 437, 447 f.; *Böckmann*, Gläubigerschutz bei GmbH und close corporation, S. 202 ff.

7. Mitgesellschafter- und Anlegerschutz

Einer Ungleichbehandlung der Gesellschafter bei der Einlageleistung wird durch die Pflichten der Geschäftsleiter zur gerechten Beurteilung von Einlagen, die keine Bareinlagen sind und den Sanktionen bei Nichtbeachtung dieser Pflichten begegnet.[601]

Bei der *public corporation* sorgt zudem das bundesweite Kapitalmarktrecht für ergänzenden Schutz der Anleger. Bietet eine *public corporation* Wertpapiere öffentlich an, und haben Geschäftsleiter, Gründer (oder diesen beiden Gruppen Nahestehende) in den letzten fünf Jahren vor dem öffentlichen Angebot Anteile erworben, so müssen diese die Gegenleistungen für die erhaltenen Anteile offenlegen, wenn diese vom öffentlichen Angebotspreis mehr als nur unerheblich abweichen (*substantial disparity*) (17 CFR § 229.506).[602]

III. Zwischenergebnis Kapitel 4

Das vierte Kapitel untersuchte die Frage, ob und inwieweit das englische Recht und das US-amerikanische Recht den fehlenden Schutz von Minderheitsgesellschaftern und Gläubigern im Gründungsstadium an anderer Stelle kompensieren. Als Ergebnis lässt sich festhalten, dass eine solche Kompensation stattfindet. Das angelsächsische Recht schützt Gläubiger und Minderheitsgesellschafter also nicht generell weniger als das deutsche Recht, der Schutz findet bloß an anderer Stelle, genauer: erst nach dem Entstehen der Gesellschaft, statt.

Zusammenfassend sind folgende „nachgelagerten" Schutzmechanismen ausgemacht worden:

1. Im Vereinigten Königreich und den USA dienen anlassbezogene Überschuldungs- und Solvenztests der Sicherstellung des Erhalts eines Gesellschaftskapitals, das der Befriedigung der Ansprüche der Gläubiger dienen soll. In den USA verhindern zudem die Regeln des *law of fraudulent transfers* betrügerische Vermögensübertragungen.
2. Im angelsächsischen Recht sorgen zudem weitreichende Verhaltens- und Sorgfaltspflichten der Geschäftsleiter sowie die Haftung und die Sanktionen bei Verstoß gegen diese Pflichten für einen nachgelagerten Schutz von Gläubigern und Minderheitsgesellschaftern. Zu denken ist hier insbesondere an

601 Zu den Regeln der *consideration* siehe oben, Kapitel 2, Abschnitt VI.

602 Siehe *Engert*, Kapitalgesellschaften ohne gesetzliches Kapital: Lehren aus dem US-amerikanischen Recht, in: Lutter (Hrsg.), Das Kapital der Aktiengesellschaft in Europa, S. 743, 758.

die Sorgfaltspflichten in Insolvenz und Insolvenznähe (*fraudulent trading, wrongful trading, vicinity of insolvency)* sowie an die alleinige Verantwortung der Geschäftsleiter für die Bewertung von Nicht-Bareinlagen und deren Haftung bei Falschbewertung. Im englischen Recht ist zudem an die Tätigkeitsverbote für Geschäftsleiter nach den weitreichenden Regeln der *disqualification* zu denken.

3. Sowohl im Vereinigten Königreich als auch in den USA gibt es zudem eine auf *case law* beruhende, vergleichsweise weitgehende Durchgriffshaftung zu Lasten der Gesellschafter nach den Regeln des *piercing the corporate veil*, wobei diese in den USA eine noch größere Rolle spielt, als im Vereinigten Königreich.
4. Das angelsächsische Recht überantwortet es zudem zum Großteil den Gläubigern, dass diese durch vertragliche Vereinbarungen selbst für ihren Schutz sorgen (*self-help-approach*). Das englische Recht kennt hier insbesondere das weitreichende Sicherungsmittel der *floating charge*. Im US-amerikanischen Recht sorgen vor allem Kreditbedingungen (*covenants*) auf verschiedene Weise für den Schutz der Gläubiger.
5. Das Recht des Vereinigten Königreichs stellt zudem umfangreiche Publizitätsanforderungen an die *company* und unterstellt sie zudem einer Staatsaufsicht mit weitgehenden Sanktionsmöglichkeiten – insbesondere für den Fall der Unterkapitalisierung.
6. In den USA will das Kapitalmarktrecht zudem durch Offenlegung bisher gezahlter Ausgabepreise eine Benachteiligung von Anlegern verhindern.

5. Kapitel: Ex ante-System vs. ex post-System

Es stehen sich also zwei gänzlich verschiedene Systeme gegenüber: Im deutschen Recht werden die Gläubiger, Mitgesellschafter und späteren Anleger durch verschiedene Mechanismen bereits während der Gründung der Kapitalgesellschaft geschützt. Die Interessen dieser Gruppen werden demnach bereits vor dem Entstehen der Gesellschaft und vor Aufnahme jeglicher Geschäftstätigkeit berücksichtigt. Man kann insofern von einem „ex ante“ Schutzsystem sprechen. Das angelsächsische Recht hingegen verzichtet weitestgehend auf einen solchen vorgelagerten Schutz. Erst nach dem Entstehen der Gesellschaft und häufig sogar erst nach bereits erfolgten Gesetzesverstößen greifen die meisten Mechanismen zum Schutz von Gläubigern, Mitgesellschaftern und späteren Anlegern. Dieses Schutzsystem lässt sich insofern als „ex post“ Schutzsystem bezeichnen.[603]

Mit dieser Feststellung lässt sich nun auch die Frage beantworten, ob das vergleichsweise strenge deutsche Gründungsrecht überflüssig ist und dieses daher einfach nach angelsächsischem Vorbild dereguliert werden kann. Die Antwort lautet nein. Würde man nämlich allein die ex-ante Mechanismen des deutschen Gründungsrechts abschaffen, dann entstünde ein System ohne vorgelagerten und ohne nachgelagerten Schutz. Die Aufgabe der ex-ante Schutzmechanismen wäre daher nur möglich, wenn gleichzeitig eine Kompensation des absinkenden Schutzniveaus durch eine Etablierung neuer ex-post Mechanismen erfolgen würde. Dies bedeutet, dass eine Deregulierung des deutschen Gründungsrechts nach angelsächsischem Vorbild letztlich in einem vollständigen Systemwechsel vom ex ante- zum ex post-System enden müsste.

Ein solcher Systemwechsel wäre jedoch nur dann sinnvoll, wenn das ex post-System dem ex ante-System insgesamt überlegen wäre. Dass dies aber gerade nicht der Fall ist, zeigt das folgende, fünfte Kapitel.

I. Einfache und kostengünstige Gründung im ex post-System

Für das ex post-System lässt sich zunächst anführen, dass es ein simples Gründungsrecht ermöglicht. Die Gründung der *company* einfach zu gestalten, ist etwa ausdrücklich erklärtes Ziel des britischen Gesetzgebers, um Unternehmertum

603 Insofern differenzierte bereits *Davies*, [...] zwischen einem kontinentaleuropäischem „ex-ante“ Gläubigerschutzsystem und einem angelsächsischen „ex-post“ Gläubigerschutzsystem.

zu fördern und das Vereinigte Königreich als favorisierten Standort für Unternehmensgründungen zu etablieren.[604] Ein zwingend aufzubringendes satzungsmäßiges Kapital hingegen verteuert die Gründung. Die Gegner dieses Systems wenden ein, dass die Kosten den Nutzen übersteigen.[605]

II. Self help approach

Des Weiteren könnte man vorbringen, dass vertragliche Vereinbarungen zur Sicherung der Ansprüche von Vertragsgläubigern besser individuelle Bedürfnisse berücksichtigen können, als für jedermann geltende Kapitalvorschriften.[606]

Allerdings hat der „*self help approach*" auch Nachteile. Zunächst einmal fehlt Gläubigern häufig die Fähigkeit, die Risiken, denen sie ausgesetzt sind, richtig

---

604 *Department of Trade and Industry*, Company Law Reform: The White Paper, 2005, Cm 6456, S. 6: „*We want to remove unnecessary burdens to directors and preserve Britain's reputation as a favored country in which to incorporate.*"; *Department of Trade and Industry*, aaO, S. 13: "*Making it easier to set up and run a company: Compared with many other countries, it is relatively easy and cheap to set up a company here. The Government believes this is an important benefit to Britain – start-ups are one of the crucial motors of our economic growth, and more and more companies from overseas are seeking to incorporate here. But there are still some procedural requirements that can complicate both the setting up of a company, and its initial operation – for example, the default requirement for all companies, even the smallest, to hold an Annual General Meeting, and the requirement to appoint a company secretary. Where these obstacles can sensibly be removed, the Bill will remove them.*"

605 *Armour*, Modern L. Rev. 63 (2000), 355; *Enriques/Macey*, Cornell L. Rev. 86 (2001), 1165; *Kübler*, The Rules of Capital Under Pressure of the Securities Markets, in: Hopt/ Wymeersch (Hrsg.), Capital Markets and Company Law, 2003, S. 95ff.; *Mülbert/ Birke*, EBOR 3 (2002), 695; *Ferran*, The Place for Creditor Protection on the Agenda for Modernisation of Company Law in the Euopean Union, ECGI – Law Working Paper No. 51/2005, S. 26 ff.; kritisch zum geltenden deutschen Kapitalschutzsystem auch *Jungmann*, ZGR 2006, 638 ff.

606 *Armour*, (2000) 63 Mod. L. Rev. 355, 373f.; *Enriques/Macey*, 86 Cornell L. Rev. 1165, 1184f. (2001); *Kübler*, in: Hopt/Wymeersch, Capital Markets and Company Law, S. 95, 105 f.; *Schön*, EBOR 5 (2004), 429, 439; vgl. auch *Ferran*, The Place for Creditor Protection on the Agenda for Modernisation of Company Law in the Euopean Union, ECGI – Law Working Paper No. 51/2005, S. 6: "*Why, in any case, should official lawmakers assume that they are the optimal suppliers of standard terms for the debt financing market? Arguably, it would be preferable for the legislature to leave it to market participants, who are directly in touch with market needs, to assume the role of provider of standard lending terms.*"

einzuschätzen und zu bewerten.[607] Außerdem werden durch die individuelle Sicherung der Gläubigeransprüche die Transaktionskosten erhöht. Dies geschieht zunächst dadurch, dass jeder Gläubiger einzeln seine Sicherung neu vereinbaren muss.[608] Außerdem entstehen Kosten aus der fortlaufenden Überwachung des Schuldners – etwa, ob dieser die vereinbarten *financial covenants* auch einhält. Diese Kosten können so hoch sein, dass es sich finanziell gar nicht lohnt, eine Risikoanalyse vorzunehmen oder das Unternehmen fortlaufend zu überwachen.[609] Dies wird regelmäßig für „kleine" Gläubiger gelten. Diese bleiben dann ungeschützt. Benachteiligt sind zudem Vertragsgläubiger mit nur geringer Verhandlungsstärke (wie zB Waren- oder Dienstleistungsgläubiger), die für sich keine individuelle Sicherung aushandeln können.[610] Neben diesen Vertragsgläubigern bleiben weitere Gläubigergruppen ungeschützt. Dies sind insbesondere gesetzliche Gläubiger, wie etwa Deliktsgläubiger, Arbeitnehmer oder der Fiskus.[611]

Zwar werden kleine Vertragsgläubiger und gesetzliche Gläubiger reflexiv durch die von starken Vertragspartnern, wie etwa kreditgebende Banken, ausgehandelten Sicherungen geschützt (sog. „*free riding*") – etwa wenn diese „starken" Vertragspartner *financial covenants* vereinbaren, die das Unternehmen gegenüber jedem Gläubiger zur Einhaltung bestimmter Finanzkennzahlen zwingen.[612] Hierbei ist jedoch zu bedenken, dass dieser mittelbare Schutz nur so lange aufrechterhalten wird, wie auch das Schuldverhältnis mit dem starken Vertragspartner besteht.[613] Die Gläubiger können also ohne jedes Zutun den reflexiven Schutz wieder verlieren. Außerdem entsteht dieser Schutz erst gar

---

607 *Adams*, Eigentum, Kontrolle und beschränkte Haftung, S. 61 f.

608 *Lutter*, Das (feste Grund-) Kapital der Aktiengesellschaft in Europa, in: Lutter, Das Kapital der Aktiengesellschaft in Europa, S. 5; *Mankowski*, Reicht das Vertragsrecht für einen angemessenen Schutz der Gesellschaftsgläubiger und ihrer Interessen aus?, in: Lutter, Das Kapital der Aktiengesellschaft in Europa, S. 488, 501.

609 *Mankowski*, Reicht das Vertragsrecht für einen angemessenen Schutz der Gesellschaftsgläubiger und ihrer Interessen aus?, in: Lutter, Das Kapital der Aktiengesellschaft in Europa, S. 488, 495.

610 *Mankowski*, Reicht das Vertragsrecht für einen angemessenen Schutz der Gesellschaftsgläubiger und ihrer Interessen aus?, in: Lutter, Das Kapital der Aktiengesellschaft in Europa, S. 488, 495, 497 ff.

611 *Eidenmüller/Engert*, GmbHR 2005, 433, 436; *Mankowski*, Reicht das Vertragsrecht für einen angemessenen Schutz der Gesellschaftsgläubiger und ihrer Interessen aus?, in: Lutter (Hrsg.), Das Kapital der Aktiengesellschaft in Europa, S. 488, 490 f.

612 *Enriques/Macey*, Creditors Versus Capital Formation, (2001) 86 Cornell Law Review 1165, 1172; *Hopt*, in: FS Wiedemann, 2002, S. 1013, 1019; *Merkt*, ZGR 2004, 305, 313.

613 *Baums*, ZHR 175 (2011), 160, 189.

nicht, wenn die starken Vertragsgläubiger sich bloß durch Sicherheitsleistung des Schuldners schützen.[614] Dienen Sicherheiten der vorrangigen Befriedigung von Vertragsgläubigern, so führt dies sogar zu einer Schlechterstellung aller übrigen Gläubiger.[615]

Der Schutz der nicht anpassungsfähigen Gläubiger („*non-adjusting creditors*“[616]) muss daher auf andere Weise erreicht werden.[617] In den USA ist etwa eine vorrangige Befriedigung des Fiskus gesetzlich festgelegt (§ 507 (a) (8) Bankruptcy Code). Im Vereinigten Königreich sind Arbeitnehmeransprüche in der Insolvenz vorrangig (sections 40, 175, 386, Sch. 6 IA 1986); außerdem zahlt der Staat im Falle der Massearmut ein Insolvenzgeld (vgl. Part XII Employment Rights Act 1996).[618] In den USA wurde zudem vorgeschlagen, die Ansprüche aller Deliktsgläubiger vorrangig zu befriedigen.[619] Ein solcher gesetzlicher Vorrang bestimmter gesetzlicher Gläubigergruppen führt jedoch auf der anderen Seite zu einer Schlechterstellung aller Vertragsgläubiger. Erwartungsgemäß preist der Markt diese Schlechterstellung ein.

Zum Schutz der nicht anpassungsfähigen Gläubiger könnte man zudem erwägen, entsprechende Pflichtversicherungen einzuführen.[620] Auch dies würde jedoch wiederum die laufenden Kosten der Gesellschaft erhöhen.[621]

---

614 *Baums*, ZHR 175 (2011), 160, 189; *Mankowski*, Reicht das Vertragsrecht für einen angemessenen Schutz der Gesellschaftsgläubiger und ihrer Interessen aus?, in: Lutter (Hrsg.), Das Kapital der Aktiengesellschaft in Europa, S. 488, 496.

615 *Bebchuk/Fried*, 105 Yale L.J. 857, 868 f. (1996); *Mankowski*, Reicht das Vertragsrecht für einen angemessenen Schutz der Gesellschaftsgläubiger und ihrer Interessen aus?, in: Lutter, Das Kapital der Aktiengesellschaft in Europa, S. 488, 491.

616 *Bebchuk/Fried*, Yale L.J. 105 (1996), 857, 864.

617 *Engert*, Kapitalgesellschaften ohne gesetzliches Kapital: Lehren aus dem US-amerikanischen Recht, in: Lutter (Hrsg.), Das Kapital der Aktiengesellschaft in Europa, S. 743, 793 f.

618 Dazu auch *Haug*, Ex-post-Gläubigerschutz in der private company limited by shares, S. 71.

619 So *Leebron*, Col. L. Rev. 91 (1991) 1565, 1643 ff.

620 *Easterbrook/Fischel*, The Economic Structure of Corporate Law, 4. Aufl. 1998, S. 52 ff.; *Armour*, (2000) 63 Mod. L. Rev. 355, 372; *Escher-Weingart*, Reform durch Deregulierung im Kapitalgesellschaftsrecht, S. 150; *Mülbert/Birke*, EBOR 3 (2002), 695, 725; *Schön*, Der Konzern 2004, 162, 165.

621 *Mankowski*, Reicht das Vertragsrecht für einen angemessenen Schutz der Gesellschaftsgläubiger und ihrer Interessen aus?, in: Lutter (Hrsg.), Das Kapital der Aktiengesellschaft in Europa, S. 488, 493 f.; *Eidenmüller/Grunewald/Noack*, Das Mindestkapital im System des festen Kapitals, in: Lutter (Hrsg.), Das Kapital der Aktiengesellschaft in Europa, S. 17, 31.

III. Haftung der Geschäftsleiter

Das ex-post System ist zudem geprägt durch weitergehende Inanspruchnahme der Geschäftsleiter (etwa für das *wrongful trading*, das *fraudulent trading* und die *directors disqualifications* im Vereinigten Königreich sowie das *law of frauluent transfers* und die gläubigerschützenden Pflichten in Isnolvenznähe in den USA). Das flexible *case law* in diesem Bereich ermöglicht einzelfallgerechte Sanktionen. Es wirkt zudem abschreckend und damit präventiv verhaltenssteuernd.

Die flexible Rechtsprechung führt jedoch andererseits auch zur Rechtsunsicherheit für die Geschäftsleiter.[622] Außerdem führt ein höheres Haftungsrisiko der Geschäftsleiter zu höheren Gehältern[623] und teureren D&O Versicherungen.[624] Ein zu hohes Haftungsrisiko kann darüber hinaus überabschreckend wirken und zu übervorsichtiger Geschäftsleitung führen (Stichwort *overdeterrence*).[625] Außerdem löst die Durchsetzung von Haftungsansprüchen zusätzliche Rechtsverfolgungskosten aus.[626]

IV. Haftung der Gesellschafter

Auch die Gesellschafter sind im ex post-System höheren Haftungsrisiken ausgesetzt – insbesondere nach den Regeln des *lifting the corporate veil*[627] und den Regeln des *piercing the corporate veil*[628].

---

622 So auch *Davies*, AG 1998, 348, 353; *Scholz*, Kapitalerhaltung durch Solvenztests, S. 30; insbesondere bezogen auf das *wrongfuld trading* so auch *Goette*, in: Schröder, Die GmbH im europäischen Vergleich, S. 149, 153 f.; *Wilhelmi*, GmbHR 2006, 13, 19.

623 *Easterbrook/Fischel*, Limited Liability and the Corporation, 52 University of Chicago Law Review, 89, 116.

624 *Pentz/Priester/Schwanna*, Bar- und Sachkapitalaufbringung, in: Lutter (Hrsg.), Das Kapital der Aktiengesellschaft in Europa, S. 42, 85 f.; in Bezug auf mögliche Haftung der Geschäftsleiter aus rechtswidriger Ausschüttungsentscheidung auch *Veil*, Kapitalerhaltung, Das System der Kapitalrichtlinie versus situative Ausschüttungssperren, in: Lutter (Hrsg.), Das Kapital der Aktiengesellschaft in Europa, S. 91, 111.

625 Zum Problem der Überabschreckung siehe *Easterbrook/Fischel*, Limited Liability and the Corporation, 52 University of Chicago Law Review, 89, 116; *Olson*, Overdeterrence and the Problem of Comparative Risk, in: Olson, New Directions in Liability Law, S. 42 ff.; dazu ausführlich rechtsvergleichend und ökonomisch *Wansleben*, [...].

626 *Eidenmüller*, ZGR 2007, 168, 184.

627 Siehe oben, Kapitel 4.

628 Siehe oben, Kapitel 4.

Umgekehrt führt die ex-ante Prüfung der Kapitalaufbringung zur Verringerung von Haftungsrisiken für Gesellschafter und Geschäftsleiter. Gründer und Geschäftsleiter können sich sicher sein, nicht persönlich in Anspruch genommen zu werden, wenn sie die Regeln der Kapitalaufbringung beachtet haben. Sie befinden sich dann in sicherem Hafen (*safe harbour*).[629]

V. Sacheinlage

Insbesondere die zwingend vor Eintragung der Gesellschaft erfolgende Sacheinlageprüfung im deutschen Recht ist aufwändig und kostspielig.[630] Im angelsächsischen ex-post System obliegt die Bewertung der Sacheinlage hingegen allein den Geschäftsleitern. Eine Überprüfung von dritter, unabhängiger Stelle findet nicht statt. Dies führt zu einer Kostensenkung, da stets nur die problematischen Fälle ex-post überprüft werden.[631]

Das Problem der überbewerteten Sacheinlage liegt jedoch nicht nur im einmaligen, zu teuren Ausgabepreis. Hinzu kommt eine Ungleichbehandlung der Mitgesellschafter. Aufgrund der am Anteil orientierten Gewinnbeteiligung kommt es nämlich zu einer fortdauernden Besserstellung desjenigen, der eine überbewertete Sacheinlage einbringt und daher für seinen Anteil quotal zu wenig geleistet hat.[632] Außerdem steht dem Einlegenden bis zum Erkennen der Überbewertung anteilsmäßig zu viel Mitgliedschaftsrecht zu. Zu beachten ist außerdem Folgendes: Sind die Geschäftsleiter allein für die Bewertung der Einlage zuständig und haften diese im Falle der Überbewertung, werden sie in der Praxis im Regelfall ex-ante ein Werthaltigkeitsgutachten in Auftrag geben, um eine spätere Haftung zu vermeiden. Dies führt wiederum zur Erhöhung der Kosten.[633]

---

629 Zu diesem Vorzug des ex ante-Systems auch *Grimm*, Die Finanzverfassung der kleinen Kapitalgesellschaft, S. 392; *Eidenmüller*, ZGR 2007, 168, 182; *Lutter*, BB-Special 7/2006, 2, 4.

630 Kritisch daher *Enriques/Macey*, Cornell L. Rev. 86 (2001), 1165, 1195.

631 *Eidenmüller/Grunewald/Noack*, Das Mindestkapital im System des festen Kapitals, in: Lutter (Hrsg.), Das Kapital der Aktiengesellschaft in Europa, S. 17, 38.

632 So auch *Pentz/Priester/Schwanna*, Bar- und Sachkapitalaufbringung, in: Lutter (Hrsg.), Das Kapital der Aktiengesellschaft in Europa, S. 42, 71, die insofern von einem „*leverage*-Effekt" sprechen.

633 *Pentz/Priester/Schwanna*, Bar- und Sachkapitalaufbringung, in: Lutter (Hrsg.), Das Kapital der Aktiengesellschaft in Europa, S. 42, 85.

VI. Mindestkapital

Im ex-ante System des festen Kapitals wird zudem insbesondere das Mindestkapital kritisiert. Einerseits sei es gar nicht in der Lage, Gläubiger effektiv zu schützen. Für größere Unternehmen sei das Mindestkapital nämlich viel zu gering.[634] Dem ist insoweit zuzustimmen, als das Mindestkapital jedenfalls nicht eine stets hinreichende Masse zur Befriedigung aller Gläubiger darstellen kann. Diesen Anspruch erhebt das Mindestkapital jedoch auch gar nicht. Eine solche Funktion des Stammkapitals als alle Gläubiger befriedigenden Haftungsfonds ist eine „verbreitete Fehlvorstellung“[635].

Der wesentliche Beitrag des Mindestkapitals zum Gläubigerschutz liegt vielmehr in der zwingend vorgegebenen Risikobeteiligung die einen gewissen Interessengleichlauf sicherstellt und damit Überinvestitionen verhindert.[636] Gegen das Erfordernis eines zwingend vorgegebenen Mindestselbstbehalts, könnte man zwar einwenden, dass Marktmechanismen einen Mindestselbstbehalt auch ohne zwingende gesetzliche Regeln durchsetzen[637] – etwa in Form von *financial covenants*, die das Unternehmen zu einer bestimmten Eigenkapitalquote verpflichten. Die großen, verhandlungsstarken Gläubiger, die allein in der Lage sind solche *covenants* auszuhandeln, werden sich aber regelmäßig zusätzlich durch Real- und Personalsicherheiten absichern, was ebenfalls einen Selbstbehalt der Gesellschafter darstellt. Entsprechend geringer fällt dann aber der kapitalmäßig vertraglich vereinbarte Selbstbehalt aus, der aber allein reflexiv allen Gläubigern zugutekommt. Insgesamt versagt dieser Marktmechanismus daher in gewissem Maße.[638]

---

634 *Davies*, AG 1998, 346, 353; *Armour*, Modern L. Rev. 63 (2000), 355, 371 f.; *Enriques/Macey*, Cornell L. Rev. 86 (2001), 1165, 1185 f.; *Mülbert/Birke*, EBOR 3 (2002), 695, 718; *Merkt*, ZGR 2004, 305, 317 f.; für eine Abschaffung des Mindestkapitals in der geschlossenen Kapitalgesellschaft zuletzt auch *Bachmann/Eidenmüller/Engert/Fleischer/Schön*, Rechtsregeln für die geschlossene Kapitalgesellschaft, ZGR Sonderheft 18, 2012, S. 156.

635 *Seibert*, BB 2005, 1457.

636 Zum Zweck des Mindestkapitals als gesetzlich vorgegebener Mindestselbstbehalt siehe oben, Kapitel 3, Abschnitt V.

637 *Schön*, EBOR 5 (2004), 429, 438 ff.

638 Vgl. *Eidenmüller/Grunewald/Noack*, Das Mindestkapital im System des festen Kapitals, in: Lutter (Hrsg.), Das Kapital der Aktiengesellschaft in Europa, S. 17, 25 f.

Nicht unterschätzt werden darf zudem die Funktion des Mindestkapitals, die Informationsasymmetrie darüber, ob ein Selbstbehalt geleistet wurde und ob ein Haftungsfonds angelegt wurde, zu beseitigen.[639]

Ein treffendes Argument gegen einen gesetzlich festgelegten Mindestselbstbehalt liegt allerdings in der Überlegung, dass das Mindestkapital jederzeit durch Verluste aufgezehrt werden kann. Ist das Gesellschaftskapital aufgebraucht, gibt es auch keinen Selbstbehalt mehr.[640] Insbesondere in der Krise der Gesellschaft lebt damit die Gefahr von Überinvestitionen wieder auf.[641] Dieses Problem wird in Deutschland allerdings durch die Pflicht zur Stellung eines Insolvenzantrags (die es im Vereinigten Königreich und den USA im Übrigen nicht gibt[642]) wieder abgeschwächt.[643]

Gegen einen gesetzlichen Mindestselbstbehalt ließe sich desweiteren einwenden, dass dem Risikoanreiz der Gesellschafter auch durch die Durchgriffshaftung begegnet wird, die ebenfalls präventiv abschreckend wirkt. Aber auch damit sind Kosten (Risikokosten, Administrationskosten) verbunden.[644] Außerdem kommt eine Durchgriffshaftung bei Publikumsgesellschaften generell nicht in Betracht.[645]

Des Weiteren wird vorgebracht, dass eine Korrektur des fehlenden Selbstbehalts durch einen Reputationsverlust der Geschäftsleiter erfolgt, wenn diese schlecht wirtschaften oder zu Überinvestitionen neigen.[646] Dieser Reputationsverlust würde dann letztlich zu einem Austausch der Geschäftsleitung führen.

---

639 Dazu ausführlich bereits oben, Kapitel 3, Abschnitt V.

640 So etwa *Enriques/Macey*, Cornell L. Rev. 86 (2001), 1165, 1186 f.

641 Zum Problem der Überinvestition *Baums*, ZHR 175 (2011), 160, 190 f.

642 Dazu rechtsvergleichend *Haug*, Ex-post-Gläubigerschutz in der private company limited by shares, S. 56 f.

643 Siehe *Huber*, Die Insolvenzantragspflicht der Geschäftsführer von Auslandsgesellschaften, in: Lutter (Hrsg.), Europäische Auslandsgesellschaften in Europa, S. 307, 329 ff.

644 *Lutter*, AG 1998, 375, 377; *Eidenmüller/Grunewald/Noack*, Das Mindestkapital im System des festen Kapitals, in: Lutter (Hrsg.), Das Kapital der Aktiengesellschaft in Europa, S. 17, 31.

645 So auch *Jensen/Meckling*, Theory of the Firm, S. 331; *Adams*, Eigentum, Kontrolle und beschränkte Haftung, S. 93; *Scholz*, Kapitalerhaltung durch Solvenztests, S. 30; siehe dazu auch oben [...].

646 *Kraakman*, Corporate Liability Strategies and the Costs of Legal Controls, (1984) 93 Yale LJ 857, 863 f.

Dieser Mechanismus versagt in der Regel jedoch bei kleinen Gesellschaften, in denen Geschäftsleiter selbst Gesellschafter sind.[647]

Zuletzt könnte man gegen das Mindestkapital einwenden, dass es Kleinstunternehmen zu einer unangemessen hohen Eigenkapitalausstattung zwingt.[648] Für solche Unternehmen ist es jedoch bereits fraglich, ob sie überhaupt auf die Haftungsbeschränkung angewiesen sind oder ob sie aufgrund des geringen Verlustrisikos nicht genauso gut von persönlich haftenden Gesellschaftern betrieben werden können.

VII. Weniger Gründungen im ex ante-System

1. Empirie

Eine Studie aus dem Jahre 2006[649] untersuchte die Zahl der Gründungen von Unternehmern nach den EuGH-Entscheidungen[650] zur Unvereinbarkeit der Sitztheorie mit EU-Recht. Die Studie stellt fest, dass innerhalb der EU viele Gründer anstatt ihrer jeweils inländischen Kapitalgesellschaft eine englische *Ltd.* gründeten. Die Studie führt dieses Ausweichen in die *Ltd.* auf das fehlende Mindestkapitalerfordernis und die geringen Gründungskosten bei der *Ltd.* zurück.

Eine andere Studie aus dem Jahre 2013 untersuchte die Gründungsaktivitäten in EU-Mitgliedsstaaten, nachdem diese ihr Gründungsrecht dereguliert hatten.[651] Die häufigsten Deregulierungen waren die Senkung oder Abschaffung des Mindestkapitals, die Ermöglichung der elektronischen Registrierung sowie der Verzicht auf die Mitwirkung eines Notars.[652] Die Studie gelangt zu dem Ergebnis, dass die Deregulierung des Gründungsrechts sich positiv auf die Anzahl neu

---

647 *Kraakman*, Corporate Liability Strategies and the Costs of Legal Controls, (1984) 93 Yale LJ 857, 863 f.; *Prentice*, Corporate Personality, Limited Liability and the Protection of Creditors, in: Grantham/Ricket, Corporate Personality in the 20th Century, S. 99, 105, 108.

648 Siehe dazu das Rechenbeispiel bei *Eidenmüller/Grunewald/Noack*, Das Mindestkapital im System des festen Kapitals, in: Lutter (Hrsg.), Das Kapital der Aktiengesellschaft in Europa, S. 17, 28.

649 *Becht/Mayer/Wagner*, Journal of Corporate Finance, 14 (2008), 241.

650 EuGH, Rs. C-212/97 (*Centros*), Slg. 1999, I-1459; Rs. C-208/00 (*Überseering*), Slg. 2002, I-9919; Rs. C-167/01 (*Inspire Art*), Slg. 2003, I-10155.

651 *Braun/Eidenmüller/Engert/Hornuf*, ZHR 177 (2013), 131.

652 Siehe dazu die tabellarische Übersicht bei *Braun/Eidenmüller/Engert/Hornuf*, ZHR 177 (2013), 131, 137 f.

gegründeter Unternehmen auswirkt. Zum einen wurden nach der Reform mehr Kapitalgesellschaften gegründet. Zum anderen erhöhte sich aber auch die Start-up-Aktivität insgesamt.[653] Es kommt durch die Deregulierung also nicht nur zu einem „Verdrängungswettbewerb zulasten nicht haftungsbeschränkter Rechtsformen [sondern] gefördert wird das unternehmerische Engagement insgesamt".[654]

2. Bedeutung für den Systemvergleich

Welche Bedeutung haben diese Erkenntnisse für den Systemvergleich? Im Vergleich zum Vereinigten Königreich und den USA ist die Gründung von Kapitalgesellschaften in Deutschland noch immer vergleichsweise teuer und langwierig. Es ist deshalb davon auszugehen, dass im Vereinigten Königreich und den USA zum einen mehr Kapitalgesellschaften gegründet werden und zum anderen insgesamt eine höhere Start-up-Aktivität besteht. Umgekehrt ist anzunehmen, dass in Deutschland die vergleichsweise hohen Gründungskosten und das Mindestkapital die Gründungsaktivität verringern und ein Ausweichen in attraktivere ausländischen Rechtsformen erfolgt. Die daraus resultierenden gesamtwirtschaftlichen Verluste sind Opportunitätskosten des Mindestkapitals und der höheren Gründungskosten.[655]

3. Geringere Qualität der zusätzlich gegründeten Unternehmen im ex-post System

Zu bedenken ist allerdings, dass die ex-ante Mechanismen eine wichtige Filterfunktion übernehmen. Dies gilt zunächst für die formellen Hürden der notariellen Beurkundung, des Gründungsberichts und der Gründungsprüfung sowie für die registerrechtliche Prüfung. Die notarielle Beurkundung dient insbesondere dazu, vorschnelle und unüberlegte Gründungen zu vermeiden (Warnfunktion), die Parteien eingehend zu beraten – auch über die Wahl der Rechtsform (Beratungsfunktion) sowie die Richtigkeit von Gesellschaftsvertrag und Satzung und die Einhaltung der Gründungsvorschriften sicherzustellen (Richtigkeitsgewähr).[656] Gründungsbericht, Gründungsprüfung und registergerichtliche Prüfung dienen in erster Linie dem Schutz des Rechtsverkehrs vor betrügerischen, unseriösen und fehlerhaften Gründungen.[657]

---

653 So bereits die Hypothese von *Eidenmüller/Engert*, GmbHR 2005, 433, 435 f.

654 *Braun/Eidenmüller/Engert/Hornuf*, ZHR 177 (2013), 131, 148.

655 *Eidenmüller*, ZGR 2007, 168, 183 f.

656 Siehe oben, Kapitel 3, Abschnitt II.

657 Siehe oben, Kapitel 3, Abschnitt III.

Eine weitere, noch bedeutendere, Filterfunktion übernimmt das gezeichnete Kapital, vor allem: das Mindestkapital als zwingender Mindestselbstbehalt. In den Genuss der beschränkten Haftung der Kapitalgesellschaften kommen im ex-ante System nur solche Unternehmer, die bereit sind, einen eigenen Risikobeitrag zu leisten. Einen solchen Risikobeitrag wird indes nur derjenige Unternehmer bereit sein, aufzubringen, der von seiner Unternehmung auch wirtschaftlich überzeugt ist. Das Mindestkapital verhindert also die Gründung solcher Unternehmen, bei denen die Gründer von Anfang an planen oder in Kauf nehmen, dass gesamte wirtschaftliche Risiko auf die Gläubiger abzuwälzen.

Umgekehrt könnten *Ltd.* und *corporation* – also Kapitalgesellschaften ohne Mindestkapital – insbesondere auch solche Gründer anziehen, die gerade nicht von ihrer Unternehmung überzeugt sind.

Dies würde bedeuten, dass die im Vereinigten Königreich und in den USA aufgrund des einfachen Gründungsrechts und des fehlenden Mindestkapitals zusätzlich gegründeten Unternehmen sowie die zusätzlich gegründeten deutschen *Ltds.* – mangels der eben dargestellten Filter – durchschnittlich von geringerer Qualität sind, als die in Deutschland gegründeten Kapitalgesellschaften deutscher Rechtsform.[658] Anders gewendet ist sogar anzunehmen, dass das ex-post System gerade solche Gründer anzieht.[659] Dies gilt nach oben Gesagtem sowohl hinsichtlich unseriöser und betrügerischer Gründungen, als auch für die Gründung von Gesellschaften denen zu risikoreiche Geschäfte zugrundeliegen.

a. *Deutsche Ltds. vs. GmbH*

Aufschluss über diese Annahme könnten Statistiken über die Lebensdauer der deutschen und angelsächsischen Kapitalgesellschaften geben. Eine solch allgemeine Untersuchung wäre allerdings aus verschiedenen Gesichtspunkten für die Beurteilung der Qualität der (zusätzlich) gegründeten Unternehmen wenig einträglich. Denn es sind wohl zu viele volkswirtschaftliche Faktoren, die die Lebensdauer von Kapitalgesellschaften beeinflussen.

Mehr Erfolg verspricht hingegen ein anderer Ansatz, nämlich der Vergleich der Lebensdauer der deutschen *Ltds.* mit der Lebensdauer der GmbH.[660] Denn

---

658 Darauf weisen auch *Braun/Eidenmüller/Engert/Hornuf*, ZHR 177 (2013), 131, 147 hin.

659 So auch die Vermutung von *Braun/Eidenmüller/Engert/Hornuf*, ZHR 177 (2013), 131, 147.

660 So der Ansatz von *Ringe*, Corporate Mobility in the European Union – a Flash in the Pan?, University of Oxford Legal Research Paper Series, Paper No 34/2013.

bei diesem Vergleich agieren die beiden Vergleichsobjekte (deutsche *Ltds.* und GmbH) in der gleichen Volkswirtschaft (Deutschland).

Von den zwischen 2004 und 2011 gegründeten 48.103 deutschen Gesellschaften englischer Rechtsform war der ganz überwiegende Teil *Ltds.* (99,83 %).[661]

Von diesen Gesellschaften waren im Februar 2012 nur noch 18 % aktiv. 72 % waren bereits aufgelöst, 10 % befanden sich in Zahlungsverzug oder waren inaktiv.

Eine andere Untersuchung ermittelte aufgrund der Zahlen von Gewerbeanmeldungen und Gewerbeabmeldungen deutscher *Ltds.* eine Überlebensrate deutscher *Ltds.* von 50 % nach einem Jahr und nur noch 10% nach zwei Jahren.[662]

Die Auswertung der Daten des *Companies Register* wies im Jahre 2006 auf eine durchschnittliche Lebensdauer deutscher *Ltds.* von 24 Monaten hin[663] und im Jahre 2007 auf eine durchschnittliche Lebensdauer von 14 Monaten.[664]

Der Dienstleister „*Creditreform*" untersuchte die Zahl der Insolvenzen deutscher Unternehmen. Auf 10.000 Einzelunternehmen kamen im Jahre 2007 98 Insolvenzen, bei den deutschen *Ltds.* waren es im Jahre 2007 1.104 Insolvenzen und im Jahre 2009 1.657. Außerdem wurde die Bonität von deutschen *Ltds.* und GmbH untersucht.[665] Dabei war die Bonität der deutschen *Ltd.* im Durchschnitt erheblich geringer.

b. GmbH vs. UG

Auch der UG fehlt ein wichtiger Filter des ex-ante Systems: das Mindestkapital. Darüber hinaus fehlen der UG die ex-post Mechanismen des angelsächsischen Rechts. Mangels Mindestkapitals dürfte die UG ebenfalls gerade solche Unternehmer anzuziehen, die nicht bereit sind, einen Risikobeitrag zu leisten.[666] Es ist daher anzunehmen, dass auch die UG eine vergleichsweise hohe Frühsterblichkeit aufweist. Eine empirische Untersuchung aus

---

661 *Ringe*, Corporate Mobility in the European Union – a Flash in the Pan?, University of Oxford Legal Research Paper Series, Paper No 34/2013, S. 16.

662 *Niemeier*, ZIP 2007, 1794, 1799.

663 *Westhoff*, GmbHR 2006, 525 ff.

664 *Westhoff*, GmbHR 2007, 474, 497.

665 Beides zitiert nach *Niemeier*, in: Hirte/Teichmann (Hrsg.), The European Private Company, S. 293, 317 ff.

666 Vgl. auch *Niemeier*, in: Hirte/Teichmann (Hrsg.), The European Private Company, S. 293, 337: „*The One-Euro-Model [UG] seems to attract founders from the real bottom of the market whose personal track record adds considerable risk of failure to grossly*

dem Jahre 2011 spricht für diese Vermutung.[667] Da die Gewerbestatistik die UG nicht separat ausweist, sondern als GmbH einordnet, untersuchte die Studie die Veränderung jährlicher Betriebsaufgaben der als GmbH/UG geführten Gesellschaften. Das Ergebnis war ein deutlicher Anstieg aller GmbH-Betriebsaufgaben seit Bestehen der UG (10% Anstieg zwischen den Jahren 2008 und 2009 bei lediglich 5,2 % Anstieg der Betriebsaufgaben aller Gesellschaftsformen). Entsprechend wuchs auch der Anteil der GmbH/UG-Betriebsaufgaben an der Zahl aller Betriebsaufgaben (von 49,77 % auf 51,7 %), obwohl seit 2004 die Zahl der GmbH-Betriebsaufgaben rückläufig war (von 2004 bis 2008 ein Abfallen von 55,66 % auf 49,77 %). Anhand dieser Entwicklung schätzt die Studie allein für die UG für das erste Halbjahr 2009 bei 12.000 Neugründungen 3.400 Betriebsaufgaben.

Zwei Analysen geben zudem einen Hinweis darauf, dass die Möglichkeit der Gründung ohne Mindestkapital nicht die seriösesten Gründer anzieht. Untersuchungen zur „Schuldner-Vorgeschichte" von an UG-Gründungen beteiligten späteren Gesellschaftern und Geschäftsführern kommen zu dem Ergebnis, dass von diesen nur 68 % als Schuldner unbelastet waren, 32 % hingegen „einschlägig vorbelastet" waren und 23 % sogar Vorinsolvenzen aufwiesen oder bereits eidesstaatliche Versicherungen abgegeben hatten.[668]

c. *Zwischenergebnis*

Verschiedene Untersuchungen kommen also zu dem Ergebnis, dass die deutschen *Ltds.* früh scheitern und im Durchschnitt eine vergleichsweise geringe Bonität aufweisen.[669] Die Mehrzahl der deutschen *Ltds.* bleibt unrentabel.[670]

Die Frühsterblichkeit der deutschen *Ltds.* führt zu hohen volkswirtschaftlichen Kosten. So sollen aus Insgesamt 2.529 Insolvenzen deutscher *Ltds.* in den

---

undercapitalized companies"; zur Frühsterblichkeit der UG siehe *Niemeier*, in: FS Roth, 2011, 533, 549 f.

667 Siehe *Niemeier*, in: FS Roth, 2011, 533, 549 f.

668 Siehe *Riegel*, Unternehmergesellschaft haftungsbeschränkt oder Billig-GmbH ... doch billig ist nicht gleich günstig, 13.7.2009, www.creditreform-muenster.de; *Roggenbuck*, Unternehmergesellschaft haftungsbeschränkt, www.creditreform-bielefeld.de, beide zitiert nach *Niemeier*, in: FS Roth, 2011, S. 533, 548.

669 So im Ergebnis auch *Eidenmüller*, ZGR 2007, 168, 172 und *Niemeier*, ZIP 2006, 2237, 2250, die beide davon ausgehen, dass mehr als jedes zweite Vorhaben einer deutschen *Ltd.* nach ein bis zwei Jahren wieder aufgegeben wird.

670 So auch die Vermutung von *Braun/Eidenmüller/Engert/Hornuf*, ZHR 177 (2013), 131, 147.

Jahren 2006 – 2009 Forderungsausfälle in Höhe von 385 Millionen Euro resultieren.[671] Unter Hinzuziehung der Jahre 2003 – 2005 sei von einem Gesamtschaden in Höhe von 500 Millionen Euro auszugehen.[672]

Im Vergleich dazu ist die Überlebensrate neu gegründeter Unternehmen deutscher Rechtsform wesentlich höher: Nach zwei Jahren bestehen noch 80 %, nach drei Jahren noch 70 %. Betrachtet man die GmbH isoliert, sind die Zahlen 5 % geringer.[673]

Es ist davon auszugehen, dass es gerade die fehlenden ex-ante Mechanismen sind, die zur schlechten Leistung der deutschen *Ltds.* führen. Zu berücksichtigen ist zwar, dass auch die regulatorischen Hürden (Jahresabschluss in *UK GAAP* zum *Companies House*, Unterhalt eines *registered office* im Vereinigten Königreich, erhöhte Kosten für doppelte Buchführung sowie höhere, da grenzüberschreitenden – Beratungskosten[674]) die laufenden Kosten dieser Gesellschaften erhöhen. Für die Frühsterblichkeit sind diese Faktoren jedoch weniger ausschlaggebend. Denn zum einen ist das Einreichen des Jahresabschlusses zum *Companies House* zumeist von der Serviceleistung des *incorporation agent* umfasst – und zwar inklusive der Umwandlung von *German GAAP* zu *UK GAAP*). Zum anderen sind die Jahresabschlüsse der *Ltds.* das erste Mal nach 22 Monaten zum *Companies House* einzureichen.[675] Zu dieser Zeit sind allerdings die meisten deutschen *Ltds.* bereits gescheitert.

Erste empirische Untersuchungen der Betriebsaufgaben der UG zeigen ebenfalls eine Frühsterblichkeit dieser Rechtsform und bestätigen damit die Annahme, dass das fehlende Mindestkapital gerade die Gründung solcher Unternehmen anzieht, die letztlich unrentabel bleiben.

VIII. Zwischenergebnis zu Kapitel 5:

Im Ergebnis haben sowohl das ex-ante System als auch das ex-post System Vor- und Nachteile. Während im deutschen Recht die ex-ante Mechanismen

---

671 So *Niemeier*, in: Hirte/Teichmann (Hrsg.), The European Private Company, S. 293, 322 f.

672 *Niemeier*, in: FS Roth, 2011, 533, 543.

673 So die Langzeitstudie von *Heckmann/Schnabel*, in: Bellmann/Wagner, Betriebsdemografie, S. 1 ff.

674 Zu den aus dem grenzüberschreitenden Betrieb folgenden Mehrkosten ausführlich unten, Kapitel 6, Abschnitt IV.

675 Darauf hinweisend auch *Niemeier*, in: Hirte/Teichmann (Hrsg.), The European Private Company, S. 293, 314 f.

die Gründung und damit das Entstehen der Gesellschaft verkomplizieren und verteuern sind dafür im angelsächsischen ex-post System die laufenden Kosten des Betriebs der Kapitalgesellschaft höher. Weder das eine, noch das andere System kann als insgesamt „überlegen" angesehen werden.[676] Zwar ist davon auszugehen, dass das einfache Gründungsrecht im Vereinigten Königreich und in den USA die Zahl der Unternehmensgründungen insgesamt erhöht. Allerdings werden durch die fehlenden ex-ante Mechanismen dort auch Unternehmen von geringerer Qualität gegründet, die dementsprechend auch eine höhere Insolvenzrate haben. Von den Insolvenzen werden im ex-post System außerdem vor allem die unkoordinierten und Verhandlungsschwachen Gläubiger getroffen.

676 So im Ergebnis auch *Fleischer*, ZGR 2001, 1, 13: "*argumentativer Patt*"; *Merkt*, Creditor Protection, and Capital Maintenance from a German Perspective' [2004] European Business Law Review, 1045, 1052; *ders.* ZGR 2004, 305, 316; *Engert*, Kapitalgesellschaften ohne gesetzliches Kapital: Lehren aus dem US-amerikanischen Recht, in: Lutter (Hrsg.), Das Kapital der Aktiengesellschaft in Europa, S. 743, 746; *Grimm*, Die Finanzverfassung der kleinen Kapitalgesellschaft, S. 394 f.; auch eine von der EU-Kommission in Auftrag gegebene und von der Wirtschaftsprüfungsgesellschaft KPMG durchgeführten Studie zur Analyse der verschiedenen Kapitalschutzsysteme aus dem Jahre 2008 kam zum Ergebnis, dass unter Kostengesichtspunkten kein System klar vorzugswürdig ist: Vgl. *KPMG*, Feasibility study on an alternative to the capital maintenance regime established by the Second Company Law Directive 77/91/EEC of 13 December 1976 and an examination of the impact on profit distribution of the new EU-accounting regime, abrufbar unter: http://ec.europa.eu/internal_market/company/docs/capital/feasbility/study_en.pdf; zur Studie siehe *Lanfermann/Richard*, Der Aufsichtsrat 2008, 39 ff.; *Schruff/Lanfermann*, WPg 2008, 1099 ff.; anders, zugunsten des amerikanischen Modells aber *Mülbert/Birke*, EBOR 3 (2002), 695; anders auch die Einschätzung von *Ferran*, The Place for Creditor Protection on the Agenda for Modernisation of Company Law in the Euopean Union, ECGI – Law Working Paper No. 51/2005, S. 28 mit Verweis auf "*R. La Porta, F. Lopez-de-Silanes, A. Shleifer and R.W. Vishny*, 'Legal Determinants of External Finance' (1997) 52 Journal of Finance 1131" sei das System des Vereinigten Königreichs hinsichtlich Gläubigerschutz dem deutschen System überlegen; anders, zugunsten des kontinentaleuropäischen Kapitalsystems aus Kostengesichtspunkten *Pentz/Priester/Schwanna*, Bar- und Sachkapitalaufbringung, in: Lutter (Hrsg.), Das Kapital der Aktiengesellschaft in Europa, S. 42, 84 ff.

Ein Wechsel vom Ex ante-System zum Ex post-System ist aus den genannten Gründen nicht zu befürworten.[677]

677 So auch die Stellungnahme zum Aktionsplan der EU-Kommission zur Modernisierung des Gesellschaftsrechts und Verbesserung der Corporate Governance in der Europäischen Union des DAV-Handelsrechtsausschusses, NZG 2003, 1008, 1012 f.; *Arbeitsgruppe Europäisches Gesellschaftsrecht*, ZIP 2003, 863, 872; *Hommelhoff*, RabelsZ 62 (1998), 381, 398; tendenziell auch *K. Schmidt*, Gesellschaftsrecht, § 18 II 2 c, S. 519; *Pentz/Priester/Schwanna*, Bar- und Sachkapitalaufbringung, in: Lutter (Hrsg.), Das Kapital der Aktiengesellschaft in Europa, S. 42, 69 ff.; *Priester*, in: VGR (Hrsg.), Die GmbH-Reform in der Diskussion, 2006, 1, 16; anders: *Armour*, EBOR 7 (2006), 5, 27; *Davies*, AG 1998, 346, 352 ff.; *Enriques/Macey*, 86 Cornell L. Rev. 1165 (2001); *Kübler*, ZHR 159 (1995), 550; *ders.*, ZGR 2000, 550, 556 f.; *Escher-Weingart*, Reform durch Deregulierung im Kapitalgesellschaftsrecht, S. 240 ff.; *Roth*, in: FS Doralt, 2004, 479, 486; zumindest für die GmbH auch: *Kallmeyer*, GmbHR 2004, 377, 379; *Eidenmüller*, ZGR 2007, 168, 188; *Engert*, ZHR 170 (2006), 296; *Jungmann*, ZGR 2006, 638, 680 ff.; *Bayer*, ZGR 2007, 220, 234 ff.; *Bayer/Lieder*, GmbHR 2006, 1121, 1128 f.; *Bauer*, Gläubigerschutz durch eine formelle Nennkapitalziffer – kapitalgesellschaftsrechtliche Notwendigkeit oder überholtes Konzept?; *Ekkenga*, in: Münchener Kommentar, GmbHG, § 30 Rn. 39.

6. Kapitel: Systemwechsel aufgrund des Wettbewerbs der Rechtsordnungen?

Der vorherige Abschnitt hat gezeigt, dass letztlich weder das ex-ante System noch das ex-post System vorzugswürdig sind. Im Ergebnis stehen sich also zwei gleichwertige Systeme gegenüber, sodass sich eine Deregulierung des deutschen Rechts nicht darauf stützen lässt, es sei dem angelsächsischen Recht unterlegen und müsse aus Gesichtspunkten der Effizienz reformiert werden.

Eine Deregulierung des deutschen Gründungsrechts nach dem Vorbild des angelsächsischen Rechts könnte allerdings aus einem anderen Grund erforderlich sein, nämlich dem Wettbewerb der Rechtsordnungen, genauer: dem Wettbewerb der europäischen Kapitalgesellschaftsformen.

Dass letztlich ein Systemwechsel allerdings auch nicht aufgrund eines solchen Wettbewerbs angezeigt ist, zeigt das folgende, 6. Kapitel.

I. Vormarsch der *Ltd.* in Deutschland und Europa

Seit den Urteilen des EuGH zur Niederlassungsfreiheit zwischen den Jahren 1997 und 2003 (*Centros*[678], *Überseering*[679], *Inspire Art*[680]) konkurrieren die verschiedenen nationalen Gesellschaftsformen innerhalb Europas miteinander. Die englischen Gesellschaftsformen und unter diesen insbesondere die *Ltd.* sind aus diesem Wettbewerb bisher als Sieger hervorgegangen. Deren vergleichsweise einfache, kostengünstige und schnelle Möglichkeit der Gründung sowie deren fehlendes Mindestkapital haben dazu geführt, dass zahlreiche Unternehmer in Europa – trotz ausschließlicher Geschäftstätigkeit außerhalb des Vereinigten Königreichs – für ihr Unternehmen anstelle der inländischen Rechtsform diejenige der *Ltd.* wählten.[681] Dies galt insbesondere auch für deutsche Unternehmer.[682] Verschiedene Studien ermittelten mit unterschiedlichen Methoden folgende Zahlen deutscher limiteds: Zwischen den Jahren 1997 und 2006

---

678 EuGH, Rs. C-212/97 (Centros), Slg. 1997, I-1459.

679 EuGH, Rs. C-208/00 (Überseering), Slg. 2002, I-9919.

680 EuGH, Rs. C-167/01 (Inspire Art), Slg. 2003, I-10155.

681 *Becht/Meyer/Wagner*, Where do Firms incorporate? Deregulation and the Cost of Entry, Journal of Corporate Finance 2008, 241, 250; *Westhoff*, GmbHR 2006, 525; *ders.*, GmbHR 2007, 474.

682 Dazu bereits *Armour*, Who Should Make Corporate Law? EC Legislation versus Regulatory Competition, ILF Working Paper Nr. 41, 11/2005, S. 19 f.

wurden 41.499 deutsche *Ltds.* gegründet[683] und zwischen den Jahren 2004 und 2011 gab es 48.103 Gründungen.[684] Im Zeitraum von November 2002 bis November 2005 gab es über 30.000 Neugründungen deutscher limiteds.[685] Im Jahr 2006 war mehr als jede fünfte gegründete private Kapitalgesellschaft in Deutschland eine *Ltd.* (21, 46 %).[686]

II. Eindämmung der deutschen *Ltds.* durch Deregulierung?

Die Gründungen und das Operieren dieser deutschen *Ltds.* zulasten der inländischen GmbH ist aus deutscher Sicht nicht wünschenswert. Neben rechtskulturellen Aspekten[687], vor allem: einer Gefährdung der nationalen Rechtssetzungshoheit[688], sind die wirtschaftlichen Interessen der rechtsberatenden Branche betroffen.[689]

Mit dem Aufschwung der deutschen *Ltd.* verlangten daher Viele eine Deregulierung des GmbH-Rechts um eine fortschreitende Verdrängung der GmbH zu verhindern.[690] Im Jahre 2008 kam es mit dem MoMiG[691] teilweise zur geforderten Deregulierung.

Man könnte der Auffassung sein, dass aufgrund des vorbezeichneten Wettbewerbs eine weitere Deregulierung des deutschen Gründungsrechts auch heute noch – und zwar über die Maßnahmen des MoMiG hinaus – erforderlich sei.[692] Diese Überlegung basiert allerdings auf der Annahme, dass auch aktuell ein Wettbewerb der europäischen Kapitalgesellschaftsformen überhaupt noch

683 Becht/Meyer/Wagner, Where do Firms incorporate? Deregulation and the Cost of Entry, Journal of Corporate Finance 2008, 241, 247.

684 *Ringe*, Corporate Mobility in the European Union – a Flash in the Pan?, University of Oxford Legal Research Paper Series, Paper No 34/2013, S. 16.

685 *Westhoff*, GmbHR 2006, 525, 526 f.

686 *Ringe*, Corporate Mobility in the European Union – a Flash in the Pan?, University of Oxford Legal Research Paper Series, Paper No 34/2013, S. 18.

687 Darauf hinweisend etwa *Eidenmüller*, ZGR 2007, 168, 179.

688 *Niemeier*, ZIP 2007, 1794.

689 Vgl. *Eidenmüller*, ZGR 2007, 168, 179; *Ringe*, Corporate Mobility in the European Union – a Flash in the Pan?, University of Oxford Legal Research Paper Series, Paper No 34/2013, S. 13.

690 So etwa *Gehb/Drange/Heckelmann*, NZG 2006, 88.

691 Gesetz zur Modernisierung des GmbH-Rechts und zur Bekämpfung von Missbräuchen (MoMiG) vom 23. 10. 2008 (BGBl. I S. 2026).

692 So jüngst aber noch *Bayer*, Kapitalschutz in der GmbH, in: VGR (Hrsg.), Gesellschaftsrecht in der Diskussion 2012, S. 25, 52.

stattfindet. Die Zahlen der Neugründungen deutscher *Ltds.* in den letzten Jahren sprechen hingegen gegen diese Annahme. Tatsächlich sind sowohl die Zahlen der Neugründungen als auch die Zahlen der operierenden deutschen *Ltds.* seit einigen Jahren stark rückläufig.

III. Rückgang der Gründung deutscher *limiteds*

Während bis März 2006 die Zahl der monatlichen Neugründungen deutscher Gesellschaften englischer Rechtsform (davon 99,83 % *Ltds.*) fortlaufend anstieg (1322 Neugründungen im März 2006), ist anschließend ein stetiger Rückgang zu verzeichnen (nur noch 49 Neugründungen im Dezember 2011).[693]

Entsprechend ging auch der Anteil deutscher Gesellschaften englischer Rechtsform an der Gesamtzahl der in England gegründeten Gesellschaften zurück. Während im Januar 2004 2,19 % der im Vereinigten Königreich gegründeten Gesellschaften deutsche Gesellschaften waren, sind es im Dezember 2005 sogar 4,11 %, aber im Dezember 2006 nur noch 0,13 %.[694]

Ebenfalls stark rückläufig war der Anteil der Gründungen deutscher Gesellschaften englischer Rechtsform an der Gesamtzahl der Gründungen privater deutscher Kapitalgesellschaften. Im Jahre 2004 beträgt der Anteil 15,23 %, im Jahre 2006 sind es 21,46 % aber im Jahre 2011 nur noch 1,13 %.[695]

Der Rückgang der deutschen *Ltds.* spiegelt sich auch wider in der sinkenden Zahl der im *Companies House* registrierten deutschen Geschäftsleiter einer *limited*, sowie im Rückgang der in Deutschland erfolgten Gewerbeneuanmeldungen von *Ltds.* und den monatlichen Handelsregistereintragungen von Niederlassungen in der Rechtsform der *Ltd.*[696]

---

693 *Ringe*, Corporate Mobility in the European Union – a Flash in the Pan?, University of Oxford Legal Research Paper Series, Paper No 34/2013, S. 17.

694 *Ringe*, Corporate Mobility in the European Union – a Flash in the Pan?, University of Oxford Legal Research Paper Series, Paper No 34/2013, S. 18.

695 *Ringe*, Corporate Mobility in the European Union – a Flash in the Pan?, University of Oxford Legal Research Paper Series, Paper No 34/2013, S. 18.

696 So der Ansatz von *Niemeier*, in: Hirte/Teichmann (Hrsg.), The European Private Company, S. 293, 306 ff.; der im Ergebnis davon ausgeht, dass die deutschen *Ltds.* in Kürze wieder die gleiche geringe Marktpräsenz aufweisen wird, wie vor dem *Inspire Art* Urteil (S. 311).

IV. Ursachen für den Rückgang

1. Reformen im deutschen Recht

Die Ursache dafür, dass die *Ltd.* in Deutschland nur noch eine geringe Rolle spielt, könnte zunächst darin erblickt werden, dass der deutsche Gesetzgeber im Jahre 2008 mit dem MoMiG[697] die Gründung der GmbH bereits in gewissem Umfang vereinfacht hat und darüber hinaus den Unternehmern mit der UG eine Kapitalgesellschaftsform zur Verfügung gestellt hat, die ohne anfängliches Kapital gegründet werden kann.[698]

Eine jüngste empirische Untersuchung legt allerdings nahe, dass der Rückgang der *Ltd.* überwiegend doch nicht der Verdienst des deutschen Gesetzgebers ist, sondern andere Ursachen hat.[699] Diese Vermutung basiert auf zwei Überlegungen: Erstens war die Anzahl der neu gegründeten deutschen *Ltds.* schon bereits vor dem Inkrafttreten des MoMiG stark rückläufig.[700]

Und zweitens hatte Österreich[701] einen vergleichbaren Rückgang zu verzeichnen, ohne dass dort eine dem MoMiG entsprechende Reform stattgefunden hätte.[702] Wenn der Rückgang der Bedeutung der *Ltd.* in Deutschland nicht der überwiegende Verdienst der jüngsten Reformen ist, worauf ist er dann zurückzuführen?

---

697 Gesetz zur Modernisierung des GmbH-Rechts und zur Bekämpfung von Missbräuchen (MoMiG) vom 23. 10. 2008 (BGBl. I S. 2026).

698 So etwa *Braun/Eidenmüller/Engert/Hornuf*, ZHR 177 (2013), 131, 134: „Tatsächlich erweist unser Difference-in-Difference-Ansatz, dass die EU Mitgliedstaaten ihre inländischen Gesellschaftsformen fördern können, indem sie deren Gründung vereinfachen und insbesondere das Mindestkapital herabsetzen"

699 *Ringe*, Corporate Mobility in the European Union – a Flash in the Pan?, University of Oxford Legal Research Paper Series, Paper No 34/2013.

700 *Ringe*, Corporate Mobility in the European Union – a Flash in the Pan?, University of Oxford Legal Research Paper Series, Paper No 34/2013, S. 19.

701 Zum (anfänglichen)Erfolg der *Ltd.* in Österreich siehe *Dommes/Eckert/Lembeck/Metzler*, SWI 2005, 477 ff.; *Ringe*, Corporate Mobility, in the European Union – a Flash in the Pan?, University of Oxford Legal Research Paper Series, Paper No 34/2013, S. 19 ff.

702 *Ringe*, Corporate Mobility in the European Union – a Flash in the Pan?, University of Oxford Legal Research Paper Series, Paper No 34/2013, S. 19 f.

2. Hohe ex-post Kosten der *limited*

Wie oben dargestellt, ist das angelsächsische ex-post System dadurch gekennzeichnet, dass zwar die Gründung der Kapitalgesellschaften schnell und kostengünstig vonstattengeht, die laufenden Kosten der Gesellschaft aus verschiedenen Gründen allerdings vergleichsweise hoch sind. Zu nennen sind hier vor allem die höheren Agenturkosten und die höheren Transaktionskosten, die aus den ex post-Gläubigerschutzmechanismen resultieren.[703] Diese ex post-Kosten wurden von zahlreichen Gründern deutscher *Ltds.* vermutlich übersehen oder unterschätzt. Ebenfalls nicht bedacht wurden wohl die gesteigerten laufenden administrativen Kosten für den zwingenden Unterhalt eines *registered office* im Vereinigten Königreich[704], die erhöhten Kosten für die doppelte Buchführung und das Erfordernis des Einreichens der Jahresabschlüsse zum *Companies House*[705] sowie die höheren – da grenzüberschreitenden – Beratungskosten.[706] Mit fortschreitendem Bekanntwerden der höheren Transaktionskosten und der höheren Agenturkosten verlor die *Ltd.* einen Teil ihrer Attraktivität als (vermeintlich) modernere und unbürokratischere Rechtsformvariante.[707]

3. Schlechte Reputation der *Ltd.* am deutschen Markt

Ein weiterer Grund für den Rückgang der deutschen *Ltds.* ist deren – mit der GmbH verglichen – schlechtere Reputation und der daraus folgenden geringeren Akzeptanz im deutschen Markt.[708] Wie oben dargestellt, hat die Rechtsform

703 Dazu siehe oben, Kapitel 5.

704 So auch *Just*, BC 2006, 25, 26, der von Folgekosten in Höhe von 300 bis 600 Euro ausgeht.

705 Siehe auch *Goette*, Stellungnahme zum MoMiG, S. 9 f., der die deutsche *Ltd.* bereits vor dem MoMiG als „Modeerscheinung" bezeichnete, die aufgrund der hohen Folgekosten wieder nachlassen wird.

706 Darauf Hinweisend ebenfalls bereits *Niemeier*, ZIP 2006, 2237, 2249.

707 So im Ergebnis auch *Ringe*, Corporate Mobility in the European Union - a Flash in the Pan?, University of Oxford Legal Research Paper Series, Paper No 34/2013, S. 26 ff.

708 *Ringe*, Corporate Mobility in the European Union – a Flash in the Pan?, University of Oxford Legal Research Paper Series, Paper No 34/2013, S. 25 f.; *Just*, BC 2006, 27 f.; ein "Imageproblem" der deutschen *Ltds.* wurde auch festgestellt in einer Managementbefragung „GmbH-Reform und *Ltd.*-Gründung" des Bundesverbandes Deutscher Unternehmensberater (BDU) e.V. im Jahre 2007 (siehe dazu die Pressemitteilung des BDU vom 18.7.2007, abrufbar unter: http://www.presseportal.de/pm/9562/1018281/.

der *Ltd.* nämlich insbesondere auch unrentable Unternehmen angezogen, deren Forderungen einem höheren Ausfallrisiko unterliegen.[709] Dass diese Risiken tatsächlich auch schlagend werden, ist an der „Frühsterblichkeit" der deutschen *Ltds.* zu sehen. Von diesem Risiko wissen auch die Gläubiger der deutschen *limiteds*. Annahmegemäß preist der Markt das höhere Insolvenzrisiko und damit das höhere Ausfallrisiko von Forderungen ein oder verlangt Sicherheiten. Dadurch entstehen ebenfalls zusätzliche Transaktions- und Agenturkosten, die die *Ltd.* treffen und weniger attraktiv machen.[710]

4. Weitergehende Haftung der Geschäftsleiter deutscher *limiteds*

Ein weiterer Nachteil, den die Gründer deutscher *Ltds.* wohl zunächst nicht bedacht haben, sind die strengeren Verhaltenspflichten und höheren Haftungsrisiken der Geschäftsleiter der *Ltd.* im *Company Law*.[711] Erinnert sei an die Grundsätze des *wrongful trading*, des *fraudulent trading* oder die Haftung der *shadow directors*.[712] Die wenigsten Gründer deutscher *Ltds.* werden diese Nachteile anfangs bedacht haben.[713]

5. Restriktive Rechtsprechung deutscher Gerichte

Zuletzt wird auch die restriktive Rechtsprechung deutscher Gerichte dazu beigetragen haben, dass die *Ltd.* an Attraktivität für deutsche Unternehmen einbüßte. Vor allem die Entscheidung über die Geltung deutschen Insolvenzrechts auch für deutsche *limiteds*[714] – mit der Folge des Bestehens der Insolvenzantragspflicht – sowie die Fortgeltung der Disqualifikation deutscher Geschäftsleiter, falls diese später als Geschäftsleiter einer *Ltd.* tätig werden[715], sind hier zu nennen.[716]

---

709 Dazu oben, Kapitel 5.

710 Von einer vergleichsweise schlechten „Performance" der *Ltd.* in Deutschland geht auch *Seibert* aus und nennt noch vor MoMiG als Alternative zur Begegnung des Wettbewerbs zwischen GmbH und *Ltd.*, abzuwarten, bis die *Ltds.* scheitern (*„wait until they fail"*), was allerdings politische Geduld (*„political patience"*) erfordere (siehe *Seibert*, EBOR 8 (2007), 83, 85.).

711 So auch *Niemeier*, ZIP 2006, 2237, 2249.

712 Dazu siehe oben, Kapitel 5, Abschnitt III.

713 So auch *Seibert*, EBOR 8 (2007), 83, 85; *Goette*, Stellungnahme zum MoMiG, S. 10.

714 LG Kiel, EuZW 2006, 478; KG, ZIP 2009, 2156.

715 OLG Jena, ZIP 2006, 708; BGHZ 172, 200.

716 Ausführlich zu diesem Aspekt, *Ringe*, Corporate Mobility in the European Union – a Flash in the Pan?, University of Oxford Legal Research Paper Series, Paper No 34/2013, S. 22 ff.

V. Zwischenergebnis zu Kapitel 6:

Die Zahl der aktuell monatlich gegründeten deutschen *Ltds.* ist nur noch vergleichsweise gering.[717] Zwar mag es sein, dass es sich bei den verbliebenen Neugründungen deutscher *Ltds.* um Gründungen von Unternehmern handelt, die die *Ltd.* der GmbH oder der UG aufgrund der simpleren und günstigeren Gründung vorziehen, sodass insofern weiterhin ein gewisser Verdrängungswettbewerb zulasten deutscher Rechtsformen stattfindet. Dessen Ausmaß ist allerding so gering, dass weitreichende Reformüberlegungen darauf nicht gestützt werden können.[718] Außerdem ist auch nicht davon auszugehen, dass die jüngsten Reformen im Gründungs- und Kapitalaufbringungsrecht den tatsächlichen Rückgang der Neugründung deutscher *Ltds.* bewirkt haben. Vielmehr haben die Gründer erkannt, dass der einfachen Gründung ein vergleichsweise aufwändiger und kostspieliger Betrieb der *Ltd.* gegenübersteht, dessen Nachteile die einfache Gründung nicht aufwiegt. Insgesamt kann ein Systemwechsel daher auch nicht auf einen Wettbewerb der Kapitalgesellschaftsformen in Europa gestützt werden.

717 So im Ergebnis auch *Niemeier*, in: Hirte/Teichmann (Hrsg.), The European Private Company, S. 293, 330: „With monthly registrations below 100, it [die deutschen Ltds.] does not any longer play a role in the Geman market for incorporations".

718 Anders: *Bayer*, Kapitalschutz in der GmbH, in: VGR (Hrsg.), Gesellschaftsrecht in der Diskussion 2012, S. 25, 52, nach dem das GmbH-Recht durch Reformen der Kapitalaufbringung „endgültig wieder anschlussfähig an zahlreiche ausländische Rechtsordnungen" würde.

7. Kapitel: Reformüberlegungen innerhalb des ex-ante Systems

Nach den oben gewonnen Erkenntnissen ist eine Aufgabe des ex-ante Systems nicht zu empfehlen. Reformen die das Gründungsrecht betreffen, müssen dies berücksichtigen. Sie dürfen also nicht so weit reichen, dass das ex-ante System ausgehöhlt wird. Der Telos des ex-ante Systems ist mithin die Schranke möglicher Reformen.

Dennoch ist eine kostengünstige und schnelle Gründung von Kapitalgesellschaften auch in Deutschland wünschenswert. Es stellt sich daher die Frage, inwieweit eine Deregulierung des deutschen Gründungsrechts erfolgen kann, ohne die Prinzipien des ex-ante Systems aufzugeben. Die Untersuchung dieser Frage ist Gegenstand des folgenden, 7. Kapitels.

I. Formerfordernis der notariellen Beurkundung von Gesellschaftsvertrag und Satzung

1. Abschaffung des Notarerfordernisses zur Vereinfachung der Gründung?

Die im deutschen Gründungsrecht erforderliche notarielle Beurkundung von Gesellschaftsvertrag und Satzung (§ 23 Abs. 1 Satz 1 AktG, § 2 Abs. 1 Satz 1 GmbHG) sowie die Anmeldung zum Handelsregister in öffentlich beglaubigter Form (§ 12 Abs. 1 Satz 1 HGB) verlängern und verteuern die Gründung von AG und GmbH. Um die Gründung zu vereinfachen, könnte man daher erwägen, auf diese Formerfordernisse zu verzichten.[719] Insbesondere würde so die Möglichkeit der vollständigen elektronischen Gründung über das Internet eröffnet. Der Grundsatz der realen Kapitalaufbringung und die Vorzüge des oben dargestellten Systems des festen (Mindest-)Kapitals sprechen zunächst nicht gegen eine Abschaffung des Notarerfordernisses. Das System des festen Kapitals käme auch ohne die notarielle Mitwirkung aus.

---

719 Für die Abschaffung des Notarerfordernisses zur Vereinfachung der Gründung etwa *Karsten*, GmbHR 2006, 63 f.; *Koegel*, GmbHR 2003, 1225, 1226; *Triebel/Otte*, ZIP 2006, 1321, 1325; *Dernedde*, JR 2008, 47, 48; *Bachmann/Eidenmüller/Engert/Fleischer/Schön*, Rechtsregeln für die geschlossene Kapitalgesellschaft, S. 166 f.; dagegen etwa *Niemeier*, ZIP 2006, 2237, 2249.

2. Preisgabe der positiven Wirkung der notariellen Mitwirkung

Die Abschaffung der notariellen Mitwirkung bei der Gründung würde jedoch gleichzeitig bedeuten, auch die positiven Wirkungen dieses strengen Formerfordernisses aufzugeben. Wie oben dargestellt, dienen notarielle Beurkundung und öffentliche Beglaubigung nämlich auf verschiedene Weise dem Schutz der Gesellschafter, dem Schutz der Gläubiger und der Entlastung der Gerichte (Rechtssicherheit, Warnfunktion, Beratung, Richtigkeitsgewähr, Identitätsprüfung).[720]

Die fehlende Prüfung der Richtigkeit der Anmeldung durch den Notar würde annahmegemäß zu einer Mehrbelastung der Registergerichte führen und unüberlegte Gründungen könnten häufigere gerichtliche Auseinandersetzungen unter den Gesellschaftern zur Folge haben oder die Zahl scheiternder Unternehmungen erhöhen. Der oben dargestellte allgemeine Vorzug des ex-ante Systems, dass ein einmaliger (höherer) anfänglicher Aufwand eine fortdauernde Effizienzsteigerung zur Folge haben kann, gilt also gerade auch hier. Die Abschaffung der notariellen Mitwirkung hätte daher annahmegemäß auch Wohlfahrtsverluste zur Folge. Ob der zusätzliche Aufwand durch die notarielle Beteiligung während der Gründung im Gesamten letztlich transaktionskostenökonomisch sinnvoll ist oder nicht, kann hier nicht abschließend untersucht werden.[721] Entsprechende Studien stehen aus.[722]

3. Gerechtigkeitserwägungen

Unabhängig von der Betrachtung der Gesamtkosten könnte man gegen eine Abschaffung des Notarerfordernisses jedoch folgendes vorbringen: Kosten, die normalerweise die Gründer tragen (Notarkosten), würden dann zu einem gewissen Teil auf die Allgemeinheit abgewälzt – etwa Kosten aus der Mehrbelastung der Registergerichte oder aus häufigeren Rechtstreitigkeiten. Gegen eine solche Änderung spricht indessen die grundlegende Gerechtigkeitserwägung, dass die Kosten auch derjenige tragen soll, der sie verursacht und der von dem kostenauslösenden Ereignis unmittelbar profitiert, hier also: die Gründer.

---

720 Siehe oben, Kapitel 3, Abschnitt II.

721 Diese Frage explizit bejahend: *Roth*, in: Roth/Altmeppen, GmbHG, § 2 Rn. 24.

722 Eine ökonomische Analyse der Tätigkeit von Notaren in Spanien bejaht deren ökonomische Gesamteffizienz (*Arruñada*, The Economics of Notaries, European Journal of Law and Economics (EJLE) 1996, 5).

4. Verlust des Rechtsinstituts der Vorgesellschaft

Möchte man die Mitwirkung des Notars bei der Gründung von AG und GmbH abschaffen, ist zudem Folgendes zu bedenken: Wie oben dargestellt, entstehen AG und GmbH bereits faktisch mit der Errichtung, also mit Abschluss von Gesellschaftsvertrag oder Satzung.[723] Kommt es zur Eintragung, gehen nämlich alle Rechte und Pflichten der Vorgesellschaft *ipso iure* auf die entstandene Gesellschaft über. Diese faktische frühe Entstehung ist allerdings nur möglich, weil der Notar bereits die wichtigsten Daten der Gründer (Identität) und der Gesellschaft (Firma, Sitz, Kapital, Geschäftsleiter) festhält und so bereits die erforderliche Beweis- und Verkehrssicherheit herstellt.[724] Erst ab diesem Zeitpunkt kann die Vor-Gesellschaft als bereits quasi-haftungsbeschränkte Kapitalgesellschaft agieren. Folgerichtig entsteht die Vor-Gesellschaft nach geltendem Recht auch nicht bereits mit dem Entschluss der Gründer, eine Gesellschaft zu gründen. Denn hier fehlt gerade die rechtssichere Festsetzung der wichtigen Daten. Daher ist die „Vorgründungsgesellschaft" auch nur GbR und deren Rechte und Pflichten können nicht ipso iure auf die Vorgesellschaft übergehen.[725] Würde man nun die notarielle Mitwirkung bei der Gründung aufgeben, wäre eine vorgelagerte faktische Entstehung von AG und GmbH als Vorgesellschaft nicht mehr möglich. Die für die Möglichkeit des Entstehens der Vorgesellschaft entscheidende Mitwirkung des Notars bei der Errichtung ist allerdings allein die öffentliche Beglaubigung. Bereits durch diese wird die erforderliche Rechtssicherheit hinsichtlich der essentiellen Daten der Gesellschaft hergestellt. Die Beurkundung, die insbesondere eine Warn- und die Beratungsfunktion innehat[726], ist für das Entstehen der Vorgesellschaft hingegen nicht zwingend erforderlich.

5. Verzicht auf notarielle Beurkundung bei Gründung im vereinfachten Verfahren?

Was hingegen die Fälle der GmbH-Gründung im Vereinfachten Verfahren gemäß § 2 Abs. 1a GmbHG betrifft, so sprechen zunächst gute Gründe für die Abschaffung zumindest der notariellen Beurkundung.[727] Bei der Gründung im

723 Siehe oben, Kapitel 2, Abschnitt I.
724 Siehe oben, Kapitel 2, Abschnitt I.
725 Dazu oben, Kapitel 2, Abschnitt IX.
726 Dazu oben, Kapitel 3, Abschnitt II.
727 So bereits auch Regierungsentwurf zum MoMiG (BT-Drucks. 16/6140, S. 27 f.) der sich in dieser Sache allerdings nach Intervention des Bundesrates (BR-Drucks. 354/07 (B) 5 f.) nicht durchsetzen konnte, zur Gesetzgebungsgeschichte siehe *Römermann*,

vereinfachten Verfahren ist ein Musterprotokoll zu verwenden, das zugleich als Gesellschafterliste fungiert. Außerdem dürfen keine vom Gesetz abweichenden getroffen werden.[728] Die Gründung unter Verwendung des Musterprotokolls ist so simpel, dass es für diese Fälle regelmäßig keiner zusätzlichen Beratung bedarf.[729] Aufgrund der Einfachheit der Gründung ist auch nicht von einer Zunahme von fehlerhaften Gründungen auszugehen, sodass auch eine Mehrbelastung der Registergerichte nicht zu befürchten ist.[730] Es bliebe aber ein Verlust der Warnfunktion.[731]

Auf die öffentliche Beglaubigung sollte man im Interesse der rechtssicheren Identifizierung der Gesellschafter jedoch auch für die Gründung im vereinfachten Verfahren nicht verzichten. Diese ist nämlich einerseits wichtig für die Möglichkeit der tatsächlichen Geltendmachung von Ansprüchen Dritter gegen Gesellschaft und Gesellschafter[732] und andererseits für den Erhalt des Rechtsinstituts der Vorgesellschaft.[733]

Beließe man es aber bei dem Erfordernis der öffentlichen Beglaubigung der Anmeldung zum Handelsregister und würde man nur die notarielle Beurkundung aufgeben, so wäre im Hinblick auf das eigentliche Ziel der Deregulierung, nämlich der Vereinfachung und der Senkung der Kosten der Gründung, wenig gewonnen.[734] Es bliebe nämlich dabei, dass die Gründer den Weg zum Notar auf sich nehmen müssten und eine elektronische Gründung allein über das Internet weiterhin nicht möglich wäre. Auch die Kosten der Gründung würden nur geringfügig sinken.[735]

Im Ergebnis käme es durch die Aufgabe der notariellen Beurkundung bei gleichzeitigem Beibehalten des Erfordernisses der Anmeldung zum Handelsregister in öffentlich beglaubigter Form damit zu einer nur geringfügigen Vereinfachung der Gründung, die durch den Verlust der Warnfunktion der notariellen Beurkundung erkauft würde.

GmbHR Sonderheft Oktober 2008, 16; a. A. *J. Mayer*, in: Münchener Kommentar, GmbHG, § 2 Rn. 223.

728 Zum vereinfachten Verfahren ausführlich siehe oben, Kapitel 2, Abschnitt II.

729 BT-Drucks. 16/6140, S. 27.

730 BT-Drucks. 16/6140, S. 27.

731 Zur Warnfunktion der notariellen Beurkundung siehe oben, Kapitel 2, Abschnitt III.

732 So auch BT-Drucks. 16/6140, S. 27.

733 Zu diesem Aspekt der öffentlichen Beglaubigung siehe oben, Kapitel 2, Abschnitt III.

734 So auch *Heckschen*, DStR 2007, 1442.

735 Siehe dazu das Rechenbeispiel bei *Heckschen*, DStR 2007, 1442.

Auch eine gleichzeitige Delegation der Ausführung der Anmeldung zum Handelsregister an die Rechtsanwälte oder die Industrie- und Handelskammern wäre zwar denkbar, würde letztlich allerdings wohl ebenfalls weder mit einer Kosten- noch mit einer Zeitersparnis gegenüber der öffentlichen Beglaubigung beim Notar einhergehen.

II. Unternehmensgegenstand

Zur Vereinfachung des Gründungsrechts ließe sich des Weiteren erwägen, die zwingende Angabe eines konkretisierten Unternehmensgegenstandes abzuschaffen.[736] Für eine Aufgabe der zwingenden Angabe könnte man nämlich anführen, dass diese den Gründungsvorgang verkompliziert und verlängert. Denn einerseits müssen sich die Gründer bereits im Gründungsstadium ausführliche Gedanken darüber machen, welche Art der Tätigkeit die Gesellschaft ausüben soll. Geben die Gründer den Unternehmensgegenstand nicht hinreichend konkret an, besteht für sie die Gefahr, dass das Registergericht die Eintragung ablehnt. Außerdem erhöht die zwingende Angabe eines konkreten Unternehmensgegenstandes den Prüfungsaufwand des Registergerichts. Für eine Abschaffung könnte man außerdem vorbringen, dass eine weitgehende Konkretisierung des Unternehmensgegenstands die Geschäftsleiter in ihrer Handlungsfreiheit zu sehr einschränkt.[737] Eine Ausweitung oder Änderung der geschäftlichen Tätigkeit, die nicht mehr vom satzungsmäßigen Unternehmensgegenstand erfasst ist, ist den Geschäftsleitern nicht spontan, sondern nur nach Satzungsänderung möglich.

1. Vorschlag des Regierungsentwurfs zum MoMiG

Eine Herabsetzung der Anforderungen an die Konkretisierung des Unternehmensgegenstandes beabsichtigte auch der Regierungsentwurf zum MoMiG. Dieser sah vor, dass bei der Gründung im vereinfachten Verfahren die Gründer im zwingend zu verwendenden Muster für den Gesellschaftsvertrag einen von drei vordefinierten Unternehmensgegenständen auswählen mussten. Diese vordefinierten Unternehmensgegenstände waren (1.) der Handel mit

---

736 Für die Abschaffung der zwingenden Angabe eines Unternehmensgegenstandes bei der GmbH etwa *Wachter*, Die GmbH-Reform in der Diskussion, 2006, S. 76 f.; *Heckschen*, GmbHR 2007, 198; *Seibert*, GmbHR 2007, 673, 674; für die Zulässigkeit von allgemeinen Gegenstandsklauseln: *Sina*, GmbHR 661, 663; für eine Herabsetzung der Anforderungen an eine Konkretisierung für Gründungen im vereinfachten Verfahren: *Karsten*, GmbHR 2007, 958, 963.

737 So etwa *Sina*, GmbHR 2001, 661 ff.; vgl. auch *Schröder/Cannivé*, NZG 2008, 1, 2.

Waren, (2.) die Produktion von Waren und (3.) Dienstleistungen (Anlage 1 zu § 2 GmbHG-E, § 3)[738]. Ergänzungen oder Konkretisierungen sollten nicht zulässig sein. So könnten „bei der Formulierung des Unternehmensgegenstandes keine Schwierigkeiten auftreten."[739] Diese allgemein gehaltenen Beschreibungen entsprachen jedoch nicht den von Rechtsprechung und Lehre entwickelten Anforderungen an eine hinreichende Individualisierung des Unternehmensgegenstandes.[740] Dies erkannte auch der Entwurf und begründete diese Abweichung mit dem Versuch, die von der herrschenden Lehre und Rechtsprechung für die Pflicht zur weitgehenden Individualisierung vorgebrachten Argumente[741] zu entkräften: (1.) Die von der Angabe des Unternehmensgegenstands verfolgte Information der Öffentlichkeit sei auch durch die Begrenzung auf Handel, Produktion und Dienstleistung hinreichend gewahrt.[742] (2.) Das Argument, die Angabe eines konkreten Unternehmensgegenstandes ermögliche erst die Prüfung der Genehmigungsbedürftigkeit durch das Registergericht, sei durch die Streichung von § 8 Abs. 1 Nr. 6 GmbHG hinfällig.[743] (3.) Der Zweck des Gesellschafterschutzes durch die Begrenzung der Geschäftsführungsbefugnis im Innenverhältnis könne ebenso gut durch einen Gesellschafterbeschluss nach § 37 Abs. 1GmbHG erreicht werden.[744]

2. Stellungnahme

Richtigerweise konnte sich der Regierungsentwurf zum MoMiG in dieser Sache nicht durchsetzen. Eine Aufgabe der zwingenden Angabe eines Unternehmensgegenstandes oder eine Herabsetzung der Anforderungen an die Konkretisierung des Unternehmensgegenstandes ist weder generell noch allein für Gründungen im vereinfachten Verfahren zu befürworten.[745]

Zwar ist die Genehmigungsbedürftigkeit der geschäftlichen Tätigkeit nach der Streichung von § 8 Abs. 1 Nr. 6 GmbHG aF und § 37 Abs. 4 Nr. 5 AktG aF heute nicht mehr Prüfungsgegenstand des Gerichts, sodass auch der

738 RegE MoMiG, BT Drucks. 16/6140, S. 20.
739 RegE MoMiG, BT Drucks. 16/6140, S. 28.
740 So etwa *Bayer/Hoffmann/Schmidt*, GmbHR 2007, 953, 954; *Schröder/Cannivé*, NZG 2008, 1, 3.
741 Siehe dazu oben, Kapitel 3, Abschnitt I.
742 RegE MoMiG, BT Drucks. 16/6140, S. 28.
743 RegE MoMiG, BT Drucks. 16/6140, S. 28.
744 RegE MoMiG, BT Drucks. 16/6140, S. 28.
745 Gegen eine Deregulierung auch *Wicke*, in: Münchener Kommentar, GmbHG, § 3 Rn. 12.

Unternehmensgegenstand hierfür keine Rolle mehr spielt. Allerdings prüft das Registergericht stets noch die Rechtmäßigkeit der geplanten Unternehmung und zwar anhand der Angabe des Unternehmensgegenstandes durch die Gründer.[746] Zutreffend ist zwar, dass die Gesellschafter die Geschäftsführungsbefugnis[747] im Innenverhältnis ebenso durch einen Gesellschafterbeschluss beschränken können. Zu bedenken ist aber, dass die alleinige Möglichkeit der Beschränkung der Geschäftsführungsbefugnis durch Gesellschafterbeschluss zu einer Verkürzung der Mitwirkungsrechte der Minderheitsgesellschafter führt. Denn während die Änderung der Geschäftsführungsbefugnis durch Gesellschafterbeschluss mit einfacher Mehrheit durchführbar ist (§ 47 Abs. 1 GmbHG), erfordert die Änderung der Satzung eine Dreiviertelmehrheit (§ 53 Abs. 2 Satz 1 GmbHG). Wie oben dargestellt, dient die Angabe eines konkretisierten Unternehmensgegenstandes zudem der Information von Gläubigern und Anlegern.[748]

Im Ergebnis sollte daher sowohl bei der regulären Gründung als auch bei der Gründung im vereinfachten Verfahren an der zwingenden Angabe eines hinreichend konkretisierten Unternehmensgegenstandes festgehalten werden.

III. Kapitalaufbringung

1. Mindestkapital

Mit der UG hat der Gesetzgeber die Möglichkeit eröffnet, eine Kapitalgesellschaft auch ohne anfängliches Kapital zu gründen. In Betracht käme, das Mindestkapitalerfordernis auch für die AG und die GmbH abzuschaffen.

Das Mindestkapital dient jedoch durchaus dem Schutz der Gläubiger. Und zwar vor allem durch die Bildung eines Haftungsfonds sowie durch die Verhaltenssteuerung aufgrund der zwingend vorgegebenen Mindestrisikobeteiligung

---

746 *Fastrich*, in: Baumbach/Hueck, § 3 Rn. 7; *Michalski*, in: Michalski, GmbHG, § 3 Rn. 7; *Emmerich*, in: Scholz, GmbHG, § 3 Rn. 12; *Wicke*, in: Münchener Kommentar GmbHG, § 3 Rn. 10; *Kraft*, in: Kölner Kommentar AktG, § 23 Rn. 43; *Röhricht*, in: Großkommentar AktG, § 23 Rn. 81; *Pentz*, in: Münchener Kommentar AktG, § 23 Rn. 78; einschränkend *Sina*, GmbHR 2001, 661, 663; *Heckschen*, GmbHR 2007, 198.

747 Ausführlich zum Telos der Beschränkung der Geschäftsführungsbefugnis durch zwingende Angabe eines konkreten Unternehmensgegenstandes siehe oben, Kapitel 3, Abschnitt I.

748 Siehe oben, Kapitel 3, Abschnitt I.

(Selbstbehalt). Insbesondere die verhandlungsschwachen und gesetzlichen Gläubiger werden so geschützt.[749]

Wie oben dargestellt, dient das Mindestkapital darüber hinaus der Beseitigung der Informationsasymmetrie darüber, ob überhaupt ein Haftungsfonds gebildet und ein Selbstbehalt geleistet wurde. Denn der der Markt allein wird bei der GmbH und der UG nicht für einen hinreichenden Selbstbehalt sorgen.[750] Die damit einhergehende Informationsasymmetrie zwischen Gesellschaft und Gläubigern über das Bestehen eines (hinreichenden) Selbstbehalts birgt das Risiko der negativen Selektion.[751] Hier hilft das Mindestkapital. Denn die Gläubiger von GmbH und AG können am Rechtsformzusatz der Firma ablesen, dass in einer gewissen Mindesthöhe ein Haftungsfonds gebildet und ein Selbstbehalt geleistet wurde. Bei der UG, die ohne Mindestkapital gegründet werden kann, besteht diese Informationsasymmetrie hingegen fort.

Es ist davon auszugehen, dass der Markt dies bei der UG einpreist. Denn das für die verhandlungsschwachen Gläubiger bestehende Risiko des vollständig fehlenden Selbstbehalts bei der UG ist für diese Anhand des Rechtsformzusatzes in der Firma deutlich sichtbar. Damit kommt es bei der UG annahmegemäß zu einer negativen Selektion und damit zu einem teilweisen Marktversagen.[752]

Daraus folgt zunächst, dass das Mindestkapital bei AG und GmbH nicht abgeschafft werden sollte. Solange nämlich die Informationsasymmetrie über das Bestehen eines Selbstbehalts im deutschen Recht nicht beseitigt ist, bleibt es sinnvoll, Gründern und Gläubigern neben der UG auch die GmbH zur Wahl zu stellen, die eben über ein Mindestkapital verfügt. Man könnte diesbezüglich von einem Wettbewerb der Kapitalgesellschaftsformen zwischen UG und GmbH innerhalb Deutschlands sprechen: Die Gründer können wählen, ob sie eine UG gründen, mit dem Vorteil, kein anfängliches Kapital aufbringen zu müssen und dem Nachteil höherer Transaktionskosten aufgrund der vom Markt eingepreisten Informationsasymmetrie über das Bestehen eines Selbstbehalts. Oder, ob sie eine GmbHG gründen, was zwar die Aufbringung des Mindestkapitals erfordert, aber den Vorteil geringerer Transaktionskosten zur Folge hat, da bereits der Rechtsformzusatz der Firma der GmbH eine Mindestrisikobeteiligung der Gründer kundtut. Dass trotz des Mindestkapitals weiterhin GmbHs gegründet werden, zeigt, dass Unternehmer weiterhin einen Bedarf an der Rechtsform der

749 Zur Benachteiligung der verhandlungsschwachen und der gesetzlichen Gläubiger im angelsächsischen ex-post System siehe oben, Kapitel 5.

750 Siehe oben, Kapitel 3, Abschnitt V.

751 Siehe oben, Kapitel 3, Abschnitt V.

752 Dazu oben, Kapitel 3, Abschnitt V.

GmbH haben. Diese können durch die Wahl der Rechtsform GmbH von deren „rechtsformspezifischem *good will*" profitieren.

Was das anzunehmende Marktversagen bei der UG betrifft, käme eine teilweise Beseitigung dieser Informationsasymmetrie durch Angabe des gezeichneten Kapitals auf Geschäftsbriefen in Betracht. So ist die Rechtslage etwa in Frankreich bei der Kapitalgesellschaft *Société à Responsabilité Limitée* (SARL), die ebenfalls ohne Mindestkapital gegründet werden kann (siehe Artikel L223-1, R123-238 Code de commerce). So werden insbesondere auch diejenigen Gläubiger informiert, für die es sich nicht lohnt, vor jeder Transaktion den Betrag des satzungsmäßigen Kapitals anhand eines Handelsregisterauszugs zu ermitteln.

Damit wäre aber noch nicht das Problem gelöst, dass die Möglichkeit der Gründung der UG ohne Mindestkapital – wie bei der deutschen *Ltd.* – vermutlich gerade solche Unternehmensgründer anzieht, die nicht bereit sind, einen Risikobeitrag zu leisten oder ihr Geschäft als persönlich haftende zu betreiben. Diese häufig riskanten Unternehmungen werden meist unrentabel bleiben und hohe Insolvenzraten aufweisen. Diese Insolvenzen werden darüber hinaus – ebenfalls wie bei der *Ltd.* – vor allem die verhandlungsschwachen und gesetzlichen Gläubiger treffen.[753] Erste empirische Untersuchungen scheinen die Frühsterblichkeit der UG zu belegen.[754] Sollte die UG sich tatsächlich weiterhin so unrentabel entwickeln, wie zuletzt die deutschen *limiteds*, so würde Vieles dafür sprechen, die Rechtsform der UG wieder abzuschaffen.[755] Zunächst sollten jedoch weitere empirische Untersuchungen abgewartet werden.

2. Sacheinlage

a. Lediglich ex post Kontrolle?

Werden Sacheinlagen geleistet, so haben die Gründer in einem Gründungsbericht die wesentlichen Umstände darzulegen, von denen die Angemessenheit der Leistungen für Sacheinlagen oder Sachübernahmen abhängt – dies gilt sowohl für die GmbH, als auch für die AG (§ 5 Abs. 4 Satz 2 GmbHG; § 32 Abs. 2 Satz 1 AktG). Bei der AG müssen darüber hinaus Vorstand und Aufsichtsrat im Gründungsbericht prüfen, ob der Wert der Sacheinlagen oder Sachübernahmen den geringsten Ausgabebetrag der dafür zu gewährenden Aktien erreicht (§§ 33

753 Zu den Gesamtwirtschaftlichen Schäden durch frühzeitige Insolvenzen deutscher *Ltds.* siehe oben, Kapitel 6.

754 Siehe oben, Kapitel 6, Abschnitt III.

755 Kritisch gegenüber der UG aufgrund mangelnden Mindestkapitals auch *Niemeier*, in: FS Roth, 2011, 533, 549 f.

Abs. 1 AktG, 34 Abs. 1 Nr. 2 AktG). Außerdem müssen im Falle der Sacheinlage bei der AG externe Gründungsprüfer den Hergang der Gründung prüfen. Anschließend prüft sowohl bei der AG als auch bei der GmbH das Registergericht die Werthaltigkeit der Sacheinlagen (§ 38 Abs. 2 Satz 2 AktG, § 9c Abs. 1 Satz 2 GmbHG).

Diese mehrfache Prüfung der Sacheinlage durch Gründer, Vorstand, Aufsichtsrat und das Registergericht ist langwierig und teuer. Um die Gründung von AG und GmbH zu verbilligen und zu beschleunigen, könnte man daher erwägen, auf diese vorgelagerten Prüfungen zu verzichten. Stattdessen könnte man die Anmeldung lediglich davon abhängig machen, dass die Gründer versichern, dass die von Ihnen geleisteten Sacheinlagen tatsächlich den Wert der übernommenen Anteile erreichen. Eine Überprüfung der Werthaltigkeit der Sacheinlagen würde nur noch in streitigen Fällen (also zumeist in der Insolvenz der Gesellschaft) stattfinden. Den Gründern könnte die Beweislast für die Werthaltigkeit auferlegt werden. Im Falle der Überbewertung würden die Gesellschafter in Höhe der Differenz persönlich haften. Diese Lösung hätte den Vorteil, dass es zur aufwändigen Werthaltigkeitsprüfung nur in streitigen Fällen käme und dass zudem nur eine Stelle (nämlich das Gericht) die Prüfung vornehmen würde.

aa. Schutz von Anlegern und Mitgesellschaftern

Gegen einen solchen Vorschlag könnte zunächst jedoch der Schutz von Anlegern und Mitgesellschaftern sprechen. Diese haben ein Interesse daran, dass Sacheinlagen zu ihrem tatsächlichen Wert eingelegt werden. Im Falle der Überbewertung erhält der Sacheinleger seine Anteile nämlich „zu billig“. Aus Sicht der Mitgesellschafter kommt es zu einer „Quersubventionierung“[756] des Sacheinlegers. Mit weniger Einsatz als die übrigen Einleger erhält der Sacheinleger die gleiche Gewinnbeteiligung und die gleichen Mitwirkungsrechte – und zwar solange, bis die Überbewertung aufgedeckt wird.[757] Der oben dargestellte Mechanismus der Sacheinlageprüfung verhindert solche Überbewertungen. Mit Abschaffung dieses Schutzes würde man die Bewertung der Sacheinlagen also allein in die Verantwortung der Gründer oder der später hinzutretende Gesellschafter stellen. Diese müssten also in eigener Verantwortung und in eigenem

---

756 *Habersack*, Europäisches Gesellschaftsrecht, Rn. 158.

757 So auch *Pentz/Priester/Schwanna*, Bar- und Sachkapitalaufbringung, in: Lutter (Hrsg.), Das Kapital der Aktiengesellschaft in Europa, S. 42, 70 f.

Interesse prüfen, ob die geleisteten Sacheinlagen tatsächlich den angegebenen Wert haben, um dem Problem der Quersubventionierung zu entgehen.

Nicht praktikabel ist dieses Vorgehen in der Publikums-AG. Der Anleger kann nicht bei jedem Aktienkauf den Wert sämtlicher Sacheinlagen prüfen. Die Abschaffung der anfänglichen Prüfung von Sacheinlagen scheidet für die Publikums-AG schon aus diesem Grund aus.[758]

Anders ist die Lage in der GmbH. Hier ließe sich argumentieren, dass die Gründer oder später hinzutretenden Gesellschafter eben selbst sicherstellen müssen, dass auf jeden Anteil wertmäßig die gleiche Einlage geleistet wird.[759] Zu bedenken ist dabei aber, dass dies für die Gründer oder die später hinzutretenden Gesellschafter ebenso einen erheblichen Aufwand bedeutet. Durch den Verzicht auf die Prüfung durch den Registerrichter wird zwar die Eintragung beschleunigt, allerdings wird mehr Zeit bis zur Anmeldung vergehen, da die Anmeldung erwartungsgemäß erst dann erfolgen wird, wenn alle Mitgesellschafter von der Werthaltigkeit aller bisher geleisteten Sacheinlagen überzeugt sind. Außerdem würden sich bei diesem Modell die Transaktionskosten erhöhen, wenn ein Gesellschafterwechsel stattfindet oder neue Gesellschafter hinzutreten. Denn die neuen Gesellschafter müssten im eigenen Interesse ebenfalls eine Werthaltigkeitsprüfung der früher (etwa bei der Gründung) geleisteten Sacheinlage vornehmen. Darüber hinaus wäre zu erwarten, dass die Sacheinleger selbst Werthaltigkeitsgutachten einholen, um im Streitfall die Werthaltigkeit beweisen zu können. Auch dies würde wiederum zur Erhöhung der Kosten dieses Modells führen. Es ist also keineswegs sicher, dass das vorgeschlagene Alternativmodell tatsächlich zu einer Reduzierung des Gesamtaufwands führen würde.[760]

---

758 In diesem Sinne bereits das Gutachten des ROHG, abgedruckt bei *Schubert/Hommelhoff*, 100 Jahre modernes Aktienrecht, S. 157, 162 ff.; ebenso *Pentz/Priester/Schwanna*, Bar- und Sachkapitalaufbringung, in: Lutter (Hrsg.), Das Kapital der Aktiengesellschaft in Europa, S. 42, 72; *Escher-Weingart*, Reform durch Deregulierung im Kapitalgesellschaftsrecht, S. 241 ff.

759 Für die Abschaffung der präventiven Sacheinlageprüfung bei der GmbH, mit Abweichungen im Detail: *Grunewald*, WM 2006, 2333, 2335; *Noack*, DB 2007, 1395, 1397; *Vetter*, in: Verhandlungen des 66. DJT, Band II/1 (2006), S. P 75 (P 91); *Eidenmüller/Engert*, GmbHR 2005, 433, 436 f.; *Eidenmüller*, ZGR 2007, 168, 169 f; *Engert*, GmbHR 2007, 337, 344; *Escher-Weingart*, Reform durch Deregulierung im Kapitalgesellschaftsrecht, S. 241 ff.; *Grimm*, Die Finanzverfassung der kleinen Kapitalgesellschaft, S. 459, 475; *Bayer*, Kapitalschutz in der GmbH, in: VGR, Gesellschaftsrecht in der Diskussion 2012, S. 25, 47 ff.

760 Kritisch auch *Pentz/Priester/Schwanna*, Bar- und Sachkapitalaufbringung, in: Lutter (Hrsg.), Das Kapital der Aktiengesellschaft in Europa, S. 42, 73.

bb. Gläubigerschutz

Auch der Schutz der Gläubiger spricht gegen die Abschaffung der präventiven Sacheinlageprüfung. Denn auch die Gläubiger haben ein Interesse daran, dass Sacheinlagen nur zu ihrem tatsächlichen Wert eingelegt werden. Dies gilt sowohl für die koordinierten als auch für die unkoordinierten und gesetzlichen Gläubiger. Zwar mag das gezeichnete Kapital häufig zu gering sein, um einen angemessenen Haftungsfonds darzustellen und die satzungsmäßige Nennkapitalziffer kann nur wenig über die aktuelle Bonität des Unternehmens aussagen. Das Eigenkapital und insbesondere die Eigenkapitalquote hingegen ist für die koordinierten und verhandlungsstarken Gläubiger eine maßgebliche Größe. Entsprechend drängen die koordinierten Gläubiger die Unternehmen zu einer Mindestausstattung mit Eigenkapital. Damit die koordinierten Gläubiger einen Geschäftsabschluss (etwa die Vergabe eines Darlehens) von der Eigenkapitalquote abhängig machen können, muss die Eigenkapitalziffer allerdings auch der Wahrheit entsprechen. Dies ist im Falle der Überbewertung von Sacheinlagen (bei der Gründung) hingegen nicht der Fall. Denn das gezeichnete Kapital ist Teil des Eigenkapitals (§ 266 Abs. 3 A. I. HGB).

Auch die unkoordinierten Gläubiger mit wenig Verhandlungsmacht sowie die gesetzlichen Gläubiger, wie Deliktsgläubiger und Arbeitnehmer, haben ein Interesse daran, dass Sacheinlagen nicht überbewertet werden. Neben dem reflexartigen Schutz der durch die verhandlungsstarken Gläubiger durchgesetzten Eigenkapitalquote werden diese nämlich mittelbar durch den Selbstbehalt der Gesellschafter und dem daraus folgenden Gleichlauf der Interessen geschützt. Im Falle der Überbewertung von Sacheinlagen fällt der Selbstbehalt jedoch geringer aus, als die Nennkapitalziffer es kundtut oder als es das Mindestkapital fordert. Anders als den Mitgesellschaftern kann es den Gläubigern auch nicht zugemutet werden, die Werthaltigkeit von Sacheinlagen selbst zu prüfen. Deliktische Gläubiger hätten noch nicht einmal die Möglichkeit dazu.

b. Keine Differenzierung zwischen Bareinlage und Sacheinlage

Noch weiter als die Abschaffung jeglicher präventiver Sacheinlageprüfung geht der Vorschlag, die Differenzierung zwischen Bar- und Sacheinlagen bei der GmbH vollständig aufzugeben.[761] Nach diesem Modell würde das Gesetz „lediglich noch anordnen, dass die im Gesellschaftsvertrag zugesagte Einlage wertmäßig in das Vermögen der GmbH geleistet wird, was im Streitfall der

761 *Eidenmüller*, ZGR 2007, 168, 189; *Bayer*, ZGR 2007, 220 ff.

Gesellschafter zu beweisen hat. […] Eine präventive Prüfung, ob die Einlage wirksam geleistet wurde bzw. eine Wertkontrolle im Falle einer Sachleistung findet nicht mehr statt."[762] Zusätzlich zu den Problemen, die aus der Abschaffung der präventiven Prüfung der Sacheinlagen durch das Registergericht resultieren würden, käme ein weiteres hinzu: Neue Gesellschafter könnten anhand des Gesellschaftsvertrages gar nicht sehen, ob und in welcher Höhe Sacheinlagen bisher geleistet wurden.[763] Eine eigenständige Prüfung der Werthaltigkeit wäre für sie also gar nicht möglich.[764]

c. *Sacheinlageprüfung allein durch Geschäftsleiter*

In Betracht käme auch, auf die Prüfung der Sacheinlage durch den Registerrichter zu verzichten und stattdessen Anmeldung und Eintragung allein davon abhängig zu machen, dass der *Geschäftsleiter* die Angemessenheit der Sacheinlage versichert. Dies entspricht der Rechtslage in den USA für *public corporation* und *close corporation* sowie der Rechtslage in England für die *limited.* Um einer Haftung aufgrund Falschbewertung zu entgehen, ist es in diesen Jurisdiktionen jedoch üblich, dass die Geschäftsleiter extern Gutachten über die Werthaltigkeit der Sacheinlage einholen. Ein entsprechendes Vorgehen wäre auch von Geschäftsleitern deutscher Kapitalgesellschaften zu erwarten. Das Einholen externer Gutachten zur Werthaltigkeit erhöht allerdings wiederum Kosten und Dauer der Gründung.[765] Außerdem erhöht die fehlende Prüfung durch eine externe objektive Stelle (das Registergericht) die Gefahr des kollusiven Zusammenwirkens von Gesellschaftern und Geschäftsleitern zum Nachteil der Gläubiger. Im Falle der Selbstorganschaft fehlt es außerdem an der erforderlichen

---

762 *Bayer*, Kapitalschutz in der GmbH, in: VGR (Hrsg.), Gesellschaftsrecht in der Diskussion 2012, S. 25, 47 ff.

763 So auch RGZ 36, 108, 112 zum Zweck der Unterscheidung zwischen Bar- und Sacheinlage; vgl auch *Pentz/Priester/Schwanna*, Bar- und Sachkapitalaufbringung, in: Lutter (Hrsg.), Das Kapital der Aktiengesellschaft in Europa, S. 42, 70.

764 Gegen diesen Vorschlag im Ergebnis auch der Beschluss zum entsprechenden Vorschlag auf dem 66. Deutschen Juristentag, Beschlüsse des 66. DJT, II. 8. a): „*Die Unterscheidung zwischen Bar- und Sacheinlage wie auch die präventive Kontrolle der Werthaltigkeit durch das Registergericht sollen aufgegeben werden. (abgelehnt 26:143:13)*", abrufbar unter: http://www.djt.de/fileadmin/downloads/66/66_DJT_Beschluesse.pdf.

765 Aus diesem Grund ebenfalls gegen eine alleinige Prüfung durch die Geschäftsführungsorgane *Pentz/Priester/Schwanna*, Bar- und Sachkapitalaufbringung, in: Lutter (Hrsg.), Das Kapital der Aktiengesellschaft in Europa, S. 42, 74.

Unabhängigkeit der Geschäftsleiter. Für diese Fälle müsste man die zwingende Einholung eines externen Gutachtens erwägen. Daneben sind die bereits oben dargestellten Nachteile zu bedenken, falls gar keine präventive Werthaltigkeitskontrolle von Sacheinlagen stattfindet.

d. Dienstleistung als Sacheinlage

Dienstleistungen selbst sind nicht sacheinlagefähig. Dies ist für die AG ausdrücklich statuiert (§ 27 Abs. 2, 2. Hs. AktG) und folgt für die GmbH aus den grundsätzlichen Erwägungen über die Sacheinlagefähigkeit.[766] Der Gesellschafter kann seine Einlagepflicht also nicht erfüllen, indem er sich zur Erbringung von Dienstleistungen verpflichtet. Ein Vergütungsanspruch des Inferenten gegen die Gesellschaft aus bereits erbrachten Dienstleistungen kann hingegen als Sacheinlage eingebracht werden.[767] Es stellt sich allerdings die Frage, wie diejenigen Fälle zu behandeln sind, in denen vor der Einlageleistung die Erbringung von Dienstleistungen durch den Inferenten vereinbart wird und dieser in zeitlichem Zusammenhang mit der Einlageleistung (davor oder danach) eine Vergütung für die Dienstleistung erhält. Erhält der Inferent absprachegemäß seine Einlage als Vergütung zurück, oder erhält er absprachegemäß zunächst die Vergütung und leistet dann seine Einlage, so bringt er letztlich doch seine Dienstleistung (zumindest wirtschaftlich) ein – und zwar, mangels Offenlegung des Vorgangs in der Anmeldung, verdeckt. Man könnte daher erwägen, in solchen Fällen die Regeln der verdeckten Sacheinlage (analog) anzuwenden.[768] Dies würde indes bedeuten, dass eine Einlage von Dienstleistungen verdeckt möglich wäre, eine offene Einlage hingegen nicht. Richtig ist daher vielmehr, davon auszugehen, dass mangels der Sacheinlagefähigkeit von Dienstleistungen auf diese auch die Regeln über die verdeckte Sacheinlage nicht anwendbar sind.[769] In Betracht käme jedoch die Anwendung der Regeln über das sogenannten Hin- und Herzahlen. Ein solches liegt vor, wenn „vor der Einlage eine Leistung an den Aktionär vereinbart worden (ist), die wirtschaftlich einer Rückzahlung der

766 Siehe oben, Kapitel 2, Abschnitt VI.

767 Siehe oben, Kapitel 2, Abschnitt VI.

768 So etwa OLG Düsseldorf, BB 2009, 180, 181; *Pentz*, in: Münchener Kommentar, AktG, § 27 Rn. 92; *Priester*, DNotZ 2010, 456, 463 f.

769 BGHZ 180, 38 (für die GmbH); BGH NZG 2010, 343 (für die AG); *Hoffmann*, NZG 2001, 433, 434; *Just*, NZG 2003, 161, 162; *Giedinghagen/Lakenberg*, NZG 2009, 201; *Habersack*, in: FS Priester (2007), S. 157, 164 ff.; *Joost*, ZIP 1990, 549, 557; *Wachter*, NJW 2010, 1715, 1716; *Zeidler*, in: Michalski, GmbHG, § 5 Rn. 112; *Richter/Schick*, GmbHR 1999, 97, 98 f.; *Roth*, in: Roth/Altmeppen, GmbHG, § 19 Rn. 49 ff.

Einlage entspricht und die nicht als verdeckte Sacheinlage im Sinne von Absatz 3 zu beurteilen ist" (§ 27 Abs. 4 AktG, § 19 Abs. 5 GmbHG). Das Hinzahlen hat in diesen Fällen keine Erfüllungswirkung, weil der Betrag nicht zur freien Verfügung von Vorstand oder Geschäftsführer geleistet wird.[770] Die Folge ist, dass der Einlageanspruch fortbesteht. Befreit wird der Aktionär von seiner Einlageverpflichtung ausnahmsweise nur dann, „wenn die Leistung durch einen vollwertigen Rückgewähranspruch gedeckt ist, der jederzeit fällig ist oder durch fristlose Kündigung durch die Gesellschaft fällig werden kann" (§ 27 Abs. 4 AktG, § 19 Abs. 5 GmbHG). Dies ist im Falle der Vergütung von Dienstleistungen aber gerade nicht der Fall. Es besteht nämlich kein Rückgewähranspruch, der auf Geld gerichtet ist, sondern ein Anspruch auf die Erbringung einer Dienstleistung. Außerdem ist dieser Anspruch der Gesellschaft nicht jederzeit fällig und kann auch nicht durch fristlose Kündigung jederzeit fällig gestellt werden. Eine Privilegierung der (wirtschaftlichen) Einlage von Dienstleistungen nach dem Regeln des Hin- und Herzahlens kommt demnach nicht in Betracht.[771]

Aufgrund der vergleichbaren Interessenlage könnte man jedoch erwägen, das Privileg von § 27 Abs. 4 AktG und § 19 Abs. 5 GmbHG auf Fälle der wirtschaftlichen Einlage von Dienstleistungen analog anzuwenden. Hierfür fehlt es allerdings an der planwidrigen Regelungslücke. Das Privileg der ausnahmsweisen Zulässigkeit des Hin- und Herzahlens hat der Gesetzgeber nämlich bewusst eingeführt, um das *cash pooling* im Konzern zu ermöglichen. Die Norm ist daher als Ausnahmevorschrift eng auszulegen, sodass eine Analogie ausscheidet.[772]

Dies führt zu dem unbefriedigenden Zwischenergebnis, dass der Gesellschafter absprachegemäß weder vor noch nach Leistung der Einlage vergütete Dienstleistungen erbringen kann. Damit wäre eine Selbstorganschaft ausgeschlossen, soweit bereits bei Gründung vereinbart wird, dass einer der Gesellschafter später vergütete Geschäftsleitertätigkeiten übernimmt.

Zur Lösung dieses Problems wurde vorgeschlagen, das Gebot, dass die Leistung zur freien Verfügung der Geschäftsleitung erfolgen muss, für diejenigen Fälle teleologisch zu reduzieren, „soweit die vereinbarten Dienstleistungspflichten

---

770 *Hüffer*, AktG, § 27 Rn. 43; *Solveen*, in: Hölters, AktG, § 27 Rn. 43.

771 *Giedinghagen/Lakenberg*, NZG 2009, 201, 205; *Bayer/Lieder*, NZG 2010, 86, 90; unzutreffend verneint der BGH bereits überhaupt das Vorliegen eines Hin- und Herzahlens und nicht lediglich die Voraussetzungen der Heilung. Kritisch insofern auch *Bayer/Lieder*, NZG 2010, 86, 88; dogmatische Bedenken auch bei *Wachter*, NJW 2010, 1715, 1717.

772 So im Ergebnis auch *Giedinghagen/Lakenberg*, NZG 2009, 201, 205; *Markwardt*, BB 2008, 2414, 2420.

am Markt auch von dritter Seite zu vergleichbaren Vertragskonditionen hätten erlangt werden können."[773]

Der BGH hat in zwei Urteilen einen anderen Lösungsweg entwickelt, nach dem der Inferent von seiner Einlagepflicht frei wird, obwohl er vor oder nach Leistung der Einlage absprachegemäß eine Vergütung für Dienstleistungen erhält.

Im ersten Urteil entschied der BGH, dass ein Verstoß gegen das Hin- und Herzahlen nur dann vorliege, wenn die Geldeinlage für die Bezahlung von Dienstleistungen „reserviert" wurde.[774] Im zweiten Urteil entschied der BGH, dass ein verbotenes Her- und Hinzahlen immer dann nicht gegeben sei, wenn eine tatsächlich erbrachte Dienstleistung entgolten wird, die Vergütung einem Drittvergleich standhält und die Leistung aus Sicht der Gesellschaft nicht unbrauchbar und damit nicht wertlos ist.[775]

Nach beiden Vorschlägen ist damit im Ergebnis die wirtschaftliche Einlage von Dienstleistungen möglich, soweit der Dienstleistungsvertrag einem Drittvergleich standhält. Dies ist im Ergebnis zu begrüßen, insbesondere, um auch dem Gesellschafter die Möglichkeit zur vergüteten Geschäftsleitung zu geben.

Zu kritisieren ist an dieser Lösung allerdings folgendes: Während in den Fällen der Sacheinlage und des Hin- und Herzahlens eine ex-ante Werthaltigkeitskontrolle durch das Registergericht stattfindet, ist dies bei der wirtschaftlichen Einlage von Dienstleistungen nach der vom BGH vorgeschlagenen Lösung nicht der Fall. Obwohl hier die Missbrauchsgefahr und damit das Risiko für die Gläubiger besonders hoch ist, kommt es gegenüber der Sacheinlage und dem Hin- und Herzahlen zu einer Privilegierung.

Aus Sicht der Gläubiger und der (künftigen) Mitgesellschafter und Anleger sind ex-ante Kontrollen der Werthaltigkeit eingelegter Vermögenswerte allerdings wünschenswert. Die Heilung des Systembruchs der fehlenden ex-ante Kontrolle bei wirtschaftlicher Einbringung von Dienstleistungen sollte deshalb nicht darin liegen, die ex-ante Kontrolle auch bei Sacheinlagen aufzugeben.[776] Vielmehr ist *de lege ferenda* zu fordern, dass die wirtschaftliche Einbringung von vollwertigen Dienstleistungen durch Hin- und Herzahlen nur dann zur Erfüllung der Einlageforderung führt, wenn dies in der Anmeldung offengelegt wurde. Wie in den Fällen des Hin- und Herzahlens nach § 27 Abs. 4 AktG,

---

773 *Habersack*, in: FS Priester, S. 157, 169; *Bayer/Lieder*, NZG 2010, 86, 88.

774 BGHZ 180, 38.

775 BGH NZG 2010, 343.

776 So aber *Bayer*, Kapitalschutz in der GmbH, in: VGR (Hrsg.), Gesellschaftsrecht in der Diskussion 2012, S. 25, 40.

§ 19 Abs. 5 GmbHG wäre die Vollwertigkeit der Gegenleistung ex ante vom Registergericht zu prüfen.

e. Sacheinlage bei UG

Bei der UG sind Sacheinlagen ausgeschlossen (§ 5a Abs. 2 Satz 2 GmbHG). Laut Gesetzesentwurf der Bundesregierung zum MoMiG sind Sacheinlagen bei der Unternehmergesellschaft „nicht erforderlich und deshalb nicht zulässig".[777] Dem ist insoweit zuzustimmen, als die Gründer die Höhe des Stammkapitals frei wählen können und Sacheinlagen daher nicht erforderlich sind, um das sonst bei der GmbH vorgeschrieben Mindestkapital aufzubringen. Die Gründer können ein Stammkapital wählen, das ihren finanziellen Möglichkeiten entspricht, Bareinlagen zu leisten.[778]

Warum der Gesetzgeber dies allerdings zum Anlass nimmt, Sacheinlagen zu verbieten, ist nicht nachvollziehbar. Die Gründer können nämlich durchaus auch dann ein Interesse daran haben Sacheinlagen zu leisten, wenn die Stammkapitalziffer unter 25.000 Euro liegt. Verfügt ein UG-Gründer beispielsweise über sacheinlagefähiges Vermögen in Höhe von 10.000 Euro aber über keine Barmittel, so ist nicht einzusehen, warum ihm eine entsprechende Sacheinlage auf das Stammkapital verwehrt werden soll. Weshalb soll er gezwungen werden, mangels Barmittel das Stammkapital auf einen Euro festzusetzen obwohl er im Wege der Sacheinlage 10.000 Euro aufbringen könnte? Aus Sicht der Gläubiger ist ein um 10.000 Euro höheres Stammkapital als Haftungs- und Risikobeteiligungssignal der Gründer wünschenswert. Daher kann es auch im Interesse des Gründers sein, durch ein höheres Stammkapital ein entsprechendes Signal zu setzen.[779]

Ein solches Signal könnten die Gründer zwar auch setzen, indem sie das sacheinlagefähige Vermögen als schuldrechtliches Aufgeld in die Kapitalrücklage leisten (§ 272 Abs. 2 Nr. 4 HGB).[780] Dann wäre es als Teil des Eigenkapitals in der Bilanz ersichtlich. Anders als das gezeichnete Kapital gäbe es allerdings keine Handelsregisterpublizität. Möglich wäre zwar weiter, die Kapitalrücklage im Wege der Kapitalerhöhung aus Gesellschaftsmitteln in Stammkapital umzuwandeln (§ 57c Abs. 1 GmbHG). So würde letztlich auch die Handelsregis-

---

777 Gesetzesentwurf Bundesregierung MoMiG, BT-Drucks. 16/6140, S. 32.

778 So auch *Miras*, in: Michalski, GmbHG, § 5a Rn. 35; *Roth*, in: Roth/Altmeppen, GmbHG, § 5a Rn. 18.

779 Ähnlich *Rieder*, in: Münchener Kommentar, GmbHG, § 5a Rn. 20.

780 Vgl. *Roth*, in: Roth/Altmeppen, GmbHG, § 5a Rn. 18.

terpublizität hergestellt. Allerdings wäre dieses Procedere wesentlich Zeit- und Kostenaufwändiger als eine anfängliche Sacheinlage.

Für den Ausschluss von Sacheinlagen bei der UG-Gründung wird außerdem vorgebracht, dass dadurch die Gründung vereinfacht werde.[781] Dies ist zwar zutreffend, betrifft allerdings allein die Interessen der Gründer selbst. Daher sollte es auch diesen überlassen sein, auf die Sacheinlage (und das damit einhergehende Signal an die Gläubiger) aus Gründen einer einfacheren Gründung zu verzichten. Im Ergebnis ist daher das Verbot der Sacheinlage bei der Gründung der UG aufzugeben.[782]

f. Leistungszeitpunkt bei Sacheinlage

Bareinlagen sind in Höhe der Mindesteinlage vor der Anmeldung zu leisten (§ 7 Abs. 2 GmbHG, §§ 36 Abs. 2, 36a Abs. 1 AktG). Den Restbetrag müssen die Gesellschafter nach Aufforderung durch den Vorstand (§ 63 Abs. 1 Satz 1 AktG) oder nach Bestimmung der Gesellschafterversammlung (§ 46 Nr. 2 GmbHG) leisten. Für Sacheinlagen gilt etwas anderes. Bei der GmbH sind diese vor der Anmeldung vollständig zu leisten (§ 7 Abs. 3 GmbHG). Die Rechtslage in der AG ist umstritten: Zunächst heißt es im AktG „Sacheinlagen sind vollständig zu leisten." (§ 36a Abs. 2 Satz 1 AktG); sodann heißt es: „Besteht die Sacheinlage in der Verpflichtung, einen Vermögensgegenstand auf die Gesellschaft zu übertragen, so muß diese Leistung innerhalb von fünf Jahren nach der Eintragung der Gesellschaft in das Handelsregister zu bewirken sein." (§ 36a Abs. 2 Satz 2 AktG). Die Literatur legt die Normen unterschiedlich aus.

Nach einer Auffassung[783] soll die Leistung der Sacheinlage bereits mit Begründung der Einlageverpflichtung erfüllt sein. Für die dingliche Übertragung soll das Gründungsprotokoll oder der Einbringungsvertrag eine Frist von bis zu fünf Jahren vorsehen können. Die Pflicht zur vollständigen Leistung nach § 36a Abs. 2 Satz 1 gelte nur, wenn die Leistung der Sacheinlage keinen dinglichen Vollzug erfordere – etwa dann, wenn Gegenstand der Sacheinlage eine Gebrauchs- oder eine Nutzungsüberlassung sei.

---

781 So auch *Roth*, in: Roth/Altmeppen, GmbHG, § 5a Rn. 18.

782 So im Ergebnis auch *Cavin*, Kapitalaufbringung in GmbH und AG, S. 137 ff.

783 *Ganske*, DB 1978, 2461, 2462; *Frey*, Einlagen in Kapitalgesellschaften, 1990, S. 77 ff.; *Hüffer*, AktG, § 36a Rn. 4; *Kleindiek*, in: K. Schmidt/Lutter, § 36a Rn. 5; *Krebs/Wagner*, AG 1998, 467, 468 ff.; *Hoffmann-Becking*, in: Münchener Handbuch AG, § 4 Rn. 28; *ders.*, ZIP 1995, 1 f.; *Pentz*, in: Münchener Kommentar, AktG, § 36a Rn. 12; *Röhricht*, in: Großkommentar, AktG, § 36a Rn. 6 ff.; *Arnold*, in: Kölner Kommentar, AktG, § 36a Rn. 11 ff.

Nach anderer Auffassung[784] muss vor der Anmeldung bereits der dingliche Vollzug erfolgt sein. Die Fünf-Jahres-Frist beträfe nur diejenigen Fälle, in denen Gegenstand der Sacheinlage eine Forderung gegen einen Dritten sei. Solche Forderungen seien nur dann taugliche Gegenstände der Sacheinlage, wenn der Dritte diese innerhalb von fünf Jahren erfüllen müsse.

Sowohl für die eine als auch für die andere Auffassung sprechen gute Argumente. Entscheidend für die zweite Auffassung streitet jedoch der Grundsatz der realen Kapitalaufbringung. Es bereits als Erfüllung der Sacheinlagepflicht anzusehen, dass der Gesellschafter sich dazu verpflichtet, irgendwann innerhalb von fünf Jahren einen Vermögensgegenstand zu übereignen, kann diesbezüglich aus mehreren Gesichtspunkten nicht genügen.

aa. Risiko der Nichtleistung

Zunächst einmal tragen in diesem Fall die Gläubiger und die Mitgesellschafter (Anleger) das Risiko, dass die Sache später gar nicht auf die Gesellschaft übertragen wird - etwa weil der Vermögensgegenstand untergegangen ist oder veräußert wurde. Zwar kommen dann Ersatzansprüche gegen den Gesellschafter in Betracht, deren Erfüllung ist jedoch abhängig von dessen Bonität. Gläubiger und Mitgesellschafter tragen dann das Insolvenzrisiko des Gesellschafters.[785]

Dies gilt zwar auch für Bareinlagen hinsichtlich des noch nicht eingeforderten Betrags. Auch hier tragen Gläubiger und Mitgesellschafter das Risiko, dass die Einlagepflicht später nicht erfüllt wird. Die Mindesteinlage allerdings ist vor der Anmeldung zu leisten, sodass bei Bareinlagen zumindest hinsichtlich dieses Betrages kein Ausfallrisiko getragen wird. Außerdem greift in solchen Fällen die Ausfallhaftung der übrigen Gesellschafter. Unterbleibt (nur) die Übereignung des Sacheinlagegegenstandes kommt es indes nicht zu einer Ausfallhaftung. Denn in diesem Fall hat der Inferent seine Einlagepflicht ja bereits mit der Begründung der Übereignungspflicht erfüllt, sodass gerade kein Ausfall vorliegt.

---

784 *Kraft*, in: GS D. Schultz, 1987, S. 193, 194 ff., 203; *ders.*, in Kölner Kommentar, AktG, (2. Aufl., 1986) § 36a Rn. 10 ff.; *D. Mayer*, ZHR 154, (1990), 535, 542 ff.; *Grunewald*, Gesellschaftsrecht, 2. C Rn. 24; *Happ/Lange*, Formularkommentar zum Handels- und Wirtschaftsrecht, Ziff. 2.02 Rn. 37; *Henn*, Handbuch des Aktienrechts (3. Aufl. 1987), S. 33; *K. Schmidt*, Gesellschaftsrecht, § 27 II 3 h Fn. 4; *Seibert/Köster/Kiem*, Die kleine AG, Rn. 63; *Döbereiner*, in: Spindler/Stilz, § 36 Rn. 11; *Lutter*, in: Kölner Kommentar, § 188 Rn. 27 f.; *ders.*, AG 1994, 429, 432 f.; *Wiedemann*, in Großkommentar, AktG, § 188 Rn. 55; *Werner*, AG 1990, 1, 4 f.

785 So auch *Mayer*, ZHR 154 (1990), 535, 541.

bb. Risiko des Wertverlusts

Eine weitere Gefährdung der Gläubiger und der Mitgesellschafter besteht bei Befolgung der ersten Ansicht darin, dass der Sacheinlagegegenstand zwischen Übernahme der Sacheinlageverpflichtung und dinglichem Vollzug an Wert verloren haben kann. Für den Fall, dass der Wert der Sacheinlage im Zeitpunkt der Anmeldung nicht (mehr) den aggregierten Nennwert (bei Stückaktien den aggregierten rechnerischen Wert) der für die Sacheinlage ausgegebenen Anteile erreicht, hat das Registergericht die Eintragung abzulehnen. Damit stellt dieses sicher, dass das gezeichnete Kapital auch tatsächlich der Gesellschaft zugeführt wird. Erfolgt der dingliche Vollzug erst nach der Anmeldung, hat das Registergericht diese Möglichkeit der Prüfung eines Wertverlusts hingegen nicht.[786] Es besteht damit die Gefahr, dass der übereignete Vermögensgegenstand einen wesentlich geringeren Wert hat, als dies die Grundkapitalziffer ausdrückt.

cc. Gleiche Gefahren bei Einlage eines Anspruchs gegen einen Dritten?

Das Risiko, dass die Sacheinlage später doch nicht geleistet wird oder, dass ein Wertverlust eingetreten ist, besteht zwar auch, wenn ein Anspruch gegen einen Dritten auf Übereignung eines Vermögensgegenstandes eingebracht wird.[787]

(1) Einpreisen des Ausfallrisikos

In diesem Fall – in dem Sacheinlagegegenstand ein Anspruch ist – kann und muss das Ausfallrisiko jedoch bei der Bewertung der Sacheinlage eingepreist werden. Ist Gegenstand der Sacheinlage also etwa ein Anspruch gegen einen Dritten auf Übereignung einer Sache mit einem Wert in Höhe von 100, und besteht ein Risiko in Höhe von 20%, dass der Anspruch nicht erfüllt wird, so hat die Forderung nicht einen Wert in Höhe von 100 sondern einen Wert in Höhe von 80. Nur in Höhe dieses Wertes kann der Anspruch als Sacheinlage eingebracht werden. Diese erforderliche ex ante Bewertung und Berücksichtigung von Ausfallrisiken sieht die erstgenannte Auffassung für den einfachen Fall der Sacheinlage aber gerade nicht vor.

(2) Satzungspublizität

Ein weiterer Unterschied besteht hinsichtlich der Publizität des eingebrachten Vermögensgegenstandes. Der Gegenstand der Sacheinlage ist nämlich in der Satzung anzugeben (§ 27 Abs. 1 Satz 1 AktG). So können Gläubiger und

---

786 So auch *Mayer*, ZHR 154 (1990), 535, 541.

787 So der Einwand von *Arnold*, in: Kölner Kommentar, AktG, § 36a Rn. 15.

Mitgesellschafter sehen, ob lediglich ein Anspruch gegen einen Dritten auf Übertragung eines Vermögenswertes eingebracht wird, oder ob die Sache bereits an die Gesellschaft übereignet wurde.

dd. Wertungswiderspruch bei Vergleich mit Bareinlage

Folgt man der erstgenannten Auffassung, bedeutet dies zudem, dass hinsichtlich des Leistungszeitpunkts die Einlage von Bareinlagen strengeren Anforderungen unterliegt, als die Einlage von Sacheinlagen. Während bei ersteren nämlich die Mindesteinlage bereits vor Anmeldung zur freien Verfügung des Vorstands zu leisten ist – und der Gesellschaft insoweit tatsächliche Vermögenswerte zufließen – wäre dies bei Sacheinlagen nicht der Fall. Die Sacheinlage gegenüber der Bareinlage zu privilegieren widerspricht jedoch dem Gedanken, dass gerade Sacheinlagen besondere Gefahren bergen (zum Beispiel Untergang der Sache, rechtliche Unmöglichkeit der Übereignung, Wertverlust).

ee. Wertungswiderspruch bei Vergleich mit GmbH-Recht

Auch ein Vergleich mit dem GmbH-Recht bestätigt diese Überlegung. Hier sind Sacheinlagen unstreitig vor der Anmeldung vollständig zu leisten, was die dingliche Übertragung mit umfasst[788] – und zwar genau aufgrund der soeben genannten Gefahren eines späteren Leistungszeitpunkts. Wollte man im Aktienrecht die Leistung der Sacheinlage bereits mit Abschluss des Verpflichtungsgeschäfts als erfüllt ansehen, würde dies bedeuten, dass für die GmbH in diesem Punkt strengeres Gründungsrecht gilt, als für die AG. Bekanntermaßen ist jedoch das Aktienrecht hinsichtlich der Gründung strenger, als das GmbH-Recht.[789] Denn im Aktienrecht geht es – anders, als im GmbH-Recht – während der Gründung auch um den Schutz der künftigen Anleger. Auch insofern käme es also zu einem Wertungswiderspruch.

ff. Rechtslage im Vereinigten Königreich

Auch der englische Gesetzgeber geht davon aus, dass die (durch die Kapitalrichtlinie vorgegebene) Fünfjahresfrist nur gilt, soweit ein Anspruch gegen Dritte den Einlagegegenstand bildet. Insoweit regelt der Companies Act 2006

---

788 BGHZ 45, 338, 347 f.; *Lutter/Bayer*, in: Lutter/Hommelhoff, GmbHG, § 7 Rn. 13; *Veil*, in: Scholz/Winter, GmbHG, § 7 Rn. 39; *Hueck/Fastrich*, in: Baumbach/Hueck, GmbHG, § 7 Rn. 13; *Roth*, in: Roth/Altmeppen, GmbHG, § 7 Rn. 39; *Boehme*, Kapitalaufbringung durch Sacheinlagen, 52 ff.

789 Dazu siehe oben, Kapitel 2.

ausdrücklich, dass die Übertragung eines Anspruchs auf die Gesellschaf nicht Sacheinlage sein kann, wenn der Anspruch erst in mehr als fünf Jahren fällig ist (section 587 (1) Companies Act 2006).[790]

gg. Zwischenergebnis

Aus den genannten Gründen ist § 36a AktG so auszulegen, dass bei der Leistung von Sacheinlagen bereits vor der Anmeldung sowohl das Verpflichtungs- als auch das Erfüllungsgeschäft vollzogen sein muss.

3. Zeitpunkt der Leistung der Einlage

Ein weiterer Vorschlag zur Deregulierung der Kapitalaufbringung sieht vor, den Zeitpunkt der Leistung der (auch Bar-) Einlage allein in das Ermessen der Gesellschafter zu stellen. Für nicht geleistete Einlagen würden nach diesem Vorschlag die Gesellschafter – wie die Kommanditisten einer KG (vgl. §§ 171 Abs. 1, 172 Abs. 1, Abs. 4 HGB) – erst in der Insolvenz der Gesellschaft haften.[791] In die gleiche Richtung zielt der Vorschlag, eine Kommanditgesellschaft mit beschränkter Haftung (KmbH) einzuführen – also eine Kommanditgesellschaft ohne persönlich haftenden Gesellschafter.[792]

Diese Vorschläge lösen die Kapitalaufbringung vom Vorgang der Gründung der Gesellschaft und würden dadurch zu einer erheblichen Beschleunigung der Gründung führen. Es stellt sich jedoch die Frage, ob auch unter einem solchen Modell die Gläubiger hinreichend geschützt wären. Man könnte argumentieren, dass es den Gläubigern tatsächlich erst in der Insolvenz der Gesellschaft darauf ankommt, dass die Gesellschafter das Kapital einlegen. Erst zu diesem Zeitpunkt muss das gezeichnete Kapital nämlich herhalten, um die Ansprüche der Gläubiger zu befriedigen. Aus Sicht der Gläubiger könnte es sogar von Vorteil sein, dass die Einlage erst später geleistet wird. Es ist dann nämlich weniger zu befürchten, dass das gezeichnete Kapital bereits verbraucht ist.[793] Gegen eine solche Reform

---

790 Dazu bereits oben, Kapitel 2, Abschnitt VI.

791 *Kallmeyer*, GmbHR 2004, 377, 379; *Roth*, in: FS Doralt, 2004, 479, 486; *Drygala*, ZIP 2006, 1797; *Bayer/Lieder*, GmbHR 2006, 1121, 1128; *J. Vetter*, Referat auf dem 66. Deutschen Juristentag, S. 16; *Grunewald*, WM 2006, 2333, 2335; *BDI/Hengeler Mueller* (Hrsg.), Die GmbH im Wettbewerb der Rechtsformen, BDI-Drucksache Nr. 375, 2006, Rn. 58.

792 *Drygala*, ZIP 2006, 1797 ff.

793 Vgl. zu diesem Gedanken auch Überlegungen zu einem „Garantiesummenmodell“ und „Insolvenzeröffnungskapital“, Überblick dazu bei *Grimm*, Die Finanzverfassung der kleinen Kapitalgesellschaft, S. 286, 396 ff.

spricht jedoch, dass die Gläubiger dann das Risiko tragen, dass der Gesellschafter seine Einlagepflicht später nicht erfüllen kann.[794] Erwartungsgemäß würden die koordinierten verhandlungsstarken Gläubiger dieses Risiko zwar einpreisen, die unkoordinierten Vertragsgläubiger und die gesetzlichen Gläubiger hätten diese Möglichkeit allerdings nicht. Auch aus dem Gesichtspunkt des Selbstbehalts ist dieses Modell zweifelhaft. Denn es macht durchaus einen Unterschied, ob der Gesellschafter tatsächlich aus seinem eigenen Vermögen leistet, oder ob er sich nur zu einer solchen (späteren) Leistung verpflichtet.[795] Den Zeitpunkt der Leistung der Einlage allein in das Ermessen der Gesellschafter zu stellen, ist mithin nicht zu empfehlen.[796]

4. Pflicht zur Volleinzahlung bei der UG

Auch die Pflicht zur Volleinzahlung bei der UG überzeugt nicht. Der Gesetzgeber begründet diese wie folgt: „Da das Stammkapital von den Gründern frei gewählt und bestimmt werden kann, ist die Halbeinzahlung nicht erforderlich. Da jede GmbH nach der Gründung gewisse Barmittel für die Anfangszeit benötigt, können diese von den Gründern als Mindeststammkapital gewählt werden, müssen dann aber auch in bar einbezahlt werden." Vorgebracht wird zudem, die Pflicht zur Volleinzahlung diene den Gläubigern als Kompensation für das fehlende Mindestkapital.[797]

Zutreffend ist, dass die Gründer das Stammkapital der UG in beliebiger Höhe festsetzen können. Dem Gründer deshalb aber die Möglichkeit zu versagen, das Stammkapital höher festzusetzen als die anfänglich erfolgende Bareinzahlung, überzeugt nicht. Die Möglichkeit der Teileinzahlung bei der GmbH trägt nämlich dem Umstand Rechnung, dass die GmbH im Zeitpunkt ihrer Gründung und der Anfangsphase der Unternehmung noch nicht auf den gesamten Betrag des gezeichneten Kapitals angewiesen ist. Diese Erwägung war bereits Motiv für die Ablehnung der Pflicht zur Volleinzahlung bei der Aktiengesellschaft während der Aktienrechtsnovelle von 1884 und wurde vom Gesetzgeber im Jahre

794 Darauf hinweisend auch *Grunewald*, WM 2006, 2333, 2335.

795 So auch *Grimm*, Die Finanzverfassung der kleinen Kapitalgesellschaft, S. 463.

796 Gegen ein solches Modell auch der Beschluss zum entsprechenden Vorschlag auf dem 66. Deutschen Juristentag, Beschlüsse des 66. DJT, II. 7. a): „Anstelle der zwingenden sofortigen Kapitalaufbringung soll der Zeitpunkt der Einlageleistung zur Disposition der Gesellschafter gestellt werden. (abgelehnt 9:166:6)" abrufbar unter: http://www.djt.de/fileadmin/downloads/66/66_DJT_Beschluesse.pdf.

797 *Heckschen*, in: Heckschen/Heidinger, Die GmbH in der Gestaltungs- und Beratungspraxis, § 5 Rn. 52; *Hirte*, Kapitalgesellschaftsrecht, Rn. 5.45c.

1892 bei Schaffung des GmbHG auch für die GmbH für gültig erachtet.[798] Dieser Zweck der Möglichkeit der Teileinzahlung gilt auch für die UG. Die Gründer einer UG könnten für ihre Unternehmung beispielsweise ein anfängliches Kapital in Höhe von 5.000 Euro benötigen aber dennoch eine Eigenkapitalfinanzierung von insgesamt 10.000 Euro zusagen wollen, um bereits im Zeitpunkt der Gründung die spätere (Eigenkapital)finanzierung zu sichern. Diese Zusage wäre auch für die Gläubiger vorteilhaft. Eine zusätzliche Verpflichtung der Gründer zur Einzahlung weiterer Barmittel bedeutet für diese Einerseits die Erhöhung der Haftungsmasse und andererseits eine höhere Risikobeteiligung der Gesellschafter. Versagt man den Gründern die Möglichkeit, das Stammkapital höher festzusetzen, als es die anfängliche Kapitalausstattung erfordert, nimmt man diesen auch die Möglichkeit ein weitergehendes Signal über Haftungsfonds und Selbstbehalt an die Gläubiger zu senden. Die Pflicht zur Volleinzahlung bei der UG ist daher sowohl im Interesse der Gesellschafter als auch im Interesse der Gläubiger aufzugeben.[799]

798 Ausführlich zur geschichtlichen Entwicklung der Mindesteinzahlung siehe *Cavin*, Kapitalaufbringung in GmbH und AG, S. 50 ff.; siehe zudem *Pentz/Priester/Schwanna*, Bar- und Sachkapitalaufbringung, in: Lutter (Hrsg.), Das Kapital der Aktiengesellschaft in Europa, S. 42, 80 f.; *Pentz*, in: Münchener Kommentar, AktG, § 36a Rn. 6.

799 So im Ergebnis auch *Cavin*, Kapitalaufbringung in GmbH und AG, S. 56; kritisch zur geltenden Rechtslage auch *Ries*, in: FS Spiegelberger, 2009, S. 905, 907.

3. Teil: Zusammenfassung in Thesen, Fazit und Ausblick

Der dritte Teil schließt die Arbeit mit einer Zusammenfassung in Thesen, einem Fazit und einem Ausblick.

I. Zusammenfassung in Thesen

Die Ergebnisse der Arbeit lassen sich thesenartig wie folgt zusammenfassen.

Zu Kapitel 1

1. Die Gründung von Kapitalgesellschaften in Deutschland ist, verglichen mit der Gründung von Kapitalgesellschaften im Vereinigten Königreich und in den USA, aufwändig, langwierig und teuer.

Zu Kapitel 2

2. Die Ursachen des aufwändigeren Gründungshergangs in Deutschland liegen im Recht der Gründung. Dort sind es vor allem die strengeren Formvorschriften sowie die Regeln zur Sicherstellung der realen Kapitalaufbringung, die zu einem vergleichsweise hohen Aufwand während der Gründung führen. Insbesondere die Leistung von Sacheinlagen erfordert weitreichende Prüfungen, sowohl in der Sphäre der Gesellschaft (Gründungsbericht, Gründungsprüfung) als auch von staatlicher Seite (registergerichtliche Kontrolle).

Zu Kapitel 3

3. Telos der Normen, die das deutsche Gründungsrecht verkomplizieren, ist der Schutz der Gläubiger, der Schutz der Mitgründer sowie der Schutz künftiger Anleger. Mittelbar kommt es dadurch auch zu einer Entlastung der Gerichte, die im Laufe des Bestehens der Gesellschaft weniger Rechtstreitigkeiten und weniger fehlerhafte Gründungen zu bewältigen haben.
4. Der Schutz der Gläubiger erfolgt zunächst dadurch, dass bereits vor dem Entstehen der Gesellschaft ein gebundenes, bei Verlusten vorrangig haftendes, Gesellschaftskapital angelegt wird (Haftungsfonds), das in der Lage ist, akute und künftige Verluste der Gesellschaft von den Gläubigern fernzuhalten (Funktion des Eigenkapitals als Verlustpuffer und als Risikopuffer).
5. Darüber hinaus stellt das anfangs aufgebrachte, gebundene Gesellschaftskapital aus Sicht der Gründer eine Risikobeteiligung dar, die vor allem im

Interesse der Gläubiger Überinvestitionen verhindert (Funktion des Eigenkapitals als Selbstbehalt).

6. Das Mindestkapital zwingt die Gründer zum Aufbau eines Mindesthaftungsfonds und zur Leistung eines Mindestselbstbehalts. Außerdem verhindert die Pflicht zur Leistung des Mindestkapitals völlig unseriöse Gründungen (Seriösitätsschwelle). Darüber hinaus beseitigt das Mindestkapital die Informationsasymmetrie darüber, ob die Gründer überhaupt einen Haftungsfonds angelegt haben und einen Risikobeitrag geleistet haben.
7. Die Regeln der Kapitalaufbringung stellen sicher, dass das eingezahlte Kapital auch tatsächlich der Gesellschaft wertmäßig zufließt (Grundsatz der realen Kapitalaufbringung). Neben der Prüfung der Leistung der Bareinlagen sind dies vor allem die Regeln zur Leistung von Sacheinlagen, von verdeckten Sacheinlagen sowie die Regeln des Hin- und Herzahlens und des (verdeckten) Einbringens von Dienstleistungen. Die Sicherstellung der realen Kapitalaufbringung dient neben dem Schutz der Gläubiger auch dem Schutz der Mitgründer und dem Schutz künftiger Anleger. Diese können sich sicher sein, dass auf jeden Anteil auch wertmäßig das Gleiche geleistet wurde.
8. Neben der Schaffung eines gebundenen Gesellschaftskapitals werden Gläubiger und Gründer im Vorfeld des Entstehens der Gesellschaft vor allem durch das Notarerfordernis geschützt. Warnfunktion, Beratungsfunktion und Richtigkeitsgewähr der notariellen Beurkundung von Gesellschaftsvertrag und Satzung verhindern vorschnelle Gründungen und vermeiden formale Fehler während des Entstehens der Gesellschaft. Diese Funktionen der notariellen Beurkundung entlasten zudem die Gerichte vor Rechtsstreitigkeiten aufgrund unüberlegter oder fehlerhafter Gründungen.

Zu Kapitel 4

9. Einen solchen vorgelagerten Schutz der Gläubiger, Mitgründer und künftigen Anleger enthält das angelsächsische Recht – bis auf die *PLC*, die der Kapitalrichtlinie unterfällt – nicht. Es ist dort nicht erforderlich, vor dem Entstehen der Gesellschaft ein gebundenes (Mindest-)Kapital aufzubringen und selbst wenn die Gründer freiwillig ein anfängliches Kapital einzahlen, unterliegt die Aufbringung viel weniger strengen Regeln – eine reale Kapitalaufbringung wird nicht sichergestellt. Auch fehlt im Rahmen des Gründungsvorgangs des angelsächsischen Rechts eine dem deutschen Notar vergleichbare Position. Weder das *Companies House* im Vereinigten Königreich, noch der *Secretary of State* in den USA haben vergleichbare Kompetenzen.

10. Allerdings enthält das angelsächsische Recht entsprechende Mechanismen zum Schutz von Gläubigern, Mitgesellschaftern und Anlegern an anderer, der Gründung zeitlich nachgelagerten Stelle.
11. Zunächst einmal kommt es schneller zu einem Haftungsdurchgriff auf das persönliche Vermögen der Gesellschafter (*piercing the corporate veil*).
12. Außerdem sind auch die Geschäftsleiter höheren Haftungsrisiken ausgesetzt, was insbesondere eine Verhaltenssteuerung bewirkt. Die weitreichendere Haftung folgt vor allem aus den besonderen Sorgfaltsanforderungen in der Krise der Gesellschaft (*wrongful trading, fraudulent trading* im britischen Recht, *vicinity of insolvency* im US-amerikanischen Recht) als auch in der Alleinverantwortung bei der Bewertung der Einlageleistung.
13. Nachgelagerter Schutz erfolgt im Vereinigten Königreich darüber hinaus durch weitreichende Publizitätspflichten und durch eine mit weitgehenden Kompetenzen ausgestattete Staatsaufsicht über die *companies*.
14. Neben diesen ex-post Mechanismen verlangt das angelsächsische Recht von den Gläubigern, dass diese sich vor Vertragsschluss selbst hinreichend schützen (*self-help-approach*) – etwa in Form von Personal- oder Realsicherheiten oder durch vertragliche Vereinbarungen, die häufig eine angemessene Eigenkapitalausstattung des Schuldnerunternehmens sicherstellen sollen (*covenants*).
15. Es stehen sich also zwei vollkommen unterschiedliche Schutzsysteme gegenüber: das deutsche System, das Gläubiger, Mitgesellschafter und Anleger bereits im Vorfeld der Gründung schützt und das angelsächsische System, dass diese Gruppen ganz überwiegend erst nach dem Entstehen der Gesellschaft schützt.
16. Aus diesem Grund kann das deutsche Gründungsrecht auch nicht einfach nach angelsächsischem Vorbild dereguliert werden. Eine Verkürzung der ex-ante Schutzmechanismen müsste nämlich eine Ausweitung der ex-post Mechanismen zur Folge haben, um einen insgesamt gleichwertigen Schutzstandard aufrechtzuerhalten. Eine weitreichende Deregulierung des deutschen Gründungsrechts würde daher letztlich zu einem Systemwechsel führen.

Zu Kapitel 5

17. Ein solcher Systemwechsel wäre indes nur dann zu empfehlen, wenn das ex-post System dem ex-ante System im Ergebnis überlegen wäre. Dies ist aber gerade nicht der Fall. Beide Systeme haben zwar gewisse Vor- und Nachteile, kein System kann jedoch insgesamt als vorzugswürdig angesehen werden.

18. Das ex-post System erlaubt zwar schnelle und kostengünstige Gründungen, dafür sind die Kosten des laufenden Betriebs der Kapitalgesellschaft höher.
19. Die höheren Haftungsrisiken der Geschäftsleiter führen etwa zu höheren Gehältern und teureren D&O-Versicherungen.
20. Die individualvertragliche Aushandlung des Gläubigerschutzes, etwa durch Sicherheitsleistung oder *covenants*, erlaubt zwar „maßgeschneiderte" Lösungen, andererseits erhöht die Vielzahl dieser Einzelverträge auch die Transaktionskosten und verhandlungsschwache und gesetzliche Gläubiger werden nicht hinreichend geschützt.
21. Das Fehlen eines Mindestkapitals im angelsächsischen Recht verhindert bei Kleinunternehmen zwar eine unangemessen hohe Eigenkapitalausstattung, jedoch fehlt es dann auch an einem gesetzlich festgelegten Mindestselbstbehalt und einem Mindesthaftungsfonds. Die Informationsasymmetrie darüber, ob überhaupt ein Risikobeitrag geleistet und ein Haftungsfonds gebildet wurde, führt bei Kleingläubigern, für die es sich finanziell nicht lohnt, die Informationsasymmetrie aufzudecken, zu einer negativen Selektion und damit zu einem teilweisen Marktversagen.
22. In einem Staat mit einfachem Gründungsrecht und ohne Mindestkapital werden zwar mehr Kapitalgesellschaften gegründet und die Start-up-Aktivität ist dort insgesamt höher. Andererseits ist aber davon auszugehen, dass die in solchen Staaten zusätzlich gegründeten Unternehmen von vergleichsweise geringer Qualität sind und in den meisten Fällen unrentabel bleiben.
23. Ein Systemwechsel kann im Ergebnis nicht darauf gestützt werden, dass das deutsche System dem angelsächsischen gesamtkostenökonomisch unterlegen sei.

Zu Kapitel 6

24. Ein Systemwechsel könnte allerdings aus anderem Grunde erforderlich sein, nämlich aufgrund des Wettbewerbs der Kapitalgesellschaftsformen in Europa. Sollte es so sein, dass ausländische Kapitalgesellschaftsformen die deutschen Kapitalgesellschaftsformen verdrängen, könnte dies letztlich einen Systemwechsel erfordern.
25. Dazu wäre es allerdings erforderlich, dass ein solcher Verdrängungswettbewerb zu Lasten der deutschen Kapitalgesellschaften überhaupt (noch) stattfindet. Während in den ersten Jahren nach den EuGH-Urteilen zur Niederlassungsfreiheit („*Centros*", „*Überseering*" und „*Inspire Art*") eine Verdrängung der GmbH durch die englische *Ltd.* stattfand, sprechen jüngste empirische Untersuchungen für die Annahme, dass diese Verdrängung heute nahezu vollständig zum Erliegen gekommen ist und nur noch

ganz vereinzelt deutsche *Ltds.* gegründet werden. Diese wenigen Neugründungen bedeuten aber keine Verdrängungsgefahr mehr für inländische Kapitalgesellschaftsformen.

26. Weiterhin ist nicht davon auszugehen, dass der Rückgang des Erfolgs der *Ltd.* in Deutschland eine Reaktion auf bereits erfolgte Reformen des deutschen Kapitalgesellschaftsrechts ist. Vielmehr ist anzunehmen, dass deutsche Unternehmensgründer heute besser darüber im Bilde sind, dass dem geringen Gründungsaufwand ein höherer Betriebsaufwand gegenübersteht.
27. Desweiteren stoßen deutsche *Ltds.* auf eine geringe Akzeptanz im deutschen Markt, die im Wesentlichen auf deren vergleichsweise schlechte Bonität zurückzuführen ist und annahmegemäß vom Markt eingepreist wird.
28. Im Ergebnis kann ein Systemwechsel also auch nicht auf einen Wettbewerb der Kapitalgesellschaftsformen in Europa gestützt werden.
29. Das deutsche ex-ante System ist mithin beizubehalten.

Zu Kapitel 7

30. Da ein einfaches Gründungsrecht dennoch wünschenswert ist, ist zu überprüfen, an welchen Stellen das deutsche Gründungsrecht dereguliert werden kann. Reformüberlegungen, die eine Deregulierung betreffen, dürfen dabei allerdings nur so weit reichen, dass die Vorzüge des ex-ante Systems nicht aufgegeben werden.
31. Nicht abzuschaffen sind unter dieser Vorgabe zunächst das Notarerfordernis oder die Pflicht zur Angabe eines konkretisierten Unternehmensgegenstandes. Es ist nämlich keineswegs sicher, ob die Einsparungen bei den Gründungskosten die aus einer solchen Deregulierung folgenden, nachgelagerten Mehrkosten insgesamt aufwiegen würden. Zu befürchten wäre nämlich ein Anstieg unüberlegter und fehlerhafter Gründungen, was letztlich mehr unrentable Unternehmen sowie eine höhere Belastung der Gerichte zur Folge hätte.
32. Der Erhalt des ex-ante Systems verbietet des Weiteren die Abschaffung des Mindestkapitals bei GmbH und AG. Gerade Kleingläubiger, für die das Einholen der Information über die Höhe von Stamm- oder Grundkapital im Wege eines Handelsregisterauszugs zu aufwändig ist, können bereits anhand des Rechtsformzusatzes der Firma von GmbH und AG erkennen, dass die Gründer einen (Mindest-)Haftungsfonds angelegt haben und einen (Mindest-)Risikobeitrag geleistet haben. Das Mindestkapital ist hier eine effektive Maßnahme, um die Informationsasymmetrie darüber, ob überhaupt ein Haftungsfonds angelegt wurde und ob überhaupt ein Risikobeitrag geleistet wurde, zu beseitigen.

33. Reformvorschläge, die auf die Aufgabe der vorgelagerten Werthaltigkeitsprüfung von Sacheinlagen durch staatliche Stellen zielen oder die Aufgabe der Differenzierung zwischen Bar- und Sacheinlage zum Gegenstand haben, sind ebenfalls abzulehnen. Solche Reformen würden die Gefahr erhöhen, dass Stamm- und Grundkapital im Zeitpunkt der Gründung tatsächlich nicht den ausgewiesenen Wert haben. Dies wäre aber aus Gesichtspunkten des Schutzes der Gläubiger, Mitgründer und späteren Anleger eine erhebliche Einbuße.
34. Auch der Zeitpunkt der Leistung der Einlage sollte nicht allein in das Ermessen der Gesellschafter gestellt werden. Denn es ist aus Sicht der Gläubiger durchaus von Bedeutung, ob bereits ein Haftungsfonds gebildet wurde und ob Gründer bereits einen Risikobeitrag geleistet haben, oder ob sie sich nur dazu verpflichten, irgendwann später einen solchen Beitrag zu leisten oder einen Haftungsfonds anzulegen.
35. Nicht vereinbar mit den Prinzipien des geltenden ex ante-Systems ist die Auslegung der Sacheinlagevorschriften, die bereits die Verpflichtung zur Leistung einer Sacheinlage als Erfüllung der Einlagepflicht genügen lässt. Nach zutreffender Auffassung müssen Sacheinlagen vielmehr bereits vor der Anmeldung zur Eintragung ins Handelsregister vollständig übereignet sein. Die Fünf-Jahres-Frist betrifft allein diejenigen Fälle, in denen Gegenstand der Sacheinlage ein Anspruch gegen einen Dritten ist. Anderenfalls kommt es insofern zu Wertungswidersprüchen, als die (missbrauchsanfälligere) Sacheinlage gegenüber der Bareinlage privilegiert wird. Außerdem würden die Gläubiger, Mitgründer und späteren Anleger innerhalb des Fünf-Jahres-Zeitraums das Risiko tragen, dass der Sacheinlagegegenstand später nicht mehr eingebracht werden kann.
36. Entgegen der geltenden Rechtslage sind bei der UG sowohl Sacheinlagen als auch Teileinlagen zuzulassen. Dies würde einen konsequenten Ausbau des ex-ante Systems zur Folge haben, von dem im Besonderen die Gläubiger der Gesellschaft profitieren würden.
37. Außerdem ist *de lege ferenda* zu fordern, dass die (verdeckte) Einlage von Dienstleistungen nur dann nach den Regeln des Hin- und Herzahlens zu privilegieren ist, wenn sie in der Anmeldung kundgetan wird und somit eine Werthaltigkeitsprüfung durch den Registerrichter erfolgen kann.

II. Fazit und Ausblick

Die vorliegende Arbeit hat gezeigt, dass das deutsche Gründungsrecht Teil eines wirksamen ex-ante Schutzsystems ist. Eine Deregulierung des deutschen Gründungsrechts nach angelsächsischem Vorbild würde eine Aufgabe dieses Systems bedeuten. Um einen gleichwertigen Schutzstandard aufrechtzuerhalten, müssten dann die ex-post Mechanismen des angelsächsischen Rechts übernommen werden. Das Ergebnis wäre ein Systemwechsel – der aber aufgrund der aufgezeigten Vorzüge des ex-ante Systems gerade nicht zu befürworten ist. Deregulierungen des deutschen Rechts der Gründung von Kapitalgesellschaften sollten daher nur so weit reichen, dass sie nicht das ex-ante System gefährden.

Wer – entgegen dieser Empfehlung – weitreichende Reformen des deutschen Gründungsrechts fordert, muss dies zumindest in Kenntnis der Konsequenz des dann letztlich erforderlichen vollständigen Systemwechsels tun und gleichzeitig Vorschläge zum Ausbau kompensierender ex-post Mechanismen unterbreiten. Falsch wäre es, zunächst nur das Gründungsrecht zu deregulieren, ohne entsprechende ex-post Mechanismen gesetzlich zu fixieren. Denn dies würde einen substantiellen Verlust des Schutzes von Gläubigern, Mitgesellschaftern und Anlegern bedeuten. Auch empfiehlt es sich nicht, darauf zu vertrauen, dass Rechtsprechung und Lehre durch gewandelte Auslegung des geltenden Rechts alsbald die aufgerissenen Schutzlücken schließen. Ein solcher „schleichender" Systemwechsel würde bedeuten, sehenden Auges einen Zeitraum unvollständigen Rechts und damit einen Zustand der Rechtsunsicherheit hinzunehmen. Zudem wäre ein solcher Weg, da nicht von Anfang an vollständig durchdacht, wenig effektiv.

Was den Wettbewerb der Gesellschaftsrechte, genauer: den Wettbewerb der *Ltd.* mit der GmbH, betrifft, zeigen aktuelle empirische Untersuchungen, dass die Zahl der Neugründungen deutscher *Ltds.* nur noch sehr gering ist. Der Wettbewerb ist nahezu vollständig zum Erliegen gekommen. Auf den geringen verbliebenen Verdrängungswettbewerb lassen sich keine Reformüberlegungen mehr stützen. Der zeitlich frühe Rückgang der Neugründung deutscher *Ltds.* scheint außerdem dafür zu sprechen, dass die MoMiG-Reformen keinen allzu großen Beitrag zum Rückgang der deutschen *Ltd.* geleistet haben. Vielmehr liegt es nahe, dass die deutsche *Ltd.* sich selbst „besiegt" hat. Dies belegt auch das erfolgreiche Abwarten des österreichischen Gesetzgebers nach dem *„wait until they fail"*-Ansatz. In Österreich werden ebenfalls kaum noch *Ltds.* gegründet und zwar ohne dass dort eine Reform stattgefunden hat. Es ist auch dem deutschen Gesetzgeber zu empfehlen, von nun an Geduld zu üben und die Entwicklung zu beobachten. Weitere Deregulierungen aufgrund eines vermeintlichen Wettbewerbs wären falsch.

Ein Gedanke zur *Umkehr* des Verdrängungswettbewerbs sei hier angedeutet. Gibt es vielleicht – spiegelbildlich zu den deutschen *Ltds.* – einen Markt für britische GmbHs im Vereinigten Königreich? Für die deutschen Unternehmer war die Gesellschaftsform der *Ltd.* aufgrund des einfachen und kostengünstigen

Gründungsvorgangs zunächst eine attraktive Alternative zur GmbH. Später haben die Gründer jedoch erkannt, dass dem einfachen Start in die Haftungsbeschränkung ein aufwändiger und teurer Betrieb der *Ltd.* folgt, der letztlich die Vorteile der simplen Gründung zunichtemacht. Umgekehrt kann man auch sagen, dass die deutschen Unternehmer den Vorzug des ex ante-Systems erkannt haben. Der vorgelagerte Schutz von Gläubigern, Mitgründern und Anlegern ist nämlich auch aus Gründersicht wünschenswert; er führt schließlich zu geringeren laufenden Transaktions- und Agenturkosten auf Unternehmerseite. Es liegt der Gedanke nahe, dass auch die britischen Unternehmensgründer diesen Vorzug erkennen könnten. Denn wenn eine mit ex-ante Schutz ausgestattete GmbH für deutsche Unternehmer von Vorteil ist, könnte sie auch für die britischen Gründer von Vorteil sein. Es wäre daher einen Versuch wert, die deutschen Kapitalgesellschaften ins Ausland zu „exportieren". Entsprechende Versuche zur Vermarktung der GmbH im Vereinigten Königreich stehen bislang aus. Denkbar ist es jedenfalls, dass auch außerhalb Deutschlands ein Interesse an einer Kapitalgesellschaftsform besteht, die den gesteigerten rechtsformspezifischen „*good will*" von GmbH und AG aufweist.

Was die Zukunft der UG angeht, sollten weitere empirische Untersuchungen abgewartet werden. Sollte sich ergeben, dass die UG, wie die deutschen *limiteds,* in den meisten Fällen unrentable Unternehmungen anzieht, deren frühe Insolvenzen ganz überwiegend die verhandlungsschwachen und gesetzlichen Gläubiger treffen, würde Vieles dafür sprechen, diese Rechtsform wieder abzuschaffen. Allein der vermeintliche Wettbewerb der Kapitalgesellschaftsformen in Europa ist kein Argument mehr für die UG.

Zu guter Letzt sei noch auf eines hingewiesen. Die gewonnene Erkenntnis, dass die Ausgestaltung des Gründungsrechts letztlich auch eine Systemwahl bedeutet, ist nicht nur für das deutsche Gründungsrecht bedeutsam. Auch andere kontinentaleuropäische Staaten, die Reformen planen, sollten dies bedenken. Gleiches gilt dort, wo gänzlich neues Gründungsrecht geschaffen wird. Aktuell angesprochen sind drei Projekte: erstens, die geplante Rechtsform der *Societas Privata Europaea* (*SPE*)[800], zweitens der Entwurf einer EU-Richtlinie zur einheitlichen Regelung von *single member companies* (*SMC*) der „*Reflection Group on the future of EU company law*"[801] und drittens, die Initiative

---

800 Siehe dazu den „Vorschlag für eine Verordnung des Rates über das Statut der Europäischen Privatgesellschaft", vom 25.6.2008, KOM (2008), 396 endg.

801 Report of the Reflection Group On the Future of EU Company Law, 2011, 58, 66 ff., abrufbar unter:http://ec.europa.eu/internal_market/company/docs/modern/reflectiongroup_report_en.pdf.

zur Schaffung eines europäischen Modellgesetzes zum Kapitalgesellschaftsrecht, dem *European Model Company Law Act* (*EMCA*)[802]. Alle drei Projekte sollten bedenken, dass bereits die Ausgestaltung des Gründungsrechts eine Systemwahl bedeutet.

802 Zum EMCA siehe den Initiator des Projekts *Baums*, Europäische Modellgesetze im Gesellschaftsrecht, ILF Workingpaper, Nr. 75.

Literaturverzeichnis

Adams, Michael, Eigentum, Kontrolle und beschränkte Haftung, 1991

Akerlof, George A., The Market for Lemons: Quality Uncertainty and the Market Mechanism, Quarterly Journal of Economics. 84, Nr. 3, 1970, S. 488

Albach, Horst/Corte, Christiane/Friedewald, Rolf/Lutter, Marcus/Richter, Wolf, Deregulierung des Aktienrechts: Das Drei-Stufen-Modell, 1988 (zitiert: *Albach/Corte/Friedeald/Lutter/Richter*, Deregulierung des Aktienrechts)

Alcock, Alistair/Birds, John/Gale, Steve, Alcock, Birds and Gale on the Companies Act 2006, 2009 (zitiert: *Alcock/Birds/Gale*, Companies Act 2006)

Allen, William T./Kraakman, Reinier, Commentaries and Cases on the Law of Business Organization, 2003

Altmeppen, Holger, Zur Mantelverwendung in der GmbH, NZG 2003, 145

Altmeppen, Holger, Zur Verwendung eines „alten" GmbH-Mantels, DB 2003, 2050

American Bar Association, Revised Model Business Corporation Act Annotated, 4. Auflage 2008

Arbeitsgruppe Europäisches Gesellschaftsrecht, Zur Entwicklung des Europäischen Gesellschaftsrechts: Stellungnahme der Arbeitsgruppe Europäisches Gesellschaftsrecht (Group of German Experts on Corporate Law) zum Report of the High Level Group of Company Law Experts on a modern Regulatory Framework for Company Law in Europe, ZIP 2003, 863

Armour, John, Share Capital and Creditor Protection: Efficient Rules for a Modern Company Law, Modern L. Rev. 63 (2000)

Armour, John, Who Should Make Corporate Law? EC Legislation versus Regulatory Competition, ILF Working Paper Nr. 41, 11/2005

Armour, John, Legal Capital: An Outdated Concept?, EBOR 7 (2006), 5

Arnim, Christoph von, U.S. Corporation und Aktiengesellschaft im Rechtsvergleich - Haftungsdurchgriff im deutschen Kapitalgesellschaftsrecht und Piercing the Corporate Veil im Recht der U.S.-amerikanischen Corporation, NZG 2000, 1001

Arruñada, Benito, The Economics of Notaries, European Journal of Law and Economics (EJLE) 1996, 5

Atiyah, Patrick S./Smith, Stephen A., Atiyah's Introduction to the Law of Contract, 6. Aufl. 2005

Bachmann, Gregor, Die Einmann-AG, NZG 2001, 961

Bachmann, Greogor/Eidenmüller, Horst/Engert, Andreas/Fleischer, Holger/Schön, Wolfgang, Rechtsregeln für die geschlossene Kapitalgesellschaft, ZGR Sonderheft 18, 2012, S. 156

Bachner, Gläubigerschutz durch Insolvenzrecht in England, in: *Lutter* (Hrsg.), Das Kapital der Aktiengesellschaft in Europa, 2006, S. 526

Bärwaldt, Roman/Schabacker, Joachim, Keine Angst vor Mantel- und Vorratsgesellschaften, GmbHR 1998, 1005

Bainbridge, Stephen M., Corporation Law and Economics, 2002

Bainbridge, Stephen M., Corporate Law, 2. Auflage 2009

Baird, Douglas G., Legal Approaches to Restricting Distribution to Shareholders: The Role of Fraudulent Transfer Law, EBOR 7 (2006), 199

Baldwin, Partnership Liabilty of Stockholders in De Facto Corporations, 8 Ill.L.Rev. 246 (1913)

Balen, Malcolm, The Secret History of the South Sea Bubble and the First Great Financial Scandal, 2003

Ballerstedt, Kurt, GmbH-Reform, Mitbestimmung, Unternehmensrecht, ZHR 135 (1971), 383

Balotti, Franklin R./Finkelstein, Jesse A., The Delaware Law of Corporations and Business Organizations

Banerjea, Nirmal, Die rechtliche Behandlung des Mantelkaufs, GmbHR 1998, 814

Barber, David H., Piercing the Corporate Veil, Willamette, L.Rev. 17 (1981) 371

Bauer, Markus, Gläubigerschutz durch eine formelle Nennkapitalziffer – kapitalgesellschaftsrechtliche Notwendigkeit oder überholtes Konzept?, 1995

Baumbach, Adolf/Hueck, Alfred (Begr.), GmbHG, 20. Auflage 2013

Baums, Theodor, Eintragung und Löschung von Gesellschafterbeschlüssen, 1981

Baums, Theodor, Neues Recht für GmbH und GmbH & Co. KG, StuW 1980, 298

Baums, Theodor, Die Fremdkapitalfinanzierung der Aktiengesellschaft durch das Publikum, in: Bayer, Walter/Habersack, Mathias (Hrsg.), Aktienrecht im Wandel, Band II, 2007, S. 955.

Baums, Theodor, Europäische Modellgesetze im Gesellschaftsrecht, ILF Workingpaper, Nr. 75, 2008

Baums, Theodor, Eigenkapital: Begriff, Aufgaben, Sicherung, ZHR 175 (2011), 160

Baums, Theodor, Risiko- und Risikosteuerung im Aktienrecht, ZGR 2011, 218

Baums, Theodor, Agio und sonstige Zuzahlungen im Aktienrecht, in: Festschrift für Peter Hommelhoff, 2012

Bayer, Walter, Moderner Kapitalschutz, ZGR 2007, 220

Bayer, Walter, Kapitalschutz in der GmbH, in: VGR (Hrsg.), Gesellschaftsrecht in der Diskussion 2012

Bayer, Walter/Lieder, Jan, Cash Pooling: Überlegungen de lege lata und de lege ferenda, GmbHR 2006, 1121

Bayer, Walter/Lieder, Jan, Einbringung von Dienstleistungen in die AG, NZG 2010, 86

Bayer, Walter/Hoffmann, Thomas/Schmidt, Jessica, Satzungskomplexität und Mustersatzung, GmbHR 2007, 953

Bayer, Walter/Schmidt, Jessica, Die Reform der Kapitalaufbringung bei der Aktiengesellschaft durch das ARUG, ZGR 2009, 805

BDI/Hengeler Mueller (Hrsg.), Die GmbH im Wettbewerb der Rechtsformen, BDI-Drucksache Nr. 375, 2006

Bebchuk, Lucian, A./Fried, Jesse M., 'The Uneasy Case for the Priority of Secured Claims in Bankruptcy, 105 Yale L.J. 857, 868 f. (1996)

Becht, Marco/Mayer, Colin/Wagner, Hannes, Where Do Firms Incorporate? Deregulation and the Cost of Entry, Journal of Corporate Finance, 14 (2008), 241

Bellmann, Lutz/Wagner, Joachim, Betriebsdemografie, 2006 (zitiert: *Bearbeiter*, in: Bellmann/Wagner, Betriebsdemografie)

Benz, Johannes, Verdeckte Sacheinlage und Einlagenrückzahlung im reformierten GmbH-Recht (MoMiG), 2010

Bergmann, Andreas, Die Handelndenhaftung als Ausgleich fehlender Registerpublizität, GmbHR 2003, 563

Berkoff, Louis S., The Object Clause in Corporate Articles, 4 Wis.L.Rev. 424 (1928)

Beuthien, Volker, Die Vorgesellschaft im Privatrechtssystem (Teil I), ZIP 1996, 305, 307

Beuthien, Volker, Die Vorgesellschaft im Privatrechtssystem (Teil II), ZIP 1996, 360

Beuthien, Volker, Vertretungsmacht bei der Vor-GmbH – erweiterbar oder unbeschränkbar?, NJW 1997, 565

Beveridge, Norwood P., Corporate Puzzles: Being A True And Complete Explanation of De Facto Corporations and Corporations by Estoppel, their Historical Development, Attempted Abolition, and Eventual Rehabilitation, Okla. City U.L.Rev. 22 (1977) 935-971.

Bezzenberger, Tilman, Das Kapital der Aktiengesellschaft, Kapitalerhaltung, Vermögensbindung, Konzernrecht, 2005 (zitiert: *T. Bezzenberger*, Das Kapital der Aktiengesellschaft)

Birle, Jürgen/Fey, Achim/ Haas, Rudolf u.a. (Hrsg.), Beck'sches Steuer- und Bilanzrechtslexikon, Edition 4/12, 2012 (zitiert: *Bearbeiter*, in: Birle/Fey/Haas, Beck'sches Steuer- und Bilanzrechtslexikon)

Bitter, Georg, Konzernrechtliche Durchgriffshaftung bei Personengesellschaften, 1999

Böckmann, Tobias, Gläubigerschutz bei GmbH und close corporation, 2005

Boehme, Matthias, Kapitalaufbringung durch Sacheinlagen, 1999

Bösert, Bernd, Das Gesetz für kleine Aktiengesellschaften und zur Deregulierung des Aktienrechts, DStR 1994, 1423, 1424

Bommert, Ulmer, GmbH-Mantelkauf und Gründungsrecht, GmbHR 1983, 212

Booth, Richard A., Capital Requirements in United States Corporation Law, in: Lutter (Hrsg.), Das Kapital der Aktiengesellschaft in Europa, S. 717, 2006

Boyle, John/Birds, John... (Hrsg.), Boyle & Birds' Company Law, 7. Auflage 2009

Braasch, Dietrich, Gründungsprobleme bei der GmbH, 1975

Bratton, William, Bond Covenants and Creditor Protection: Economics and Law, Theory and Practice, Substance and Process, EBOR 7 (2006), 39

Braun, Reiner/Eidenmüller, Horst/Engert, Andreas/Hornuf, Lars, Unternehmensgründungen unter dem Einfluss des Wettbewerbs der Gesellschaftsrechte, ZHR 177 (2013), 131

Brodmann, Erich, Kommentar zum Aktienrecht, 1928

Burdick, Francis, M., Are Defectively Incorporated Associations Partnerships?, 6 Colum.L.Rev. 1 (1906)

Burkhard, James R., Proposed Model Bylaws to be used with the Revised Model Business Corporation Act (1984), Bus.Law. 46 (1990), S. 189

Cahn, Andreas/Donald, David C., Comparative Company Law, Text and Cases on the Laws Governing Corporations in Germany, the UK and the USA, 2010 (zitiert: *Cahn/Donald*, Comparative Company Law)

Canaris, Claus-Wilhelm, Die Vertrauenshaftung im deutschen Privatrecht, 1971

Carswell, John, The South Sea Bubble, 2011

Casper, Matthias, Die Heilung nichtiger Beschlüsse im Kapitalgesellschaftsrecht, 1988

Cavin, Adrian, Kapitalaufbringung in GmbH und AG, 2012

Cheffins, Brian R., Company Law, Theory, Structure and Operation, 1997

Choper, Jesse H./Coffee, John C./Gilson, Ronald J., Cases and Materials on Corporations, 8. Auflage 2012

Clark, Robert C., Corporate Law, 1986

Company Law Review Steering Group, in: Department for Trade and Industry (Hrsg.), Modern Company Law for a Competitive Economy: Developing the Framework, 2000

Cox, James D./Hazen, Thomas L./O'Neal, Hodge F., Corporations, 1995

DAV Handelsrechtsausschuss, Stellungnahme zum Aktionsplan der EU-Kommission zur Modernisierung des Gesellschaftsrechts und Verbesserung der Corporate Governance in der Europäischen Union, NZG 2003, 108

Davies, Paul, Legal Capital in Private Companies in Great Britain, AG 1998, 346

Davies, Paul/Worthington, Sarah, Gower and Davies' principles of modern company law, 9. Auflage 2012

De Capriles, Miguel A./Mc Aniff, Edward J., The Financial Provisions of the New [1961] New York Business Corporation Law, 36 N.Y.U.L. Rev. 1239

Deer, Richard E., The Lawyer's Basic Corporate Practice Manual Supplement, 1988

Department for Trade and Industry, Company Law Reform: The White Paper, March 2005, Cm 6456, 2005

Dernedde, Ines, Nach den Reformen: GmbH oder englische Limited als Gesellschaftsform?, JR 2008, 47

Diamond, Michaels/Williams, Julie, How to Incorporate: A Handbook for Entrepreneurs and Professionals, 4. Auflage 2000 (zitiert: *Diamond/Williams*, How to Incorporate)

Dodd, Merrick, E., Partnership Liability of Stockholders in Defective Corporations, 40 Harv.L.Rev. 521 (1927)

Donald, David C., Approaching Comparative Company Law, ILF Working Paper Nr. 77, 2008

Dommes, Sabine/Eckert, Georg/Lembeck, Desiree/Metzler, Vanessa, Die englische Private Company Limited in Österreich - gesellschaftsrechtliche Fragen, SWI 2005, 477

Drobnig, Ulrich, Haftungsdurchgriff bei Kapitalgesellschaften, 1959

Drury, Robert, Nullity of Companies in English Law, (1985) 48 M.L.R. 644

Drygala, Tim, Stammkapital heute – Zum veränderten Verständnis vom System des festen Kapitals und seinen Konsequenzen, in ZGR 2006, 587

Drygala, Tim, Für eine alternative Rechtsform neben einer reformierten GmbH – Leipziger Entwurf einer Kommanditgesellschaft mit beschränkter Haftung (KmbH), ZIP 2006, 1797

Easterbrook, Frank/Fischel, Daniel, The Economic Structure of Corporate Law, 1991

Ehrich, Manfred W./Bunzl, Lucille C., Promoters' Contracts, 38 Yale L.J. 1011 (1929);

Eidenmüller, Horst, Unternehmenssanierung zwischen Markt und Gesetz, 1999

Eidenmüller, Horst (Hrsg.), Ausländische Kapitalgesellschaften im deutschen Recht, 2004

Eidenmüller, Horst, Die GmbH im Wettbewerb der Rechtsformen, ZGR 2007, 168

Eidenmüller, Horst/Engert, Andreas, Die angemessene Höhe des Grundkapitals der Aktiengesellschaft, AG 2005, 97

Eidenmüller, Horst/Engert, Andreas, Rechtsökonomik des Mindestkapitals im GmbH-Recht, GmbHR 2005, 433

Eidenmüller, Horst/Grunewald, Barbara/Noack, Ulrich, Das Mindestkapital im System des festen Kapitals, in: Lutter (Hrsg.), Das Kapital der Aktiengesellschaft in Europa, 2006, S. 17

Eisenberg, Melvin A., Corporations and Other Business Organizations, Cases and Materials, 10. Auflage 2011 (zitiert: *Eisenberg*, Corporations and Other Business Organizations)

Ekkenga, Jens/Bayer, Walter, Festes Kapital im Aktienrecht und seine Bedeutung für den Minderheiten und Anlegerschutz, in: Lutter (Hrsg.), Das Kapital der Aktiengesellschaft in Europa, 2006, S. 342

Engert, Andreas, Kapitalgesellschaften ohne gesetzliches Kapital: Lehren aus dem US-amerikanischen Recht, in: Lutter (Hrsg.), Das Kapital der Aktiengesellschaft in Europa, 2006, S. 743

Engert, Andreas, Solvenzanforderungen als gesetzliche Ausschüttungssperre bei Kapitalgesellschaften, ZHR 170 (2006), 296

Engert, Andreas, Die Wirksamkeit des Gläubigerschutzes durch Nennkapital, GmbHR 2007, 337

Enriques Luca./Macey, Jonathan R., Creditors Versus Capital Formation: The Case Against the European Legal Capital Rules, Cornell L. Rev. 86 (2001), 1165

Erbs, Georg/Kohlaas, Max (Hrsg.), Strafrechtliche Nebengesetze, mit Straf- und Bußgeldvorschriften des Wirtschafts- und Verwaltungsrechts Loseblattausgabe, Stand: 2013 (zitiert: *Bearbeiter*, in: Erbs/Kohlaas, Strafrechtliche Nebengesetze)

Escher-Weingart, Christina, Reform durch Deregulierung im Kapitalgesellschaftsrecht, 2001

Farrenkopf, Stefan/Cahn, Andreas, Differenzhaftung im Aktienrecht?, AG 1985, 209

Ferran, Eilis, The Reform of the Law On Corporate Capacity and Directors' and Officers' Authority [1992] Company Lawyer, 124

Ferran, Eilis, The Place for Creditor Protection on the Agenda for Modernisation of Company Law in the Euopean Union, ECGI – Law Working Paper No. 51/2005

Fleischer, Holger, Finanzplankredite und Eigenkapitalersatz im Gesellschaftsrecht, 1995

Fleischer, Holger, Covenants und Kapitalersatz, ZIP 1998, 313

Fleischer, Holger, Gläubigerschutz in der kleinen Kapitalgesellschaft: Deutsche GmbH versus englische private limited company, DStR 2000, 1015

Fleischer, Holger, Grundfragen der ökonomischen Theorie im Gesellschafts- und Kapitalmarktrecht, ZGR 2001, 1

Fleischer, Holger, Bestellungshindernisse und Tätigkeitsverbote von Geschäftsleitern im Aktien-, Bank- und Kapitalmarktrecht, WM 2004, 157

Fleischer, Holger, Erweiterte Außenhaftung der Organmitglieder im Europäischen Gesellschafts- und Kapitalmarktrecht – Insolvenzverschleppung, fehlerhafte Kapitalmarktinformation, Tätigkeitsverbote, ZGR 2004, 437

Fleischer, Holger, Gläubigerschutz im Recht der Delaware corporation, RIW 2005, 92

Fleischer, Holger, Kapitalschutz und Durchgriffshaftung bei Auslandsgesellschaften, in: Lutter (Hrsg.), Europäische Auslandsgesellschaften in Europa, 2005, S. 49

Fletcher, William Meade, Cyclopedia of the Law of Corporations, 1927

Flume, Werner, Die Haftung der Vorgesellschaft bei der Gründung einer Kapitalgesellschaft, in: Festschrift für Ernst von Caemmerer, 1978, S. 517

Flume, Werner, Die Rechtsprechung zur Haftung der Gesellschafter der Vor-GmbH und die Problematik der Rechtsfortbildung, DB 1998, 45

Freedman, Judith, Limited Liability: Large Company Theory and Small Firms, 63 M.L.R. 2000, 317

Frey, Alexander H., Legal Analysis and the "De Facto Doctrine", U.Pa.L.Rev. 100 (1952) 1153

Frey, Kaspar, Einlagen in Kapitalgesellschaften, 1990

Friedman, Lawrence M., A History of American Law, 3. Auflage 2005

Ganske, Joachim, Das Zweite gesellschaftsrechtliche Koordinierungsgesetz vom 13. Dezember 1978, DB 1978, 2461

Gehb, Jürgen/Drange, Günter/Heckelmann, Martin, Gesellschaftsrechtlicher Typenzwang als Zwang zu neuem Gesellschaftstyp - Gemeinschaftsrecht fordert deutsche UGG, NZG 2006, 88

Gehde, Björn, Eigenkapitalersetzende Gesellschafterleistungen in Deutschland und den USA, 1997

Gevurtz, Franklin, A., Corporation Law, 2. Auflage 2010

Giedinghagen, Jan/Lakenberg, Thomas, Kapitalaufbringung durch Dienstleistungen?, NZG 2009, 201

Goddard, David, Corporate Personality – Limited Recourse and its Limits, in: Grantham/Rickett (Hrsg.), Corporate Personality in the 20th Century, 1998, S. 11

Goette, Wulf/Habersack, Mathias, Münchener Kommentar zum Aktiengesetz, Band 1: §§ 1-75, 3. Auflage 2008 (zitiert: Bearbeiter, in: Münchener Kommentar AktG)

Goette, Wulf/Fleischer, Holger, Münchener Kommentar zum Gesetz betreffend die Gesellschaften mit beschränkter Haftung – GmbHG Band 1: §§ 1-34, 2010 (zitiert: Bearbeiter, in: Münchener Kommentar GmbHG)

Goode, Roy, Principles of Corporate Insolvency Law, 3. Auflage 2005

Goode, Roy, Commercial Law, 4. Auflage 2010

Götz, Alexander, Juristische und ökonomische Analyse des Eigenkapitalersatzrechts, 2001

Götz, Philipp/Gehlich, Jens, Die Haftung von Gesellschafter und Geschäftsführer bei Verwendung eines GmbH-Mantels, ZIP 1999, 1653

Grashoff, Dietrich, Steuerrecht 2010, 6. Auflage 2010

Griffiths, Andrew, Agents without Principals: Pre Incorporation Contracts in s36 C(1) of the Companies Act 1985, (1993) 13 LS 241.

Grimm, Michael, Die Finanzverfassung der kleinen Kapitalgesellschaft, 2013

Grunewald, Barbara, Gesellschaftsrecht, 8. Auflage 2011

Grunewald, Barbara, Cash-Pooling und Sacheinlagen: Was bringt das MoMiG, was könnte es bringen?, WM 2006, 2333

Gustavus, Eckhard, Möglichkeiten zur Beschleunigung des Eintragungsverfahrens bei der GmbH, GmbHR 1993, 259

Haar, Brigitte, Die unbeschränkte Haftung des Mehrheitsaktionärs im US-amerikanischen Recht zur Korrektur eines Kapitalmarktversagens, RabelsZ 64 (2000), 537

Habersack, Mathias, Dienst- und Werkleistungen des Gesellschafters und das Verbot der verdeckten Sacheinlage und des Hin- und Herzahlens, in: Festschrift für Hans-Joachim Priester, 2007

Habersack, Matthias, Genußrechte und sorgfaltswidrige Geschäftsführung, ZHR 155 (1991), 378

Habersack, Mathias/Verse, Dirk, Wrongful Trading - Grundlage einer europäischen Insolvenzverschleppungshaftung?, ZHR 168 (2004), 174

Habersack, Mathias, Dienst- und Werkleistungen des Gesellschafters und das Verbot der verdeckten Sacheinlage und des Hin- und Herzahlens, in: Festschrift für Hans-Joachim Priester, 2007, S. 157

Habersack, Mathias/Verse, Dirk, Europäisches Gesellschaftsrecht, 4. Auflage 2011

Habersack, Mathias/Ulmer, Peter/Winter, Martin (Hrsg.), GmbHG Großkommentar, Band I: Einleitung, §§ 1-28, 2. Auflage 2008 (zitiert: *Bearbeiter*, in: Großkommentar GmbHG)

Hackney, William P., Financial Provisions of the Model Business Corporation Act, 70 Harv. L. Rev. 1357 (1957)

Hamilton, Robert W./Freer, Richard D., The Law of Corporations in a Nutshell, 6. Auflage 2010, (zitiert: *Hamilton/Freer*, Law of Corporations)

Hamilton, Robert W./Macey, Jonathan R./Moll, Douglas K., Cases and Materials on Corporations Including Partnerships and Limited Liability Companies, 11. Auflage 2010 (zitiert: *Hamilton/Macey/Moll*, Cases and Materials on Corporations)

Hannigan, Brenda, Company Law, 3. Auflage 2012

Happ, Wilhelm/Lange, Christoph, Formularkommentar zum Handels- und Wirtschaftsrecht, 22. Aufl. 1988

Haug, Felix, Ex-post-Gläubigerschutz in der private company limited by shares, 2009

Hausmaninger, Herbert/Selb, Walter, Römisches Privatrecht, 9. Auflage 2001

Heckschen, Heribert, Aktuelle Beratungshinweise zur GmbH-Satzung – Unternehmensgegenstand, Bekanntmachung, Anteilserwerb, GmbHR 2007, 198

Heckschen, Heribert/Heidinger, Andreas,Die GmbH in der Gestaltungs- und Beratungspraxis, 2. Auflage 2009

Heinrich, Stefan, Covenants als Alternative zum institutionellen Gläubigerschutz, 2009

Heinz, Volker/Hartung, Wilhelm, Die englische Limited, 3. Auflage 2012

Heneweer, Rainer, Das Erfordernis öffentlicher Beglaubigung im Handelsregisterverkehr (§12 HGB), FGPrax 2004, 259

Henn, Günter, Handbuch des Aktienrechts, 3. Auflage 1987

Henn, Harry G./Alexander, John R., Laws of Corporations and Other Business Enterprises, 3. Aufl. 1983

Henssler, Martin/Strohn, Lutz, Gesellschaftsrecht, 2. Auflage 2014 (zitiert: *Bearbeiter*, in: Henssler/Strohn, Gesellschaftsrecht)

Herchen, Hilke, Agio und verdecktes Agio im Recht der Kapitalgesellschaften, 2004

Herzog, Asa/Zweibel, Joel, The Equitable Subordination of Claims in Bankruptcy, 15 Vand. L. Rev. 83 (1961)

Hicks, Andrew, Director Disqualification: Can it Deliver?, J.B.L. 2001, 433

Hicks, Andrew/Goo, Say H., Cases and Materials on Company Law, 6. Auflage 2008

Hirte, Heribert, Kapitalgesellschaftsrecht, 7. Auflage 2012

Hirte, Heribert/Lanzius, Tim/Mock, Sebastian, Tätigkeitsverbote für Organmitglieder als Gläubigerschutzinstrument, in: Lutter (Hrsg.), Das Kapital der Aktiengesellschaft in Europa, 2006, S. 301

Hirte, Heribert/Teichmann, Christoph (Hrsg.), The European Private Company, 2013

Hölters, Wolfgang (Hrsg.), Aktiengesetz Kommentar, 2011 (zitiert: *Bearbeiter*, in: Hölters, AktG)

Hoffman, Alan M, Israels On Corporate Practice, 4. Auflage 1983

Hoffmann, Jochen, Die unzulässige Einlage von Dienstleistungen im GmbH- und Aktienrecht, NZG 2001, 433

Hoffmann-Becking, Michael, Gesetz zur „kleinen AG“ - unwesentliche Randkorrekturen oder grundlegende Reform?, ZIP 1995, 1

Hoffmann-Becking, Michael, Münchener Handbuch des Gesellschaftsrechts Band 4: Aktiengesellschaft, 3. Auflage 2007 (zitiert: Bearbeiter, in: Münchener Handbuch des Gesellschaftsrechts Band 4)

Hommelhoff, Peter, Europäisches Bilanzrecht im Aufbruch, RabelsZ 62 (1998), 381

Hopt, Klaus, Gesellschaftsrecht im Wandel, in: Festschrift für Herbert Wiedemann, 2002, S. 1013

Hopt, Klaus/Wymeersch, Eddy (Hrsg.), Capital Markets and Company Law, 2003 (zitiert: *Bearbeiter*, in: Hopt/Wymeersch, Capital Markets and Company Law)

Hopt, Klaus/Wiedemann, Herbert, Aktiengesetz Großkommentar, Band 1, Einleitung, §§ 1-53, 4. Auflage 2012 (zitiert: *Bearbeiter*, in: Großkommentar AktG)

Huber, Ulrich, Die Vorgesellschaft mit beschränkter Haftung – de lege ferenda betrachtet, in: Festschrift für Robert Fischer, 1979, S. 263, (zitiert: *Huber*, in: FS Fischer)

Huber, Ulrich, Die Insolvenzantragspflicht der Geschäftsführer von Auslandsgesellschaften, in: Lutter (Hrsg.), Europäische Auslandsgesellschaften in Europa, S. 307

Hüffer, Uwe, Harmonisierung des aktienrechtlichen Kapitalschutzes, NJW 1979, 1065

Hüffer, Uwe, Aktiengesetz, 10. Auflage 2012

Ihrig, Christoph, Die Verwertung von GmbH-Mänteln, BB 1988, 1197

Jensen, Michael C./Meckling, William H., Theory of the Firm: Managerial Behavior, Agency Costs and Ownership Structure, J. Fin. Econ. 3 (1976), 306

Joost, Detlev, Verdeckte Sacheinlagen, ZIP 1990, 549

Just, Clemens, Die unzulässige Einlage von Dienstleistungen im Kapitalgesellschaftsrecht, NZG 2003, 161

Just, Clemens, Die englische Limited in der Praxis, 3. Auflage 2008

Just, Clemens, GmbH versus Limited – Praxisempfehlungen, BC 2006, 25

Jungmann, Carsten, Solvenztest- versus Kapitalschutzregeln - Zwei Systeme im Spannungsfeld von Gläubigerschutz und Finanzierungsfreiheit der Kapitalgesellschaft, ZGR 2006, 638

Kallmeyer, Harald, Bereinigung der Finanzverfassung der GmbH, GmbHR 2004, 377

Kantak, Ralf, Mantelgründung und Mantelverwertung bei der GmbH, 1988

Karsten, Frederik, Deregulierung der GmbH-Gründung, GmbHR 2006, 63

Karsten, Frederik, Kann man eine GmbH auf einem Bierdeckel gründen?, GmbHR 2007, 958

Kaser, Max, Das römische Privatrecht, in: Müller, Iwan von (Begr.), Handbuch der Altertumswissenschaft, Rechtsgeschichte des Altertums, 1955 (zitiert: *Kaser, Max*, Das römische Privatrecht)

Kehl, Donald, Corporate Dividends, 1941

Keidel, Theodor, Kommentar zum Gesetz über das Verfahren in Familiensachen und in den Angelegenheiten der freiwilligen Gerichtsbarkeit (FamFG), 17. Auflage 2011

Kieninger, Eva-Maria, Wettbewerb der Privatrechtsordnungen im Europäischen Binnenmarkt, 2002

Kießling, Erik, Vorgründungs- und Vorgesellschaften, 1999

Kindler, Peter/Nachmann, Josef (Hrsg.), Handbuch Insolvenzrecht in Europa, Loseblatt Handbuch, Stand 06/2010 (zitiert: *Bearbeiter*, in: Kindler/Nachmann, Handbuch Insolvenzrecht in Europa)

Kirchhoff, Hans-Peter/Stürner, Rolf/Eidenmüller, Horst (Hrsg.), Münchener Kommentar zur Insolvenzordnung, Band 3, 2. Auflage 2008 (zitiert: *Bearbeiter*, in: Münchener Kommentar, InsO)

Kleineidam, Feodor, Die Haftung des Geschäftsherrn mit der actio institoria und der exercitoria nach römischem Recht, 1895

Knobbe-Keuk, Brigitte, Obligatorische Nutzungsrechte als Sacheinlagen in Kapitalgesellschaften?, ZGR 1980, 214

Koegel, Steffen, Formalien der GmbH-Gründung – ein Musterbeispiel für zuviel Staat, GmbHR 2003, 1225

KPMG (Hrsg.), Feasibility study on an alternative to the capital maintenance regime established by the Second Company Law Directive 77/91/EEC of 13 December 1976 and an examination of the impact on profit distribution of the new EU-accounting regime, 2006

Kraakman, Reinier, Corporate Liability Strategies and the Costs of Legal Controls, (1984) 93 Yale LJ 857

Kraakman, Reinier/Davies, Paul/Hansmann, Henry/Hertig, Gérard /Hopt, Klaus/Kanda, Hideki/Rock, Edward, The Anatomy of Corporate Law, 2004 (zitiert: *Bearbeiter*, in: Kraakman u.a., The Anatomy of Corporate Law)

Krafka, Alexander, Einführung in das Registerrecht, 2. Auflage 2008

Kraft, Alfons, Probleme im Zusammenhang mit der Leistung von Einlagen bei Gründung einer Aktiengesellschaft, in: Gedächtnisschrift für Dietrich Schultz, 1987, S. 193

Krebs, Karsten/Wagner, Jens, Der Leistungszeitpunkt von Sacheinlagen nach § 36a Abs. 2 AktG, AG 1998, 467

Krendl, Cathy S./Krendl, James R., Piercing the Corporate Veil: Focusing the Inquiry, 55 Del. L.J. 1 (1978)

Kropff, Bruno (Hrsg.), Aktiengesetz 1965 mit Begründung des Regierungsentwurfs, 1965

Krüger, Markus, Mindestkapital und Gläubigerschutz, 2005

Kübler, Friedrich, Gläubigerschutz oder Kapitalmarkttransparenz?, ZHR 159 (1995), 550

Kübler, Friedrich, Gesellschaftsrecht, Die privatrechtlichen Ordnungsstrukturen und Regelungsprobleme von Verbänden und Unternehmen, 5. Auflage 1998 (zitiert: *Kübler*, Gesellschaftsrecht)

Kübler, Friedrich, Fragen und Wünsche des Gesellschafts- und Kapitalmarktrechts an das Recht der Rechnungslegung, ZGR 2000, 550

Kübler, Friedrich, The Rules of Capital Under Pressure of the Securities Markets, in: Hopt/Wymeersch (Hrsg.), Capital Markets and Company Law, 2003, S. 95

Lachmann, Andreas, Risikobeschränkung bei Gründung von Kapitalgesellschaften, NJW 1998, 2264

Lanfermann, Georg/Richard, Marc, Machbarkeit eines alternativen Kapitalerhaltungssystems in Europa, Der Aufsichtsrat 2008, 39

Lattin, Norman D., The Law of Corporations, 2. Auflage 1971

Lee, Brent, Veil Piercing and Actual Fraud under Article 2.21 of the Texas Business Corporation Act, Baylor L.Rev. 54 (2002) 427

Leuz, Christian/Wüstemann, Jens, The Role of Accounting in the German Financial System, Centre for Financial Studies Working Paper No. 2003/16

Lieb, Manfred, Abschied von der Handelndenhaftung, DB 1970, 961

Lübbert, Rainer, Verwendung einer Vorratsgesellschaft - Gründungsaufwand ohne Vorteil?, BB 1998, 2221

Lutter, Marcus, Kapital, Sicherung der Kapitalaufbringung und Kapitalerhaltung in den Aktien- und GmbH-Rechten der EWG, 1964 (zitiert: *Lutter*, Sicherung der Kapitalaufbringung und Kapitalerhaltung)

Lutter, Marcus, Die GmbH-Novelle und ihre Bedeutung für die GmbH, die GmbH&Co. KG und die Aktiengesellschaft, DB 1980, 1317

Lutter, Marcus, Das überholte Thesaurierungsgebot bei Eintragung einer Kapitalgesellschaft im Handelsregister, NJW 1989, 2649

Lutter, Marcus, Das neue "Gesetz für kleine Aktiengesellschaften und zur Deregulierung des Aktienrechts", AG 1994, 429

Lutter, Marcus, Gesetzliches Garantiekapital als Problem europäischer und deutscher Rechtspolitik, AG 1998, 375

Lutter, Marcus (Hrsg.), Europäische Auslandsgesellschaften in Europa, 2005 (zitiert: *Bearbeiter*, in: Lutter, Europäische Auslandsgesellschaften in Europa)

Lutter, Marcus (Hrsg.), Das Kapital der Aktiengesellschaft in Europa, 2006 (zitiert: *Bearbeiter*, in: Lutter, Das Kapital der Aktiengesellschaft in Europa)

Lutter, Marcus, Das (feste Grund-) Kapital der Aktiengesellschaft in Europa, in: Lutter (Hrsg.), Das Kapital der Aktiengesellschaft in Europa, 2006, S. 5

Lutter, Marcus, Für eine Unternehmer-Gesellschaft (UG) – Zur notwendigen Erweiterung der geplanten GmbH-Reform, BB-Special 7/2006, 2, 4

Lutter, Marcus/Hommelhoff, Peter (Hrsg.), GmbH-Gesetz Kommentar, 18. Auflage 2012 (zitiert: *Bearbeiter*, in: Lutter/Hommelhoff, GmbHG)

Macey, Jonathan R., Macey on Corporation Laws, 1998 (zitiert: *Bearbeiter*, in: Macey on Corporation Laws)

Maier-Reimer, Georg/Wenzel, Axel, Kapitalaufbringung in der GmbH nach dem MoMiG, ZIP 2008, 1449

Maloney, Pre-Incorporation Transactions: A Statutory Solution?, Can.Bus.L.J. 10 (1985) 409

Mankowski, Peter, Reicht das Vertragsrecht für einen angemessenen Schutz der Gesellschaftsgläubiger und ihrer Interessen aus?, in: Lutter (Hrsg.), Das Kapital der Aktiengesellschaft in Europa, 2006, S. 488

Manning, Bayless/Hanks, James J., Legal Capital, 3. Auflage 1990

Markwardt, Karsten, Kapitalaufbringung nach dem MoMiG, BB 2008, 2414

Mayer, Dieter, Der Leistungszeitpunkt bei Sacheinlageleistungen im Aktienrecht, ZHR 154 (1990), 535

Mayson, Stephen/French, Derek/. Ryan, Christopher, Company Law, 24. Auflage 2007

Melchers, Michael, Neues zum "Mantelkauf" nach reformiertem Umwandlungssteuerrecht, DStR 1997, 948

Merkt, Hanno, Unternehmenspubliziztät, 2001

Merkt, Hanno, Der Kapitalschutz in Europa - ein rocher de bronze?, ZGR 2004, 305

Merkt, Hanno, Creditor Protection, and Capital Maintenance from a German Perspective' European Business Law Review 2004, 1045

Merkt, Hanno, Die Einpersonen-Vor-GmbH im Spiegel der rechtswissenschaftlichen Diskussion, in: Festschrift für Karsten Schmidt, 2009

Merkt, Hanno/Göthel, Stephan, US-amerikanisches Gesellschaftsrecht, 2. Auflage 2006

Merkt, Hanno/Spindler, Gerald, Fallgruppen der Durchgriffshaftung und verwandte Rechtsfiguren, in: Lutter (Hrsg.), Das Kapital der Aktiengesellschaft in Europa, 2006, S. 207

Mertens, Hans-Joachim, Politisches Programm in der Satzung der Aktiengesellschaft?, NJW 1970, 1718

Meyding, Thomas, Die Mantel-GmbH im Gesellschafts- und Steuerrecht, 1989

Meyer, André, Die Abhängigkeit der Haftung des Handelnden von der Vertretungsmacht für die Vor-GmbH, GmbHR 2002, 1176

Meyer, Justus, Neue und alte Mäntel im Kapitalgesellschaftsrecht, ZIP 1994, 1661

Michalski, Lutz, Kommentar zum Gesetz betreffend die Gesellschaften mit beschränkter Haftung, Band 1: Systematische Darstellungen §§ 1-34 GmbHG, 2. Auflage 2010 (zitiert: *Bearbeiter*, in: Michalski, GmbHG)

Milman, David/Durrant, Christopher, Corporate Insolvency: Law and Practice, 3. Auflage 1999

Mitteis, Ludwig, Die Lehre von der Stellvertretung nach römischem Recht mit Berücksichtigung des österreichischen Rechts, 1885

Morse, Geoffrey/Davies, Paul/Worthington, Sarah u. a., Palmer's Company Law, Annotated Guide to the Companies Act 2006, 2. Auflage 2009

(zitiert: *Morse/Davies/Worthington*, Palmer's Company Law)

Mülbert, Peter, Zukunft der Kapitalaufbringung/Kapitalerhaltung, Der Konzern 2004, 151

Mülbert, Peter/Birke, Max, Legal Capital - Is There a Case against the European Legal Capital Rules?, EBOR 3 (2002), 695

Mülhens, Jörg, Der sogenannte Haftungsdurchgriff im deutschen und englischen Recht, 2006

Murphy, Daniel T., Equity Insolvency and the New Model Business Corporation Act, U. Rich. L. Rev. 15 (1981), 839

Nacke, Ralf, Die Durchgriffshaftung in der US-amerikanischen Corporation, 1988

Niemeier, Wilhelm, GmbH und Limited im Markt der Unternehmensrechtsträger. Marktdaten zur Reformdebatte, ZIP 2006, 2237

Niemeier, Wilhelm, Die „Mini-GmbH" (UG) trotz Marktwende bei der Limited?, ZIP 2007, 1794

Niemeier, Wilhelm, „Triumph" und Nachhaltigkeit deutscher Ein - Euro - Gründungen - Rechtstatsachen zur Limited und ein Zwischenbericht zur Unternehmergesellschaft, in: Festschrift für Günther H. Roth, 2011

Noack, Ulrich, Änderungen der Unternehmenspublizität des Handelsregisters durch das EHUG 2007, NZG 2006, 801

Noack, Ulrich, Der Regierungsentwurf des MoMiG - Die Reform des GmbH-Rechts geht in die Endrunde, DB 2007, 1395

Olson, Walter, Overdeterrence and the Problem of Comparative Risk, in: Olson (Hrsg.), New Directions in Liability Law, 1988

Palmiter, Alan R., Corporations: Examples and Explanations, 4. Auflage 2003

(zitiert: *Palmiter*, Corporations)

Paschke, Marian, Die fehlerhafte Korporation, ZHR 155 (1991), 1

Peel, Edwin, Treitel on the Law of Contract, 13. Aufl. 2011

Pennington, Robert R., Pennington's Company Law, 8. Auflage, 2001 (zitiert: *Pennington*, Company Law)

Pentz, Andreas, Die verdeckte Sacheinlage im GmbH-Recht nach dem MoMiG, in: Festschrift für Karsten Schmidt, 2009

Pentz, Andreas, Die Bedeutung der Sacheinlagefähigkeit für die verdeckte Sacheinlage und den Kapitalersatz sowie erste höchstrichterliche Aussagen zum Hin- und Herzahlen nach MoMiG - das Qivive-Urteil des BGH, GmbHR 2009, 505

Pentz, Andreas/Priester, Hans-Joachim /Schwanna, André, Bar- und Sachkapitalaufbringung bei Gründung und Kapitalerhöhung, in: Lutter (Hrsg.), Das Kapital der Aktiengesellschaft in Europa, 2006, S. 50

Pinto, Arthur R./Branson, Douglas M., Understanding Corporate Law, 4. Auflage 2013

Planck, Marina, Kleine AG als Rechtsformalternative zur GmbH, GmbHR 1994, 501

Prentice, Dan, Corporate Personality, Limited Liability and the Protection of Creditors, in: Grantham/Ricket (Hrsg.), Corporate Personality in the 20th Century, S. 99

Priester, Hans-Joachim, Kapitalaufbringungspflicht und Gestaltungsspielräume beim Agio, in: Festschrift für Marcus Lutter, 2000, 617

Priester, Hans-Joachim, Beginn der Rechtsperson – Vorräte und Mäntel, ZHR 168 (2004) 248

Priester, Hans-Joachim, in: VGR (Hrsg.), Die GmbH-Reform in der Diskussion, 2006, 1

Priester, Hans-Joachim, Anmerkung zum Beschluss des BGH vom 01.02.2010 (II ZR 173/08, DNotZ 2010, 456

Puchelt, Ernst Sigismund, Commentar zum ADHGB, 3. Auflage 1882

Rheinstein, Max, Einführung in die Rechtsvergleichung, 1974

Ries, Peter, Neuerungen für die GmbH durch das MoMiG, in: Festschrift für Sebastian Spiegelberger, 2009, S. 905

Richter, Michael/Schick, Rainer, Neueste Rechtsprechung des BGH zur verdeckten Sacheinlage – Tatbestandskorrektur auf Rechtsfolgenseite?, Anmerkungen zum Urteil des BGH vom 16.3.1998 – II ZR 303/96, GmbHR 1999, 97

Riedel, Erwin, Gilt der allgemeine Geschäftsbetriebs-Auftrag bei Vorgesellschaften als ein Handel i. S. des §41 AktG und des § 11 GmbHG?, BB 1974, 1459

Ringe, Wolf-Georg, Corporate Mobility in the European Union – a Flash in the Pan?, University of Oxford Legal Research Paper Series, Paper No 34/2013

Rodewald, Jörg/Scheel, Tillmann, Kapitalaufbringung in der GmbH durch Einlage von Dienstleistungen?, GmbHR 2003, 1478

Romano, Roberta, The Genius of American Corporate Law, 1993

Ross, Stephen A./Westerfield, Randolph/Jaffe, Jeffrey, Corporate Finance, 7. Aufl. 2005

Roth, Günther, Zur »economic analysis« der beschränkten Haftung, ZGR 1986, 371

Roth, Günther, Gläubigerschutz bei der GmbH: Was ist unverzichtbar?, in: Festschrift für Peter Doralt, 2004, 479

Roth, Günther, Die Reform der verdeckten Sacheinlage, in: Festschrift für Uwe Hüffer, 2010

Roth, Günther/Altmeppen, Holger, Gesetz betreffend die Gesellschaften mit beschränkter Haftung: GmbHG, Kommentar, 7. Auflage 2012 (zitiert: *Bearbeiter*, in: Roth/Altmeppen)

Roth, Wulf-Henning, Die Gründerhaftung im Recht der Vor-GmbH, ZGR 1984, 597

Rowedder, Heinz/Schmidt-Leithoff, Christian, GmbHG Kommentar, 5. Auflage 2013 (zitiert: *Bearbeiter*, in: Rowedder/Schmidt-Leithoff, GmbHG)

Schäfer, Carsten, Die Lehre vom fehlerhaften Verband, 2002

Schäfer, Karsten/Jahntz, Katharina, Gründungsverfahren und Gründungsmängel, in: Bayer/Habersack (Hrsg.), Aktienrecht im Wandel Band II, S. 217

Schaeftler, Michael A., The Purpose Clause in the Certificate of Incorporation: A Clause in Search of a Purpose, St. John's L. Rev. 58 (1984) 476

Schick, Rainer, GmbH-Mantelkauf und verdeckte Sacheinlage, GmbHR 1997, 982

Schimansky, Herbert/Bunte, Hermann-Josef/Lwowski, Hans-Jürgen, Bankrechts-Handbuch, Band II, 4. Auflage 2011 (zitiert: *Bearbeiter*, in: Schimansky/Bunte/Lwowski, Bankrechts-Handbuch, Band II)

Schleglberger, Franz/Quassowski, Leo Kommentar zum Aktiengesetz, 1937

Schmidt, Karsten, Der Funktionswandel der Handelndenhaftung im Recht der Vorgesellschaft, GmbHR 1973, 146

Schmidt, Karsten, Zur Haftungsverfassung der Vor-GmbH, ZIP 1997, 671

Schmidt, Karsten, § 41 Abs. 2 AktG: eine gegenstandslose und verfehlte Bestimmung, in: Festschrift für Alfons Kraft, 1998, S. 573

Schmidt, Karsten, Gesellschaftsrecht, 5. Auflage 1999

Schmidt, Karsten/Lutter, Marcus, Aktiengesetz Kommentar, Band 1: §§ 1-149, 2. Auflage 2010

Schmidt, Karsten, Vorratsgründung, Mantelkauf und Mantelverwendung, NJW 2004, 1345

Schmidt, Karsten (Hrsg.), Münchner Kommentar zum Handelsgesetzbuch, Band 1, §§ 1-104a, 3. Auflage, 2010

Schneider, Dieter, Messung des Eigenkapitals als Risikokapital, DB 1987, 185

Schröder, Rainer (Hrsg.), Die GmbH im europäischen Vergleich, 2005 (zitiert: *Bearbeiter*, in: Schröder, Die GmbH im europäischen Vergleich)

Schön, Wolfgang, The Future of Legal Capital, EBOR 5 (2004), 429

Schön, Wolfgang, Gesellschafter-, Gläubiger- und Anlegerschutz im Europäischen Bilanzrecht, ZGR 2000, 706

Scholz, Alexandra, Kapitalerhaltung durch Solvenztests, 2008

Scholz, Franz (Hrsg.), Kommentar zum GmbH-Gesetz, Band I: §§ 1- 34, 10. Auflage 2010 (zitiert: Bearbeiter, in: Scholz, GmbHG)

Schröder, Oliver/Cannivé, Klaus, Der Unternehmensgegenstand der GmbH vor und nach dem MoMiG, NZG 2008, 1

Schruff, Wienand/Lanfermann, Georg, EU-Machbarkeitsstudie für ein alternatives Kapitalschutzsystem, WPg 2008, 1099

Schubert, Werner/Hommelhoff, Peter, Hundert Jahre modernes Aktienrecht, 1985

Schüppen, Matthias/Schaub, Bernhard (Hrsg.), Münchener Anwaltshandbuch Aktienrecht, 2. Auflage 2010 (zitiert: *Bearbeiter*, in: Schüppen/Schaub, Münchener Anwaltshandbuch Aktienrecht)

Seibert, Ulrich, BB-Gesetzgebungsreport: Das Gesetz zur Unternehmensintegrität und Modernisierung des Anfechtungsrechts (UMAG) kommt zum 1. 11. 2005, BB 2005, 1457

Seibert, Ulrich, Reforming Private Company Law: European and International Perspectives, EBOR 8 (2007), 83

Seibert, Ulrich, Der Regierungsentwurf des MoMiG und die haftungsbeschränkte Unternehmergesellschaft, GmbHR 2007, 673

Seibert, Ulrich/Köster, Beate-Katrin/Kiem, Roger, Die kleine AG, 3. Auflage 1998

Simitis, Spiros, Die faktischen Vertragsverhältnisse als Ausdruck der gewandelten sozialen Funktion der Rechtsinstitute des Privatrechts, 1957

Simmons, Richard S., Drafting of. Commercial Bank Loan Agreements, 28 Bus. Law. (1972), S. 179

Sina, Peter, Geschäftstätigkeit und Unternehmensgegenstand der GmbH, GmbHR 2001, 661

Smith, Adam, Wealth of Nations, 6. Auflage 1904

Smith, Clifford W./Warner, Jerold B., On Financial Contracting. An Analysis of Bond Covenants, Journal of Financial Economics 7, 1979, S. 117

Söhnchen, Markus, Die historische Entwicklung der rechtlichen Gründungsvoraussetzungen von Handels- und Aktiengesellschaften, 2005

Spadaccini, Michael, Incorporate Your Business: In Any State, 2007 (zitiert: *Spadaccini*, Incorporate Your Business)

Spindler, Gerald/Stilz, Eberhard, Kommentar zum Aktiengesetz, Band 1: §§ 1-149, 2. Auflage 2010

Staub, Hermann (Begr.), Großkommentar zum Handelsgesetzbuch, Band 1, §§ 1-47b, 5. Auflage 2009 (zitiert: *Bearbeiter*, in: Großkommentar, HGB)

Staudinger, Julius v. (Begr.), BGB Kommentar, Band: §§ 125 – 129, BeurkG, Neubearbeitung 2012; Band: §§ 705 – 740, Neubearbeitung 2003; Band: Internationales Gesellschaftsrecht, Neubearbeitung 1998 (zitiert: *Bearbeiter*, in: Staudinger, BGB)

Steffek, Felix, Gläubigerschutz in der Kapitalgesellschaft, 2010

Steinfeld, Alan/Mann, Martin/Ritchie, Richard/Weaver, Elizabeth u.a., Blackstone's Guide to The Companies Act 2006, 2007

Stone, Richard, The Modern Law of Contract, 8. Aufl. 2009, S. 105 ff.

Streuer, Olaf, Die Gestaltung des Unternehmensgegenstands in der GmbH-Satzung - Flexibilität versus Fokussierung, GmbHR 2002, 407, 408

Teichmann, Christoph, Binnenmarktkonformes Gesellschaftsrecht, 2006

Theusinger, Ingo, BB-Kommentar zum Urteil des OLG Düsseldorf vom 25.06.2008 (I-18 U 25/08), BB 2009, 183

Thompson, Robert B., Piercing the Corporate Veil: An Empirical Study, 76 Corn. L. Rev. (1991), S. 1036

Tieves, Johannes, Der Unternehmensgegenstand der Kapitalgesellschaft, 1998

Triebel, Volker, Limited Liability Partnerships Act 2000 – maßgeschneiderte Rechtsform für freie Berufe?, RIW 2001, 1.

Triebel, Volker/Otte, Sabine/Kimpel, Bert, Die englische Limited Liability Partnership in Deutschland: Eine attraktive Rechtform für deutsche Beratungsgesellschaften?, BB 2005, 1233

Triebel, Volker/Otte, Sabine, Reform des GmbH-Rechts: MoMiG – ein vernünftiger Schritt zur Stärkung der GmbH im Wettbewerb oder Kompromiss auf halber Strecke?, ZIP 2006, 1321

Triebel, Volker/Illmer, Martin/Ringe, Wolf-Georg, Englisches Handels- und Wirtschaftsrecht, 3. Auflage 2012 (zitiert: Bearbeiter, in: Triebel u.a., Englisches Handels- und Wirtschaftsrecht)

Triebel, Volker/Hodgson, Sephen/Kellenter, Wolfgang/Müller, Georg, Englisches Handels- und Wirtschaftsrecht, 2. Auflage 1995

Ulmer, Peter, Die wirtschaftliche Neugründung einer GmbH unter Verwendung eines GmbH-Mantels, BB 1983, 1123

Ulmer, Peter, Die Einbeziehung von GmbH-Anteilen - ein Opfer der MoMiG-Reforn?, ZIP 2009, 293

Vetter, Jochen, Grundlinie der GmbH-Gesellschafterhaftung, ZGR 2005, 788

Vetter, Jochen, Reform des gesellschaftsrechtlichen Gläubigerschutzes, in: Verhandlungen des 66. DJT, Band II/1 (2006), S. P 75

Veil, Rüdiger, Kapitalerhaltung, Das System der Kapitalrichtlinie versus situative Ausschüttungssperren, in: Lutter (Hrsg.), Das Kapital der Aktiengesellschaft in Europa, S. 91, 2006

Wachendorf, Nadine, "Wrongful trading" als ein mögliches europäisches Haftungsmodell gegen die Insolvenzverschleppung, 2008

Wachter, Thomas, Verschlankung des Registerverfahrens bei der GmbH-Gründung – Zwölf Vorschläge aus der Praxis, in: VGR (Hrsg.), Die GmbH-Reform in der Diskussion, 2006, S. 55

Wachter, Thomas, Dienstleistungen und Kapitalaufbringung, NJW 2010, 1715

Wallner, Rainer, Der Unternehmensgegenstand der GmbH als Ausdruck der Unternehmensfreiheit, JZ 1986, 721

Walma, Mark/McCann-Smith, Patricia, The Fundamentals of Corporate Law and Procedure, 2000

Weimar, Robert, Abschied von der Gesellschafter- und Handelnden-Haftung im GmbH- Recht?, GmbHR 1988, 289

Weimar, Robert, Die Haftungsverhältnisse bei der Vor-AG in neuerer Sicht, AG 1992, 69

Werner, Winfried, Ausgewählte Fragen zum Aktienrecht, AG 1990, 1

Westhoff, André, Die Verbreitung der limited mit Sitz in Deutschland, GmbHR 2006, 525

Westhoff, André, Die Verbreitung der englischen Limited mit Verwaltungssitz in Deutschland, GmbHR 2007, 494

White, Charles/Weinstein, Stuart, Smith & Keenan's Company Law, 14. Auflage 2009 (zitiert: *Smith/Keenan*, Company Law).

Wicke, Hartmut, Gesetz betreffend die Gesellschaften mit beschränkter Haftung (GmbHG), Kommentar, 2. Auflage 2011

Wicke, Hartmut, Die Bedeutung der öffentlichen Beurkundung im GmbH-Recht, ZIP 2006, 977

Wiedemann, Herbert, Gesellschaftsrecht, Band I, 1980

Wiedenmann, Kai-Udo, Zur Haftungsverfassung der Vor-AG: Der Gleichlauf von Gründerhaftung und Handelnden-Regress, Zugleich eine Besprechung des Urteils des Landgerichts Heidelberg vom 11. Juni 1997, ZIP 1997, 2045

Wiesner, Georg, Die Lehre von der fehlerhaften Gesellschaft, 1980

Wilhelmi, Rüdiger, Das Mindestkapital als Mindestschutz – eine Apologie im Hinblick auf die Diskussion um eine Reform der GmbH angesichts der englischen Limited, GmbHR 2006, 13.

Winkler, Karl, BeurkG Kommentar, 17. Auflage 2013

Worldbank, Doing Business Report 2014, abrufbar unter: http://www.doing-business.org/reports/global-reports/doing-business-2014

Zöllner, Wolfgang/Noack, Ulrich, Kölner Kommentar zum Aktiengesetz: Kölner Komm AktG, Band 1/1: §§ 67-75 AktG, 3. Auflage 2008 (zitiert: *Bearbeiter*, in: Kölner Kommentar AktG)

Zweigert, Konrad/Kötz, Hein, Einführung in die Rechtsvergleichung. Auf dem Gebiet des Privatrechts, 3. Auflage 1996 (zitiert: *Zweigert/Kötz*, Einführung in die Rechtsvergleichung)

Rechtsprechung USA

Accord How & Associates, Inc. v. Boss, 222 F. Supp. 936 (S.D. Iowa 1963)

American Salt Co. v. Heidenheimer, 80 Tex 344, 15 SW 1038

American Vending Services, Inc. v. Morse et al., 881 P. 2d 917 (Ct.App. 1994)

Animazing Entertainment v. Louis Lofredo Association, 88 F.Supp. 2d 265 (S.D.N.Y.2000)

Baker v. Bates-Street Shirt Co., 6 F.2d 854 (1st Cir. 1925)

Berlin v. Emerald Partners, 552 A.2d 482, 488 (Del.1988)

Booker Custom Packing Co., Inc. v. Sallomi, 149 Ariz. 124, 716 P. 2d 1061 (App. 1986)

Boornazian v. Sarkisian (Misc), 110 NYS2d 350

Bradley v. Marshall, 285 A.2d 745 (Vt.1971)

Cantor v. Sunshine Greenery, Inc., 165 N.J. Super. 411, 398 A.2d 571 (1979)

Carle v. Corhan, 127 Va. 223, 103 S.E. 699 (1920)

Childs v. Philpot, 487 S.W.2d 637 (1972)

City of Wilmington v. Addicks, 43 A. 297, 301 (Del. Ch. 1899)

Coit v. Gold Amalgamating Co., 119 U.S. 343 (1886)

Comstock v. Wood, 204 Iowa 1027, 216 NW 640

Company Stores Development Corp. v. Pottery Warehouse, Inc., 733 S.W.2d 886 (Tenn.App. 1987)

Coopers & Lybrand v. Fox, 758 P. 2d 683 (Col. App. 1988)

Cranson v. International Business Machines Corp., 200 A.2d 33 (Md. 1964)

Credit Lyonnais Bank Nederland N.V. v. Pathe Communications Corp., 17 Del. J. Corp. L. 1099, 1155 (1992)

Dentel v. Fidelity Savings & Loan Ass'n, 273 Or. 31, 539 P. 2d 649 (1975)

Ellingwood v. Wolf's Head Oil Ref. Co., 27 Del.Ch. 356 (Del. 1944)

Fitzpatrick v. Rutter, 43 N.E. 392 (Ill.1889)

Frontier Refining Co. v. Kunkles, Inc., 407 P. 2d 880 (Wyo. 1965)

Gabellt & Co v. Liggett Group, Inc. 479 A. 2d 276 (Del Ch)

Goodman v. Darden, Doman & Stafford Associates, 100 Wash.2d 476, 670 P. 2d 648 (1983)

Grabarek v. J's Const. & Masonry, Inc., 2002 WL 1837845 (Conn.Super.2002)

Guithard v. Gorham Savings Bank, 2002 WL 746106 (Me. Super. Ct. 2002);

Handley v. Stutz, 139 U.S. 417 (1891)

Harry Rich Corp v. Feinberg, 518 So2d 377 (Fla 3d DCA 1987)

Hellenic Cultural Circle, Inc. v. Kotsilimbas, 361 N.Y.S. 2d 797 (S.Ct.1973)

Henry v. Markesan State Bank, 68 F2d 554

Illinois Controls, Inc. v. Langham, 70 Ohio St.3d 512, 639 N.E.2d 771 (1994)

Industrial Building & Loan Ass'n v. Williams, 268 P. 228 (Or.1928)

In re Deutsch-Americanischer Volksfest-Verein, 200 Pa 143, 49 A 949

In re International Business Machines Corp. Securities Litigation, 954 F. Supp 81 (SD NY 1997)

In re Vicksburg Bridge & Terminal Co., 22 F.Supp. 490 (1937)

Jacksonville Mayport, Pablo Ry. & Navigation Co. v. Hopper, 160 U.S. 514 (1896)

Jacobson v. Stern, 605 P. 2d 198 (Nev. 1980)

Johnson v. Louisville Trust Co., 293 F. 857 (6th Cir.1923)

Johnson v. Sams, 296 Minn. 112, 206 N.W.2d 925 (1973)

Jones v. Wallace, 628 P. 2d 388 (1981)

J.W. Butler Paper Co. v. Cleveland, 77 N.E. 99 (Ill.1906)

Kellner v. Saye, 331 F.Supp. 846 (D.Neb.1971)

Klang v. Smith's Food & Drug Centers, Inc., 702 A.2d 150 (Del.1997)

Lawson v. Household Fin. Corp., 17 Del.Ch 343, 352 (Del. 1930)

Laya v. Erin Homes, Inc., 177 W.Va. 343, 352 S.E.2d 93 (1986)

Leebron, Col. L. Rev. 91 (1991) 1565

Liberty Life Assurance Society v. Heralds of Liberty of Del. Inc., 15 Del. Ch. 369, 138 A. 634 (Del. Ch. 1927)

Lincoln v. Personal Loan Service, 133 Neb 373, 275 NW 324

Mabel First Lutheran Church v. Cadwallader, 215 N.W. 845 (Minn. 1927)

Macey Corp. v. Ramey, 144 N.E.2d 698 (Ohio C.P. 1957)

McArthur v. Times Printing Co., 51 N.W. 216 (Minn.1892)

McChesney v. Batman, 121 Ky 303, 28 Ky L Rep 281, 89 SW 198

McDaniel v. Service Food & Supply, Inc., 271 Md. 371, 316 A.2d 800 (1974)

McEachin v. Klingman, 12 S.E.2d 212 (Ga.Ct.App. 1940); *Kirschmann v. Lediard & Ree*, 61 Barb. 573 (N.Y.1872)

McKee v Standard Minerals Corp. 156 A. 193, 195 (Del. Ch. 1931)

Miramar Resources, Inc. v. Schultz, 208 B. R. 723, 729 (Bankr. Md. Fla. 1997)

Morris v. American Pub. Utils. Co. 14 Del.Ch. 136 (Del. Ch. 1923)

Nelson v. Northland Life Ins. Co., 197 Minn 151, 266 NW 857
O'Rorke v. Geary, 207 Pa. 240, 56 A. 541 (1903)
Paulek v. Isgar, 551 P. 2d 213 (1976)
People v. Chicago Gas Trust Co., 130 Ill 268, 22 NE 798
People v. Ford, 128 N.E. 479 (Ill. 1920)
People v. Montecito Water Co., 97 Cal. 276 (1893)
Pepper v. Litton, 308 U.S. 295, 1939
Platt v. Billingsley, 234 Cal.App. 2d 577
Pratt-Low Preserving Co. v. Jordan, 217, Cal 292, 18 P2d 676
Quaker Hill, Inc. v. Parr, 148 Colo. 45, 364 P. 2d 1056 (1961);
R.A.C. Realty Co. v. W.O.U.F. Atlanta Realty Corp., 52 S.E.2d 617 (Ga. Ct.App. 1949)
Rixford v. Jordan, 214 Cal 547, 6 P2d 959
Rogers v. Toccoa Elec. Power Co.
Sherwood & Roberts-Oregon, Inc. v. Alexander, 525 P. 2d 135 (Or. 1974)
Smith v. Director, Corporation & Securities Bureau, 79 Mich App 107, 261 NW2d 228
Snyder v. Studebaker, 19 Ind. 462 (1862)
Southern-Gulf Marine v. Camcraft, Inc., 410 So.2d 1181 (La.Ct.App1982)
Staar Surgical Co. V. Waggoner, 588 A.2d 1130 (Del. 1991)
Standard Oilshare, Inc. v. Standard Oil Group, Inc., 17 Del. Ch. 113, 124-25, 150 A. 174, 179 (Del. Ch. 1930)
Stanley J. How & Associates, Inc. v. Boss, 222 F. Supp. 936 (S.D. Iowa 1963)
State v. Alaska Airlines, Inc., 413 P. 2d 352 (1966)
State v. Rotwitt, 17 Mont 537, 43 P 922
Stewart Realty Co. v. Keller, 193 N.E.2d 179 (Ohio Ct.App. 1962)
Strause v. Richmond Woodworking Co., 65 S.E. 659 (Va.1909)
Sulphur Export Corp. v. Caribbean Clipper Lines, 277 F. Supp. 632 (E.D. La. 1969)
Taylor v. Standard Gas & Electric Co., 306 U.S. 307, 1939
Thompson & Green Mach. Co., Inc. v. Music City Lumber Co., Inc., 683 S.W.2d 340 (Tenn.App. 1984)
Timberline Equipment Co., Inc. v. Davenport, 514 P. 2d 1109 (Or.1973);
United States v. Dunn, 564 F.2d 348, 354 n. 12 (9th Cir.1977)
Vincent Drug Co. v. Utah State Tax Commission, 407 P. 2d 683 (Utah1965)

Waggoner v. Laster, 581 A.2d 1127 (Del. 1990)
Weiss v. Baum, 218 App.Div. 83, 217 N.Y.S. 820 (2d Dep't 1926)
White & Bollard, Inc. v. Goodenow, 361 P. 2d 571 (Wa. 1961)
Wilderman v. Wilderman, 315 A. 2d 610 (Del Ch)
Wood v. Dummer, 30 F.Cas. 435, C.C.D.Me.1824, No. 17, 944

Rechtsprechung Vereinigtes Königreich

Adams v. Cape Industries Plc. (1990) Ch.344 (1990), 2 WLR 657

Anisminic Ltd v Foreign Compensation Commission, [1969] 2 AC 147

Ashbury Railway Carriage & Iron Co Ltd v Riche (1875) LR 7 HL 653

Badgerhill Properties Ltd v Cottrell [1991] B.C.L.C. 805

Braymist Ltd. v The Wise Finance Co Ltd [2002] Ch. 273, CA

Bret v JS (1600) Cro Eliz 756

British Association of Glass Bottle Manufacturers v. Nettlefold (1911) 27 T.L.R. 527

Cotronic (UK) Ltd v Dezonie [1991] B.C.L.C. 721

Council of Civil Service Unions & Others v Minister for the Civil Service, [1984] 3 All ER 935

Cross v Aurora Group Ltd [1988] 4 NZCLC 64, 909

D.H.N. Food Distributors Ltd. v. Tower Hamlets London Borough Council (1976) 1 WLR 852

Dyer's case (1414) 2 Hen. V, fol. 5, pl. 26

Ernest v. Nichols (1857) 6 HL Cas 401

Edinburgh & District Water Manufacturers Association v. Jerkinson (1904) 5 Sessions Cases 1159

Firestone Tyre & Rubber Co v. Lewellin (1957) 37 TC 111 (H.L.)

Hong Kong and China Gas Co Ltd v Glen [1914] 1 Ch 527

Illingworth v Houldsworth [1904] AC 355, 358

Jones v. Lipman (1962) 1 All ER 442

Keith Spicer Ltd. v Mansell [1970] 1 W.L.R. 333 CA

Kelner v Baxter, (1866) L.R. 2 C.P. 174

Kruse v. Johnson [1898] 2 Q.B. 91

Natal Land and Colonization Co Ltd v Pauline Colliery and Development Syndicate Ltd [1904] AC 120

Newborne v Sensolid (Great Britain) Ltd

Ooregum Gold Mining Co v Roper [1892] A.C. 125, HL

Oshkosh B'Gosh Inc v Dan Marbel Inc Ltd [1989] B.C.L.C. 507, CA

Park Business Interiors Ltd v Park [1992] BCLC 1034

Phonogram Ltd v Lane [1982] QB 938

Re Blackspur Group Plc. [1998] 1 B.C.L.C. 676
Re China Steamship and Labuan Coal Co. (1869) LR 4 Ch App 772
Re Eddystone Marine Insurance Co [1893] 3 Ch 9
Re Exchange Banking Co, Flitcroft's Case (1882) 21 Ch D 519
Re Halt Garage (1964) Ltd [1982] 3 All ER 1016
Re Johannesburg Hotel Co [1891] 1 Ch 119
Re Northumberland Avenue Hotel Co [1866] 33 Ch D 16
Re Panama, New Zealand & Australian Royal Mail Co (1870) L.R. 5 Ch. App 318, CA
Re Patent Ivory Manufacturing Co [1888] 38 ChD 156
Re Richmond Hotel Co [1867] 2 Ch App 511
Re Sevenoaks Stationers Ltd. (1990) 3 WLR 1165
Re Smith and Fawcett Ltd [1942] Ch 304
Re White Star Line [1938] 1 Ch 458
Re Wragg Ltd [1897] 1 Ch 796, CA
Re Yorkshire Woolcombers Association Ltd. [1903] 2 Ch 284, H. L.;
R. v. Registrar of Companies, Ex p. HM's Attorney-General [1991] B.C.L.C. 476
Royal British Bank v. Turquand (1856) 6 El & Bl 327
Salomon v A Salomon & Co Ltd [1897] AC 22
Smith, Stone & Knight Ltd. v. Birmingham Corporation (1939) 4 All ER 116
Tett v Phoenix Property and Investment Co Ltd. [1986] BCLC 149
Tintin Exploration Syndicate Ltd v Sandys (1947) 177 LT 412
Trevor v Whitworth (1887) 12 App. Cas. 409
Woolfson v. Strathclyde Regional Council, 1978 S.L.T. 159

Frankfurter wirtschaftsrechtliche Studien

Herausgegeben von
Theodor Baums, Andreas Cahn, Brigitte Haar, Katja Langenbucher,
Tobias Tröger, Manfred Wandt, Peter von Wilmowsky

Band 1 Tomas Brinkmann: Unternehmensinteresse und Unternehmensrechtsstruktur. Aufgaben und Grenzen eines normativen Regulativs unternehmenspolitischer Prozesse. 1983.

Band 2 Rüdiger Hahn: Behinderungsmißbräuche marktbeherrschender Unternehmen. Eine Untersuchung der Beeinträchtigung von Wettbewerb und Marktstruktur durch horizontalen Nichtleistungswettbewerb als Gegenstand der Mißbrauchaufsicht nach § 22 Abs. 4 S. 2 Nr. 1 GWB. 1984.

Band 3 Peter Buchmann: Registerpublizität und Gläubigerschutz bei der Einmann-Gesellschaft. 1984.

Band 4 Christian Joerges/Eugen Hiller/Knut Holzscheck/Hans-W. Micklitz: Vertriebspraktiken im Automobilersatzteilsektor. Ihre Auswirkungen auf die Interessen der Verbraucher. 1985.

Band 5 Annette Boerner: Die Haftung des herrschenden Kommanditisten. 1985.

Band 6 Dirk H. Mahler: Rechtsmißbrauch und einstweiliger Rechtsschutz bei Dokumentenakkreditiven und "Akkreditiven auf erstes Anfordern": Eine rechtsvergleichende Untersuchung. 1986.

Band 7 Brigitte Kratz: Ausländische Eingriffsnorm und inländischer Privatrechtsvertrag. 1986.

Band 8 Dimitris Tsibanoulis: Die genossenschaftliche Gründungsprüfung. 1987.

Band 9 Jürgen Braun: Rechtsfragen des Transport-Unfall-Informations- und Hilfeleistungs-Systems der deutschen chemischen Industrie. 1987.

Band 10 Thomas Pfeiffer: Die Bedeutung des privatrechtlichen Immissionsschutzes. Eine Untersuchung zu §§ 1004, 906 BGB. 1987.

Band 11 Michael Bothe/Josef Brink/Christian Kirchner/Albrecht Stockmayer: Rechtsfragen der internationalen Verschuldungskrise. Voraussetzungen, Formen und Verfahren internationaler Umschuldungsmaßnahmen und Umschuldungsvereinbarungen. 1988.

Band 12 Felix Dörr: Die fehlerhafte GmbH. 1989.

Band 13 Rolf Trittmann: Anwendungsprobleme des Haager Beweisübereinkommens im Rechtshilfeverkehr zwischen der Bundesrepublik und den Vereinigten Staaten von Amerika. Exklusive Regelung zur Überbrückung der Unterschiede zwischen dem kontinental-europäischen und anglo-amerikanischen Zivilprozeßrechtssystem? 1989.

Band 14 Margaretha Sudhof: Dreieckige Rechtsverhältnisse im Wirtschaftsverwaltungsrecht - Am Beispiel von Konkurrentenklagen. 1989.

Band 15 Michael Weigel: Schriftformklauseln in Allgemeinen Geschäftsbedingungen. 1989.

Band 16 Hans-Peter Schröder: Der sichere Weg bei der Vertragsgestaltung. 1990.

Band 17 Matthias Haas: Haftungsfreizeichnungsklauseln in Allgemeinen Geschäftsbedingungen. Eine rechtsdogmatische und ökonomische Analyse. 1991.

Band 18 Andreas Hahn: Instandhaltungsverträge. Begriffe, Einordnung, Rechtsfolgenbestimmung, Auswirkung auf die Kautelarpraxis. 1991.

Band 19 Jürgen Götz: Der Entherrschungsvertrag im Aktienrecht. 1991.

Band 20 Friedrich Wächtershäuser: Das Gesellschaftsrecht des internationalen Joint Ventures. 1992.

Band 21 Christina Escher-Weingart: Nutzungsausfall als Schaden und sein Ersatz. 1993.

Band 22 Jean-Claude Zerey: Rechtliche Probleme der Finanzierung von *Leveraged Buyouts* und *Tender Offers* durch Banken in den USA und in der Bundesrepublik Deutschland. Eine rechtsvergleichende Studie über die Rolle der Banken bei Unternehmenskontrolltransaktionen in den USA und in der Bundesrepublik Deutschland. 1994.

Band 23 Markus Bauer: Gläubigerschutz durch eine formelle Nennkapitalziffer - Kapitalgesellschaftsrechtliche Notwendigkeit oder überholtes Konzept? Eine rechtsvergleichende Untersuchung der Gläubigerschutzkonzepte des amerikanischen und deutschen Kapitalgesellschaftsrechts. 1995.

Band 24 Marion Vollmann: Minderheitenschutz im aktienrechtlichen Beschlußmängelrecht. Eine Bestandsaufnahme und Vorschläge zu einer rechtspolitischen Reform. 1997.

Band 25 Lydia Klose-Mokroß: Gläubigerschutz im Kapitalgesellschaftsrecht am Beispiel der Lehre von der verdeckten Sacheinlage. 1997.

Band 26 Stephan Aubel: Der vereinfachte Bezugsrechtsausschluß. Aktionärs- und Gesellschaftsinteressen beim vereinfachten Bezugsrechtsausschluß nach Maßgabe des § 186 Absatz 3 Satz 4 AktG. 1998.

Band 27 Kurt Peter Dittrich: Die Privatplazierung im deutschen Kapitalmarktrecht. Eine Untersuchung der Vorschriften des Auslandinvestmentgesetzes, des Wertpapier-Verkaufsprospektgesetzes und des Gesetzes über Kapitalanlage-Gesellschaften unter Berücksichtigung des Rechts der Vereinigten Staaten von Amerika und des Vereinigten Königreichs. 1998.

Band 28 Viola Sailer: Aktienrechtliche Minderheitskompetenzen zwischen Mißbrauch und unternehmerischer Entscheidungsfreiheit. 1999.

Band 29 Marc Zimmerling: Kapitalerhaltung und Konzernfinanzierung. Eine Untersuchung der kapitalerhaltungsrechtlichen Problematik aufsteigender Sicherheiten im Konzern. 1998.

Band 30 Joachim Wichert: Die Finanzen der Kommanditgesellschaft auf Aktien. 1999.

Band 31 Kerstin Andrea Müller: Produktverantwortung und ihre Durchsetzung. Eine kartellrechtliche Beurteilung von Selbstverpflichtungen im Umweltrecht aus deutscher und europäischer Sicht unter besonderer Berücksichtigung der Altautoentsorgung. 1999.

Band 32 Bettina Friedrich: Konvergenzen im Gesellschaftsrecht. Recht-Fertigung durch Status- und Befundsicherung. 2000.

Band 33 Rudolf Lemke: Haftungsrechtliche Fragen des Ratingwesens – ein Regelungsproblem? 2000.

Band 34 Klaus R. Roller: Die Vergütung des Aufsichtsrats in Abhängigkeit vom Aktienkurs. 2000.

Band 35 Bettina Bokelmann: Personelle Verflechtungen über Aufsichtsräte. Aufsichtsratsmitglieder mit hauptberuflicher Vorstandsfunktion. 2000.

Band 36 Kai-Uwe Steck: Regulierung von US-amerikanischen Investmentgesellschaften (Investment Companies). Unter besonderer Berücksichtigung des National Securities Markets Improvement Act of 1996 (NSMIA) und anderer aktueller Rechtsanpassungen. 2000.

Band 37 Kristofer Bott: Wissenszurechnung bei Organisationen. 2000.

Band 38 Ursula Lenzen: Unerlaubte Eingriffe in die Börsenkursbildung. 2000.

Band 39 Martin Schulz: Verfassungsrechtliche Vorgaben für das Kollisionsrecht in einem Gemeinsamen Markt. Eine rechtsvergleichende Untersuchung zu den Grenzen einzelstaatlicher Anknüpfungsmethoden im internationalen Vertrags-, Delikts- und Gesellschaftsrecht am Beispiel der Vereinigten Staaten von Amerika. 2000.

Band 40 Maximilian Koch: Diversifizierung und Vorstandskompetenzen. 2001.

Band 41 Corrado Wohlwend: Die Hauptversammlung im Wandel der Kommunikationsformen. 2001.

Band 42 Michael Rozijn: Der Unternehmensmaklervertrag. Zur Anwendung des allgemeinen Maklervertragsrechts auf Mergers & Acquisitions-Dienstleistungen. 2001.

Band 43 Konstantinos N. Kyriakakis: Die Überwachung einer US-amerikanischen Aktiengesellschaft durch institutionelle Anleger. 2002.

Band 44 Uta Fredebeil: Aktienemissionen. Das underwriting agreement (der Übernahmevertrag) und seine spezifischen Klauseln. 2002.

Band 45 Michaela G. Döbler: Die Einführung des WTO-weiten Erschöpfungsgrundsatzes in das Markenrecht der EU und der USA. 2002.

Band 46 Jan Liersch: Regulierung des Blockhandels an den organisierten Aktienmärkten der Vereinigten Staaten, Großbritanniens und Deutschlands. 2002.

Band 47 Sascha Lotze: US-amerikanisches Kapitalmarktrecht und Internet. Aufsichts- und haftungsrechtliche Fragen des Internet-Einsatzes bei Wertpapieremissionen und im Wertpapierhandel. 2002.

Band 48 Boris Trautmann: Die Konkurrenz von Haftpflicht- und Versicherungsanspruch. Ein Beitrag zur ökonomischen Analyse des Rechts unter Berücksichtigung von Unsicherheit und Verhaltensanomalien. 2002.

Band 49 Matthias Möller: Rechtsformen der Wagnisfinanzierung. Eine rechtsvergleichende Studie zu den USA und zu Deutschland. 2003.

Band 50 Heiner Feldhaus: Die Eignung zur erheblichen Kursbeeinflussung bei der Ad-hoc-Publizität. Eine rechtsvergleichende und interdisziplinäre Untersuchung unter Berücksichtigung der europarechtlichen Vorgaben. 2003.

Band 51 Matthias Janke: Gesellschaftsrechtliche Treuepflicht. Neubewertung der richterrechtlichen Generalklausel im Rahmen einer rechtsvergleichenden und ökonomischen Analyse. 2003.

Band 52 Katrin Thoma: Eigengeschäfte des Vorstands mit der Aktiengesellschaft. Eine vergleichende Untersuchung zum englischen, U.S.-amerikanischen und deutschen Recht. 2003.

Band 53 Mathias Stöcker: Rechtsfragen grenzüberschreitender Unternehmenszusammenschlüsse – unter besonderer Berücksichtigung des Falles Daimler/Chrysler – 2003.

Band 54 Otto Korte: Zur mißbräuchlichen Wahrnehmung der aktienrechtlichen Anfechtungsbefugnis. 2003.

Band 55 Wilhelm Wilderink: Die Auflösung, die Übertragung und die Verschmelzung von In vestmentfonds. 2003.

Band 56 Anja Birkenkämper: Rechtsfragen feindlicher Übernahmen. Jurisitische Nachlese zum Fall Krupp/Thyssen. 2003.

Band 57 Manuel Lorenzo Alonso: Die Neuausrichtung der Zwischenstaatlichkeitsklausel der Art. 81, 82 EG. Folgen der neuesten Entwicklungen des Gemeinschaftsrechts für die Zwischenstaatlichkeitsklausel – unter besonderer Berücksichtigung des Bankenbereichs. 2003.

Band 58 Dirk Kocher: Kapitalgesellschaft & Co. KG in Finnland. Eine Untersuchung zur Frage der Übertragbarkeit der deutschen Grundtypenvermischung auf das finnische Recht. 2003.

Band 59 Ruiting Qin: Parteiautonomie: Eine rechtsvergleichende Untersuchung. Versuch zur Entwicklung einer Gerechtigkeitsjurisprudenz im IPR. 2003.

Band 60 René Runte: Walter Julius Derenberg – Leben und Werk. 2004.

Band 61 Udo Prinz: Umstrukturierung durch *Schemes of Arrangement* mit Gesellschaftern im englischen Recht. – Ein Vorbild? 2004.

Band 62 Rainer Schmitz: Die Haftung des Vorstands gegenüber den Aktionären. Eine rechtsvergleichende Untersuchung nach deutschem und US-amerikanischem Recht. 2004.

Band 63 York Oehlschläger: Die typische und atypische stille Beteiligung an einer Aktiengesellschaft. Möglichkeiten und Grenzen der Gestaltung für die stille Gesellschaft zwischen Personengesellschaftsrecht, Aktienrecht, Konzernrecht und Umwandlungsrecht. 2004.

Band 64 Stefan Klein: Die Rechtsstellung auswärtiger Gesellschaften im deutschen und US-amerikanischen Recht. Ein Beitrag zur Neuausrichtung des deutschen internationalen Gesellschaftsrechts unter besonderer Berücksichtigung des Europäischen Gemeinschaftsrechts. 2004.

Band 65 Knut Sauer: Haftung für Falschinformation des Sekundärmarktes. 2004.

Band 66 Michael Senger: Bankenaufsicht, Unternehmensverbindungen und Bankengruppen. 2004.

Band 67 Maximilian Rittmeister: Gewährleistung beim Unternehmenskauf. Die Gewährleistungshaftung des Verkäufers bei einem Unternehmenskauf seit In-Kraft-Treten des Schuldrechtsmodernisierungsgesetzes. 2005.

Band 68 Ole Ziegler: Der Anteilserwerb am Kapitalmarkt nach der Schuldrechtsreform. 2005.

Band 69 Maia Tacheva: Rechtsbehelfe des Käufers im Warenkaufrecht. Eine rechtsvergleichende Untersuchung des Übereinkommens der Vereinten Nationen über Verträge über den internationalen Warenkauf (CISG), des englischen Sale of Goods Act, des bulgarischen Kaufrechts und des deutschen Kaufrechts vor und nach dem Schuldrechtsmodernisierungsgesetz. 2005.

Band 70 Michael Lange: Rechtsfragen der Finanzierung eines feindlichen Übernahmeangebotes. Am Beispiel der großen Publikumsgesellschaft nach US-amerikanischem und deutschem Recht. 2005.

Band 71 Niklas Dieterich: Outsourcing bei Kapitalanlagegesellschaften. 2005.

Band 72 Julia Sernetz: Derivate und Corporate Governance. Kompetenzen und Pflichten des Vorstands von Aktiengesellschaften beim Einsatz von Derivaten. 2006.

Band 73 Marcel Polte: Aktiengattungen. Eine rechtsvergleichende Untersuchung zum deutschen, US-amerikanischen und englischen Recht. 2005.

Band 74 Jens Bornscheid: Stapled Stock (Verbundaktien). 2006.

Band 75 Robert F. Thoma: Der Wettbewerb um Stimmen im US-amerikanischen und deutschen Aktienrecht. 2006.

Band 76 Markus Lauer: Gemeinsam geführte Unternehmen im Bilanz- und Gesellschaftsrecht. 2006.

Band 77 Arne Christian Lawall: Die virtuelle Holding nach deutschem Aktienrecht. 2006.

Band 78 Marcel Barth: Schadensberechnung bei fehlerhafter Kapitalmarktinformation. 2006.

Band 79 Dirk Reidenbach: Aktienanalysten und Ratingagenturen – Wer überwacht die Überwacher? 2006.

Band 80 Jochen Herr: Neue EU-Wettbewerbsregeln für Technologietransfer-Vereinbarungen. 2006.

Band 81 Simon Markus Beck: Kritik des Eigenkapitalersatzrechts. Zugleich ein Beitrag zur Stärkung des insolvenzrechtlichen Gläubigerschutzes. 2006.

Band 82 Emrullah Kervankiran: Haftungsbeschränkung im türkischen Gesellschaftsrecht. Ein Rechtsvergleich. 2007.

Band 83 David C. Donald: Der Einfluss der Wertpapierabwicklung auf die Ausübung von Aktionärsrechten. Eine Untersuchung der Entstehungsgeschichte und Auswirkungen des U.S.-amerikanischen „Indirect Holding System“. 2008.

Band 84 Mathias Eisen: Haftung und Regulierung internationaler Rating-Agenturen. 2007.

Band 85 Nina Bogenschütz: Neuausrichtung des Eigenkapitalbegriffs. Dogmatische Überlegungen im Lichte hybrider Finanzierungen. 2008.

Band 86 Hans-Jürgen Schmitt: Das Geldwäsche-Risikomanagement der Kreditinstitute. 2008.

Band 87 Daniel Komo: Grenzüberschreitende Zusammenschlüsse britischer und deutscher Unternehmen. 2008.

Band 88 Stefan Rothweiler: Der Informationsfluss vom beherrschten zum herrschenden Unternehmen im Gesellschafts- und Kapitalmarktrecht. 2008.

Band 89 Stefan Berg: Kreditderivate im deutschen Privatrecht. 2008.

Band 90 Christian Fischer: Rechtsfragen grenzüberschreitender Übernahmeangebote. 2008.

Band 91 Volker Konopatzki: Funktionsauslagerung bei Kreditinstituten. Gesellschaftsrechtlicher und bankenaufsichtsrechtlicher Rahmen. 2008.

Band 92 Nicolas A. Ostler: Stimmrecht ohne Beteiligungsinteresse. Erwerb und Ausübung des Aktienstimmrechts ohne das Vermögensinteresse an der Beteiligung. 2010.

Band 93 Stefan Brass: Hedgefonds als aktive Investoren. Rechtliche Schranken und rechtspolitische Vorschläge. 2010.

Band 94 Ulrike Blömer: Grenzüberschreitende Sachverhalte im Bankenaufsichtsrecht. 2010.

Band 95 Emanuel H. F. Ballo: Die AGB-Kontrolle von Kreditverträgen in der Akquisitionsfinanzierung. Eine Untersuchung am Beispiel des *Senior Multicurrency Term and Revolving Facilities Agreement*. 2010.

Band 96 Mathias Neumann: Gerüchte als Kapitalmarktinformationen. Die kapitalmarktrechtliche Behandlung von Informationen mit unsicherem Wahrheitsgehalt. 2011.

Band 97 Maren Gräfe: Squeeze-outs nach deutschem, französischem und spanischem Gesellschaftsrecht. Eine ökonomische und rechtsvergleichende Analyse unter Berücksichtigung der europäischen Rechtsentwicklung. 2011.

Band 98 Carsten Lammers: Der Prüfungsausschuss des Aufsichtsrats nach dem Sarbanes-Oxley Act und dem BilMoG. Zum Spannungsverhältnis zwischen US-amerikanischem Kapitalmarktrecht, europäischen Vorgaben und deutschem Aktienrecht. 2011.

Band 99 Andreas Wieland: Inhaberkontrollverfahren. Die Anteilseignerkontrolle beim Erwerb bedeutender Beteiligungen an Unternehmen des Finanzsektors. 2012.

Band 100 Henny Müchler: Die Investmentaktiengesellschaft mit veränderlichem Kapital. 2014.

Band 101 Nikolaus Bunting: Die Gründung von Kapitalgesellschaften in Deutschland, dem Vereinigten Königreich und den USA. Eine rechtsvergleichende und rechtspolitische Studie. 2015.

www.peterlang.com